U0711311

铁路行车组织实务

主　编　于伯良　王建军
副主编　刘士局　王笑然
主　审　郝国强

北京理工大学出版社
BEIJING INSTITUTE OF TECHNOLOGY PRESS

内 容 简 介

本教程是根据高职高专铁道交通运营管理专业人才培养方案和“铁路行车组织”课程标准编写的，主要内容包括车站和列车、接发列车、调车工作、编组列车、技术站的技术作业过程、车站作业计划、车站工作统计、列车运行图及区间通过能力、铁路运输技术计划等，同时设计了应知应会以及能力训练，并附有参考答案。

本教程既可作为“铁路行车组织”课程的辅助教材、铁路行车组织相关实训课程的主讲教材，亦可供铁路运输工作人员学习参考。

图书在版编目（CIP）数据

铁路行车组织实务/于伯良，王建军主编. —北京：北京理工大学出版社，2025.7重印

ISBN 978-7-5640-7410-4

Ⅰ. ①铁… Ⅱ. ①于…②王… Ⅲ. ①铁路运输-行车组织-高等学校-教材 Ⅳ. ①U292

中国版本图书馆 CIP 数据核字（2013）第 026574 号

责任编辑：张慧峰 **文案编辑**：张慧峰
责任校对：杨 露 **责任印制**：李志强

出版发行 / 北京理工大学出版社有限责任公司
社 址 / 北京市丰台区四合庄路 6 号
邮 编 / 100070
电 话 / （010）68914026（教材售后服务热线）
（010）63726648（课件资源服务热线）
网 址 / http://www.bitpress.com.cn

版 印 次 / 2025 年 7 月第 1 版第 10 次印刷
印 刷 / 北京虎彩文化传播有限公司
开 本 / 787 mm×1092 mm 1/16
印 张 / 19.5
字 数 / 443 千字
定 价 / 56.00 元

Foreword 前言

为了使铁道交通运营管理专业的高职学生在校学习期间能够掌握扎实的铁路行车组织理论知识和实做技能，适应企业人才培养的需要，我们组织编写了这本《铁路行车组织实务》。

根据铁道交通运营管理专业的培养目标和职业面向，学生在校学习期间必须掌握扎实、熟练的接发车作业、调车作业、车站作业计划与统计分析等实做技能，本书正是为了强化这些方面的理论知识和实践动手能力而编写的，对学生专业技能的培养定能起到较大的作用。本书对于每个实训项目既强化了理论知识，又明确了实做项目的目的、要求、方法和技巧，是集理论知识、实训技能于一体的实务教程，既可作为“铁路行车组织”课程的辅助教材、铁路行车组织相关实训课程的主讲教材，亦可供铁路运输工作人员学习参考。

本书由吉林铁道职业技术学院于伯良、王建军任主编，吉林铁道职业技术学院刘士局、王笑然任副主编，沈阳铁路局吉林车务段郝国强任主审。编写分工如下：于伯良，第一部分第一、二、三、七章及第二部分第十三章；王建军，第一部分第四章及第二部分第十一、十二章；刘士局，第二部分第八、九、十章；王笑然，第一部分第五、六章；沈阳铁路局吉林车务段姜兴月、吉林铁道职业技术学院吴荣波参与习题的设计与编写工作。

本书编写过程中得到了沈阳铁路局有关领导和同志的赐教和帮助，在此表示诚挚谢意。由于掌握的资料、编写时间和编者水平有限，如有不妥之处，敬请批评指正。

于伯良

Contents 目录

第一部分　铁路车站工作组织

第二部分 铁路局工作组织

第一部分　铁路车站工作组织

第一章

车站和列车

[能力目标]

1. 通过学习车站的相关知识，运用车站的分类方法，给定一个车站，能够说出该车站的性质、任务及等级；

2. 通过学习列车的等级排列顺序及车次的编定方法，能根据具体车次正确的判断列车的种类，并能够在调度指挥中根据列车运行等级进行正确的调整。

[知识目标]

1. 车站的定义及分类；
2. 列车的定义及分类；
3. 列车的等级；
4. 列车车次的编定方法。

第一节　车站的作用及分类

一、车站的定义和作用

（一）车站的定义

车站是在铁路线上设有配线，并且经常办理列车交会、越行、客货运业务或行车技术作业的分界点。

分界点是指车站、线路所及自动闭塞区段的通过信号机。

线路所及自动闭塞区段的通过信号机是无配线的分界点，其作用在于保证行车安全和必要的通过能力。

（二）车站的作用

（1）保证行车安全；

（2）提高线路通过能力；

（3）办理列车交会、越行；

（4）办理客货运业务；

（5）办理行车技术作业。

二、车站的分类

（一）按业务性质分

分为客运站、货运站和客货运站。

（1）客运站：专门为办理旅客运输而设的车站。

客运站通常设在大城市或旅游胜地等有大量旅客到发的地点，主要担当旅客列车的始发、终到作业，以及为旅客提供旅行服务。

（2）货运站：专门为办理货物运输而设的车站。

货运站一般设在大城市、工矿地区或港口等有大量货物装卸的地点，主要担当货物列车的始发、终到作业，以及与货运有关的业务。

（3）客货运站：既办理客运业务也办理货运业务的车站。铁路网上绝大多数的车站都属于客货运站。

（二）按技术作业性质分

分为编组站、区段站和中间站。

（1）编组站：通常设在大量车流集中或消失的地点，或几条铁路线的交叉点，担当大量中转车流改编作业，承担各种货物列车的解体和编组作业。

（2）区段站：设在货物列车牵引区段的分界点或区段车流的集散地点，主要担当区段到发车流的改编作业，解体与编组区段、摘挂列车。区段站一般还进行货运机车更换或乘务员换班，办理货物列车和车辆的技术作业和货运检查整理作业。

由于区段站和编组站拥有较多的技术设备，并主要办理货物列车和车辆的技术作业，故又统称为技术站。铁路线以技术站划分为区段。

（3）中间站：设在技术站间的区段内，办理列车接发、会让作业，摘挂列车的调车和货物装卸作业。有些还办理市郊列车的折返和列车的始发、终到作业。

铁路网上绝大多数的车站都属于中间站。

（三）按客货运量和技术作业量的大小分

车站按其担负客货运量和技术作业量的大小，以及在政治、经济和铁路网上所处的地位，划分为特等站和一、二、三、四、五等站。

（四）按车场配列方式分

分为横列式、纵列式和混合式。

（五）按调车系统设置分

分为单向、双向（编组站）。

三、车站办理的作业和设备

各种车站在路网上所处的位置和担当的作业量不同，其所配置的设备也不同。

（一）中间站

一般除办理客运、货运业务外，主要还办理以下行车作业：

（1）接发列车是中间站最主要的行车工作，包括接车、发车和通过列车作业。

（2）摘挂车辆及向货物装卸地点取送车辆的调车作业。某些装卸作业量大或干支线衔接的中间站，还办理一些列车的解编调车作业。

（3）其他作业，例如位于长大下坡道前的中间站，对车辆自动制动机进行持续一定时间的全部试验、凉闸或更换闸瓦；使用补机地段两端的中间站，还要办理补机的摘挂作业等。

中间站的设备视其作业内容和工作量的大小而定，一般有客运、货运和行车设备：

（1）站线：包括列车到发线和货物装卸线，调车作业量较大的中间站还有调车线和牵出线。

（2）客运设备：包括旅客站舍（售票房、候车室、行包房等）、旅客站台，旅客到发较多的中间站还有雨棚和跨线设备（天桥、地道和平过道）等。

（3）货运设备：包括货物仓库、货物站台、堆放场和货运室等。

（4）其他设备：包括信号、联锁、闭塞、通信、照明设备和装卸机具等；电气化铁道的中间站还有牵引供电设备。

（二）区段站

一般除办理客运、货运业务外，主要还办理以下行车作业：

（1）接发列车作业。

（2）中转列车作业。为保证列车继续运行的安全和货物完整，货物列车在区段站进行更换机车、检查车辆技术状态和货物装载情况等中转列车作业。

（3）区段列车、摘挂列车的到达、解体、编组与出发作业。

（4）向货物装卸地点取送车辆的调车作业。

区段站除有中间站的全部设备外，还有以下主要技术设备：

（1）运转设备：包括列车到发场、调车场、牵出线或驼峰。

（2）机务设备：包括机务段或折返段内的机车检修与整备设备、站内的机车走行线和机待线等。

（3）车辆设备：包括车辆段或列车检修所、站修线和制动检修设备。

（三）编组站

编组站除办理区段站的全部作业外，主要行车工作是解体和编组列车。编组站拥有比区段站数量更多、规模更大的列车到发场（包括到达场、出发场、到发场），具有线路更多的调车场，设有驼峰调车和牵出线调车设备，一般都设有机务段和车辆段。

第二节　列　　车

一、列车的定义

列车应按《铁路技术管理规程》（简称《技规》，下同）、列车编组计划和列车运行图规定的编挂条件、车组、重量及长度编组。

按规定条件把车辆编成车列，并挂有机车及规定的列车标志时，称为列车。

列车必须具备三个条件：①按有关规定编成的车列；②挂有牵引本次列车的机车；③有

规定的列车标志。单机（包括单机挂车）、动车及重型轨道车虽未完全具备列车条件，当指定有列车车次时，亦按列车办理。

二、列车的分类和等级

为适应旅客和货物运输的不同需要，按照运输的性质和用途，列车分类和等级顺序如下。

1. 旅客列车

旅客列车是指以客车编组，运送旅客、行李、包裹和邮件的列车。可分为：

（1）动车组列车：如果把动力装置分散安装在每节车厢上，使其既具有牵引动力，又可以载客，这样的客车车辆称为动车。而动车组就是几节自带动力的车辆加几节不带动力的车辆编成一组，就是动车组。

（2）特快旅客列车：使用时速可达 140 ~ 160 km 的车底，运行于允许时速 140 km 及以上线路的旅客列车。按中途是否停站，分为直达特快旅客列车和特快旅客列车。

（3）快速旅客列车：使用时速可达 120 km 的车底，在较大车站停车的旅客列车。

（4）普通旅客列车：使用时速可达 100 ~ 120 km 的车底，停站根据客流需要确定。包括普通旅客快车和普通旅客慢车。

此外，根据季节运输特点，需要开行临时旅客列车、旅游列车、回送客车底列车和因故折返旅客列车等。

2. 行邮行包列车

行邮行包列车是指使用行李车、邮政车或棚车，根据需要编组，整列装载行李、包裹和邮件的列车。根据其技术水平和服务特色可分为：

（1）特快行邮列车：使用时速可达 160 km 的行邮车辆编组，按直达特快旅客列车运行标准运行的列车。

（2）快速行邮列车：使用时速可达 120 km 的行邮车辆编组，按快速旅客列车运行标准运行的列车。

（3）行包列车：使用专用货车进行行包运输的列车。

3. 军用列车

为运送军队和军用物资开行的列车。

4. 货物列车

货物列车是指为运送货物和排送空货车开行的列车。分为五定班列、快运、重载、直达、直通、冷藏、自备车、区段、摘挂、超限及小运转列车。

（1）五定班列：即定点、定线、定车次、定时、定价的货物列车。

（2）快运货物列车：是指以快速客运系统的线路条件为基础，采用运行速度 120 km/h 的专用车辆，按旅客列车的形式，以高附加值货物为重要运输对象的快速列车。

（3）重载货物列车：列车牵引重量至少为 8 000 吨；列车中车辆的轴重达到或超过 27 吨；在长度至少为 150 km 的线路区段上年运量不低于 4 000 万吨。满足以上三条标准中的至少两条称为重载铁路运输。特点是车辆载重力大，列车编挂辆数多。

（4）直达货物列车：通过一个及其以上编组站不进行改编作业的列车。在装车站组成的，叫始发直达列车；在技术站组成的，叫技术直达列车。

（5）直通货物列车：在技术站编组，通过一个及其以上区段站不进行改编作业的列车。

(6) 冷藏货物列车：利用机械冷藏车专门运送鲜活、易腐等需要保持特定温度的货物的列车。

(7) 自备车列车：全部用企业自备车编组而成的列车。

(8) 区段货物列车：在技术站编组，不通过技术站且在区段内不进行摘挂车辆作业的列车。

(9) 摘挂货物列车：在技术站（或中间站）编组，在区段内各中间站进行车辆摘挂作业的列车。

(10) 超限货物列车：挂有装载超限货物的车辆并冠以超限列车车次的列车。

(11) 小运转列车：在技术站与邻接区段内几个中间站之间或在同一枢纽内各站间开行的列车。

5. 单机和路用列车

(1) 单机：指单机运行（包括附挂车辆），但不包含轨道起重机。

(2) 补机。

(3) 试运转列车。

(4) 轻油动车、轨道车：动车是指本身有动力的车辆，如轻油动车、重油动车并包括其附挂车辆。重型轨道车是指车辆自身较重（一般在1.5吨以上）或发动机在16 180 W及其以上不能由随乘人员随时撤出线路的轨道车，亦包括其附挂车辆。

(5) 路用列车：专为运送铁路自用物资或设备而开行的列车（如运送石碴、枕木、钢轨、桥梁等）。

(6) 救援列车：当站内或区间发生冲突、脱轨、颠覆等行车事故，以及自然灾害侵袭造成行车中断等危急情况时，为迅速排除故障，尽快恢复行车而赶赴事故现场担当抢险、救援的列车（单机、动车、重型轨道车等）。

由于特殊目的指定开行的专用列车及其先驱列车、除雪列车和回送入厂列车等，也应优先办理，次于救援、抢修、抢救列车。

此外按列车内所挂车辆状态可分为：重车列车、空车列车、空重混（合）编列车。

三、列车车次

(1) 列车运行，原则上以开往北京方向为上行，车次编为双数；相反方向为下行，车次编为单数；

(2) 在铁路支线上，一般由连接干线的车站开往支线的方向为下行，相反方向为上行；

(3) 一般干线开往主要干线为上行，反之为下行；

(4) 在个别区间使用直通车次时，可与上述规定方向不符；

如：枢纽地区线路较多，情况复杂，在列车运行径路中有不同的运行方向，个别区间与整个方向不符时，准许使用原来车次（直通车次），由铁路局规定。图1－1中天津至北京和天津至济南的列车在天津至天津北站间运行时，使用直通车次。

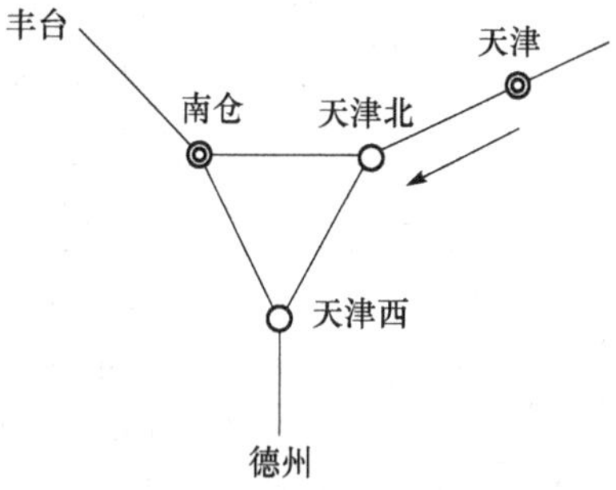

图1－1　天津至北京和天津至济南的列车在天津至天津北站区间运行直通车次

（5）个别线路不易确定时，由铁道部规定。

为便于计划安排和具体掌握列车运行情况，各类列车均应有固定车次。这样，就可以辨别该次列车的种类、等级和运行方向。铁路现行的列车车次编定见表1－1。

表1－1　车次编码方案

顺号	列车分类		车次范围		顺号	列车分类		车次范围	
一	旅客列车				二	行邮、行包列车		X1～X998	“X”读“行”
1	高速动车组旅客列车		G1～G9998	“G”读“高”	1	行邮特快专列		X1～X198	
	其中	跨局	G1～G5998		2	行包快运专列		X201～X998	
		管内	G6001～G9998						
2	城际动车组旅客列车		C1～C9998	“C”读“城”	三	货物列车			
	其中	跨局	C1～C1998		1	“五定”班列		80001～81748	
		管内	C2001～C9998		(1)	集装箱“五定“班列		80001～80998	
3	动车组旅客列车		D1～D9998	“D”读“动”	(2)	普通货物“五定”班列		81001～81748	
	其中	跨局	D1～D3998		2	快运货物列车		81751～81998	
		管内	D4001～D9998		3	煤炭直达列车		82001～84998	
4	直达特快旅客列车		Z1～Z9998	“Z”读“直”	4	石油直达列车		85001～85998	
5	特快旅客列车		T1～T9998	“T”读“特”	5	始发直达列车		86001～86998	
	其中	跨局	T1～T4998		6	空车直达列车		87001～87998	
		管内	T5001～T9998		7	技术直达列车		10001～19998	
6	快速旅客列车		K1～K9998	“K”读“快”	8	直通货物列车		20001～29998	
	其中	跨局	K1～K6998		9	区段货物列车		30001～39998	
		管内	K7001～K9998		10	摘挂列车		40001～44998	
7	普通旅客列车		1001～7598		11	小运转列车		45001～49998	
	（1）普通旅客快车		1001～5998		12	超限货物列车		70001～70998	
	其中	跨三局及其以上	1001～1998		13	万吨货物列车		71001～72998	
		跨两局	2001～3998		14	冷藏列车		73001～74998	
		管内	4001～5998		15	军用列车		90001～91998	
	（2）普通旅客慢车		6001～7598		16	自备车列车		60001～69998	
	其中	跨局	6001～6198		17	抢险救灾列车		95001～97998	
		管内	6201～7598		四	单机和路用列车			
8	通勤列车		7601～8998		1	其中	单机	50001～52998	
9	临时旅客列车		L1～L9998	“L”读“临”			客车单机	50001～50998	
10	其中	跨局	L1～L6998				货车单机	51001～51998	
		管内	L7001～L9998				小运转单机	52001～52998	
11	旅游列车		Y1～Y998	“Y”读“游”	2	补机		53001～54998	
	其中	跨局	Y1～Y498		3	试运转列车		55001～55998	
		管内	Y501～Y998		4	轻油动车、轨道车		56001～56998	
	动车组检测列车		DJ5501～DJ5598	“DJ”读“动检”	5	路用列车		57001～57998	
12	回送出入厂客车底列车		001～00298		6	救援列车		58101～58898	
13	因故折返旅客列车		原车次前冠以“F”	“F”读“返”					

能力训练

1. 某调度所调度员张军在调整列车运行时，他按下面的顺序进行调整，你觉得合理吗？如果你是调度员，你如何调整呢？

K7378　D5013　11426　46189　24598　1205　T562　32071　57006

2. 根据所学知识或通过查找资料，说出下面车站的性质，并在对应的选项下面划“√”，并写出车站的等级（特、一、二、三、四、五）。

种类 车站	客运站	货运站	客货运站	编组站	区段站	中间站	车站等级
长春							
吉林							
吉林北							
亚复							
北京西							
沈阳北							
上海							
沈阳西							

3. 根据下表中的列车编组计划有关内容摘录填记列车种类及给定一个车次（注：图中“◎”表示编组站，“○”表示区段站，“｜”表示中间站）。

有关站列车编组顺序表摘录

顺号	发站	到站	编组内容	列车种类	车次	备注
1	甲	戊	戊站及以远			
2	甲	丁	丁站及以远（不含戊站及以远）			
3	甲	乙	乙站及以远（不含丁站及以远）			
4	乙	丙	A～E 间站顺			
5	乙	R	R 站卸			乙站装车
6	丁	R	R 站卸			

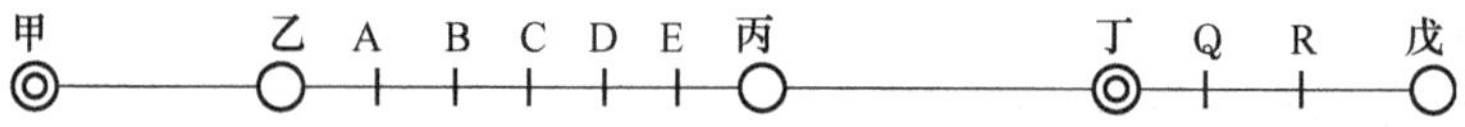

各站位置示意图

应知应会

一、填空题

1. 车站是铁路线路上________的分界点。
2. 铁路上的分界点包括________、________、________。
3. 车站按业务性质分为________、________、________，其中________站数量最多。

4. 车站按技术作业性质分为________、________、________，其中________站数量最多。

5. ________和________统称为技术站。

6. 列车是指______________________________。

7. 列车按照运输的性质和用途，可分为________、________、________、________、________。

8. ________是中间站的主要行车工作。

二、选择题

1. 我国铁路车站按其客、货运和行车作业等业务量的大小分为（　　）等级。

A. 三个　　B. 四个　　C. 五个　　D. 六个

2. K541 次列车属于（　　）旅客列车。

A. 跨局快速　　B. 铁路局管内快速

C. 跨局特快　　D. 管内特快

3. 2013 次列车属于（　　）。

A. 铁路局管内旅客列车　　B. 直通货物列车

C. 跨三局普通货物列车　　D. 跨两局普通旅客快车

4. 6001 次列车属于（　　）。

A. 铁路局管内旅客列车　　B. 救援列车

C. 跨局普通旅客列车　　D. 铁路局管内普通旅客慢车

5. 中间站到发的车流，主要靠（　　）列车输送。

A. 区段　　B. 直通　　C. 摘挂　　D. 直达

三、判断题

1. 铁路运输生产的产品是旅客或货物在空间的位移。（　　）

2. 铁路运输产品的特点是具有实物形态，不能贮存。（　　）

3. 有的铁路车站既不办理客运业务，也不办理货运业务。（　　）

4. 在任何条件下旅客列车的等级都比货物列车的等级要高。（　　）

5. 原则上列车以开往北京方向为上行。（　　）

6. 开往上行的列车车次编为单数。（　　）

四、简答题

1. 铁路线路上各种分界点的作用是什么？

2. 列车必须具备哪几个条件？

3. 常见旅客列车的等级顺序如何排定？

4. 常见货物列车的等级顺序如何？

第二章

接发列车

[能力目标]

1. 通过学习正常情况下和非正常情况下接发列车的相关知识，能正确运用并执行《接发列车作业标准》（TB/T 1500.3—2009、TB/T 1500.6—2009），办理正常情况下和非正常情况下接发列车作业；

2. 能准确判断设备故障现象，并能够根据故障现象采取正确的措施办理接发列车作业。

[知识目标]

1. 对车站接发列车工作的要求；
2. 车站接发列车工作的主要内容；
3. 列车进路；
4. 接发列车线路的使用原则；
5. 接发列车作业程序；
6. 相对方向同时接车及同方向同时发接列车；
7. 接发列车与调车。

[素质目标]

1. 通过学习《接发列车作业标准》，培养学生正确执行规章的能力；
2. 逐渐培养学生安全生产、安全第一的责任意识。

第一节　一般要求

一、对接发车工作的要求

车站接发列车工作是列车运行的重要环节，也是保证列车按运行图安全正点运行、保证铁路畅通的关键环节。接发车工作是车站，特别是中间站的重要任务之一。由于参加接发列车工作的人员多，作业环节复杂，接发列车工作中的任何疏忽或差错，都可能造成列车晚点或行车事故，不仅影响其他列车，甚至影响全局运输。接发列车工作是全局性的工作，局部必须服从整体。因此，接发列车人员必须认真执行铁道部《接发列车作业标准》所规定的程序、用语和操作要求，贯彻集中领导、统一指挥、逐级负责的原则，做到安全、迅速、不间断地接发列车，严格按运行图行车。

二、列车进路

（一）接车进路

接入停车列车时，接车进路是由进站信号机起至接车线末端计算该线有效长度的警冲标或出站信号机止的一段线路（图2－1）。

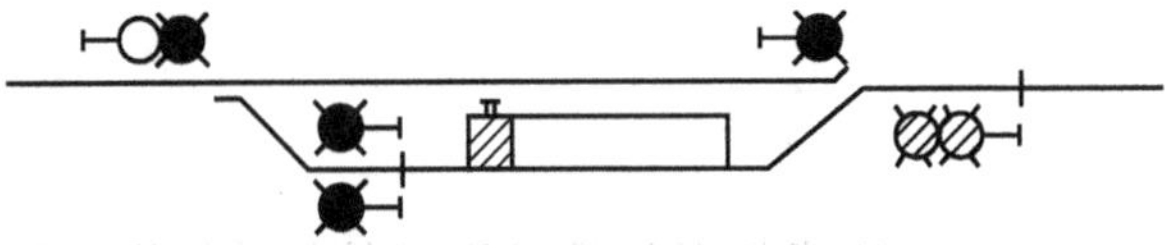

图2－1 接车进路

（二）发车进路

发出列车时，发车进路是由列车前端（有腰岔时为列车后端）起至相对方向进站信号机或站界标止的一段线路（图2－2）。

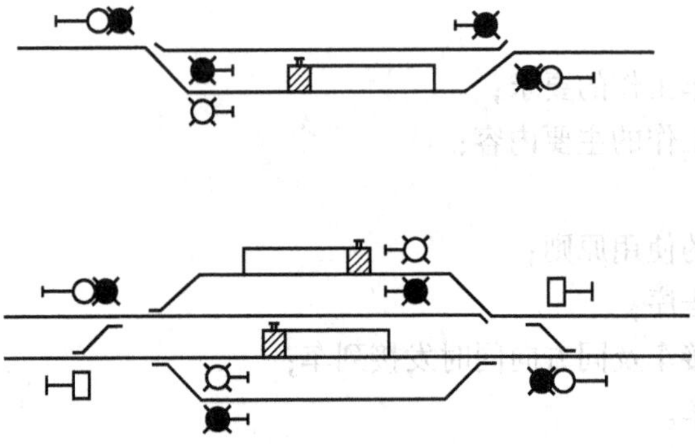

图2－2 发车进路

（三）通过进路

列车通过时，通过进路为该列车通过线两端进站信号机或站界标间的一段线路（图2－3）。

正确准备接发车进路，保证进路有关道岔位置正确，进路上空闲，无危及行车安全的障碍物，是列车安全出入车站的条件，也是车站接发列车人员的基本职责。

上述所说的三种进路，是由列车经过车站的具体线路和所经道岔的直向还是侧向组成的。为确保接发列车进路的正确，车站都采用了联锁设备。为了使列车司机能根据进路上道岔的直向位置或侧向位置（弯股），保持列车的正确速度，进站信号机都有相应显示。如进站信号机显示一个绿色灯光，表示列车由正线通过，所经道岔均开通直向位置（即直进直出）。

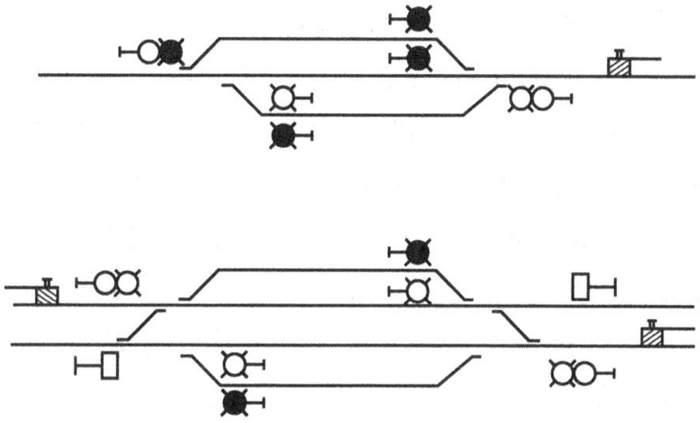

图 2－3　通过进路

一个黄色闪光和一个黄色灯光表示列车经过 18 号及其以上道岔侧向位置，进入站内越过次一架已经开放的信号机，且该信号机防护的进路，经道岔的直向位置或 18 号及其以上道岔的侧向位置。可以说，进站信号机反映了该通过列车通过进路的具体条件。而出站信号机只对出发列车显示是否允许出站，由于出发列车初始运行速度低（通过列车已由进站信号机进行预告），出站信号机不表示发车进路有关道岔的直股或弯股的条件。

三、接发车线路的合理使用

正确、合理地使用接发车线路，对保证车站作业安全，减少作业干扰，提高运输效率有重要意义；同时，也为车站经常保持有不间断接发列车的空闲线路创造了条件。为保证接发列车安全，《车站行车工作细则》（简称站细，下同）对站内所有线路的使用都有具体规定，在作业时应认真遵守。

（一）接发列车应在正线或到发线上办理

正线、到发线是专门为办理列车的接发和进行技术作业而设置的。正线和到发线的钢轨、道岔等设备标准比其他线路高，可以保证列车进出车站有较高的速度；正线和到发线有保证列车进路正确的联锁和指示列车运行条件的信号设备；有为旅客上下、行包装卸的站台；在技术站或较大中间站的到发线上，设有机车整备和列检作业的有关设备，便于进行技术作业；在车站线路布置上，考虑了列车到发与调车作业的紧密配合，保证车站的最大平行作业。因此，在正线、到发线办理接发列车，既保证了车站作业效率，又保证了接发列车的安全。特殊情况下，在非到发线上办理接发列车时必须要有调度命令准许。

（1）旅客列车、挂有超限货物车辆的列车，应接入固定线路。

对在本站停车的旅客列车，为保证旅客上下、行包装卸及旅客出入车站的安全，列车应接入靠近站台，设有平过道或天桥、地道等设备的线路。由于旅客列车较其他列车速度高，所以接发在站停车的旅客列车，侧向经过的单开道岔不得小于 12 号。

超限货物的宽度或高度超出机车车辆限界，与邻近的设备、建筑物或邻线的机车、车辆有刮撞的可能，为保证列车安全运行和货物完整，不损坏设备和建筑物，所以规定必须接入符合规定要求的线路。

车站接发旅客列车或挂有超限货物车辆列车的线路，应按上述要求固定，并在《站细》中规定，车站值班员要熟练掌握并严格遵守。

（2）特快旅客列车应在正线通过，其他通过列车原则上应在正线上通过。

正线设备较其他线路的质量和规格都高，为列车以高速通过车站提供有利条件。正线的出站信号机一般都是高柱型的，为司机提供较好的瞭望条件；正线所经道岔位置绝大多数开通直向位置，以保证列车有较高速度，并能减少轮缘磨耗。所以，通过列车原则上应在正线通过，必须改由到发线通过时，还必须采取一定的安全措施。特快旅客列车速度都在120 km/h以上，在车站通过时，更应考虑正线上通过。

（3）原规定为通过的旅客列车由正线变更为到发线接车及特快旅客列车遇特殊情况必须变更基本进路时，须经列车调度员准许，并预告司机；如来不及预告时，应使列车在站外停车后，开放信号机，再接入站内。

原规定在车站通过的列车包括：列车运行图规定为通过的列车；有关列车运行时刻的书面文件、电报规定为在车站通过的列车；临时加开列车时，调度命令指定为通过的列车。凡没有指定时刻的列车，一律按停车列车办理。

原规定为通过的旅客列车由正线变更为到发线接车及特快旅客列车遇特殊情况必须变更进路时，分为两种情况：一种是变更到发线通过，另一种是变更到发线接车。由于旅客列车运行速度高，在站内正线上的运行速度也不低，而列车进入到发线受侧向通过道岔速度的限制，若列车超速进入到发线，可能造成脱轨颠覆事故。有的车站虽有预告信号机，但只能预告进站信号机的开放状态，不能预告道岔开通的位置。

在集中联锁的车站，正常情况下按两个按钮（始端终端）即可准备好接发列车进路，此时称为“基本进路”。但在较大车站，同一股道接发车进路会存在变通进路，特别是正线接发列车时存在“迂回”式进路。特快旅客列车运行速度高，随意变更基本进路会严重影响到列车安全。应当注意，列车进站过程中，走了一个迂回式进路，最后又回到正线的情况，对非特快旅客列车也应按上述规定办理。

对于规定在车站正线停车的旅客列车，由正线变更为到发线接车时，由于司机已有在站停车的准备，可以控制列车进站速度，故不必采取上述措施。

（4）动车组仅限于在规定的股道及进路上接发。遇动车组不能在基本进路办理时，须经铁路局调度所值班主任准许并发布调度命令。

（5）其他列车应接入有利安全、便于作业的线路。

在中间站，有摘挂车辆作业的列车应接入靠近货场或专用线的线路，以减少对正线的干扰；在技术站应根据列车的性质及在车站的作业要求，接入有关车场、线群及线路；接入超长列车时应考虑到发线的有效长；军用列车应根据作业情况考虑是否接入特定的军用列车到发线。另外，有的铁路局明确规定，挂有双层集装箱车辆的列车禁止接入设有高度1 100 mm及其以上站台的线路。

（二）保证车站有空闲的接车线路

保证车站经常有空闲的接车线路是车站值班员的重要职责。为此，车站值班员应做好组织工作，加强与列车调度员及有关部门的联系，随时了解列车运行情况，有计划地全面合理运用到发线。为保证车站有不间断接车的空闲线路，应遵守下列规定：

1. 正线上不得停留车辆

正线是列车通过车站的线路，正线上停留车辆就会影响列车运行，若列车改经道岔侧向通过车站，则会增加不安全因素。

2. 到发线上停留车辆须经批准并采取安全措施

到发线是用来接发列车的专用线路。为保证列车在车站的到发和会让，列车在车站的技术作业，以及接发列车作业的安全，到发线不应停留车辆。在一些线路不繁忙的区段，当车站未设货物装卸线或货物装卸线不能满足要求，必须使用到发线进行装卸时，以及其他不得已原因，必须在到发线上停留车辆时，须经车站值班员准许，以避免影响接车工作。中间站的到发线经常办理列车会让，若必须停留车辆时，除须经车站值班员准许外，并须得到列车调度员的准许，以便列车调度员在运行调整中全面考虑。

到发线停留车辆是一种特殊情况。在接发列车作业中，为防止有车线接车事故的发生，停有车辆的到发线的两端道岔，应扳向机车车辆不能进入该线的位置并加锁。这样可以防止接车时，错误地将道岔开通该线，造成有车线接车事故。当车站为集中联锁或到发线装有轨道电路时，由于轨道电路的作用，进站信号机不能开放，可以防止上述情况发生，故不必加锁。

四、车站值班员在接发车工作中应亲自办理的事项

车站值班员是车站行车工作的统一指挥者。接发列车工作必须由车站值班员负责组织和统一指挥。多头指挥、轮流指挥，势必酿成高度隐患。接发列车时，办理闭塞、布置进路（包括听取进路准备妥当的报告）、开闭信号、交接凭证、接送列车、指示发车或直接向司机显示发车信号等六项工作，是与列车安全出入车站和在区间安全运行有密切关系的重要事项，原则上都应由车站值班员亲自办理。由于设备分散或业务繁忙，由车站值班员亲自办理上述作业确有困难时，除最关键的布置进路（包括听取进路准备妥当的报告）外，其他各项工作可在车站值班员统一指挥下，由助理值班员、信号员或扳道员办理。如在业务量较大的车站，可由助理值班员交接凭证，接送列车，指示发车或向司机直接显示发车信号，信号员负责开闭信号。助理值班员、信号员、扳道员参加接发车的作业分工，应在《站细》内规定。

当车站设有几个办理接发列车的车场时，各车场应分别设车站值班员，负责指挥车场的接发车工作。当车场间接发列车进路互有关联时，由指定的车站值班员统一指挥场间互有关联的接发车工作。车场的管辖范围及车站值班员的职责，应纳入《站细》。

第二节　接发列车作业项目及方法

不间断地接发列车，严格按运行图行车，是车站的基本任务之一。铁道部根据我国当前不同的行车闭塞方法、人员配备和作业方法等情况，在既考虑正常情况下的作业方法，又考虑非正常情况下的特定措施的前提下，结合不同闭塞法、不同联锁类型和不同的劳动组织形式，颁发了八项《接发列车作业标准》。标准的实施，提高了接发列车作业的安全程度与作业效率，完善了接发列车作业组织，促进了作业合理化，推动了接发列车工作管理的现代化。车站接发列车人员必须严格按标准作业，不得简化。

一、单双线半自动闭塞集中联锁（设信号员）车站作业标准（TB/T 1500.3—2009）

（一）接车（通过）作业（见表2-1）

表2-1 接车（通过）作业程序和要求

作业程序		岗位作业技术要求			说明事项
程序	项目	车站值班员	信号员（长）	助理值班员	
一、承认闭塞（接受预告）	1. 确认区间空闲	（1）听取发车站请求闭塞（双线为发车站预告）			
		（2）根据闭塞表示灯、《行车日志》及各种行车表示牌，确认区间空闲			
		（3）按列车运行计划核对车次、时刻、命令、指示			
	2. 办理闭塞手续（接受发车预告）	（4）同意闭塞："同意×（次）闭塞"［双线复诵："×（次）预告"］			列车闭塞（预告）后，按《站细》规定通知有关人员
		（5）通知信号员（长）："办理×（次）闭塞"［双线："×（次）预告"］，并听取复诵	（1）复诵："办理×（次）闭塞"［双线："×（次）预告"］		
		（6）应答："×（次）闭塞好（了）"	（2）一听铃响、二看黄灯、三按闭塞按钮、四确认绿色灯光，口呼："×（次）闭塞好（了）"		双线无此项作业
		（7）填写《行车日志》			使用计算机报点系统时，填记"电子《行车日志》"
		（8）必要时与列车调度员核对车次，了解列车停、通、会作业时间等			
		（9）确定接车线			
		（10）通知信号员（长）、助理值班员："×（次）×道停车（通过或到开）"，并听取复诵	（3）复诵："×（次）×道停车（通过或到开）"，并填写占线板（簿）	（1）复诵："×（次）×道停车（通过或到开）"，并填写占线板（簿）	

续表

作业程序		岗位作业技术要求			说明事项
程序	项目	车站值班员	信号员（长）	助理值班员	
二、开放信号	3. 听取开车通知	（11）复诵发车站开车通知：“×（次）、（×点）×（分）开（通过）”			
		（12）填写《行车日志》			使用计算机报点系统时，填记“电子《行车日志》”
		（13）通知信号员（长）及助理值班员“×（次）开过来（了）”，并听取复诵	（4）复诵：“×（次）开过来（了）”	（2）复诵：“×（次）开过来（了）”	
		（14）按《站细》规定通知有关人员			
	4. 确认接车线	（15）确认接车线路空闲			
		（16）通知信号员（长）：“停止影响进路的调车作业”，并听取报告	（5）复诵：“停止影响进路的调车作业”。确认停止后报告：“影响进路的调车作业已停止”		停止调车作业时机，按《站细》规定。无影响进路的调车作业时，此项作业省略
	5. 开放信号	（17）通知信号员（长）：“×（次）×道停车（通过），开放信号”。听取复诵无误后，命令：“执行”	（6）复诵：“×（次）×道停车（通过），开放信号”		
		（18）确认信号正确，应答：“×道进站信号好（了）”。[通过时，应答：“×道进、出站信号好（了）”]	（7）开放进站信号，口呼：“进站”，按下始端按钮；口呼“×道”（正线通过时，口呼：“出站”），按下终端按钮。确认光带（表示灯）、信号显示正确，口呼：“信号好（了）”		列车通过时，应办理有关发车程序
三、接车	6. 列车接近		（8）通过控制台监视信号及进路表示		
		（19）再次确认信号正确，应答：“×（次）接近”	（9）接近铃响、光带（表示灯）变红，再次确认信号开放正确，口呼：“×（次）接近”		计算机联锁设备的接近铃声为语音提示
		（20）通知助理值班员：“×（次）接近，×道接车”，并听取复诵		（3）复诵：“×（次）接近，×道接车”	动车组、特快旅客列车的通知接车时机，按《站细》规定

续表

作业程序		岗位作业技术要求			说明事项
程序	项目	车站值班员	信号员（长）	助理值班员	
三、接车	7. 接送列车			（4）到《站细》规定地点接车。接通过列车时，眼看、手指出站信号，确认信号开放正确，口呼：“×道出站信号好（了）”	
四、列车到达（通过）	8. 列车到达（通过）		（10）通过控制台监视进路、信号及列车进（出）站	（5）监视列车进站，于列车停妥后返回。通过列车，于列车尾部越过接车地点，确认列车尾部标志，按规定显示互检信号后返回	
		（21）应答“好（了）”	（11）通过控制台确认列车整列进入（通过）接车线，口呼：“×（次）到达（通过）”	（6）对通过列车擦（划）掉占线板（簿）记载	
		（22）对通过列车通知接车站：“×（次）、（×点）×（分）通过”，并听取复诵	（12）对通过列车擦（划）掉占线板（簿）记载		
		（23）填写《行车日志》			使用计算机报点系统时，填记“电子《行车日志》”
	9. 开通区间	（24）通知信号员（长）：“开通×（站）区间”，并听取复诵	（13）复诵：“开通×（站）区间”		
		（25）应答：“好（了）”	（14）一看闭塞表示灯、二按（拉）闭塞（复原）按钮、三确认灯光熄灭，口呼：“×（站）区间开通”		
	10. 报点	（26）通知发车站：“×（次）、（×点）×（分）到”，并听取复诵			
		（27）向列车调度员报点：“×（站）报点，×（次）、（×点）×（分）到（通过）”			使用计算机报点系统时，通过系统报点

（二）发车作业（见表2-2）

表2-2 发车作业程序和要求

作业程序		岗位作业技术要求			说明事项
程序	项目	车站值班员	信号员（长）	助理值班员	
一、办理闭塞	1. 确认区间空闲	（1）根据闭塞表示灯、《行车日志》及各种行车表示牌，确认区间空闲			
	2. 办理闭塞手续（发车预告）	（2）请求闭塞：“×（次）闭塞”［双线：“×（次）预告”］			
		（3）通知信号员（长）：“办理×（次）闭塞”，并听取复诵	（1）复诵：“办理×（次）闭塞”		双线无此项作业
		（4）应答：“×（次）闭塞好（了）”	（2）一按闭塞按钮、二听铃响、三看黄灯变绿，口呼：“×（次）闭塞好（了）”		
		（5）填写《行车日志》			使用计算机报点系统时，填记“电子《行车日志》”
二、开放信号	3. 开放信号	（6）通知信号员（长）：“停止影响进路的调车作业”，并听取报告	（3）复诵：“停止影响进路的调车作业”。确认停止后报告：“影响进路的调车作业已停止”		停止调车作业时机，按《站细》规定。无影响进路的调车作业时，此项作业省略
		（7）通知信号员（长）：“×（次）×道发车，开放信号”。听取复诵无误后，命令：“执行”	（4）复诵：“×（次）×道发车，开放信号”		
		（8）确认信号正确，应答：“×道出站信号好（了）”	（5）开放出站信号，口呼：“×道”，按下始端按钮；口呼：“出站”，按下终端按钮。确认光带（表示灯）、信号显示正确，口呼：“信号好（了）”		
三、发车	4. 准备发车	（9）通知助理值班员：“×（次）×道发车”，并听取复诵		（1）复诵：“×（次）×道发车”	助理值班员在室外接发车时，可提前告知发车计划
	5. 确认发车条件		（6）通过控制台监视信号及进路表示	（2）发车前，眼看、手指出站信号，确认信号开放正确，口呼：“×道出站信号好（了）”	动车组发车时，无（2）项作业

续表

作业程序		岗位作业技术要求			说明事项
程序	项目	车站值班员	信号员（长）	助理值班员	
三、发车	5. 确认发车条件			（3）确认旅客上下、行包装卸和列检作业完了	其他发车条件的确认按《站细》规定。 动车组发车时，无此项作业
	6.（指示）发车			（4）按规定站在适当地点，显示发车信号或向运转车长显示发车指示信号并应依式中转发车信号（使用列车无线调度通信设备及发车表示器发车时除外）	动车组发车时，无此项作业
四、列车出发	7. 监视列车	（10）列车启动，通知接车站："×(次)、(×点)×(分）开"，并听取复诵			
		（11）填写《行车日志》		（5）监视列车，于列车尾部越过发车地点，确认列车尾部标志，按规定显示互检信号后返回	使用计算机报点系统时，填记"电子《行车日志》"
		（12）应答："好（了）"	（7）通过控制台确认列车整列出站，口呼："×(次）出站"		
	8. 报点	（13）向列车调度员报点："×（站）报点，×(次)、(×点)×(分）开"	（8）擦（划）掉占线板（簿）记载	（6）擦（划）掉占线板（簿）记载	使用计算机报点系统时，通过系统报点
	9. 接受到达通知	（14）复诵接车站列车到达通知	（9）确认闭塞表示灯熄灭		
		（15）填写《行车日志》			使用计算机报点系统时，填记"电子《行车日志》"

注：执行本标准的有关规定

1. 接发列车时，接发列车人员应穿着规定服装，衣帽整齐，佩戴臂（胸）章，携带列车无线调度通信设备，持规定信号旗（灯），立正姿势，站在《站细》规定地点，面向列车，注意列车运行和货物装载状态。

2. 办理接发列车用语应使用普通话。遇"0""1""2""7"可发"dòng（洞）""yāo（幺）""liǎng（两）""guǎi"（拐）"音。用语中括号内的"站""次""×点""分""了"可省略。办理动车组以外的旅客列车时，车次前冠以"客车"两字（向列车调度员报点除外）。例如：动车×(次)，客车×(次)，客车（直、特、快、内、临、游)×(次)。

3. 开放信号时，执行"一看、二按（点击）、三确认、四呼唤"及"眼看、手指、口呼"制度。眼看：看准应操纵的按钮；手指：中、食指并拢成"剑指"，指向应确认的按钮（计算机联锁设备为鼠标箭头或光电笔对准应确认的按钮）；口呼：规定用语，吐字清楚。

4. 填写《行车日志》(旅客列车使用红笔)、调度命令及各种行车凭证，要做到正确齐全，字迹清晰。

5. 一端有两个及其以上列车运行方向，办理闭塞（预告）及下达接发车命令时，应以线名或邻站名区别方向（"线"或"站"字可省略）；有两个及其以上车场或经路时，要讲明车场或经路。具体办法在《站细》中规定。

6. 遇有超长、超限列车，单机挂车及列尾装置灯光熄灭的列车，应在办理预告（闭塞）时通知接车站。

7. 列车区间运行时分小于规定的开放进站信号时分时，办理信号时机按《站细》规定。

8. 车站使用列车无线调度通信设备发车时，通知司机用语为："×（次）、×道发车"，并听取复诵无误。

9. 接发列车作业中，发现列车有异状时，接发车人员应立即报告同时按规定采取安全措施。

10. 始发列车开车后，应向列车调度员报告列车编组简报、机车号码、司机和运转车长姓名或代号及晚点原因，摘挂列车还应报告摘挂辆数等。

11. 接发列车时，应执行《车机联控标准》。

12. 列车同时到发，助理值班员不能兼顾时，应先办理发车。

13. 信号控制台上使用的行车表示牌（帽、卡）及揭挂办法，按《站细》规定执行。

14. 由于设备、人员组织不同，执行"岗位作业技术要求"中的有关内容有困难时，可由铁路局（车站）补充规定。

二、办理闭塞应确认区间空闲

车站值班员在办理闭塞前应确认区间空闲。我国铁路采用的行车闭塞法，无论是基本的还是代用的，都属于空间间隔法。虽然这些闭塞方法在正常情况下都能实现在同一时间、同一区间（或闭塞分区）内的一条正线上只有一个列车运行，但因设备本身的欠缺，或因办理人员的疏忽，仍可能将另一列车开入占用区间。例如：半自动闭塞区间遗留车辆或列车全部在区间，就设备而言仍可办理区间开通和将下一列车开入区间的闭塞手续。使用电话闭塞法时，本身没有设备控制，区间是否空闲，全靠电话联系，更要认真做好这一作业。确认区间空闲时，除人工检查前一列车是否全部到达，补机是否返回，出站（跟踪）调车是否完毕，以及有无轻型车辆占用和区间封锁外，还应从设备上确认区间空闲。

（1）自动闭塞：通过控制台的监督器（列车离去表示灯）或出站信号机复示器，确认第一及第二闭塞分区空闲的情况，在四显示区段，还应确认第三闭塞分区的空闲情况。

（2）半自动闭塞：除根据闭塞机上闭塞表示灯显示外，还应根据《行车日志》及各种行车表示牌确认。

（3）自动站间闭塞：通过计轴设备或区间占用表示灯的显示，确认区间空闲。

（4）电话闭塞：根据《行车日志》列车到达的电话记录和助理值班员、扳道员现场确认到达列车情况的报告，确认区间空闲。

在双线或多线区间还应特别注意确认超限列车与其他列车在区间会车时，相邻两线的线间距是否满足规定要求。如双线区间动车组在 CTCS－2 区段运行时，禁止在区间与超限货物列车交会。

三、进路的布置、准备及确认

正确、及时地准备好列车进路是接发列车工作中的关键。车站值班员必须亲自布置和听取进路准备妥当的报告。

（一）进路的布置

1. 布置内容

车站值班员应讲清车次和占用线路（接入股道或由某道出发）。如车站一端有两个及其以上列车运行方向或双线反方向行车时，还要讲清方向、线别。

2. 要求

（1）按《站细》规定时间，正确及时地布置进路。

（2）简明清楚。布置进路应按铁道部《接发列车作业标准》规定的程序和用语办理，不得简化。布置进路的命令不准与其他作业的命令、通知一起下达。

（3）受令人复诵。当两人及其以上同时接受准备进路的命令时，应指定一人复诵。车站值班员要认真听取复诵，核对无误后方可按发布命令执行。

当车站联锁失效时，车站值班员布置进路必须同时布置两端扳道员，以防列车进站时，另一端扳道员不了解车站值班员的命令，将调车机放入，造成有车线接车，甚至发生冲突。

（二）进路的准备

1. 道岔的扳动及转换

扳道、信号人员应严格按照车站值班员的接发列车命令、调车作业计划，正确及时地准备进路。在操纵道岔、信号时，要眼看、手指、口呼，认真执行“一看、二扳（按）、三确认、四显示（呼唤）”制度；对进路上不该扳动的道岔，也应认真进行确认。接发列车进路准备完了后，及时报告车站值班员（能从设备上确认者除外）。集中联锁车站，办理旅客列车进路后，要在按钮上加扣客车帽。

（1）扳动道岔的程序

“一看”：在扳动前看所扳道岔的开通方向；看接车线是否空闲；看机车车辆是否越过警冲标；看机车车辆是否越过联动道岔。

“二扳（按）”：将道岔扳到所需位置。

“三确认”：确认道岔开通位置是否正确，尖轨与基本轨是否密贴，进路有关道岔位置是否正确，确认影响进路的调车作业是否停止。

“四显示（呼唤）”：确认无误后，呼唤“×道准备好了”，并向车站值班员汇报进路准备妥当或向要道人员显示股道号码和进路准备妥当手信号。

（2）集中联锁车站人工转换道岔的方法

集中联锁车站在停电或故障时，需使用手摇把就地人工操纵道岔。人工操纵道岔所使用的电动转辙机钥匙及手摇把是在固定地点存放的，并应进行编号，平时由信号工区加封。遇电气集中联锁设备故障时，车站值班员应立即通知信号工区并在《行车设备检查登记簿》内登记，为保证不间断接发列车，应在车站值班员指示下，由扳道人员在现场手摇道岔。手摇道岔时，应在《站细》规定地点取来钥匙，将钥匙孔盖上的锁打开，见图 2－4（a），使钥匙孔盖向下方转动，露出手摇把孔。将手摇把插入孔内，见图 2－4（b），手摇转动 36～38 圈，听到“咔嚓”的声音后，即表示道岔已手摇到位，尖轨被锁闭。由于“咔嚓”的声音很小，加上现场声音嘈杂，必须注意观察，切不可未手摇到位即抽出手摇把。对应加锁的道岔，即使摇到位，听到“咔嚓”的声音，也必须加锁，以确保进路安全。

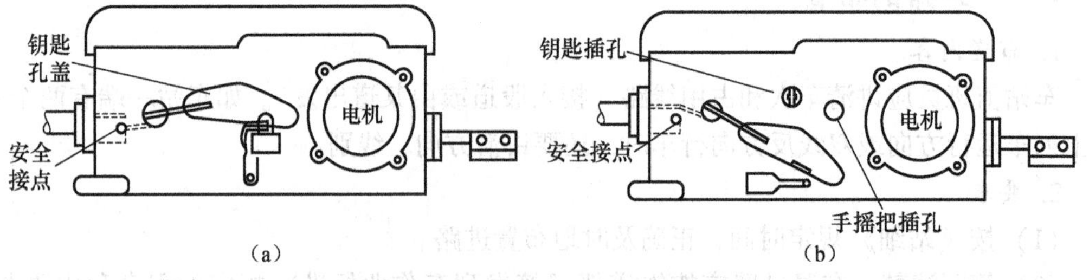

图 2－4　人工转换道岔示意图

经过手摇的道岔，不能自动恢复集中操纵。转辙机底壳内的安全接点是非自复式的，由于抽出手摇把后安全接点亦不能接通，钥匙孔盖亦不能恢复原来的位置，电动转辙机还处于断电状态。即便恢复供电，该道岔的电动转辙机仍不能动作，使人工转换后的道岔不改变其开通方向，保证进路的正确。

电气集中设备恢复正常，停止手摇道岔，在接车时就在列车全部进入警冲标内方，发车时出发列车应整列出站，再由电务人员使用专用钥匙打开电动转辙机机盖，经确认设备处于正常状态，接通安全接点，钥匙孔盖恢复原来位置，手摇把插孔被覆盖，人工转换停止。此时，对电动转辙机及钥匙孔盖加锁，当道岔操纵电路恢复后，即列入集中操纵。

为了适应列车提速的需要，目前许多区段都安装了分动外锁闭可动心轨道岔。这种道岔是由交流液压电动转辙机操纵的，转辙机内无齿轮传动装置。若手工摇岔时，转数不固定，大约在200转以上，摇动期间不能停顿，停动后又要从头摇动。因此，对手工摇岔有一定难度。同时，由于道岔的两尖轨是分别动作的，一尖轨与基本轨密贴后，另一尖轨方开始动作，必须两尖轨动作均到位后，才能停止摇动。有的道岔是由两组液压转辙机操纵，在摇动时还要注意另一转辙机的动作。外锁闭道岔的锁闭力可在60 t以上，而内锁闭道岔的锁闭力仅在5 t左右。因而外锁闭道岔对列车提速后产生的较大冲击力，有着良好的适应作用。但在人工手摇道岔时，由于人员的疏忽错误开通道岔方向时，列车很难冲开密贴的尖轨与基本轨，很可能造成列车脱轨事故。分动外锁闭可动心轨道岔在进行人工转换时必须确保两尖轨都转换到位，同时还必须确保心轨与尖轨开通方向一致。铁路局应在《行规》中，制订操纵、使用及加锁的规定。

2. 无联锁接发列车时道岔的人工加锁

进站或出站信号机故障或不能使用时，接发车进路上的道岔位置不能由设备进行检查，同时进路上有关道岔亦失去了联锁。在无联锁线路上接发列车时，除确保进路上有关道岔位置正确外，还应根据《技规》的规定，将进路上对向道岔及邻线上的防护道岔进行人工加锁。进路上的分动外锁闭道岔无论对向或顺向均应对密贴尖轨、斥离尖轨和可动心轨加锁。具体加锁办法，由铁路局规定。

列车经辙叉向尖轨运行时，该道岔为进路上的顺向道岔，列车由尖轨向辙叉运行时，该道岔为进路上的对向道岔。当进路上顺向道岔开通位置错误时，可能造成挤岔事故；当对向道岔开通位置错误时，则可能使列车进入不该进入的线路，与该线内的机车、车辆发生冲突，其后果严重。图2－5为某站上行咽喉示意图，当正方向运行的上行列车进6道时，进路上应加锁的对向道岔为10、14、20、22、24号道岔，当下行列车由3道向下行正线发车时，进路上应加锁的对向道岔为12号路岔。

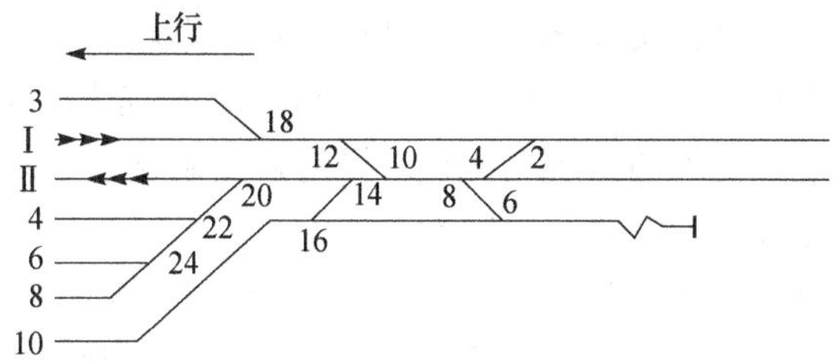

图2－5　某站上行咽喉示意图

防护道岔是能将邻线上的进路与本线上的接发车进路隔开的道岔。若其开通位置错误，则可能造成邻线上的机车车辆错误闯入接发车进路。为此，要求在防护道岔开通位置正确以后加锁。由于进路不同，邻线上防护进路的道岔亦不相同。如图2－5中，正方向运行的上行列车进6道时，防护道岔为2、6、12、16号道岔；下行列车由3道发车时，其防护道岔则为10、4号道岔。

3. 部分道岔联锁失效时进路的准备

集中联锁的车站，当一条接发列车进路上部分道岔区段轨道电路故障或道岔失去定反位表示时，对非故障道岔仍可采用集中设备进行锁闭，锁闭方式包括单独锁闭、调车进路锁闭、引导进路锁闭和引导总锁闭。对轨道电路故障后无需人工转换的道岔应采用单独锁闭，以防因故障导致道岔的错误解锁。对失去定反位表示的道岔、因故障而人工转换后的道岔、无联锁的道岔必须严格按上述规定进行人工加锁。

（三）进路的确认

1. 确认接车线路空闲

确认接车线路空闲系指接车线无封锁施工，无机车、车辆、动车、重型轨道车，以及轻型车辆、小车及其他能造成脱轨的障碍物。

确认的方法：

（1）设有轨道电路的车站，在设备正常的情况下，当股道有车时控制台上就有所表示，进路开通有车线时进站信号机不能开放，从而保证了接车安全。但在集中联锁车站也应填记“占线板（簿）”，以便车站值班员掌握和确认。以往曾发生过某集中车站的股道里存有一辆车，因轨面有沙，轨道电路不起作用，因车站值班员只看控制台不填记“占线板”，误将列车接入有车线，幸被司机及时发现才未造成严重后果。还要特别注意确认股道无封锁施工，无轻型车辆、小车及可能造成脱轨的障碍物。

（2）未设轨道电路的车站，股道有车时控制台无任何表示，当进路开通有车线时进站信号机仍能开放，极易发生有车线接车的事故。这样的车站一方面要严格手续（如填记“占线板”），值班员还必须要到现场确认。全路曾多次因未确认接车线路空闲而将列车接入的事故，特别是旅客列车，造成巨大损失和恶劣影响，必须引起足够重视。在车站未设轨道电路或在停电故障等无联锁情况下，必须严格按照《接发列车作业标准》指派有关人员现场确认并汇报。接发列车时，助理值班员应提前出场，与扳道员对道，在确认进路正确后才能接发列车。但有的车站助理值班员却简化作业程序，不对道。以往曾发生将两列车接入同一接车线的行车事故，教训极为深刻。

2. 确认进路有关道岔位置正确

扳道员在准备进路完了时，要确认道岔的开通位置，以确保进路的正确。车站值班员可通过控制台的光带或听取扳道人员汇报确认道岔位置。当联锁失效或无联锁线路接发车时，要执行再度确认，有的车站要求两人现场确认，同时还要确认道岔加锁情况。

“再度确认”，即在扳道员（包括手摇道岔人员）汇报“进路准备妥当，道岔已加锁”后，车站值班员随即命令“再度确认”。扳道员再按接发车进路顺序（接车时由外向里，发车时由里向外）对道岔位置确认一个汇报一个，值班员对照控制台逐个确认。

“两人现场确认”，由扳道员及引导人员进行。当扳道员准备进路时，要确认接车线路空闲，进路道岔开通位置正确，影响进路的调车作业已停止后，引导人员亦应按此顺序确认。扳道人员及引导人员均应向车站值班员汇报。在无联锁情况下准备进路时，部分车站派去两端作业的扳道员及引导员往往分工不明确，实际形成两个扳道员为少走路，两人分别“包干”。车站值班员在发布准备进路命令及听取汇报时也不分人，谁汇报都行。这造成分工不明确，因而进路没人再次检查，以往曾多次发生事故，要引起注意。

3. 确认影响接发列车进路的调车作业已经停止

在开放进站或出站信号机前，必须停止影响列车进路的调车作业，以保证信号机的及时开放及列车出入车站的安全。未确认影响进路的调车作业是否停止就盲目开放信号，有可能造成列车冲突。

影响进路的调车作业指：

（1）占用或穿过接发车进路的调车作业；

（2）接发超限列车进路的线路上，当线间距不足5 000 mm时，邻线上的调车作业；

（3）接发非超限列车进路的线路上，当线间距不足5 000 mm时，邻线上调动装载超限货物的车辆；

（4）接发旅客列车时，能进入接发列车进路的线路没有隔开设备或脱轨器的调车作业（《技规》第237条规定的允许情况除外）。

停止影响接发列车进路调车作业的时间及通知方法，应在《站细》内规定，严禁“抢钩”作业，严格遵守“调车作业服从于接发列车作业”规定。

四、信号机的开闭时机

（一）信号机开放时机

1. 进站信号机

进站信号机开放后即锁闭有关进路上的道岔，过早开放会过早占用咽喉区，影响站内其他作业。晚开放信号可能使列车在信号机外减速甚至停车。正确开放进站信号机的时机为列车运行至预告信号机前司机能确认信号机显示的地点，如图2－6。

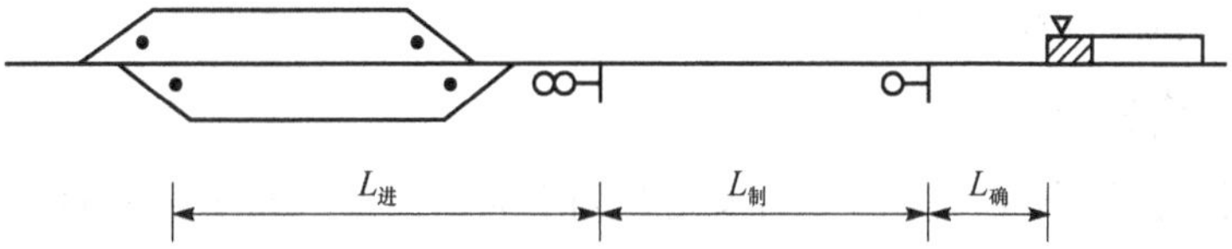

图2－6　开放进站信号机时机示意图

开放进站信号机时间计算公式：

$$t_{开} = \frac{L_{进} + L_{制} + L_{确}}{V_{进}} \times 0.06(\mathrm{min})$$

式中 $L_{确}$——司机确认信号显示的距离（m）；

$L_{制}$——列车制动距离（m）；

$L_{进}$——进站信号机至出站信号机或接车线末端警冲标之间的距离（m）；

$V_{进}$——列车进站的平均速度（km/h）；

0.06——单位换算中，将km/h转化为米/分的单位换算系数。

2. 出站信号机

开放出站信号机的时机，需根据出站信号机开放后至列车启动前，办理全部作业所需的时间而定。其中包括：助理值班员确认出站信号机的开放状态、显示发车指示信号或发车信号；旅客列车运转车长确认信号、确认发车条件完全具备、显示发车信号；司机确认发车信号及出站信号，以及启动列车等。

提前开放信号机的时间应在《站细》内规定。

（二）信号机的关闭时机

信号机关闭后，有关道岔即解锁（装有道岔区段轨道电路的车站除外）。信号机关闭过早，可能造成进路道岔错误转换或敌对信号开放，因而威胁列车运行安全；关闭过晚会耽误其他作业，影响效率。集中联锁车站的进站、进路、出站信号机，设有轨道电路的线路所通过信号机及自动闭塞区段的通过信号机，由于轨道电路的作用，当机车或车辆第一轮对越过该信号机后自动关闭。引导信号应在列车头部越过信号机后及时关闭。

五、交接凭证

这里所说的凭证，是指出站（线路所通过、发车进路）信号机显示的进行信号以外的摸得着、拿得到的“证件”。如：绿色许可证、路票、红色许可证、列车进入封锁区间的“调度命令”等。

交接的凭证（包括转交司机的调度命令、口头指示、预告等），要认真检查是否正确。通过列车交接时要注意人身安全，交不上时应停车交付。车站收回凭证后，要确认凭证是否正确，及时注销保管。

六、接送列车

列车出入车站时，必须由助理值班员、扳道员等接发车人员在室外立岗接送列车。确认列车的整列出发、完整到达、进入警冲标内方等。同时还要监视列车运行状态及货物装载状态，及时处理危及行车安全的问题。接送列车作业不仅涉及列车进出车站的安全，也对列车在区间运行的安全有着重要作用。因此，车站值班员必须按《站细》规定及时通知有关人员到岗接车，站内平过道应加强监护。

（一）立岗接送列车

接发列车时，接发车人员应携带列车无线调度通信设备、持手信号旗（灯），站在规定地点接送列车，注意列车运行和货物装载状态，与运转车长互对信号。

1. 停车列车

接停车列车，应首先确认接车线路上有无行人和障碍物，站台上的旅客是否站在安全白线里面。列车在站内停车时，应停于接车线警冲标内方。在设有出站信号机的线路上，列车头部不得越过出站信号机。当列车尾部停在警冲标外方或压轨道绝缘时，接车人员应使用无线调度通信设备等通知司机或显示向前移动的手信号：昼间为拢起的手信号旗上下摇动；夜间为白色灯光上下摇动，也可辅以其他手段通知司机，使列车向前移动。当停车列车整列进入警冲标内方时，运转车长与接车人员显示过标信号：昼间为拢起的手信号旗作圆形转动；夜间为白色灯光作圆形转动，以示列车整列到达。

2. 通过或出发列车

接通过列车除应按规定确认出站信号或交接行车凭证外，还应确认通过线路上有无行人和障碍物。当特快旅客列车通过车站时，为确保站台上旅客和特快旅客列车的安全，要组织旅客站在安全线以内。特快旅客列车通过的车站，通过线路的站台边缘安全线设在距钢轨头部外侧2.5 m处。注意列车运行和货物装载状态，发现车辆燃轴、抱闸、制动梁脱落、篷布绳索脱落、货物串动或倾斜、倒塌等危及行车安全的情况时，要立即通知司机或采取措施。

当列车运行正常时，接发车人员应与旅客列车运转车长显示互检信号。特快旅客列车速度高且车厢封闭运行，运转车长无法出场，可不显示互检信号，发现异状应立即用列车无线调度通信设备通知有关人员。

发现旅客列车尾部标志灯光熄灭时，通知运转车长（无运转车长为车辆乘务员）进行整理。在自动闭塞区段，通知不到时，应使列车停车整理。自动闭塞区段列车是追踪运行的，尾部标志灯光熄灭时，对列车运行安全影响更大。

发现货物列车列尾装置丢失时，应报告列车调度员，并通知司机在前方站停车处理。

（二）列车接近车站、进站和出站的报告

列车接近车站、进站和出站时，接发车人员应及时向车站值班员报告列车进出站的情况（能从设备上确认者除外），以便车站值班员及时通知关人员出场接车，及时确认列车的整列出发与到达。旅客列车、不挂车的单机以及重型轨道车和通过列车，可省略整列车到达报告。

七、指示发车或发车

当车站做好发车准备并具备发车条件后，应向运转车长显示发车指示信号或向司机显示发车信号。

（一）显示发车信号或向运转车长显示发车指示信号的条件

车站值班员、助理值班员确认发车进路准备妥当，行车凭证已交付，出站（进路）信号机已开放，旅客上下、站车交接、装卸作业完毕，列检作业完毕并已撤除防护，发车条件完备后，车站值班员（助理值班员）方可向司机显示发车信号（昼间：展开的绿色信号旗上弧线向列车方面作圆形转动；夜间：绿色灯光上弧线向列车方面作圆形转动）或向运转车长显示发车指示信号（昼间高举展开的绿色信号旗靠列车方面上下缓动；夜间高举绿色灯光上下缓动）。发车指示信号，应在运转车长向司机显示发车信号时收回。运转车长得到发车指示信号后，确认列车已完全具备发车条件，方可向司机显示发车信号。

因曲线等关系，司机难以确认运转车长发车信号时，经铁路局指定的车站，可由发车人员直接向司机显示发车信号。单机、动车（组）、重型轨道车及无运转车长值乘的列车，均由发车人员直接向司机显示发车信号。

（二）中转运转车长的发车信号

当司机确认旅客列车运转车长的发车信号有困难时，为便于司机确认，可由发车人员依式中转运转车长的发车信号。司机凭发车人员中转的发车信号，在确认占用区间行车凭证后开车。

（三）使用发车表示器发车

因曲线或其他原因，司机难以确认运转车长的发车信号时，可装设发车表示器。发车表示器平时不着灯，当显示一个白色灯光时，表示运转车长准许发车。

（1）出站信号机开放后，发车人员所在地点（雨棚柱或发车线间的发车柱上）的发车指示信号按钮处亮一白灯。发车人员确认发车条件具备后，按压“发车指示按钮”，白灯熄灭，而列车尾部附近发车按钮处的发车指示灯亮白灯。

（2）运转车长确认发车条件具备后，按压发车按钮，白灯熄灭，而司机附近的发车表

示器向前后亮一白灯。

(3) 司机确认出站信号机已开放并确认发车表示器亮一白灯后开车。列车出发，当出站信号机关闭后，发车表示器自动熄灭。

(四) 使用列车无线调度通信设备发车

通信记录装置良好的车站，单机、动车、重型轨道车及无运转车长值乘的列车准许使用列车无线调度通信设备发车。

使用列车无线调度通信设备发车，发车人员必须站在《站细》指定的地点，严禁不在现场的“遥控”发车。

(五) 恶劣天气情况下的发车

遇天气恶劣，信号机显示距离不足 200 m 时，司机或车站值班员须立即报告列车调度员，列车调度员应及时发布调度命令，改按天气恶劣难以辨认信号的办法行车。天气转好时，应及时报告列车调度员发布调度命令，恢复正常行车。

当无法辨认出站（进路）信号机显示时，在列车具备发车条件后，司机凭车站值班员（运转车长）列车无线调度通信设备（其通信记录装置须作用良好）的开车通知，启动列车，在确认出站（进路）信号机显示正确后，再行加速。

(六) 动车组发车

动车组发车前，列车长确认旅客上下完毕后，通知司机关闭车门。动车组司机在确认出站（进路）信号机显示或占用区间行车凭证正确，车门已关闭，即可启动列车。车站无需通知司机发车或显示发车信号（发车指示信号）。

八、开通区间及报点

列车到达、发出或通过后，车站值班员应立即向邻站及列车调度员报点，并记入《行车日志》（设有计算机报点系统的按有关规定办理），以便列车调度员能随时掌握管辖区段内列车运行情况。填写《行车日志》时，旅客列车应按规定使用红色笔填写。

遇有超长、超限列车，单机挂车，列尾装置灯光熄灭等与接车作业有关的特殊情况，也必须通知接车站，以便作好接车准备。此外，列车到达或通过后，还应立即向发车站报点，及时办理区间开通手续。

列车到、发及通过时刻的确定：

(1) 到达时刻：以列车进入车站，停于指定到达线警冲标内方时刻为准。列车超过实际到达线有效长时，以第一次停车时刻为准。列车在区间分部运行时，则以全部车辆到达车站时为准。

(2) 出发时刻：以列车机车向前进方向启动，列车在站界内（场界内）不再停车为准。列车全部发出站界后，因故退回发车站再次出发时，则以第一次出发时刻为准。在分界站向邻局出发时，则以最后发出时刻为准。

(3) 通过时刻：以列车机车通过车站值班员室时为准。

九、车机联控

车机联控是利用列车无线调度通信设备，将列车调度员、车站值班员、司机、运转车长均列入联控范围，围绕着列车运行的安全正点，每个人既是参加作业人员，又是安全工作的检查员。每个车站、每趟列车及每个岗位，都进入联控范围之中，实现了司机“问路行车”、车站值班员“指路行车”、运转车长“联系行车”，从而强化了行车工作的整体安全。目前，车机联控制度已经在全路普遍采用。实践证明，车机联控制度是一项适合我国铁路情况的行车组织手段，它将行车组织工作与行车安全工作有机结合起来，是保证列车运行安全的有效措施。某铁路局《车机联控作业标准》如下：

（一）车机联控作业标准（与车站接发列车人员有关部分）

1. 正常接车（见表2－3）

表2－3　正常接车呼叫时机和联控用语

呼叫时机	联控用语		
	作业人	列车司机	车站值班员
自动闭塞区段，列车接近第一接近通过信号机或规定的呼叫点；半自动闭塞区段（双线反方向行车时），列车在规定的呼叫点	呼叫人	××（站）××（次）接近	
	被呼叫人		××（次）××（站）×道**通过**［停车］
	复诵人	××（次）×道**通过**［停车］，司机明白	
有两个及以上运行方向的车站，列车通过时应在联控用语后增加“去××方向”			

注：（　）内的字可省略，［　］内的字与黑体字根据实际情况选择。下同。

2. 机外停车后接车（见表2－4）

表2－4　机外停车后接车呼叫时机和作业联控用语

呼叫时机	作业用语		
	作业人	车站值班员	联控列车司机
列车机外停车再开，信号开放后	呼叫人	××（次）进站（接车进路）信号好（了），×道**通过**［停车］	
	被呼叫人		××（次）进站（接车进路）信号好（了），×道**通过**［停车］，司机明白
有两个及以上运行方向的车站，列车通过时应在联空用语后增加“去××方向”			

3. 发车（见表2－5）

表2－5　发车呼叫时机和联控用语

呼叫时机	联控用语		
	作业人	车站值班员	列车司机
列车站内停车再开或列车始发时，信号开放后	呼叫人	××（次）×道出站（发车进路）信号好（了）	
	被呼叫人		××（次）×道出站（发车进路）信号好（了），司机明白
有两个及以上运行方向的车站，列车通过时应在联控用语后增加“去××方向”			

4. 被迫停车或列车脱轨可能妨碍邻线，本务司机呼叫车站（见表2－6）

表2－6 被迫停车或列车脱轨可能妨碍邻线，本务司机呼叫时机和联接用语

呼叫时机	联控用语		
	作业人	列车司机	车站值班员
被迫停车或列车脱轨可能妨碍邻线	呼叫人	××（站）××（次）在××千米（处）被迫停车	
	被呼叫人		××（次）在××千米（处）被迫停车，××（站）明白
（1）在××千米后应说明被迫停车原因； （2）被迫停车后可能妨碍邻线时应在被迫停车后增加“可能侵入邻线”			

5. 列车被迫停车，车站立即呼叫追踪列车（见表2－7）

表2－7 列车被迫停车，车站呼叫追踪列车呼叫时机和联控用语

呼叫时机	联控用语		
	作业人	车站值班员	追踪列车司机
车站接到列车在区间被迫停车的通知	呼叫人	××（次）在××千米（处）被迫停车，××（次）列车注意运行	
	被呼叫人		××（次）在××千米（处）被迫停车，注意运行，××（次）司机明白

6. 列车脱轨可能妨碍邻线，车站立即呼叫邻线列车（见表2－8）

表2－8 列车脱轨可能妨碍邻线，车站呼叫邻线列车时机和联控用语

呼叫时机	联控用语		
	作业人	车站值班员	邻线列车司机
车站接到列车脱轨可能妨碍邻线的通知	呼叫人	××（次）列车立即停车，××（次）在××千米（处）侵限	
	被呼叫人		××（次）立即停车，司机明白

7. 动车组及动车组检测列车接车（见表2－9）

表2－9 动车组及动车组检测列车接车呼叫时机和联控用语

呼叫时机	联控用语		
	作业人	车站值班员	动车组司机
自动闭塞区段，列车接近第一通过信号机或规定的呼叫点；半自动闭塞区段（双线反方向行车时），列车在规定的呼叫点	呼叫人	××（次）××（站）×道通过［停车］	
	被呼叫人		××（次）×道通过［停车］，司机明白。
有两个及以上运行方向的车站，动车组通过时应在联控用语后增加“去××方向”			

8. 列车临时机外停车（见表2－10）

表2－10 列车临时机外停车呼叫时机和联控用语

呼叫时机	联控用语		
	作业人	车站值班员	列车司机
列车接近前	呼叫人	××（次）××（站）机外停车	
	被呼叫人		××（次）××（站）机外停车，司机明白

9. 通过列车变为停车（见表2－11）

表2－11 通过列车变为停车呼叫时机和联控用语

呼叫时机	联控用语		
	作业人	车站值班员	列车司机
列车接近前	呼叫人	××（次）××（站）×道停车	
	被呼叫人		××（次）×道停车，司机明白

10. 旅客列车变更固定接车线路（见表2－12）

表2－12 旅客列车变更固定接车线路呼叫时机和联控用语

呼叫时机	联控用语		
	作业人	车站值班员	列车司机
列车接近前	呼叫人	××（次）××（站）变更×道通过［停车］，限速××千米	
	被呼叫人		××（次）××（站）变更×道通过［停车］，限速××千米，司机明白
有两个及以上运行方向的车站，列车通过时应在联控用语后增加“去××方向”			

11. 车站引导接车（见表2－13）

表2－13 车站引导接车呼叫时机和联控用语

呼叫时机	联控用语		
	作业人	车站值班员	列车司机
列车接近前	呼叫人	××（次）××（站）引导接车，×道停车［通过］，注意引导信号	
	被呼叫人		××（次）××（站）引导接车，×道停车［通过］，司机明白
（1）在两个及以上运行方向的车站，列车通过时应在联控用语后增加“去××方向”； （2）若用手信号引导列车进站，“注意引导信号”应为“注意引导手信号”			

（二）注意事项

（1）车机联控必须“站站列列呼唤应答”，联控作业程序应规范，用语要准确、清晰并使用普通话。

（2）联控用语中，特快旅客列车 T××次称为：客车特××次；快速旅客列车 K××次称为：客车快××次；普通旅客列车称为：客车××次；临时旅客列车 L××次称为：客车临××次；旅游列车 Y××次称为：客车游××次；行包快运专列 X××次称为：行××次；动车组 D××次称为：动××次；动车组检查列车 DJ××次称为：动检××次；城际列车C××次称为：城××次。

（3）在一端有两个及以上运行方向的车站（有上、下行之分的除外），应在联控用语中增加："去××方向"。

十、进路的变更

由于作业的需要，或临时发生故障，为保证安全，可能对已经准备好的接发列车进路加以变更。如接车时，可能关闭进站信号机，改变接车股道或将其关在机外；发车时，可能关闭已开放的出站信号机停止发车，再准备其他进路。上述情况由于司机没有精神准备，对突然变化的信号采取紧急制动，造成机车车辆或货物的损坏，产生严重后果；或由于司机间断瞭望，将停止发出（或接入）的列车发出（或接入），与改变计划的列车发生冲突，后果更不堪设想。因此，进站或出站信号机开放后其接发列车进路不应随意变更。遇特殊情况必须变更时，应做到以下几点：

（1）变更接车进路应满足《站细》内规定提前开放信号机的时间，保证列车在进站信号机外不停车、不减速。不满足《站细》内规定提前开放信号机的时间，但出现了危及行车安全的情况时，可立即关闭进站信号，但不得立即解锁进路。设有接近锁闭的车站，当列车进入接近锁闭区段后，更不得立即强行解锁进路。以防列车制动不住而发生危险。

（2）变更发车进路时，应先通知发车人员；如发车人员已通知司机发车或显示发车信号（发车指示信号），而列车尚未启动时，还应通知司机，收回行车凭证后，方可关闭出站信号机取消发车进路，严禁先取消进路后通知发车人员。

由于动车组无需车站通知司机发车或显示发车信号（发车指示信号），因此，只要出站信号机开放或占用区间行车凭证已交付，如需取消发车进路，车站值班员应确认列车尚未启动，通知司机，收回行车凭证后，方可办理。

十一、列车在站内临时停车的处理

所谓临时停车是指计划之外的停车。列车在站内临时停车，待停车原因消除且继续运行时，应按下列规定办理：

（1）司机主动停车时，自行启动列车；

（2）其他列车乘务人员使用紧急制动阀停车时，由运转车长（无运转车长时为车辆乘务员）通知司机开车；

（3）车站接发列车人员使列车在站内临时停车时，由车站按规定发车；

（4）其他原因的临时停车，车站值班员应会同司机、运转车长、车辆乘务员等查明停车原因，在列车具备运行条件后，由车站按规定发车。

上述第（1）、（2）、（4）项，司机应向车站值班员报告停车原因。

十二、CTCS－2 区段动车组接发的特别规定

（1）按列控设备方式行车时，禁止在未设置 CTCS－2 信息的股道及进路上接发动车组。

（2）动车组通过车站时，车站须提前 10 分钟停止通过进路上的作业和对动车组运行安全有影响的作业（通过 CTC 系统自动排路时，敌对进路停止排列的时机由系统自动判断）。

（3）动车组通过车站前 10 分钟，相邻线路的列车上水、道岔清扫、机车车辆检修、货物装卸、车号核对、货检等作业人员必须停止作业，到安全地点避车。

（4）动车组通过车站前 10 分钟，车站值班员应及时通知调车长，并由调车长负责指挥调车作业人员停止邻线调车作业，撤离到安全地带。

（5）动车组通过车站前 10 分钟，站台上所有人员及行包、邮件、作业车辆、售货车和其他物品必须撤至安全线以内，并做好防护。

（6）动车组通过车站前 10 分钟，车站平过道监护人员必须上岗监护，机动车辆、装货拖车必须停在安全线以内，监护人员站立位置应距钢轨头部外侧不少于 3 m。

（7）接发动车组时，车站助理值班员的固定接车位置应设置在距钢轨头部外侧不少于 3 m 处，不足 3 m 时，准许在便于瞭望动车组运行的适当地点隔线接车；遇邻线有车占用影响监视动车组运行时，准许在车站两端适当位置接送动车组。严禁在动车组通过的线路与邻线之间接车。

（8）禁止利用动车组与前行列车的运行间隔清扫道岔。

第三节　相对方向同时接车及同方向同时发接列车

一、概念

（一）相对方向同时接车

相对方向同时接车，是指将相对方向的两架进站信号机同时置于开放状态，准许相对方向的两个列车同时进站，或一端信号机虽已关闭，但所接列车尚未整列进入接车线内停妥，而相对方向的进站信号机已在开放状态，如图 2－7。开放进站信号机，包括开放接车进路信号机、显示引导信号。

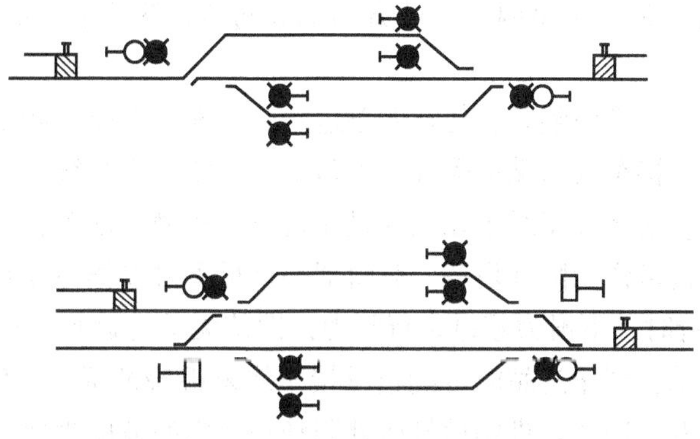

图 2－7　相对方向同时接车

（二）同方向同时发接列车

同方向同时发接列车，是指同方向的出站信号机、进站信号机同时置于开放状态，准许一端发出列车的同时，接入另一端同方向运行的列车，或发出的列车尚未出站，即开放同方向的进站信号机；或接入列车尚未进站停妥，即开放同方向的出站信号机，如图 2－8。开放出站信号机，包括开放发车进路信号机或使用书面凭证发车时显示发车信号。

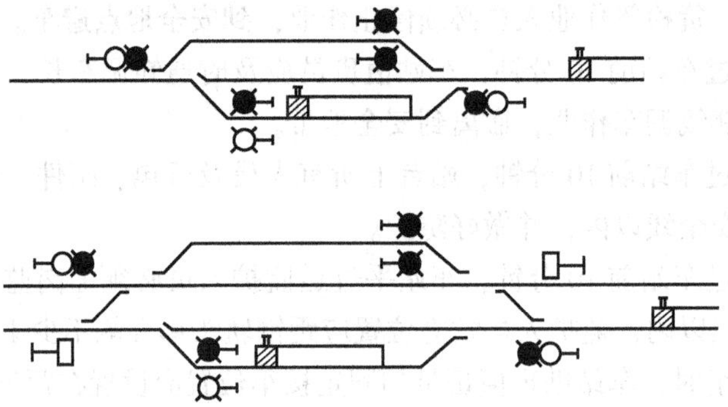

图 2－8　同方向同时发接列车

相对方向同时接车和同方向同时发接列车在车站接发车工作中经常遇到。它对于避免列车机外停车，压缩会车间隔时间和列车停站时间，提高区间通过能力和列车旅行速度，都有好处。列车司机按信号显示行车，使列车停在规定位置是对司机的起码要求。但在车站接发列车工作中，因司机操纵不当或其他原因，列车有可能会冒进信号，与另一列同时进出站的列车发生冲突，造成严重损失，特别是其他列车侧面冲撞旅客列车，影响就更为严重。为此，《技规》对车站相对方向同时接车及同方向同时发接列车有了限制，在列车不能正确停车时，减少损失。

二、禁止办理相对方向同时接车

为保证车站接发列车的效率和作业安全，根据进站方向的坡度、接车线末端有无隔开设备、列车的性质及列车运行监控记录装置是否正常，《技规》对车站办理相对方向同时接车或同方向同时发接列车有如下限制。

（1）进站信号机外制动距离内，进站方向为超过 6‰下坡道，而接车线末端无隔开设备，如图 2－9 所示。

把一条进路与另一条进路隔开，使这两条进路的接发车作业或调车作业互不干扰的安全设备，叫做隔开设备。接车线末端的隔开设备包括安全线、避难线、平行进路及能起隔开作用有联锁的防护道岔。连结接车线末端道岔且无机车、车辆、动车、重型轨道车占用的牵出线、货物线、岔线等也可作为隔开设备。脱轨器在这里不可以作为隔开设备使用。列车在超过 6‰的下坡道上运行时，下滑力超过走行阻力，即使无动力运行，运行速度也会加大。如司机不能正确施行制动，列车进站时可能越过接车线末端警冲标。该线末端未设隔开设备，就有可能与另一列车发生冲突。进站信号机外制动距离内的坡度为换算坡道，即平均坡度减去曲线阻力当量坡度。超过 6‰的坡度由工务部门提供，在铁路局《行规》内公布。电务部

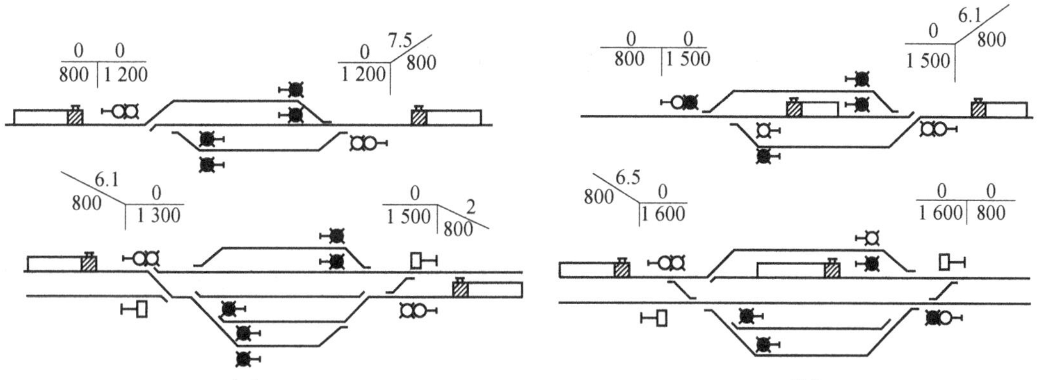

（a）　　　　（b）

图 2－9　禁止相对方向同时接车和同方向同时发接列车示意图

（a）禁止相对方向同时接车示意图；（b）禁止同方向同时发接列车示意图

门设计此类车站信号时，有关信号应按敌对信号设计。引导接车时不能控制敌对信号，由车站值班员人工控制。

（2）在接、发旅客列车的同时，接入列车运行监控记录装置发生故障的列车而接车线末端无隔开设备。

机车均装设有列车运行监控记录装置，能发出音响告警或自动停车。当列车运行监控记录装置发生故障时，机车乘务员一旦疏忽大意或操纵不当，有越过接车线末端警冲标的可能。若接车线末端无隔开设备，就有与车站另一端进出站的列车发生冲突的可能。为确保旅客列车安全，特别是为了防止其他列车侧面冲撞旅客列车而造成大量人员伤亡，规定此条。

单机、动车及重型轨道车不受上述第二项限制。

单机、动车及重型轨道车因其制动距离短，停车快，发生问题后采取措施比其他列车容易，故不受此项限制

车站应将不能办理相对方向同时接车和同方向同时发接车的情况纳入《站细》。

三、不能同时接车和不能同时发接列车的处理

1. 车站不能同时接车而两列车同时接近车站时

这种情况发生时，势必先将一个方向的列车接入站内停于警冲标内方后，再开放另一端进站信号机，接入另一列车。此时，车站值班员应选择合理的接车顺序。

在确定先后顺序时，应先接后面有续行列车的列车、停车后启动困难的列车、不适于在站外停车的列车，其他情况应汇报列车调度员后执行。遵照先客后货、先快后慢的原则，一般可考虑，旅客列车与非旅客列车交会时，应先接旅客列车；停车列车与通过列车交会时，应先接停车列车；非超长列车与超长列车交会时，应先接非超长列车；进站方向为下坡道的列车与进站方向为平道或上坡道的列车交会时，应先接进站方向为平道或上坡道的列车。

2. 禁止办理同方向同时发接列车时

此情况原则上应先接后发，避免列车在站外停车，亦可根据列车调度员指示办理。

第四节 特殊情况下接发列车作业

一、引导接车

（一）概念及分类

凡进站、接车进路信号机不能使用或在双线区段由反方向开来列车而无进站信号机时，应采用引导办法接车。

正常情况下开放进站、接车进路信号接车，设备会检查一系列联锁条件。只有满足规定的联锁条件信号才能够开放。而当进站、接车进路信号机不能使用或在双线区段由反方向开来列车而无进站信号机时，是不可能开放信号接车的。为避免列车长时间停在机外，影响运行秩序，必须绕过或部分绕过这些联锁条件将列车接入站内，这就是引导接车。为保证接车安全，这些绕过的联锁条件必须靠人工去控制，即所谓“人工联锁”。因此，从本质上看，引导接车与使用书面凭证发车是一样的。

引导接车可分为信号机引导和引导手信号引导 。信号机引导又可分为引导进路锁闭方式引导和总锁闭方式引导。

（二）引导接车的方法

1. 下列情况应采用引导进路锁闭方式开放引导信号接车

（1）进站信号机或接车进路信号机不能开放，但红灯正常；

（2）接车进路无岔区段轨道电路故障；

（3）接车进路道岔区段轨道电路故障，但准备进路时道岔无须人工转换；

（4）到发线轨道电路故障，无其他空闲到发线变更，或来不及变更。

注意事项：

（1）确认进路空闲。开放引导信号接车时，联锁设备不检查进路空闲，必须进行人工检查确认。轨道电路正常时，可通过控制台检查确认；轨道电路故障时，故障区段必须派人到现场就地检查确认。

（2）排列进路。开放引导信号时，只使用一个引导按钮，设备本身不选路。如事先不排列进路，很可能造成向有车线开放引导信号。因此，开放引导信号前，应先行单独操纵道岔，排好进路；如道岔区段轨道电路故障时，还须将故障区段的道岔单独锁闭，以防故障修复或自行消失后该区段道岔错误解锁。如使用调车进路方式排列进路，排好后须将调车进路取消。因为开放正常引导信号设备检查敌对进路，不取消调车进路，正常引导信号将无法开放。

（3）开放引导信号。车站值班员必须确认道岔开通位置正确后方可开放引导信号。开放引导信号前必须登记破封。使用完毕，须及时通知电务人员对破封按钮加封。若是进站信号机内方第一个轨道电路区段故障，由于引导信号开放后不能保留，电气集中联锁设备必须一直按住引导按钮，计算机联锁设备必须每隔一定时间点击引导按钮，直到列车越过引导信号后方可停止。

2. 下列情况应采用引导总锁闭方式开放引导信号接车

（1）电动道岔失去定反位表示（电气集中联锁车站进路表示光带正常时除外）；

（2）道岔区段轨道电路故障，准备进路时道岔须经人工转换；

（3）单方向运行的正线或到发线反向接车；

（4）向联锁范围以外的线路上接车（如非到发线接车）。

使用引导总锁闭方法开放引导信号接车，联锁设备既不能检查接车进路空闲，也不能检查敌对进路，而且实行全咽喉锁闭。具体注意事项：

（1）确认进路空闲。确认的方法与引导进路锁闭方式相同。

（2）准备进路。排列接车进路前应注意排除敌对进路和考虑接车端其他作业的平行进路。对控制台上能操纵的道岔，可在控制台上操纵；对控制台上不能操纵的道岔，在现场手摇操作。对失去联锁的道岔必须按规定施行人工加锁。

（3）开放引导信号。车站值班员确认接车进路排列正确无误，道岔按规定加锁后，登记破封，按下引导总锁闭按钮。此时全咽喉道岔锁闭，再按下引导信号按钮，引导信号开放。若进站信号机内方第一轨道区段轨道电路故障，仍需按前述要求进行操作。

3. 下列情况必须采用引导手信号接车

（1）无双向闭塞设备的双线区段接入反方向开来的列车；

（2）进站信号机或接车进路信号机的主体信号红灯灭灯（包括停电）；

（3）引导信号的月白色灯光不能亮灯。

适用信号机引导接车的各种情况，若不采用开放引导信号接车，可采用引导手信号接车。

注意事项：

（1）确认进路空闲。轨道电路正常时，可通过控制台检查确认；轨道电路故障或停电时，必须派人到现场就地检查确认。

（2）准备进路。非故障道岔可排列调车进路准备，也可采用单独操纵单独锁闭的方法准备。故障道岔应单独锁闭，失去联锁的道岔必须按规定施行人工加锁。

（3）通知引导人员引导。车站值班员确认接车进路准备妥当，并接到邻站开车通知后，应立即通知引导人员引导接车。引导人员必须得到值班员的命令才能显示引导手信号。引导员接车应站在引导地点标处（未设者，引导人员应在进站信号机、进路信号机或站界标外方），于列车接近时显示，列车头部越过显示地点后收回。引导信号的显示方式：昼间为展开的黄色信号旗高举头上左右摇动；夜间为黄色灯光高举头上左右摇动。

（三）其他要求

（1）车站值班员应严格执行车机联控的有关规定，引导接车时车站值班员应主动呼叫司机。

（2）司机确认引导信号或引导手信号显示正确后，鸣笛一长声通知运转车长，以免运转车长误认冒进信号，使用紧急制动阀停车。

（3）列车在进站信号机外不停车，在确认引导信号后即可直接进站。由于引导接车时进路失去联锁，为保证列车的运行安全，列车应以不超过 20 km/h 的速度进站或通过接车进路，并做好随时停车的准备。

二、站内无空闲线路时的接车

站内无空闲线路是指由于发生事故、自然灾害或组织不当等原因，造成站内能接车的线路都被占用的情况。

（一）对接入列车的限制

在站内无空闲线路的特殊情况下，只准接入为排除故障、事故救援、疏解车辆等所需的救援列车、不挂车的单机、动车及重型轨道车。

（二）接车办法

（1）接车前，车站值班员应亲自或指派有关人员确认接车线停留车位置和空闲地段的长度，并通知接车线内停留的机车、动车、重型轨道车司机禁止移动位置，防止与接入的列车发生冲突。

（2）接车时不开放进站信号机，也不得使用引导接车办法，接车人员应站在进站信号机（反方向接车时为站界标）外方。所接列车在站外停车，由接车人员通知司机接车线路、停留车位置、列车停车地点及其他注意事项。然后接车人员以调车手信号旗（灯）按调车方式将列车领入站内。

三、超长列车尾部停在警冲标外方，由相对方向接入列车或调车作业的办法

（1）进站信号机外制动距离内，进站方向为上坡道、平道或不超过6‰的下坡道时，接车线末端无论有无隔开设备，均可开放进站信号机，将列车直接接入站内。

（2）进站信号机外制动距离内，进站方向为超过6‰的下坡道，而接车线末端无隔开设备时，须使列车在站外停车后，再开放进站信号机将列车接入站内。

（3）超长列车尾部停于警冲标外方，如邻线上未设调车信号机，又无隔开设备，由相对方向进行调车作业时，车站必须派人以停车手信号对列车进行防护。

四、信号机故障时接发列车办法

进站、出站、进路及线路所通过信号机发生故障时，应置于关闭状态。进站信号机及线路所通过信号机灭灯或因发生不能关闭的故障时，应将灯光熄灭或遮住。在将灯光熄灭或遮住和信号机灭灯时，于夜间应在信号机柱距钢轨顶面不低于2 m处，加挂信号灯，向区间方面显示红色灯光。这样便于司机掌握信号机位置，避免冒进信号。

进站信号机发生故障不能开放时，按前述要求，开放引导信号或采用引导手信号接车。

出站信号机故障后，进站信号机不能显示通过信号。为避免列车在出站信号机前停车，对通过列车应事先预告司机，车站值班员除按规定递交行车凭证外，还应显示通过手信号（昼间展开的绿色信号旗，夜间绿色灯光），使列车不停车通过车站。来不及向司机预告时，可使通过列车在车站停车，司机收到凭证后发车。

装有发车进路表示器、反方向发车表示器或发车线路表示器的出站信号机，当表示器显示不良时，由办理发车人员通知司机后，列车可凭出站信号机的显示出发。

第五节　接发列车与调车作业

一、在正线、到发线上的调车作业

站内正线、到发线主要是为办理列车通过和接发使用的。在线路比较紧张的车站，特别是中间站，必须在正线、到发线调车作业时，要处理好接发列车和调车作业的关系。为保证列车安全、正点和不间断地接发列车，调车作业应服从接发列车作业。为此应做到：

（1）经车站值班员准许。车站值班员是接发车工作的指挥者，掌握正线和到发线的作用，对列车运行情况，应当心中有数，对保证车站不间断接发列车负有直接责任。因此占用正线和到发线的调车作业，都必须经过车站值班员的准许，以全面安排。

（2）在接发列车时，按《站细》规定的时间，停止影响列车进路的调车作业。接发旅客列车时，对相邻线路上禁止的调车作业，亦应在规定时间内停止。特别是在开行特快旅客列车的区段，更要严格遵守，甚至要较规定提前停止影响进路的调车作业，严禁抢勾作业。

二、接发旅客列车对调车作业的限制

为防止调车作业时机车车辆侵入旅客列车进路，危及旅客列车安全，《技规》规定接发旅客列车时，能进入接发列车的线路没有隔开设备或脱轨器，不准调车。但遇下列情况可以调车：

（1）发出旅客列车时，与列车相反方向的调车作业，如图 2－10 所示。

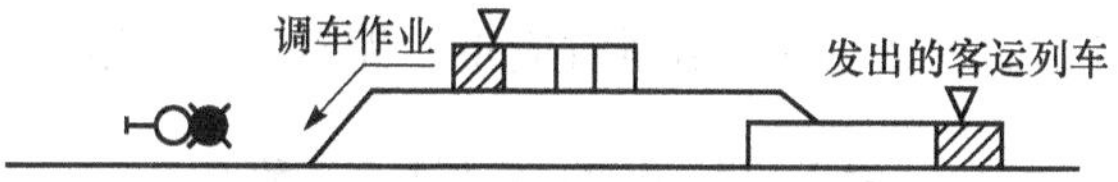

图 2－10　与发出旅客列车方向相反的调车作业示意图

（2）能进入接发列车进路的线路的本务机车在停留线路内摘下、上水，列车拉道口、对货位。

有特殊困难的车站，确需进行上述规定以外的调车时，要制订安全措施，由铁路局批准。

接停车的旅客列车时，在接车线末端方向第一组道岔必须向相邻线路开通，以防止机车车辆进入旅客列车的接车线内，如图 2－11 所示。

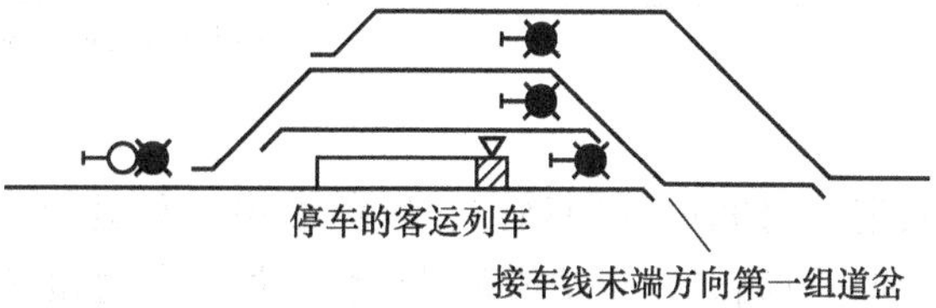

图 2－11　接车线末端第一组道岔开通邻线示意图

三、越出站界调车

越出站界调车，是指利用列车占用区间的间隙时间，调车车列越过进站信号机或站界标进入区间的调车作业，是在区间空闲（自动闭塞为第一闭塞分区空闲）的情况下，进入区间调车的一种方法。由于闭塞设备及区间线路数目不同，为了调车作业安全，办理方法及凭证也不尽相同。

（1）行车设备等情况符合下述条件之一时，经车站值班员口头准许并通知司机后，方可越出站界调车：

① 双线自动闭塞区间正方向，第一闭塞分区空闲时；

② 双线非自动闭塞区间正方向区间空闲时；

③ 单线自动闭塞区间，闭塞系统必须在发车位置，第一闭塞分区空闲。

以上情况占用区间（闭塞分区）的权限完全在作业站，对方站不能发车。

（2）行车设备等情况符合下述条件之一时，须有停止基本闭塞法的调度命令，与邻站办理电话闭塞手续，并发给司机出站调车通知书，方可越出站界调车：

① 双线反方向出站调车；

② 单线半自动闭塞区间出站调车。

前者占用区间权限完全属于对方站。虽然大部分双线区间有反向自动站间闭塞设备，但调车作业不可能开放反向出站信号作为占用区间的凭证。后者占用区间权限不完全属于本站，虽然能办理闭塞，但因是出站调车，同样不可能开放出站信号，调车车列不可能压上接车站轨道电路，两站闭塞机不能正常复原。因此，两者都得用电话闭塞办理出站调车手续。

（3）出站调车通知书的填写：

出站调车通知书应由车站值班员填写，当调车机车距行车室较远的，可由扳道员按车站值班员的指示填写，格式如表2－14。填写时应将“跟踪”二字抹消。

表2－14 出站、跟踪调车通知书

出站/跟踪 调车通知单
对方站承认的号码第__________号。
准许 自/至 时 分 起/至________机车由本站向________区间 出站/跟踪 调车。
站（站名印）车站值班（扳道）员（签名）
年 月 日填发

注：不用的字句抹消。（规格90 mm×130 mm）

（4）注意事项：

① 调车车列应在限定的时间内返回站内，以免影响列车运行，待出站调车作业完毕，全部退回站内并不妨碍列车进路时，车站值班员应将出站调车通知书收回，与邻站办理区间开通手续。

② 出站调车的限定时间内不受出站次数限制，但在限定的时间内退回车站待避列车后，再需继续出站调车时，应重新办理手续，不得使用原调车通知书。

③ 车站值班员应在信号控制台或规定位置上揭挂“出站调车”表示牌（帽），以防遗忘。

四、跟踪出站调车

在单线区间或双线正方向线路上，间隔一定的距离或时间，跟随在出发列车后面越过进站信号机或站界标，在站界外500 m内进行的调车作业，称为跟踪出站调车。

（一）对跟踪出站调车的限制

（1）只准在单线区间及双线正方向的线路上办理。

双线反方向行车已属于特殊情况，若再进行跟踪出站调车，势必增加不安全因素，从必要性和安全性考虑都不适当，因此禁止双线反方向跟踪出站调车。

（2）在先发列车尾部越过预告、接近信号机（或靠近车站的第一个预告标）或《站细》规定的间隔时间后，方可跟踪出站调车，如图2－12。

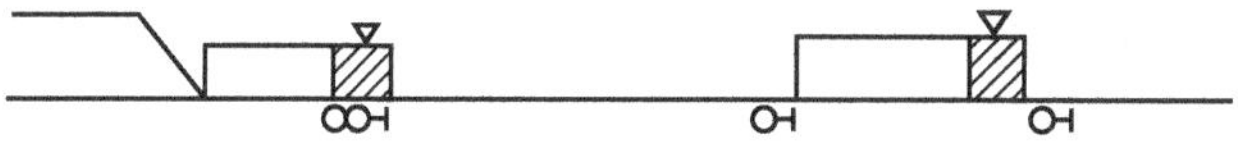

图2－12　跟踪出站调车示意图

（3）跟踪出站调车最远不得越出站界500 m，因为由区间退回的列车，没有得到后方站车站值班员准许，不得退行到预告、接近信号机或车站最外方预告标的内方，这样，调车车列可以保证与由区间返回的列车保持300 m以上的安全距离。

（二）跟踪出站调车应办理的手续

（1）须经列车调度员口头准许，以免跟踪出站调车作业影响其他列车运行。

（2）取得邻站值班员的承认号码，防止跟踪出站调车车列全部返回车站前，两站误办闭塞等情况，使其他列车进入区间。

（3）发给调车司机“跟踪调车通知书”。

填写时，应将“出站”字样抹掉。跟踪调车通知书允许由扳道员根据值班员的命令填发。跟踪调车完毕后，应及时收回跟踪调车通知书，并通知邻站。当前发列车到达邻站，且跟踪调车完毕后，收回调车通知书，两站值班员方可办理区间开通手续。

（4）车站值班员应在信号控制台或规定位置上揭挂“跟踪调车”表示牌（帽），以防遗忘。

（三）禁止跟踪出站调车的情况

（1）出站方向区间内有瞭望不良的地形，或有连续长大上坡道（站名表由铁路局公布）。

前发列车因故停车时，一旦制动失效，有溜回车站的可能，如有跟踪调车，就会发生正面冲突。

（2）先发列车需由区间返回，或挂有由区间返回的后部补机。

（3）一切电话中断。

（4）降雾、暴风、雨雪时，因瞭望不便，禁止办理跟踪调车。

（5）动车组禁止跟踪出站调车。

能力训练

学生分小组演练正常情况下和非正常情况下接发列车作业。每小组4人，分别扮演车站值班员、信号员、助理值班员、配合人员。

一、演练要求

（一）职业道德

1. 遵守法律、法规和有关规定；
2. 爱岗敬业，具有高度的责任心；
3. 严格执行工作程序、工作规范、工作标准和安全操作规程；
4. 工作认真负责，具有高度责任感和良好的团队合作精神；
5. 着装整洁，爱护设备，保持实训室环境清洁、有序；
6. 刻苦学习，钻研业务，努力提高技术文化素质；
7. 杜绝舞弊，遵守纪律。

（二）相关知识与技能

1. 线路、道岔的编号及使用；
2. 信号、联锁、闭塞设备类型、用途及使用方法；
3. 轨道电路的设置及相互关系；
4. 信号机、表示器、标志的设置、编号及显示意义；
5. 控制台（显示器）各种表示灯及光带的显示意义，各种按钮、手柄的用途、使用条件及操作办法；
6. 行车电话等设备的使用；
7. 日（班）计划、阶段计划、调车作业计划的内容、编制方法及要求；
8. 各类行车账簿、凭证的填记与使用；
9. 相关法律、法规和规章知识。

二、相关规定及要求

（1）作业用语

① 演练时的行车作业、联系用语应准确、清晰并使用普通话，吐字清楚、语速适当。

② 使用《部标》《车机联控》、调度命令的规范用语。

（2）作业程序

① 接发列车的程序不能错漏、不能颠倒。

② 遇有非正常情况时，注意处理好确认、登记、报告调度、通知设备部门和干部、有关命令及行车凭证等环节。

（3）关于停止调车作业

有调车作业时，按《部标》规定程序和用语办理。

（4）关于检查和掌握接发线路

① 检查确认

能从设备上检查确认的，通过设备检查确认；遇有分路不良或道岔、轨道电路故障，不能正常使用时，应按规定人工检查，确认线路空闲、有无障碍物和异状。

② 准备进路

使用设备排列进路、开放信号执行“一看、二按、三确认、四呼唤”和“眼看、手指、口呼”制度。

单操、单锁道岔前，应首先确认道岔定、反位表示，然后再按“单操、单锁道岔、接通光带确认”程序操作。

（5）凭证填写

① 由车站值班员填写、然后与助理值班员核对；助理值班员交与司机时，应与对方核对。

② 行车凭证加盖“站印”。在站印处，画方框并在方框内填写站名表示即可。

（6）关于引导

均使用引导信号接车。

（7）《行车日志》

① 记录旅客列车的车次、占用股道、预告时刻、出发时刻、到达时刻，一律使用红色钢（圆珠）笔。

② 预告或报点时，需通报的事项应填记在《行车日志》内。

（8）运统—46 填记

① 行车设备发生故障时，车站值班员或信号员必须按规定格式、内容及要求进行登记，由车站值班员签名，工电值班人员签字省略。

② 行车设备发生故障时，工电值班人员签认过程省略，由车站值班员口头表明。表明用语：“根据工电人员签认，该设备一时难以修复，按车站《站细》办理接发列车、调车作业”。

③ 行车设备经工电人员抢修，恢复正常前的试验过程，及恢复正常后的消记，车站值班员的审核签认程序均省略。

（9）旅客列车及旅客列车进路

① 呼喊应答旅客列车时，必须在车次前冠以“客车”。

② 演练过程中，接发旅客列车时，控制台暂不使用红色安全帽，其他列车一律不使用安全帽；车站办妥旅客列车进路后，车站值班员必须向列车调度员报告准备情况。

（10）调度命令

涉及调度命令的下达、接收时，其抄收、复诵、登记程序省略。以车站值班员语言表达为准。

（11）占线板（簿）

① 信号员、助理值班员均配置占线板。

② 无论正常或非正常情况，一律按《部标》规定时机、符号填记（擦划）占线板。

（12）车机联控

① 正常办理接发列车时，暂不执行车机联控。

② 遇特殊情况接车或发车前，车站值班员必须在规定时机内，使用车机联控标准用语提前通知（呼叫）列车司机，由配合人员负责应答。

（13）车站站长盯岗监督

① 车站站长到岗情况，以行车室作业人员的语言表达为准。

② 需要站长填写的“非正常情况 53 项干部盯岗卡死作业表”，配合人员在配合工作时不填写。

（14）故障设置

① 非正常情况下的故障，由教师在故障盘上设置。

② 故障类型：

a. 轨道电路故障：无岔区段、进站信号机内方第一轨道电路区段。

b. 出站信号机故障：出站信号机不能开放、出站信号机开放后自动关闭。

c. 进站信号机故障：进站信号机红灯，不能开放进站信号。

三、考核标准

1. 构成一般 C 类及以上事故取消演练成绩；发生一般 D 类事故责任者扣 30 分，未防止者扣 20 分。

2. 各小组应在规定的时间内完成实作演练，每超时 1 分钟，每人扣 1 分。

3. 错误使用凭证、命令等严重问题均扣 10 分。

4. 未交、错交、未填、错填行车凭证、调度命令的扣 10 分（未构成事故）。

四、演练题目

本站为江城站，配合站为北山站。江城站线路占用及设备状态如下：

1. 站内 2 道停有 30025 次列车，待发。其他站线空闲。

2. 区间及站内设备正常，道岔均在定位。

行车作业情况如下：

1. 本站首先办理邻站（北山站）K834 次旅客列车到达接车作业，直至列车整列到达。

2. 本站其次与邻站（北山站）办理 30025 次列车出发作业，直至列车到达邻站（北山站）。

3. 办理 30025 次发车前站内有影响列车进路的调车作业。

故障设置：

邻站（北山站）K834 次报开后，本站开放上行进站信号机时，进站信号机故障，不能开放。列车到达，接车进站解锁后，故障排除。

应知应会

一、填空题

1. 接发列车工作的主要内容有________、________、________、________、________、________。

2. 接发列车应在________或________上办理。

3. 旅客列车、________________列车，应接入固定线路。

4. ________列车应在正线通过，其他通过列车原则上应在正线上通过。

5. 接发列车时，由于设备和业务量的关系，车站值班员除________外，其他各项工作可以指派助理值班员、信号员或扳道员处理。

6. 发车进路是由________起至相对进站信号机或站界标止的一段线路。

7. 凡进站、接车进路信号机不能使用或在双线区段由反方向开来列车而无进站信号机时，应使用________________接车。

8. 到发线上停留车辆时，需经________准许，在中间站上并须取得________的准许，方可占用。

9. 接发列车作业中交接的凭证包括________、________、________、________等。

10. 《接发列车作业标准》规定，列车同时到发，助理值班员不能兼顾时，应先办理________。

二、选择题

1. 单双线半自动闭塞集中联锁（设信号员）接发列车作业标准是（　　）。

A. TB/T1500.1　　B. TB/T1500.2　　C. TB/T1500.3　　D. TB/T1500.4

2. 车机联控将列车调度员、（　　）、司机、运转车长均列入联控范围。

A. 调车长　　B. 车站值班员　　C. 列车长　　D. 车站调度员

3. 车机联控实行问路行车时，车站值班员应主动呼叫司机的特殊情况是（　　）。

A. 改用引导接车　　B. 列车接近车站

C. 列车出站　　D. 列车进入大坡道前

4. 车机联控用语中，对直达特快列车称为：（　　）。

A. “客车快XX次”　　B. “客直达XX次”

C. “客车特XX次”　　D. “客车直XX次”

5. 64D型单线半自动闭塞，出发列车压上发车站发车轨道电路时，发车站发车表示灯显示（　　）。

A. 红灯　　B. 黄灯　　C. 绿灯　　D. 灭灯

6. 64D型单线半自动闭塞，发车站请求闭塞按下闭塞按钮后，发车站控制台上发车表示灯显示（　　）。

A. 红灯　　B. 黄灯　　C. 绿灯　　D. 无显示

7. 64D型单线半自动闭塞，发车站请求闭塞按下闭塞按钮后，接车站接车表示灯显示（　　）。

A. 红灯　　B. 黄灯　　C. 绿灯　　D. 无显示

8. 64D型单线半自动闭塞，发车站请求闭塞按下闭塞按钮后，接车站同意闭塞并按下闭塞按钮时，发车站控制台上发车表示灯显示（　　）。

A. 红灯　　B. 黄灯　　C. 绿灯　　D. 双红

9. 64D型单线半自动闭塞，接车站承认闭塞按下闭塞按钮后，接车站接车表示灯显示（　　）。

A. 红灯　　B. 黄灯　　C. 绿灯　　D. 灭灯

10. 64D型单线半自动闭塞，列车进入接车站的接车轨道电路时，接车站发车表示灯显示（　　）。

A. 红灯　　B. 黄灯　　C. 绿灯　　D. 灭灯

11. 站内无空闲线路的特殊情况下，只准接入为排除故障、事故救援、疏解车辆等所需的救援列车、（　　）、动车及重型轨道车。

A. 路用列车　　B. 货物列车

C. 挂有车辆的单机　　D. 不挂车的单机

12. 半自动闭塞区间，列车到达因轨道电路故障不能办理到达复原时，应请求列车调度员发令，才能（　　）办理复原。

A. 使用故障按钮　　B. 使用复原按钮
C. 按下复原按钮　　D. 拉出闭塞按钮

13. 引导接车时，列车以不超过（　　）速度进站，并做好随时停车准备。

A. 30 km/h　　B. 20 km/h　　C. 40 km/h　　D. 60 km/h

14. 禁止相对方向同时接车时，除有列车调度员指示外，车站应先接（　　）。

A. 旅客列车　　B. 货物列车
C. 不适于站外停车的列车　　D. 超长列车

15. 当超长列车尾部停在警冲标外方，接入相对方向的列车时，在进站信号机外制动距离内进站方向为超长（　　）的下坡道，而接车线末端无隔开设备，须使列车在站外停车后，再接入站内。

A. 12‰　　B. 6‰　　C. 2.5‰　　D. 1.5‰

16. 行车设备检修完了后，将其结果记入（　　）。

A.《行车日志》　　B.《调度命令登记簿》
C.《行车设备检查登记簿》　　D.《行车设备施工登记簿》

17. 显示发车手信号时，昼间为展开的绿色信号旗上弧线向列车方面（　　）。

A. 作圆形转动　　B. 左右摇动　　C. 左右转动　　D. 上下缓动

18. 发车指示信号，昼间为高举展开的绿色信号旗靠列车方面（　　）。

A. 左右摇动　　B. 转动　　C. 作圆形转动　　D. 上下缓动

19. 6502 型电气集中车站，调车进路和到发线发车进路采取人工解锁时，需延时（　　）后即可解锁。

A. 30 s　　B. 45 s　　C. 1 min　　D. 3 min

20. 车机联控用语中，普通旅客列车称为：（　　）。

A. “客车××次”　　B. “普客××次”
C. “客列××次”　　D. “直客××次”

三、判断题

1. 半自动闭塞正常情况下的行车凭证为出站信号机的绿色灯光。（　　）

2. 使用电话闭塞法行车时，列车占用区间的凭证为绿色许可证。（　　）

3. 向封锁区间发出救援列车时，应办理行车闭塞手续，并以路票作为进入封锁区间的许可。（　　）

4. 车站值班员向列车调度员报告特快旅客列车通过时刻的标准用语是：“×（站）报点，×（次）（×点）×（分）通过”。（　　）

5. 装载超限货物的车辆，没有调度命令时，禁止挂运。（　　）

6. 列车到达、发出或通过后，车站值班员（助理值班员）应立即向邻站及列车调度员报点，并记入《行车日志》内。（　　）

7. 列车发出站界后，因故退回车站再次出发时，列车出发时分以第二次出发的时分为准。（　　）

8. 取消发车进路时，应先关闭信号，再取消进路。（　　）

9. 在站内无空闲线路的特殊情况下，只准接入路用列车和救援列车。(　　)

10. 在无联锁的线路上接发列车时，应将进路上有关道岔全部加锁。(　　)

11. 已办妥电话闭塞，须取消闭塞时，无需发出电话记录号码。(　　)

12. 单线车站同意邻站越出站界调车时，无需发出电话记录号码。(　　)

13. 电话记录号码自每日零时起至 24 时止，按日循环编号。(　　)

14. 路票应由车站值班员或指定的扳道员填写。(　　)

15. 发车进路准备妥当，行车凭证已交付，出站（进路）信号机已开放，发车条件完备后，车站人员方可显示发车指示信号。(　　)

16. 列车接近车站通知助理值班员接车时，车站值班员用语是“X 道接车”。(　　)

17. 车站值班员向邻站请求闭塞的用语是“×（次）可否发车”。(　　)

18. 接发列车时，车站值班员、助理值班员应认真执行车机联控标准。(　　)

19. 半自动闭塞区间，必须列车整列到达后方可解除闭塞。(　　)

20. 站内线路发生故障应立即停用，并揭挂表示牌。(　　)

四、简答题

1. 车站值班员办理闭塞和接发列车前应做哪些工作？

2. 扳道、信号人员在接发列车时应做好哪些工作？

3. 哪些情况禁止办理相对方向同时接车和同方向同时发接列车？

4. 相对方向不能同时接车及两列车不能同时接发时，接车顺序如何确定？

5. 显示手信号时有何要求？

6. 列车在发车前，有关人员应做到哪些？

7. 遇什么情况应使用引导信号或派引导员接车？怎样办理引导接车？

8. 在无联锁线路上如何办理接发列车？

第三章

调车工作

[能力目标]

1. 能够正确布置、传达及变更调车作业计划；
2. 能够完成排风、摘管作业；
3. 能够正确使用铁鞋、人力制动机对车辆（组）实施制动；
4. 能够根据车站实际情况，正确及时的编制调车作业计划；
5. 通过学习手信号的相关知识，能够根据实际需要，正确及时地显示手信号。

[知识目标]

1. 调车工作的领导与指挥；
2. 调车作业计划的布置与变更；
3. 调车进路的准备及确认；
4. 牵出线调车的作业方法；
5. 驼峰调车的作业过程；
6. 中间站摘挂列车调车作业计划的编制方法；
7. 排风、摘管的作业程序；
8. 人力制动机、铁鞋制动动作要领；
9. 观速、观距的方法；
10. 手信号的显示方法。

[素质目标]

1. 培养学生“安全第一”“安全责任重于泰山“的意识以及吃苦耐劳、爱岗敬业的品质；

2. 培养学生保证作业安全及人身安全的意识、团队协作的意识；

第一节　调车工作基本知识

调车工作是铁路运输生产的重要组成部分，是实现列车编组计划、列车运行图，加速车辆周转，质量良好地完成铁路运输任务的重要一环。也是车站行车组织工作的一项重要而又复杂的内容。对于技术站来说，更是其日常运输生产的重要活动。车站能否按时接发列车，充分利用设备能力，完成生产计划指标，特别是生产安全有无保障，在很大程度上取决于调车工作组织和调车作业的水平。

从整个运输过程来看，车辆在车站的停留时间，在车辆周转时间中占相当大的比重。货车在一次周转中，一般要进行5~6次调车作业。因而，调车作业质量的好坏，效率的高低，调车安全的程度，不仅对完成车站的装卸工作，缩短车辆停留时间，加速车辆周转等各项指标有很大的影响，而且对保证行车安全和实现列车编组计划、列车运行图、运输方案，也有着直接关系。

一、调车工作的定义、特点及意义

（1）定义：除列车在车站到达、出发、通过及在区间内运行外，凡机车车辆进行一切有目的的移动，统称为调车。

（2）特点：

① 行程短，短距离内改变方向；

② 经过道岔多；

③ 进入有车线；

④ 不使用空气制动机；

⑤ 速度变化较大；

⑥ 运行途中有人员上下。

（3）意义：

① 调车工作是技术站主要生产活动；

② 调车工作是完成运输工作各项指标的重要保证；

③ 调车工作是完成铁路客、货运输任务的重要保证；

④ 提高调车效率、保证调车安全是加速机车车辆周转、挖潜提效和降低运输成本的重要保证。

二、调车设备

（1）牵出线：在调车场的一端或两端，要求长度大于半个列车长度，主要设在作业量较小的区段站和作业量较大的中间站上，大型编组站可设几条牵出线。

（2）驼峰：主要设在编组站和大型区段站上主要车流一端。分为简易驼峰、非机械化驼峰、机械化驼峰、半自动化驼峰、自动化驼峰。

（3）制动工具：铁鞋、人力制动机、拖鞋器、减速器（液压、空气压缩）、减速顶、制动小车。

（4）调车动力：调车机车、本务机车。

三、调车工作分类

调车工作按其设备不同分为牵出线调车和驼峰调车两种。按其目的不同，分为：

（1）解体调车：将到达的车列或车组，按车辆的去向、目的地或车种，分解到指定的线路上；

（2）编组调车：根据列车编组计划、列车运行图和《技规》的要求，将车辆选编成车列或车组；

（3）摘挂调车：为列车补轴、减轴、换挂车组或摘挂车辆；

（4）取送调车：为装卸货物、检修或洗刷消毒车辆等目的，向指定地点送车或取回车辆；

（5）其他调车：车列或车组转线、转场、整场、对货位，机车转线、出入段等。

其中，解体调车、编组调车多用于技术站，摘挂调车、取送调车多用于中间站。

四、调车工作要求

1. 岗位要求

铁路调车有关人员，在任职、提职、改职前，必须经过体格检查，熟悉《技规》有关部分、本职工作基本知识技能和技术安全规则，并经考试合格。属于有技术等级标准的人员，还须按其技术等级标准考试合格。在任职期间，还应定期进行体格检查、技术考试和鉴定，不合格者，应调整其工作。

2. 作业要求

车站的调车工作，应按车站的技术作业过程及调车作业计划进行。参加调车作业的人员应做到：

（1）及时编组、解体列车，保证按列车运行图的规定时刻发车，不影响接车；

（2）及时取送客货作业和检修的车辆；

（3）充分运用调车机车及一切技术设备，采用先进工作方法，用最少的时间完成调车任务；

（4）认真执行作业标准，保证调车有关人员的人身安全及行车安全。

五、调车工作领导、指挥

调车工作实行统一领导、单一指挥。

领导人：车站调度员（没有站调时为车站值班员）、调车区长或驼峰调车区长。

指挥人：调车长（中间站利用本务机车进行调车作业时，为车站值班员或助理值班员）、有任免权限的单位鉴定、考试合格的连结员；

六、调车区的划分及调车机车的分工

（一）调车区的划分

在配有两台及其以上调机的车站，实行调机固定作业区域的制度。划分方法：

（1）横向划分调车区：从调车场的中间或指定地点，用垂线将其划分为两个调车区，两调车区之间设不少于 20 m 的安全区。越区作业须取得对方同意。

（2）纵向划分调车区：按车流量和编组计划规定组号，以调车线的线束或股道数将调车场划分为两个调车区。越区作业须取得对方同意。

优缺点比较：纵向划分调车区的优点是便于掌握调车线的使用，避免同一线路两端同时作业而产生的不安全因素；其缺点是对于线路少、车流方向多的车站，将会产生线路不足，增加重复改编作业；适于调车线较多的车站。而横向划分调车区的优缺点恰好相反，适用于调车线较长、数量较少的车站。

（二）调车机车的分工

1. 调车场两端调车机车的分工

（1）一端解体、一端编组，或以一端解体为主、一端编组为主。

适用于调车场一端设驼峰，另一端设牵出线的车站。由驼峰负责解体，牵出线负责编组，可以充分发挥驼峰和牵出线设备的效能。

（2）一端负责解编某一方向的列车，另一端负责解编另一方向的列车。

适用于横列式车站，调车场两端设有简易驼峰或牵出线，而两个方向的改编作业量又大致相当的车站。可以充分利用调车设备，均衡两端调车机车负担，减少重复作业，便于采用解编结合的调车方法。

（3）一端调车机车为主，另一端调车机车为辅。

适用于解编作业量不大的车站。解编作业基本上由主调车机车担当，另一端调车机车负责车辆取送、车组甩挂作业，必要时协助主调车机车进行解编作业。

2. 调车场同端调车机车的分工

（1）固定作业区域

将每台调车机车固定在一条牵出线或驼峰溜放线上，专门担负一定方向的列车解体或编组工作。这种方式有利于建立良好的作业秩序，作业计划组织比较简单。

（2）不固定作业区域

由调车领导人根据作业计划的要求，灵活掌握、机动分配每台机车的作业区域和所担负的任务。能更好地发挥调车机车的生产效能，但是它也给调车作业增添了复杂性，要求调车工作领导人具备较高的计划组织水平，要求调车组人员具有比较熟练的生产技能。

第二节　调车作业一般要求

一、调车工作“九固定”

调车工作要固定作业区域、线路使用、调车机车、人员、班次、交接班时间、交接班地点、工具数量及其存放地点（现场职工称为“九固定”）。

二、调车作业计划的布置、交接及传达

（一）调车作业计划的布置

调车领导人应正确及时地编制、布置调车作业计划。布置调车作业计划，应使用调车作业通知单。

一批作业（指一张调车作业通知单）不超过三钩时，可用口头方式布置（中间站利用本务机车调车除外），有关人员必须复诵。

中间站利用本务机车调车，应使用附有车站示意图的调车作业通知单。并要求不论作业计划钩数多少，均应以书面的方式布置。

（二）调车作业计划的交接

调车领导人与调车指挥人必须亲自交接计划：

（1）调车指挥人亲自到调车领导人处接受调车任务，联系计划，听取指示。

（2）调车领导人将调车作业计划送到现场，当面交给指挥人。

由于设备原因，亲自交接计划确有困难以及设有调车作业通知单传输装置的车站，交接办法在《站细》中规定。

（三）调车作业计划的传达

调车指挥人应根据调车作业计划制订具体作业方法，连同注意事项，亲自向司机交递和传达；对其他有关人员，应亲自或指派连结员传达。具体传达办法，在《站细》内规定。

调车指挥人确认有关人员均已了解调车作业计划后，方可开始作业。使用调车无线电话的车站，调车作业计划布置方法，由铁路局规定。

三、调车作业计划的变更

（一）变更计划的定义

主要指变更股道、辆数、作业方法及取送作业区域或线路。

（二）变更计划的原因

（1）调车领导人对原来布置的计划因故需要变更。例如：布置计划后发现了故障车，或是发现预报车数不符等。

（2）调车指挥人在执行中因故需要变更原来计划。例如：发现车数不对，或是某股道已满线等。

（三）变更计划的次数、钩数计算

（1）一批作业中，变更计划的次数不限，但总数不得超过三钩。

（2）钩数计算：

① 增加一钩算一钩；

② 减少一钩算一钩；

③ 变更一钩算一钩；

④ 一批作业中某一股道均变更为另一股道算一钩，但只准变更一次；

⑤ 变更编解列车的先后次序算一钩，但只准变更一次。

（四）变更计划的规定

调车作业计划下达后，遇特殊情况必须变更时，应重新填写调车作业通知单；调车指挥人请求变更调车作业计划时，必须经调车领导人同意。

（1）变更计划亦应用书面方式重新按规定程序下达。

（2）一批作业（指一张调车作业通知单）变更计划不超过三钩时，可用口头方式布置

（中间站利用本务机车调车除外），有关人员必须复诵。

中间站利用本务机车调车，无论变更钩数多少，都应重新填写附有示意图的调车作业通知单。

（3）变更股道时，必须停车传达。

（4）仅变更作业方法或辆数时，不受口头传达三钩的限制，但调车指挥人必须向有关人员传达清楚，有关人员必须复诵。

（5）驼峰解散车辆，只变更钩数、辆数、股道时，可不通知司机，但调车机车变更为下峰作业或向禁溜线送车前，须通知司机。

四、调车作业准备

做好调车作业前的准备，是安全、迅速地进行调车作业的前提。因此，调车作业必须做好下列准备：

（1）提前排风、摘管，核对计划，确认进路，检查线路、道岔、停留车及车辆防溜等情况；

（2）人力制动机制动的选闸、试闸，系好安全带；

（3）准备足够的良好铁鞋；

（4）无线调车设备试验良好。

五、信号的显示与确认

（1）调车作业时，调车人员必须正确及时地显示信号；机车乘务人员要认真确认信号，并鸣笛回示。没有看到调车指挥人的启动信号，不准动车；但单机返岔子或机车出入段时，可根据扳道员显示的道岔开通信号或调车信号机显示的进行信号动车。

（2）连挂车辆，要显示十、五、三车距离信号（单机除外），没有显示十、五、三车距离信号，不准挂车，没有司机回示，应立即显示停车信号。

（3）连挂车辆时，还应按下列要求执行：

① 当调车指挥人确认停留车位置有困难（包括天气不良、照明不足或地形地物影响）时，应派人显示停留车位置信号（白色灯光左右小摇动）。

② 在超过2.5‰坡道的线路上挂车时，挂妥后方准撤除防溜措施。

③ 被连挂车辆末端距警冲标不足50 m时应派人到车组末端进行防护。

④ 连续连挂时，可不停车连挂，要确认连挂状态，在车组间隔超过10车时，必须顿钩或试拉。

⑤ 成组的备用车、保留车列挂妥后应全列试拉。

⑥ 连挂后要确认后部调车人员的“好了”信号，然后启动拉车。

（4）调车作业时，不足二人，不准进行调车作业。

六、调车进路的确认

（一）要道还道制度

（1）在调车作业中，调车有关人员要认真执行要道还道制度。

（2）扳道员之间的要道还道办法，在《站细》内规定。

（3）连续溜放和驼峰解散车辆时，第一钩应实行要道还道制度（集中设备除外），从第二钩起，按调车作业通知单的要求扳动道岔。

（二）确认进路

单机运行或牵引车辆运行时，前方进路的确认由机车司机负责；推进车辆运行时，前方进路的确认由调车指挥人负责，如调车指挥人所在位置确认前方进路有困难时，可指派调车组其他人员确认。

七、越区、转场的要求

越区作业：是指调车机车由本调车区到其他调车区进行取送车辆作业。

转场作业：是指由调车场去到发场或另一个调车场的转线作业。

调车工作繁忙、配线较多的车站，可划分为几个调车区。没有做好联系和防护，不准放行越区车或转场车。调车机车在越区或转场作业时，要做好以下工作：

（1）越区、转场作业时，调车领导人事先应将越区（转场）的时间、地点、辆数及有关事项，与进入区（场）的调车领导人联系，取得同意后向本区有关人员下达计划，进行布置。

（2）越出、进入或经由场、区的扳道人员，应按本区、场调车领导人的布置，停止相抵触的作业，确认线路空闲，并准备进路。

（3）越出区的扳道人员，在接到进入区进路准备妥当或同意转场的通知后，方可通知本区调车指挥人指挥越区（转场）作业。

（4）划区（场）的车站，不论有无固定信号设备，均应制订越区（转场）的联系办法并纳入《站细》。

（5）转场及在超过2.5‰坡度的线路上调车时，10辆及以下是否需要连结制动软管及连结制动软管的数量，11辆及以上必须连结制动软管的数量，由车站和机务段根据具体情况共同确定，并纳入《站细》。

八、调车速度的限制

调车作业要准确掌握速度，不准超过下列规定：

（1）在空线上牵引运行时，40 km/h；推进运行时，30 km/h。

（2）调动乘坐旅客或装载爆炸品、压缩气体、液化气体、超限货物的车辆时，15 km/h。

（3）接近被连挂的车辆时，5 km/h。

（4）遇天气不良等非正常情况，应适当降低速度。

（5）在尽头线上调车时，距线路终端应有10 m的安全距离；遇特殊情况，必须近于10 m时，要严格控制速度。

（6）在有接触网终点的线路上调车时，电力机车应控制速度，机车距接触网终点标应有10 m的安全距离。

（7）推上驼峰解散车辆时的速度和装有加、减速顶的线路上的调车速度，在《站细》内规定。

（8）经过道岔侧向运行的速度，由工务部门根据道岔具体条件规定，并纳入《站细》。

（9）由于全路轨道衡的构造、型号尚不统一，在调车作业中车辆上衡的速度要求也不一样。为此，上衡速度也不做统一规定，应由有关单位商定，并纳入《站细》。

九、连结制动软管及试拉的要求

（一）连结制动软管

一般调车作业时，车列减速和制动都是靠机车本身的制动力，不需连结制动软管。但在不利地形和特殊条件下（如越区转场，向岔线、专用线取送车辆或在超过2.5‰坡度的线路上调车作业），为使调车车列及时停车，应连结制动软管。

（1）连结制动软管数量过多，会因摘解制动软管、车列充风而延长作业时间；

（2）连结制动软管数量过少，会影响制动力。

为此，连结制动软管数量及要求应根据机车类型、线路坡度、挂车多少以及作业的要求等具体情况确定，并纳入《站细》。

下列情况应接通全部制动软管（沈局《行规》）：

（1）调动旅客列车、军用人员列车及车辆、客车体（客车车辆倒调和简易客车除外）、公务车、首长专用车时。

（2）在超过6‰坡度的线路上调车作业时（驼峰调车除外）。

（3）中间站，本务机车去专用线取送车作业时。

（4）推进越出站界（包括跟踪）调车时。

（二）试拉

推送车辆时，要先试拉。车列前部应有人进行瞭望，及时显示信号。

推送车辆时，因连挂状态不良会发生车辆溜逸，危及行车安全，因此应先试拉，确认连挂状态良好后再行作业。如在同一线路内连续连挂作业时，根据连挂距离，可以不每钩进行试拉，但最后一组一般不采用连续连挂的方法进行，并要认真采取防溜措施，避免车辆溜出警冲标，同时在前部要有人显示信号。

（1）推送车辆前，连续连挂距停留车组超过10辆及其以上及编组完了最后一钩，要进行试拉，并应确认连挂良好，不得以顿钩的办法代替试拉。

（2）推进运行时，调车组人员应均等排列，依次中转前方手信号。

（3）单机挂车在接近连挂车辆3辆时，调车指挥人应在地面指挥机车作业。

十、同一线路两端同时作业的规定

同一线路两端同时进行调车作业在技术站经常发生，如果联系不好或调车速度过大极易造成车辆正面冲撞，为此，应按下列规定办理：

（1）两端不能同时推车。

（2）空线上禁止两端同时溜放。

（3）不准一端挂车，一端推车。

（4）不准一端挂车，一端溜放。

（5）横向划区的调车场，两端作业的机车车辆均不得越过各自方向的缓冲地带中心标。

需要超过时，按越区作业办理。当缓冲地带停有车辆时，两端可同时作业，但禁止与该车辆连挂；需要连挂时，必须停止另一端作业。其具体办法应在《站细》内规定。

十一、线路两旁堆放货物的规定

线路两旁堆放货物，距钢轨头部外侧不得少于1.5 m。站台上堆放货物，距站台边缘不得少于1 m（见图3－1）。不足上述规定距离时，不得进行调车作业。其原因是保证调车人员作业方便、安全通行。

（1）调车人员安全通行距离计算公式：

$$1\,500-\left[1\,700-\left(\frac{1\,435}{2}+70\right)\right]=588(\text{mm})$$

式中　70——50（43）kg钢轨头部宽度；1 700——机车车辆限界宽度的一半。

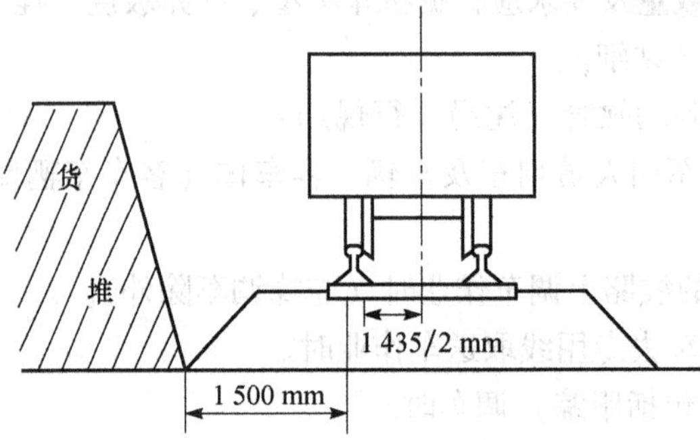

图3－1　线段两旁堆放货物示意图

588 mm间隔距离为供调车人员行走、显示信号以及运行时车体左右倾斜所必要的空间，是保证调车人员安全通行的最低要求。

（2）考虑调车人员、货运人员及叉车等机具的作业条件，保证作业安全，因此规定站台上堆放货物，距站台边缘不得少于1 m。

（3）货物应堆放稳固，防止倒塌。同时靠近线路两旁堆放为维修线路用的材料、机具等，亦不得侵入建筑接近限界。

第三节　牵出线调车

一、牵出线调车的基本因素

任何一种调车作业都是由若干调车钩和调车程这两种基本因素组成的。

（一）调车钩

调车钩是指机车完成连挂或摘解一组车辆的作业，它是衡量调车工作量的一种基本单位。调车作业计划就是以调车钩为单位，按作业顺序排列的。

调车钩按其性质不同，分为挂车钩和摘车钩两种。

（1）挂车钩是指机车（或挂有车辆）驶往线路内连挂车辆后，牵出至开始进行下一项作业地点的调车钩。

（2）摘车钩按其作业方法不同，分为推送钩和溜放钩两种。

① 推送钩是指机车将车组推送至线路内预定的地点摘车后，返回至开始进行下一项作业地点的调车钩，如图 3－2 所示。

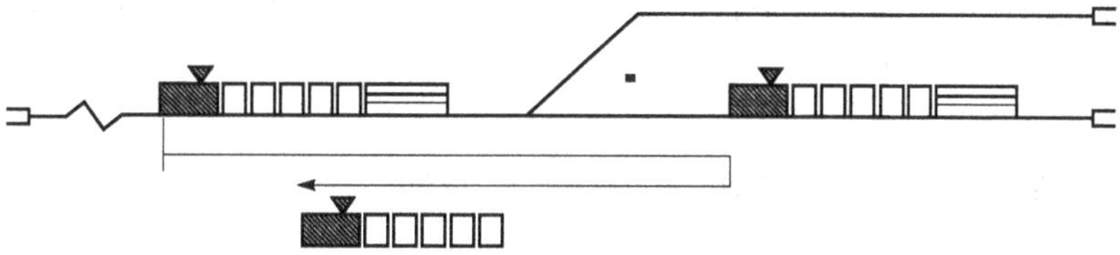

图 3－2　推送钩示意图

② 溜放钩是指机车用溜放方法完成摘车作业的调车钩，如图 3－3 所示。

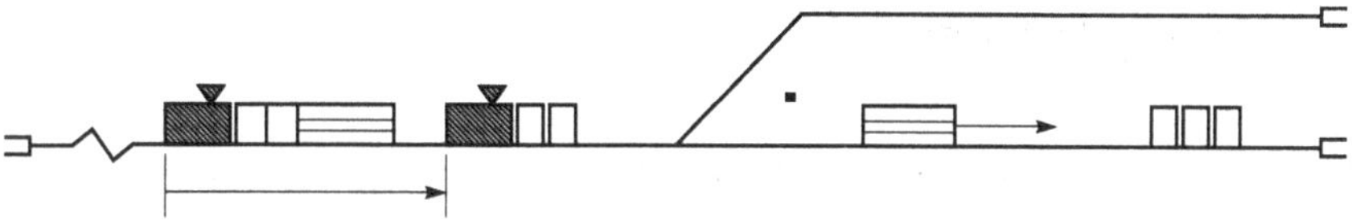

图 3－3　溜放钩示意图

（二）调车程

调车程是指机车车辆不改变运行方向加减速一次的移动，它是衡量调车工作效率的基本因素。其分类方法如下：

（1）按组成因素分：

① 加速—制动型；

② 加速—惰行型；

③ 加速—惰行—制动型；

④ 加速—定速—制动型；

⑤ 加速—定速—惰行型；

⑥ 加速—定速—惰行—制动型。

根据调车作业种类和调车距离，可采用不同类型的调车程。短距离调车，通常采用前三种类型；长距离调车，通常采用后三种类型。且加速—定速—制动型多数用于推送法调车，加速—制动型和加速—惰行型多数用于溜放法调车。

（2）按机车是否连挂车辆分：重调车程、空调车程。

（3）按机车走行距离分：长调车程、短调车程。

调车工作应在保证安全的基础上，尽量减少调车钩数，缩短调车程，压缩平均完成一个调车钩所需时分（钩分），努力提高调车工作效率。

二、牵出线调车作业的方法

（一）推送调车法

1. 定义

使用机车将车辆由一股道送到另一股道，需停车后再进行摘车的调车方法，称为推送调车法。简称"一牵、一推、一摘"作业方法。

其关键是掌握"十、五、三"车距离信号（《技规》第364条）。

"十、五、三"车距离信号：表示推进车辆的前端距被连挂车辆的距离。

昼间展开的绿色信号旗单臂平伸，夜间绿色灯光，在距离停留车十车（约110米）时连续下压三次，五车（约55米）时连续下压二次，三车（约33米）时下压一次。

2. 作业过程

空程——挂车——牵出——推送——摘车——返回。

3. 特点

（1）车辆在移动过程中始终和机车连挂在一起，直至车列停妥后再摘车。

（2）每分解一组车辆需用两个长调车程，耗费时间较多，平均钩分较长，调车效率较低。

（3）技术上简单，作业上安全。

4. 适用场合

推送调车法一般只有在禁止溜放调车时才能使用。《技规》第231条规定了以下禁止溜放的车辆、线路及其他限制：

（1）装有禁止溜放货物的车辆；

装有《铁路危险货物运输管理规则》中规定的禁止溜放货物（如爆炸品、压缩气体、液化气体等）的车辆。

（2）非工作机车、动车、轨道起重机、大型养路机械、机械冷藏车、大型凹型车、落下孔车、客车和特种用途车；

（3）乘坐旅客的车辆及停有该车辆的线路；

（4）超过2.5‰坡度的线路（为溜放调车而设的驼峰和牵出线除外）；

（5）停有正在进行技术检查、修理、装卸作业车辆及无人看守道口的线路；

（6）停有装载爆炸品、压缩气体、液化气体车辆的线路；

（7）停留车辆距警冲标的长度，容纳不下溜放车辆（应附加安全制动距离）的线路（又称有"堵门车"的线路）；

（8）中间站正线、到发线及与其衔接而未设隔开设备的线路；

（9）调车组不足3人时，禁止溜放作业；

（10）不准采用牵引溜放法调车。

另外，沈阳铁路局《行规》第47条根据《技规》第231条补充规定：

（1）遇浓雾、暴风雨雪等不良天气和夜间照明亮度不足，确认信号和停留车位置困难时。

（2）机车有动力重联时。

（二）溜放调车法

1. 定义

使用机车推送车列达到一定的速度，在推进中将车组提钩，使摘解的车组利用所获得的动能自行溜向指定地点的调车方法，称为溜放调车法。

2. 作业过程

空程——挂车——牵出——推进加速——摘车溜放（返回）。

3. 特点

（1）机车连挂车列牵出的距离较远，推进过程要加速，分解行程较短，需调车程数少，调车效率高，但难度较大；

（2）用溜放法调车时，溜放出的车组由制动员使用人力制动机或铁鞋进行制动。

4. 种类

按其作业方法不同，分为单钩溜放法、连续溜放法、多组溜放法、惰力溜放法、惰力多组溜放法和牵引溜放法等。

（1）单钩溜放法：机车推送车列每加速、减速一次即溜出一个车组，调车机车停轮（或向牵出线回拉）等待该溜出车组越过分歧道岔不妨碍后续车组进路时，再进行下一车组的溜放。又称“一牵、一推、一溜”的循环作业方法。

调车效率：较一般推送法提高 30% ~50% 。

关键问题：调车长严格掌握好溜放速度。

适用场合：主要适用于牵出线过短的车站或车场，受调车组人数、技术水平、车列组成等条件限制，不能采用其他溜放法时。

（2）连续溜放法：调车车列在不改变运行方向的情况下，连续加速和减速，每次加减速即溜出一个车组，连续溜放几个车组后，向牵出线回拉一次。又称“一牵、一推、几溜”的循环作业方法。

调车效率：较单组溜放法提高 50% ~100% 。

关键问题：调车长严格掌握好溜放速度；各车组间的间隔距离（20 ~30 m）。

《技规》禁止使用牵引溜放法。多组溜放、惰力溜放和惰力多组溜放等方法虽然效率较高，但技术难度大，目前也很少采用。

第四节　驼 峰 调 车

一、驼峰调车概述

1. 驼峰的定义

驼峰是利用车辆本身所受的重力并辅以机车的推力进行分解车列的一种调车设备。

2. 驼峰组成部分及其作用

由推送部分、溜放部分和峰顶平台三部分组成。

（1）推送部分：其坡度是为了形成驼峰的高度和车钩的压缩状态。

（2）溜放部分：包括加速坡、中间坡和道岔区坡三部分。其坡度是为了提高车组的溜行速度和造成车组间的必要安全间隔。

（3）峰顶平台：缓和两个不同坡段的连接、防止车钩折损。

3. 驼峰设备

（1）线路、机车；（2）通信、信号，转换道岔；（3）制动设备。

4. 驼峰的种类

驼峰按其线路配置和技术设备的不同，可分为简易驼峰、非机械化驼峰、机械化驼峰、半自动化驼峰和自动化驼峰五种类型（见表 3 -1）。

表3-1 各种类型驼峰特点比较

驼峰类型	简 易	非机械化	机械化	半自动化	自动化
调车场头部	梯线或非对称线束	对称线束形	对称线束形	对称线束形	对称线束形
线路配置	一推一溜	两推两溜	两推两溜	两推两溜	两推两溜
调车线数	≥5	<16	≥16	≥16	≥16
道岔类型	单开	对称	对称	对称	对称
道岔控制	电气集中或人工	电气集中或人工	驼峰自动集中或电气集中	驼峰自动集中	驼峰自动集中
制动工具	铁鞋	铁鞋	减速器、铁鞋	减速器、减速顶、铁鞋	减速器、减速顶
推峰速度	3 km/h	3~4 km/h	4~5 km/h	5~6 km/h	6~7 km/h
连挂率	—	—	—	70%~80%	85%~98%
解体能力	—	—	3 400 辆/日	4 000 辆/日	4 500 辆/日
应用场合	区段站	中小型编组站	大中型编组站	大型编组站	大型编组站

5. 驼峰调车的特点（与牵出线溜放调车比较）

（1）调车动力——牵出线：机车推力。
驼峰：车辆本身重力辅以机车推力。

（2）提钩地点——牵出线：逐钩移向调车场，提钩地点不固定。
驼峰：提钩地点固定在峰顶平台或压钩坡。

（3）速度控制——牵出线：车组脱离车列时的初速度较大，约 15 km/h 左右，走行性能对速度影响不显著。
驼峰：车组脱离车列时的初速度较小，基本控制在 5 km/h 左右，走行性能对速度影响较显著。

（4）间隔调节——牵出线：推送速度、提钩时机、人力制动机调节。
驼峰：提钩时机、减速器（机械化和自动化驼峰）。

6. 调速制式

在机械化或自动化驼峰编组站，为了使溜放车组进入调车线后能停留在预定的地点，或以一定的限速与停留车组安全连挂，在调车场通常采用三种制式的调速工具，详见表3-1所示。

（1）点式控制：在调车场各股道的固定地点设置减速器。适于允许连挂速度较高的条件下采用。

（2）连续式控制：在调车场的各股道上连续布置减速顶、加减速顶、绳索牵引小车或直线电机加减速小车等调速工具，随时随地控制溜放车组，使之按该调速工具所规定的速度溜行，直至与停留车连挂。适于允许连挂速度较低的条件下采用。

（3）点连式控制：在调车场各股道的前部设置减速器，后部设置连续式调速工具，以达到车组安全连挂的要求。我国主要编组站多采用这种制式。

二、驼峰调车作业过程

驼峰分解车列通常要经过连挂车列、推峰、解散车列、下峰作业等作业过程。

（1）连挂车列：驼峰调车机车驶往到达场连挂车列；在到达场与调车场横向配列的车站，挂车后还需将车列牵引至峰前牵出线。

（2）推峰：驼峰调车机车将车列推至峰顶或预推至峰前信号机。

（3）解散车列：驼峰机车推送车列经过峰顶，使被摘解的车组脱钩后，依靠车组本身的重力溜向调车场内指定的线路；有时在溜放的过程中还要向禁溜线内推送禁止溜放的车辆。

（4）下峰整场：驼峰机车在分解几个车列后，要下峰整理调车场。整场的目的：一是消除股道内停留车组之间的“天窗”，使其连挂在一起；二是将与警冲标间的距离小于溜入车组长度和安全距离的停留车（“堵门车”）推至调车场内的适当位置，为驼峰继续溜放创造条件。有时，驼峰机车还要取送禁溜车和交换车。

三、车辆通过驼峰的限制

1. 严禁通过驼峰的车辆

客车（21、22 型除外）及 D_{17}、D_{19g}型落下孔车禁止通过驼峰。因为这些车辆过峰时极易“骑峰”，刮坏车辆或设备。

涂有禁止上峰标记的车辆，禁止通过设有车辆减速器（机械化）的驼峰。

2. 机械冷藏车

机械冷藏车禁止通过驼峰，但在未设峰顶迂回线或迂回线发生故障的车站，必须使机械冷藏车过峰时，应以不超过 7 km/h 的速度，推送下峰。

3. 其他车辆

21 和 22 型客车、凹型车、其他落下孔车及装载活鱼（包括鱼苗）、跨装货物的车辆（跨及两平车的汽车除外）等，是否可以通过驼峰，由车站会同车辆段等有关单位做出具体规定，并纳入《站细》。

四、推峰作业

（一）驼峰溜放车组技术间隔

在驼峰溜放中，保持相邻车组间的必要间隔是关系驼峰作业安全和效率的重要条件。这种车组间的间隔，是安全转换道岔和使车组顺利溜入不同股道所必需的；而在机械化、半自动化和自动化驼峰上，也是安全操作车辆减速器，对车组施行制动所需要的。

车组间隔太小，会危及调车安全；车组间隔太大，又会影响驼峰效率。车组技术间隔包括峰顶间隔和溜放间隔。

1. 峰顶间隔

峰顶间隔是指相邻车组在峰上先后脱钩，自前行车组脱钩至后行车组脱钩，推峰机车所走行的距离（图 4－10），它是形成溜放间隔的基础。车组在峰顶的时间间隔，则可按下式计算：

$$t_{间}^{峰} = \frac{l_{间}^{峰}}{v_{推}^{后}} = \frac{l_{脱}^{前} + l_{车}^{后} - l_{脱}^{后}}{v_{推}^{后}}(\mathrm{S})$$

2. 溜放间隔

（1）定义：是指相邻车组自峰顶脱钩，直至进入分路道岔后，在溜放过程中形成的间隔距离或间隔时间。

（2）影响因素：在驼峰平纵断面一定，车组大小相同的条件下，溜放间隔主要取决于车组走行性能和共同溜行的距离。

① 当前后车组的走行性能相同时，其先后溜经任一地点的时间间隔保持不变，等于峰顶的间隔时间。但是，由于在同一时间内前后车组溜经的坡段不同，速度并不一样，车组间的距离间隔却是变化的。

② 当前后车组的走行性能不同时，由于受到的基本阻力、空气阻力与风阻力的不同，在相同的坡段上溜行速度也不一样，因此，溜放间隔有一个更加复杂的变化。

（二）影响推峰速度的因素

推峰速度的大小直接影响驼峰调车作业的安全和效率。其影响因素主要有：

1. 车辆走行性能

车辆按其走行性能和装载货物的轻重不同，可分为易行车、中行车和难行车。

（1）易行车：经驼峰溜放时，基本阻力与风阻力之和最小的车辆，规定采用满载的 60 t 敞车（C62A），总重 80 t。

（2）中行车：经驼峰溜放时，基本阻力与风阻力之和较小的车辆，规定采用满载的 50 t 敞车（C50），总重为 70 t。

（3）难行车：经驼峰溜放时，基本阻力与风阻力之和较大的车辆，规定采用不满载的 50 t 棚车（P50），总重 30 t。

2. 溜入线路阻力

根据线路阻力的大小，可将调车线分为难行线和易行线。如经过道岔、曲线较多，或溜行方向为上坡道，阻力较大的线路，称为难行线；反之，溜行阻力较小的线路，称为易行线。

3. 溜行车组大小

根据车组大小分为大、中、小车组。7 辆以上为大车组，4 ~ 6 辆为中车组，1 ~ 3 辆为小车组。通常是小车组溜行快，大车组溜行慢。

4. 气温、风向和风力

如冬天低温轴油凝固或逆风时，车组溜行阻力显著增加；反之，夏天顺风阻力小，甚至起加速作用。

5. 车组溜行距离

在上述条件相同的情况下，溜行车组从峰顶到预定停车地点的溜行距离愈长，需要的推峰速度愈大。

此外，诸如车组在车列中的排列顺序，相邻车组共同溜行的距离，峰下制动员的作业条件等，对确定推峰速度都有一定影响。

（三）调节推峰速度的方法

机车推峰速度应使难行车能溜入难行线警冲标内方，并保证易行车进入减速器不超过安全速度（21 ~ 23 km/h）、压上铁鞋不超过允许速度（18 km/h）。

1. 简易驼峰调节推峰速度的方法

简易驼峰是在牵出线和梯形车场的基础上修建而成，难、易行线的阻力相差较大，相同的推峰速度难以保证车组溜行的实际需要。因此，多采用定速与变速推峰相结合，以变速推峰为主的方法。必要时，还可采取调车机在峰上暂时停轮等待，以增大前后车组的峰顶间隔。

（1）定速推峰。对车组大小和走行性能基本相同的几个相邻车组，如溜入线路的阻力相差不大，一般可以定速推峰。此外，如遇难行车进入易行线，易行车进入难行线，或前后车组共同溜行距离较短时，也可采用定速推峰。

（2）变速推峰。当车组排列顺序为前难后易、前远后近时，对前行车组应加速推峰，对后行车组应减速推峰。当车组排列顺序为前易后难、前近后远时，应以较低的速度溜出前行车组后暂停推峰，增大峰顶间隔，然后再以较高的速度溜放后行车组。

2. 现代化驼峰调节推峰速度的方法

现代化驼峰由于平纵断面比较合理，难、易行线的阻力相差不大，峰下又设有车辆减速器或减速顶，因此，基本上可以采用 5 km/h 的定速推峰。只有遇到下列情况时，才采用变速推峰的方法。

（1）位于小车组后面的长大车组，对长大车组应加速推峰，以缩短车组间隔，提高作业效率；反之，位于大车组后面的小车组应减速推峰，以加大峰顶间隔，防止尾追。

（2）如遇车组排列顺序为前易后难、前近后远时，变速推峰方法同简易驼峰。

五、提钩工作

峰上提钩和牵出线提钩不同，必须掌握提钩时机，注意提钩方法。

（一）提钩时机与脱钩点

驼峰分解车列时，车组重心一旦进入加速坡，由于本身重力的作用，即脱离车列向峰下溜去。车组在峰上脱离车列开始溜行的地点，称为脱钩点。

提钩时机应在车组进入脱钩点之前。此时，车钩呈压缩状态，易于提开车钩；车组一过脱钩点，车钩立即呈伸张状态，不易提开。

提钩不宜过早或过晚。提钩过早，如遇紧急情况必须暂时停止溜放作业时，对于已经提开车钩的车组来说，无法使其停止溜放，危及作业安全；提钩过晚，车组一旦进入或越过脱提钩点时，便会出现“钓鱼”，车列必须倒拉后才能提开车钩，影响作业效率。

车组脱钩点，可用概略计算方法求得。脱钩点与车组的大小和空重有关。一般规律是：小车组越峰 1/2 左右、大车组越峰 1/3 左右脱钩；车组内重、空车的排列顺序为前重后空时，按长度确定的脱钩点提前；反之，则推后。

（二）提钩方法

提钩工作由连结员根据调车作业通知单进行。一般采用“一看、二查、三提钩、四呼应”的作业方法。

一看：看调车作业通知单，保证摘钩车数与计划相符；看推峰速度、车组走行性能和前行车组脱钩后溜行速度，保证峰顶间隔。

二查：检查制动软管是否摘开，提钩杆是否良好，人力制动机是否松开，所摘车组是否是禁溜车或禁止过峰车。

三提钩：先试提车钩，但不要提开，以便检查钩链是否折损或死钩；然后看准提钩时机，用力提开车钩，并监督脱钩情况。

四呼应：由两名提钩人员负责提钩时，应做到“两人交叉提钩，钩不脱，手不离，前钩不脱，后钩不提”。前行车组脱钩后，应向后方提钩员显示“脱钩信号”。未得到信号时，后方提钩人员不得提钩。

六、驼峰作业方案

由于驼峰设备条件和配属的调车机车台数不同，驼峰作业组织就有不同的方式。对驼峰调车作业方式的共同要求是：在确保驼峰调车安全的基础上，各项作业程序尽可能做到快速、平行和不间断进行，以提高驼峰调车机的效率和驼峰的解体能力。驼峰调车作业方案主要有单推单溜、双推单溜和双推双溜三种。

（一）单推单溜

在驼峰上只用一台机车担当驼峰分解作业的组织方式，称为单推单溜。这种方式的特点是驼峰机车没有等待时间，机车效能可以充分发挥。但是驼峰设备利用率较低，改编能力较小。单推单溜作业方案如图 3－4 所示。

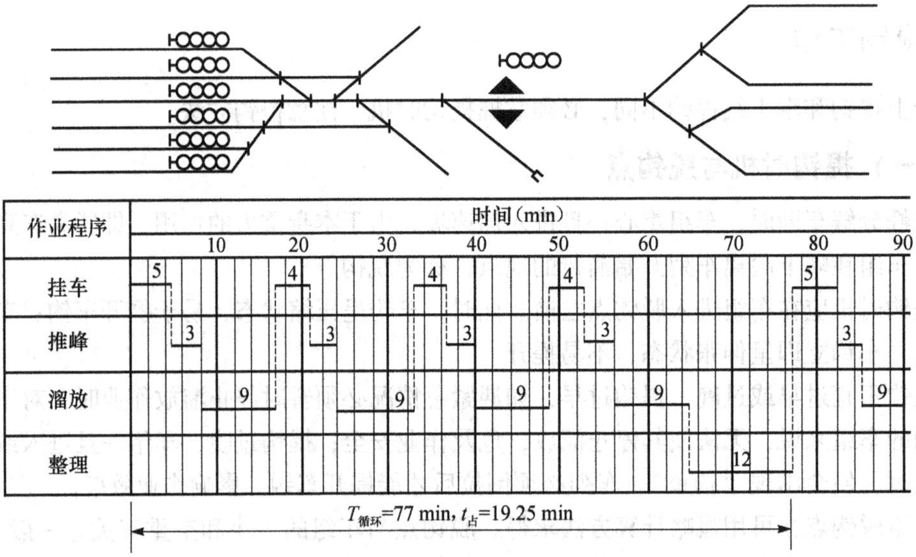

图 3－4　单推单溜驼峰作业方案

（二）双推单溜

使用两台机车担当驼峰作业时，一台机车进行分解作业，另一台机车可进行预推作业，这种作业组织方式称为双推单溜。采用这种作业方式，虽然驼峰调机有一部分等待时间，但大大提高了驼峰利用率，相应提高驼峰改编能力。我国铁路编组站驼峰，多采用这种方式。双推单溜作业方案如图 3－5 所示。

（三）双推双溜

按驼峰的推送线、溜放线将到达场和调车场纵向划分为两个作业区，使之各自成为独立调车系统。两台驼峰机车可同时在自己的调车系统内进行推峰、分解及整场作业，这种作业组织方式称为双推双溜。

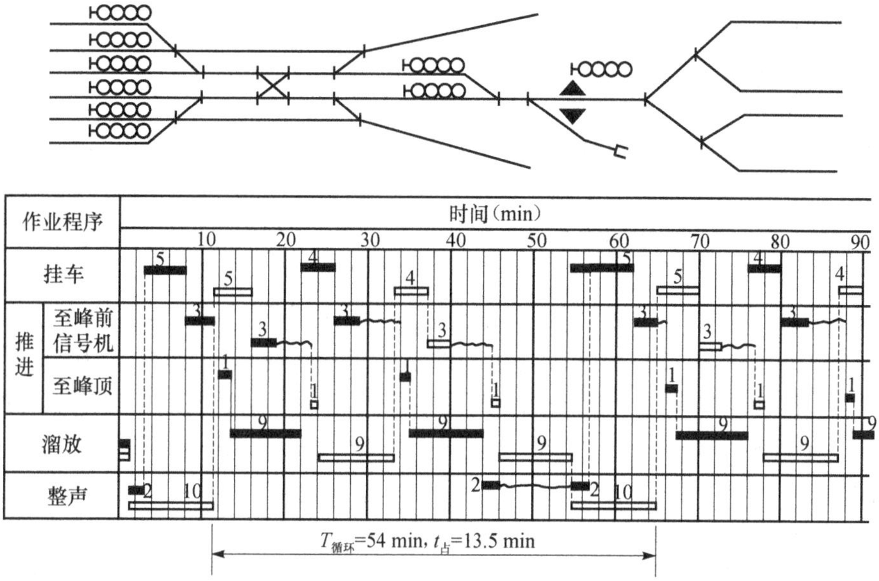

图 3－5　双推单溜驼峰作业方案

双推双溜的特点是两套调车系统互不干扰，可提高驼峰设备和机车运用效率，两调车系统间设有交换线，存放相互间的折角车流。但是当车站衔接方向较多，两调车系统间交换车数量较大时，重复解体作业量大。研究表明，当车站重复改编车数超过 16‰～20‰时，采用双推双溜一般是不利的。双推双溜作业方案如图 3－6 所示。

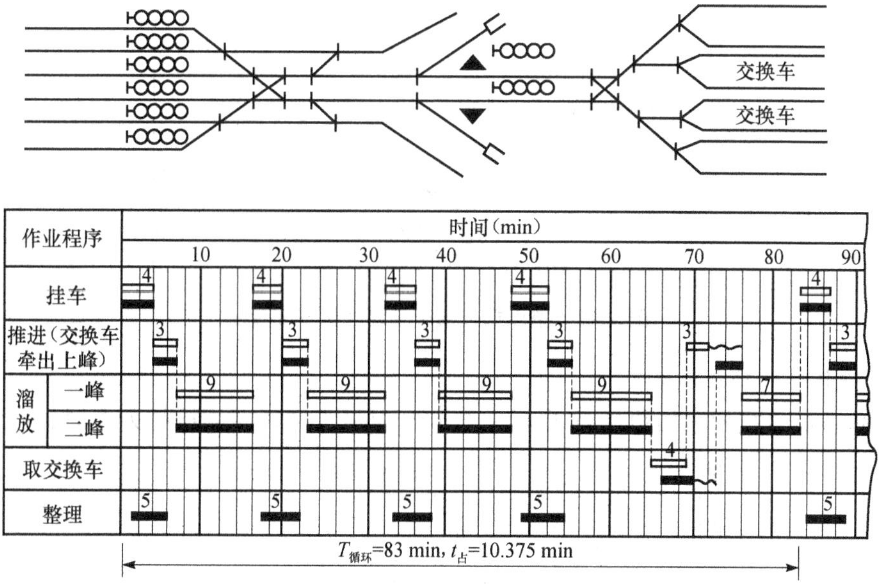

图 3－6　双推双溜驼峰作业方案

第五节　中间站调车

调车作业是中间站行车工作的重要内容，对及时甩挂货物作业车，安全正点地接发列车起着重要的作用。

一、中间站车流组织

中间站车流是指在中间站进行装卸作业的重空车流，也称为区段管内车流。中间站车流组织原则是：在加强货源组织的基础上，最大限度地组织直达、成组输送，以加速车流输送速度和技术站作业。此外，中间站车流的输送还有以下几种形式：

1. 普通摘挂列车

普通摘挂列车，是目前输送中间站车流广泛采用的一种形式。

它的主要优点是可以直接为区段内中间站输送货物作业车，及时办理中间站车辆的甩挂、取送和对货位的调车作业。其缺点是利用摘挂列车本务机车担当沿线各站的调车作业，不能发挥本务机车的作用，在中间站停站时间长，旅行速度和机车日车千米低，对区间通过能力影响较大。

2. 重点摘挂列车配合调度机车（或调车机车）

重点摘挂列车，是指在区段指定的几个中间站进行摘挂作业的列车。重点摘挂列车甩下的车辆，由调度机车（或调车机车）送往本站或邻站的货物作业地点，并同时取回待挂车辆，预先按列车编组计划的要求编成车组，待摘挂列车挂走。

重点摘挂列车配合调度机车（或调车机车），是减少摘挂列车作业站数，缩短作业时间，提高旅行速度，加速管内货物输送的有效方法。将调度机车（或调车机车）的运用计划与重点摘挂列车的到开时刻密切配合，如图 3－7 所示，将送车计划与货物作业过程相衔接，会取得较好的效果。其缺点是增加了调机台数，调机往返于各中间站影响区间通过能力。

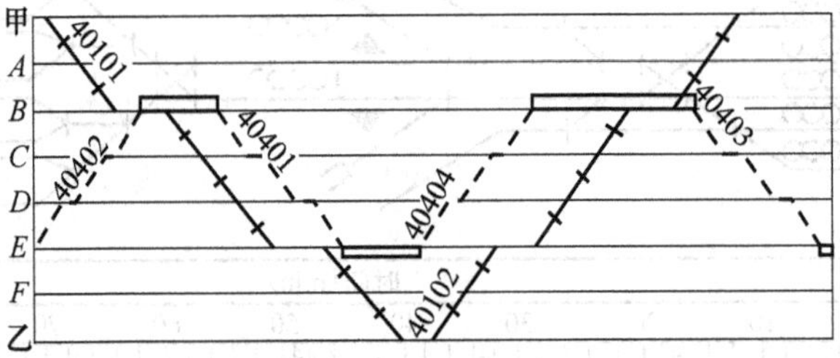

图 3－7 重点摘挂列车与调度机车配合图

3. 分段作业的摘挂列车

分段作业的摘挂列车如图 3－8 所示。当同方向每天开行两列摘挂列车时，可以组织分

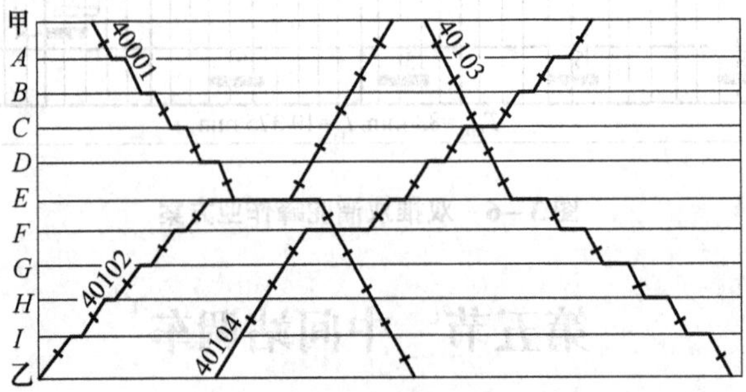

图 3－8 分段作业的摘挂列车

段作业，使第一列摘挂列车在前半段的中间站上作业，第二列摘挂列车在后半段的中间站上作业。

这种车流的输送方式，能够减少摘挂列车作业站数，加速摘挂列车运行，加速区段管内车流的输送。另外，还有小运转列车、管内分组列车等形式。

二、摘挂列车调车作业计划的编制

（一）计划编制

在设有车站调度员的车站，调车作业计划由车站调度员编制。不设车站调度员的车站，调车作业计划由车站值班员编制。作业量较大的中间站，一般配有调车机车或是调度机车驻在站，并设有调车区长，其调车作业计划由调车区长编制。对占用到发线、正线、机车走行线以及影响接发列车进路的调车作业，必须征得车站值班员的同意。

（二）编制要求

计划的内容包括摘挂列车的车次、调车作业的起止时分、作业股道、作业方法、摘挂车数和编制人姓名等。

调车作业计划应做到钩数少、占用股道少、行程短、带车数少、作业方便，尽可能不占用或穿越正线，避免越出站界调车。

（三）编制依据

（1）列车调度员下达的摘挂车计划：摘车数、挂车数、预计列车到达时间及作业要求；

（2）后方站发来的摘车确报，包括摘车数、车种、吨位、品名、收货人、车辆编挂位置；

（3）车站线路占用及现在车分布情况，待挂车数（重车分去向、空车分车种）及其停留位置；

（4）装卸劳力、机具、装卸作业进度和货位使用情况。

（四）编制方法

中间站编制调车作业计划时，一般使用附有车站线路示意图的调车作业通知单，作为布置和传达计划的依据。为使机车乘务员熟悉车站停留车分布、送车和挂车地点，图中应标明线路容车数和停留车位置。如为电气化铁路，还应标明接触网终端标、区分绝缘器与有关调车信号机或最外方道岔尖轨尖端之间的距离，以便于司机掌握。

例题：B站线路示意图3－9如下，7道停有装往甲站的待挂重车2辆，40002次列车在B站甩空车9辆，其中4辆空敞车装棉花，5辆空棚车装粮食，要求编制40002次利用列车机车进行调车作业的计划。

已知40002次列车编组内容顺序为：

▽

机车	甲/整零1	空/C4	空/P5	甲/20

根据B站线路固定使用，列车到达确报和待挂车停留位置，应将40002次列车接入靠近货物线的5道。列车到达后，列车机车先到货物线7道连挂装往甲站挂重车2辆，然后将空敞车4辆送往7道装棉花的货位上，再将空棚车5辆送往7道装粮食的货位上，最后返回5道连挂本列。

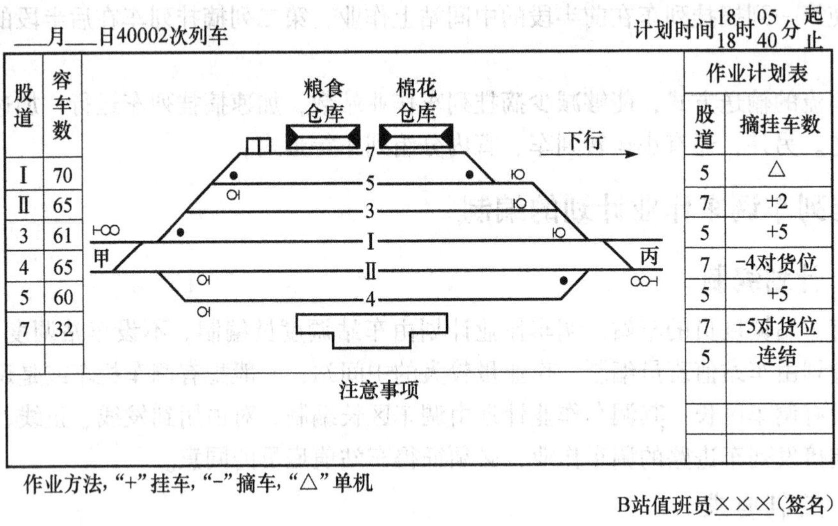

图3-9　B站调车作业示意图

三、摘挂列车作业程序

中间站设备、人员配备及分工各不相同。在未设调车组的中间站，由助理值班员担当调车作业指挥人时，摘挂列车作业程序如下：

1. 作业联系

列车到达前，车站值班员应及时向列车调度员了解摘挂列车在本站的甩挂计划和作业时间要求，根据后方站发来的摘车确报和本站待挂车情况，编制摘挂列车调车作业计划，填写调车作业通知单，向参加调车作业有关人员传达清楚。

2. 作业准备

车站货运员应事先检查待挂车辆装卸情况，准备货运单据，送交行车室。车站助理值班员根据调车作业计划，提前出动至接车线，指挥列车停于便于调车的地点。

3. 动车准备

列车到达停妥，助理值班员向司机传达调车作业计划后立即开始调车作业。在动车前，车站应按规定准备调车进路并确认进路正确。

4. 指挥运行

调车指挥人指挥机车在车站进行摘挂作业。

5. 作业检查

机车车辆在进入装卸地点前，必须一度停车，待调车人员检查线路、道岔、停留车位置后方准进入。在车辆连挂好以后，应检查车列通风情况。

6. 摘挂车辆及摘装列尾装置

调车人员根据调车作业计划摘挂车辆（需重新摘装列尾装置时，应摘装列尾装置）。在进行摘挂车辆时，还应做好车辆的防溜措施。

7. 车辆及货运单据交接

车站与司机交接车辆及货运单据，修改列车编组顺序表，检查所挂车辆技术状态、编挂位置是否符合规定，车站值班员向前方作业站进行摘车预报。

8. 准备发车及发车

车站发车人员确认发车条件完备后，向司机显示发车信号，督促司机及时动车。

9. 作业后处理

调车作业完了，应及时将道岔恢复定位，并向车站值班员报告车辆停留位置及防溜措施。

四、加速摘挂列车作业的方法

1. 选择调车行程短、作业方便的接车线路和停车位置

（1）如上例图3－9所示，上、下行摘挂列车均应接入靠接货物线的5道，这样可以减少调车作业与接发列车进路的干扰，缩短调车行程。

（2）当摘挂列车编组辆数较少时（如图3－10），如将上、下行摘挂列车接入靠接货物线的3道，并停于适当地点，可以大大缩短调车行程。

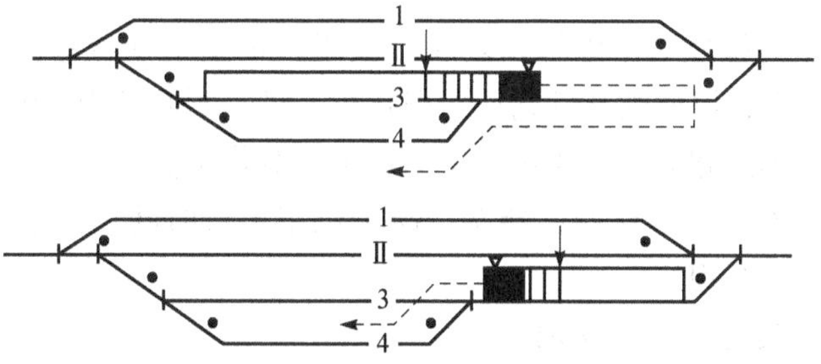

图3－10　摘挂列车停留位置一

（3）当摘挂列车在前部作业，而且摘车数多、挂车数少时（如图3－11），则应停于接车线末端警冲标或出站信号机内方，这样可以缩短调车行程。

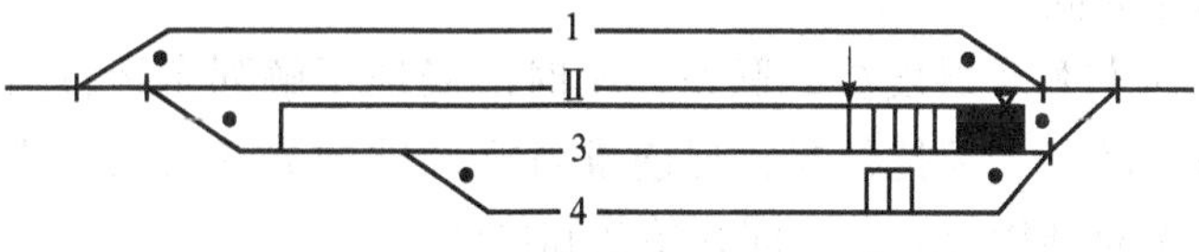

图3－11　摘挂列车停留位置二

（4）如挂车数少于摘车数时，不论在列车前部还是后部作业，列车停车位置均应按所挂车组长度，预留相应距离（如图3－12）。否则挂车后，列车前部或后部将越过出站信号机或警冲标，造成列车移动后才能发车，延长作业时间。

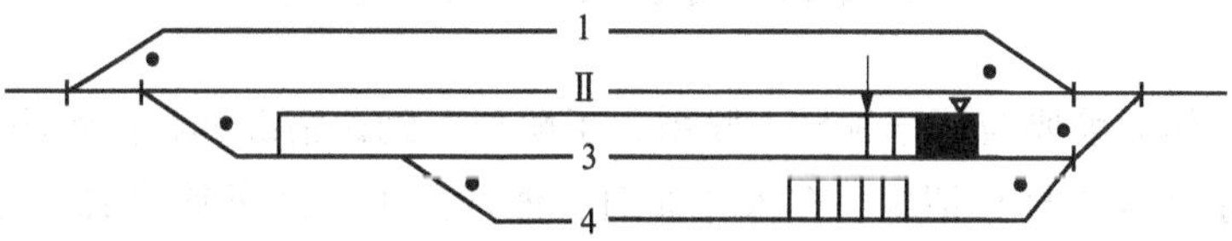

图3－12　摘挂列车停留位置三

2. 组织两列摘挂列车互换作业

如图 3－13 所示，41001 次列车尾部摘车 2 辆，送 4 道卸；41002 次在 4 道挂车 3 辆于尾部。如果组织他们互换作业，即可避免本列车的机车由前部掉头至尾部的作业干扰和减少走行距离，从而大大压缩作业时间。

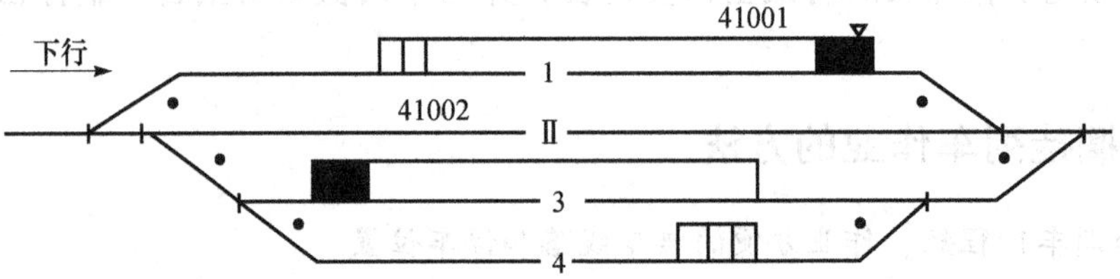

图 3－13　摘挂列车停留位置四

3. 组织调车机车与列车机车配合作业

在设有调车机车的车站，组织调车机车与列车机车配合作业，能加速摘挂列车技术作业。

（1）调车机车事先按照列车编组计划和《技规》的要求准备好待挂车组，并送至便于摘挂列车作业的线路上，以便列车到站后立即挂车。对于所摘车辆，由列车机车甩于适当的股道内，再由调车机车按卸车地点挑选车组、送车和对货位。

（2）为了避免列车机车在作业站转头，减少机车走行时间，对于摘挂列车后部车辆的甩挂作业，应由调车机车担当。

4. 减少带车数，避免越出站界调车

5. 组织不摘车装卸作业的方法

（1）不摘车装卸作业的含义：利用列车在中间站的停留时间，组织快装快卸，使车辆在站进行装卸作业后，随原列车挂走的作业方法。

（2）优点：压缩车辆在中间站的停留时间，若在到发线上进行不摘车装卸，还能减少调车作业，节省调车时间和费用。

（3）要求：加强与列车调度员的联系，及时准确地了解列车运行情况及不摘车装卸的车数、车种、吨位、品名、编挂位置，提前准备好足够的装卸劳力、机具，在指定地点等候，待列车进站停车对准货位后，立即开始装卸作业。

（4）注意事项：组织不摘车装卸作业，对于有装卸作业的车辆来说，大大缩短了在站作业后等待挂运的时间，但往往延长列车中不进行装卸作业的车辆在站停留时间。因此，列车调度员应权衡利弊，全面考虑。

第六节　排风、摘管作业

排风制动员作业前要与调车领导人联系，了解列车到达情况和解体顺序，做到车次、股道、时间、钩序（或组号）清楚，多人作业时，做好分工。列车到达 15 分钟后，确认列检到达试风完毕，开始排风作业，并在列车解体前完成。开始排风摘管前，须做好防护。排风制动员缓缓打开折角塞门，放出主风管的风，排净副风缸里的风，做到风放净、不漏排、不抱闸。根据调车作业计划或车号员的开口通知单（或粉笔标记）正确摘管。排风制动员检查禁止通过驼峰、不宜使用铁鞋制动的车辆，报告调车长或调车领导人。排风摘管后，逐辆复检，发现问题及时处理。

一、排风

（一）概念、意义

排风，即是缓缓打开折角塞门，放出主风管的风，排净副风缸里的风，使车辆彻底缓解。这是解体作业前的最重要的工序之一。目的是使待解车辆彻底松闸缓解，以便于实行平面溜放或进行驼峰分解。

如不把每个待解车辆副风缸中的余风排净，就有可能在平面溜放或在驼峰分解作业中，车辆因受震动，使三通阀活塞因外力作用而进行移动，当副风缸中的余风稍大于列车主管的风压时，三通阀的活塞就向左移动（如图3－14所示），副风缸里的余风就进入制动缸，引起该车辆骤然自动抱闸或是缓解不良。此时若正好碰上进行平面连续溜放或是驼峰分解作业就会造成尾追冲突事故。由此可见，排风不彻底后果是严重的。

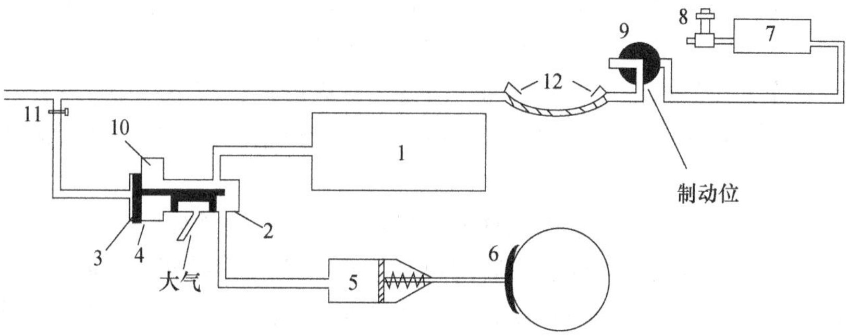

图3－14 空气制动机制动原理

1—副风缸；2—滑阀；3—主活塞；4—三通阀；5—制动缸；6—闸瓦；7—总风缸；8—空气压缩机；9—制动阀；10—充气沟；11—截断塞门；12—折角塞门

因此，排风是消灭和减少调车作业中车辆冲突或尾追的关键问题。排风不彻底，不仅影响效率，还会影响安全。排风包括放风和拉风两个作业过程。

（1）放风：是在待解车列进行到达技术检查后车辆解体前，开放车列一端的折角塞门，将全车列由于机车总风缸的充风作用而在各车辆制动主管内储存的压缩空气放出一定的压力后关闭（一般约留100 kPa的余风）。

（2）拉风：就是通过拉风杆拉动车辆副风缸上的缓解阀，排尽副风缸中的余风。当副风缸中余风的压力小于列车主管的风压时，列车主管的风压就推动三通阀的活塞，并同时带动滑阀向右移动，使制动缸里的风由三通阀的排风口排出而使车辆的制动机得到缓解（如图3－15所示）。

（二）排风方法

1. 放风

待解车列完成到达技术检查后进行，由排风制动员，在车列一端，一手拿起制动软管，一手缓缓扳动折角塞门，将车列主管的风放出一部分后，立即将折角塞门关闭，连续开放几

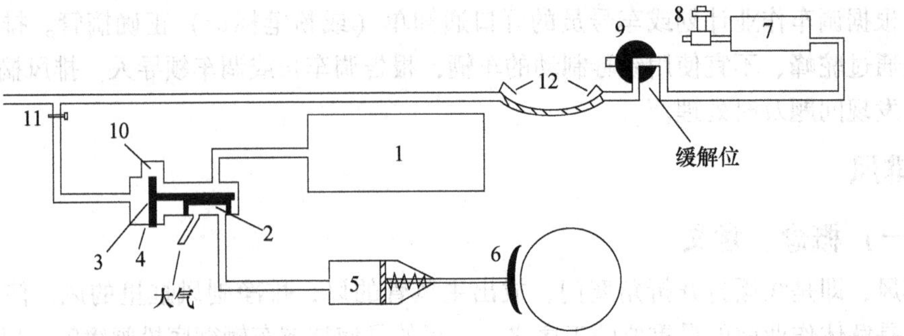

图 3－15 空气制动机缓解原理

1—副风缸；2—滑阀；3—主活塞；4—三通阀；5—制动缸；6—闸瓦；7—总风缸；
8—空气压缩机；9—制动阀；10—充气沟；11—截断塞门；12—折角塞门

次，待制动软管的驳力不大时为止（即制动软管内排出的风声将停止时，主管内预留约 100 kPa）。

需要注意的两点是：

一是在扳动折角塞门时，不能一次扳得过猛，因放风过猛会使整个列车紧急制动。这样既会使车辆制动机的零件受到损坏，又会造成缓解不良的后果。

二是不要把车列主管内的风全部放净，应使主管内的风保持 100 kPa 左右。操作方法是徐徐打开折角塞门，待主管放出一部分风压后，关闭折角塞门，这样连续几次即可。

2. 拉风

就是在放风后，逐车拉动车辆副风缸上的缓解阀，排尽副风缸里的余风。当副风缸内的余风压力小于列车主管内的压力时，主管内风压推动三通阀的活塞，并同时带动滑阀右移，使制动缸里的风压由三通阀排风口排出，从而达到使车辆的制动机得到缓解的目的。

拉风的方法：

（1）石子拉风：即利用调车场内的石碴（或利用排风三角木），直接夹于缓解阀拉风杆的手把外面，以代替人力，达到不间断排风的目的。

需要注意的是，先用力拉动拉风杆，待副风缸内的余风开始排出时，方可将石子夹上，石子已起到排风作用时，拉风人员方可离开该车。

优点：拉风速度快、效率较高。

缺点：增加了取石子的作业过程，石子不实不紧，车辆则不能及时缓解。

适用范围：适用于人员紧、作业时间受到限制时采用。这种方法是目前现场广泛运用和调车人员习惯运用的一种方法。

（2）循环拉风：即由一人绕待解车列往返进行拉风。去时拉拉风杆及关闭这一侧的折角塞门，回时复检未完全缓解的车辆和把去路上无拉风杆而没有进行拉风的车辆进行检查拉风，同时再关闭这一侧的折角塞门和摘解制动软管。

优点：制动员遇到一侧无法拉风的车辆时，不必钻车底到另一侧寻找拉风杆，消灭了往返钻车。

缺点：凡解体一列列车，一名制动员必须绕车列往返一次。

适用范围：适用于作业时间不受限制的情况。

（3）跟踪拉风：对急需车辆，列检技检完了，拉风人员就随之进行拉风的“先检先拉”

的拉风方法。

适用范围：适用于快速中转车辆及紧急排送车辆的作业。

采用此法应注意：必须与列车技术检查人员密切联系，不能影响列检人员的作业，特别是在放主管的余风时，切勿过猛过急。制动员拉风后，应及时进行复查，发现拉风不缓解的车辆，应及时处理。

3. 拉风不缓解的原因及处理方法

排风制动员在实际工作中，常遇有拉风不缓解的现象。其原因有两个：

（1）由于制动主管风压全部被放净。此时拉动缓解阀只能放副风缸的风，列车主管因失去风压无力使三通阀活塞向右移动，三通阀的滑阀也就始终挡住制动缸通向三通阀的排风口的通路，而不能排出制动缸的余风。故出现拉风不缓解的现象。

处理方法：遇此情况，应将缓解阀的拉杆拉开后卡上石子，然后关闭该车一端的折角塞门，向另一端软管吹气（起人工充风的作用），促使三通阀活塞稍稍向右移动，这样就构成制动缸与三通阀排风口的通路，使制动缸的余风由三通阀排风口排出。这时，制动缸的活塞靠自身弹簧的力量回缩，使车辆制动机缓解。

注意事项：在向软管吹气时，一定要把缓解阀拉杆拉开，并卡上石子。否则副风缸的风未放干净，一旦停止向软管吹气，副风缸的风压又将三通阀的活塞推向左移，三通阀的活塞上的滑阀又挡住制动缸与三通阀排风口的通路，副风缸里的余风随之又跑到制动缸里去，因而就会出现这样的现象——向软管一端吹气就缓解，一停止吹气就又抱闸。

但有时也有这样的情况，就是缓解阀的拉杆已拉开，同时也卡上了石子，而使劲地向软管吹气，可就是不缓解。其原因可能是制动缸活塞的弹簧不灵活，可对制动缸活塞杆适当加以外力，促使制动缸活塞杆缩回而达到车辆缓解的目的。

（2）拉风不排风，即拉风制动员拉动缓解阀，但听不到缓解阀排风口有排风的声音，这是由于缓解阀故障。

处理方法：首先用铁丝等物穿通缓解阀排风口；若仍不排风，可拆卸缓解阀或拧开副风缸下面的螺丝实现放风缓解。缓解阀的构造如图 3－16 所示。

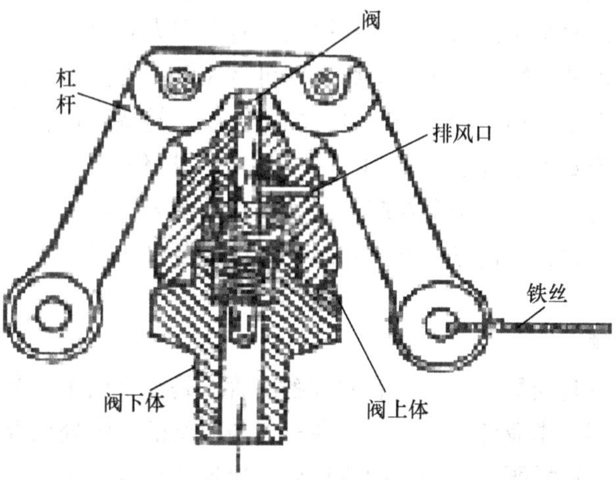

图 3－16 缓解阀的构造

为什么拉风制动员不直接拉动缓解阀的拉杆，实现车辆的缓解，而要在拉风前先放风呢？这是因为到达解体列车进入到达线警冲标内方停稳后，到达本务机车先要试风，然后关闭机后一辆车的一端折角塞门，再摘开机车入段整备。到达试风的目的是为了方便列检人员对制动机进行检查。但进行到达试风后，待解车列的制动主管内和每辆车的副风缸内的风压都为500 kPa，如果不先把制动主管里的风放掉一部分而直接拉风，那就会大大延长拉风时间。

拉风制动员在进行作业时，应注意车列端部是否有防护信号，以保证自身的安全。在作业中要求做到：拉风彻底，正确摘管，松开人力制动机，绑好钩链，解开绑杆，敲掉石子。

二、摘接制动软管

制动软管是连接两车辆制动主管的软管，其端部装有连接器。摘接制动软管就是把两制动软管的连接器摘开或接上。

（一）摘管

到达解体车列的摘管工作是由拉风制动员按调车作业计划（调车作业通知单）的要求，将车组分解处的制动软管摘开，以免在驼峰解体或溜放的过程中，再停车摘管，延长调车时间。

1. 摘管程序

按“一关前，二关后，三摘管，四提钩”顺序摘管，不能颠倒或遗漏。

“一关前”指关闭靠近机车方面的折角塞门，使其与主管垂直；

“二关后”指关闭另一端折角塞门（客车还有暖气管端阀）；

“三摘管”指摘开相邻车辆两制动软管前端的连接器；

“四提钩”指提开车钩。

2. 摘管方法

正确的方法应该是：

（1）正手摘管：先关闭两风管折角塞门，使其手把同制动软管垂直，而后将后腿伸入两轨中间并稍加曲膝，紧紧靠住两制动软管接头，右手用力向上提拉远离自身的制动软管接头，使制动软管头部稍稍扭转，停顿一下后，即可将风管用力摘开。优点：易学、好用。缺点：消耗体力大、磨衣服。初学和运用阶段，如不注意，易将手背、腿部或胸部划伤。

（2）反手摘管；开始与正手摘管一样，就是用左手握住靠近身体一边的制动软管，右手反握住另一制动软管头部向上稍微托起，制动软管的余风随即漏出，待余风漏出后再用力向上托，即可摘开制动软管。优点：不磨衣服，又可避免打伤手、脸，但排风制动员必须有良好的技术。

摘管中存在的问题：

第一个问题：拉风制动员不理解正确的摘解风管，是整个调车作业环节中一个必不可少的工序，往往不是按调车作业计划的要求，在车组与车组的分解处摘管，而出现该摘的没有摘，不该摘的倒摘了。这样既造成列车编成后要多次连结风管，又会造成在车组解散中，提钩人员对一些没有摘管的车组临时匆忙去摘，甚至为了抢时间，往往在车辆运行中，迈步进入道心去摘管，而发生人身伤亡事故。

为了杜绝类似这种情况发生，一方面要规定停车摘管，不准在车辆运行中抢入道心摘管；另一方面，事先就要按调车作业计划的要求摘管，不准简化作业过程。有的车站为峰上提钩人员准备了一把提钩摘管器，遇到风管没有摘开，就用提钩摘管器进行摘解。

第二个问题：摘管中容易发生挤伤手和打伤腿现象，这主要是缺乏经验，没有掌握作业要领造成的。初学排风摘管的制动员应特别注意。为防止工伤的发生，必须要按摘管的要领进行。例如：摘解带风的制动软管，应在两制动软管头刚刚错开时，略微停顿一下，待制动软管的余风排出一些后，再继续往上提，以防制动软管端部的连结器因受风压的冲力，猛然一甩而打伤摘解制动软管人员的腿。当风管摘开后，应分别将两风管的连结器挂在防尘堵上。为何要强调反手摘解风管，这是因为反手摘解风管既不磨衣服，又可避免碰伤手、碰伤脸，是比较安全的方法。

（二）接管

接管是编组列车和取送调车作业中不可缺少的工作。

1. 接管方法

应先确认车钩的钩锁销确已落槽（或先进行试拉，后再连结），而后左脚迈入道心，右脚在轨外蹲下，以左手握紧左方制动软管接头，随即将肘部弯曲，使手握的制动软管接头接近肩部，同时用右手将右方制动软管接头拿稳，同左手拿着的制动软管接头套合，二者先成90度角，然后再用两手紧紧向下推压，并用制动软管本身的弹力，使两根制动软管头部密接。接好制动软管后，必须确认连接稳妥，方可打开折角塞门，以免通风后制动软管跳动分开，打伤作业人员。打开折角塞门时，应先打开机车方向的折角塞门，以便检验是否漏风，确认后再打开另一端折角塞门。

2. 接管时应注意的问题

（1）人身安全：

① 车辆在移动时，不准进入线路内抢接制动软管，一定要停车后进行，并由调车长显示防护信号后或让调车指挥人知道车下有人连接风管，方可进入车内连接管。若是新人员碰上难连接的管，时间不能过长，要及时与调车长联系，另作处理。

② 连接制动软管时，两脚不能同时迈入道心，蹲在里面，要按规定进行，那就是接管时应一脚进入道心，另一脚在轨外蹲下（两脚一前一后），万一车辆移动，就可以马上将前脚退出钢轨外面，不会发生危险。

（2）连接制动软管之前，一定要看两个连接器内有没有胶皮圈，都有的可以接管；都没有的则不能接管；切忌一个胶皮圈反扣，反扣不仅在下一次摘管时胶皮圈易丢失，同时反扣还会引起漏风，发生列车自动抱闸，影响安全。制动软管连接好后，将来风方向一端的折角塞门慢慢打开，试验一下刚接好的制动软管是否漏风，若漏风，就会造成自动抱闸，必须重新再连接。

（3）接管前应检查车钩是否连挂良好，确认钩销入槽后，再进行连接。风管连接后需要确认是否已结妥，然后才能打开折角塞门，以免风压的冲力使两风管因未接好而发生突然分离，接管人员的腿部有可能被风管的头部打伤。打开折角塞门时，应先打开机车方向的折角塞门，以便检验是否漏风；确认后，再打开另一端的折角塞门。

（4）在接机车的风管时，应先将机车一端的折角塞门稍许打开，再立即关闭，以便吹掉风管里所积的灰尘后，再进行风管连接，这样做是为了使进入三通阀的压缩空气(即风压）尽量干净，从而可保护三通阀各部件的灵敏度，使车辆制动机的性能良好可靠。

第七节　人力制动机制动

我国铁路调车工作中采用的制动工具有：人力制动机（又称手闸)、铁鞋、减速器、(加）减速顶、加减速小车等。在平面牵出线调车中，以人力制动机（又称手闸）制动为主，辅以铁鞋制动。在非机械化驼峰调车作业中，以铁鞋制动为主，人力制动机制动为辅。在机械化驼峰调车作业中，则以减速器制动为主，铁鞋和人力制动机制动为辅。有些车站以减速顶制动为主，也有一些车站以减速器加减速顶的方式为主，还有个别站在试验以减速器和加速小车为主要制动工具。本节侧重介绍人力制动机（又称手闸）制动作业。

一、人力制动机的分类和制动原理

目前，我国铁路车站的牵出线调车作业中，均以人力制动机制动为主，仅对部分人力制动机不良、没有人力制动机或制动员上车较为困难的车辆辅以铁鞋制动。为了做好人力制动机制动工作，下面介绍人力制动机分类、制动基本原理和制动方法。

1. 人力制动机分类

人力制动机是借助制动员手臂的力量来拧紧闸盘或制动手把对车辆进行制动的一种简单机械。根据用途分为货车和客车两大类。

货车人力制动机主要有以下两种：

图 3－17　人力制动机示意图

(1）旋转式人力制动机，又叫链子闸，属于标准型人力制动机。分为固定式和折叠式两种，如图 3－17 所示。

① 固定式人力制动机：多用在棚车、敞车、罐车等类型的车辆上。

作用原理：制动时，制动员站在踏板上，系好安全带，将掣轮掣子锤翻转，使它压在掣轮掣子一端，则掣轮掣子的另一端卡在掣轮齿上，防止制动轴逆转。然后顺时针方向旋转制动手轮，手制动轴亦随之转动，则制动链卷在轴上，通过基础制动装置的传动，使闸瓦压紧车轮产生制动。将手松开时，由于掣轮掣子卡住掣轮，使手制动轴不能逆转，而保持制动作用。缓解时，将掣轮掣子锤提起，用力将手轮稍向顺时针方向旋转，使掣轮掣子靠其本身重力离开掣轮，借其反驳力并反方向旋转手轮，制动轴逆转松开链条，制动机缓解。此种人力制动机操作灵活，制动作用快，制动力强，性能好，我国大部分货车均安装这种旋转式人力制动机。

② 折叠式人力制动机：这种制动机大部分装在平车、砂石车上。闸杆分为两节，可以

平放在车辆的端部。使用时，需将闸杆扶直，插好杆销，套上方形套，将闸杆固定。

（2）脚踏式人力制动机：脚踏式制动机是近几年来试制装车的新型人工操纵的制动机，具有制动力大、安全性高的特点，在棚车上试装后，受到现场工人的欢迎。

脚踏式制动机具有不上车实施就地制动的功能，对车辆防溜提供了又一方便可靠的防溜方法。

2. 人力制动机制动原理

人力制动机制动是利用人力转动制动轮或扳动制动手把，通过基础制动装置的作用，将人力传到闸瓦上，使闸瓦和车轮踏面摩擦产生制动力，阻止车轮的转动，从而达到制动的目的。

二、人力制动机制动方法

因人力制动机制动不当而发生不安全的情况很多。原因如下，一是事先没有很好地进行选（检）闸、试闸、磨闸；二是没有很好地进行观距调速，而采用了“一把闸”的错误操作方法，结果造成撞车、尾追、侧面冲突等事故。集广大调车人员长期实践的经验，深知要保证人力制动机制动作业安全，必须认真执行“选（检）、试、磨、拧”的作业方法。有的车站改为“选、试、磨、调、撂”，虽称呼不一，但其基本要求和基本内容是一致的。

在牵出线上进行溜放调车作业，人力制动机制动工作一般包括：选（检）闸、试闸、磨闸、拧闸等过程。它是有效地进行人力制动机制动的重要环节。现分别介绍如下：

1. 人力制动机的选择

分为选闸和检闸两步。

（1）选闸

制动人员在作业前选择制动车辆及人力制动机类型、位置等，称为选闸。

溜放两辆以上车组时，制动员要认真选闸。选择一个制动性能良好的人力制动机，对保证作业安全，提高作业效率意义重大。选闸一般原则是：制动力强、操作灵活、瞭望方便。具体选择方法为：

① 选大不选小。即在一车组中，大小型车都有时，要选择大型车上的人力制动机，大型车制动力大，便于调速。

② 选重不选空。即选择重车上的人力制动机。根据物理学中两物体相互碰撞的原理，重车质量较大，制动时首先减速，与相邻车辆发生碰撞，质量较大的车辆会很快带着其他质量较小的车辆减速。所以空重车混杂时要选重车的人力制动机，并应尽量避免使用装有原木、毛竹、棉花、芦苇等车辆的人力制动机，因为这些车辆既不好上、下车，又不易瞭望。

③ 选高不选低。即选择易于瞭望前方进路及线路内停留车位置的车辆上的人力制动机。一般而言，棚车、大型敞车的制动台较高，便于瞭望进路，确认停留车位置和掌握制动距离。

④ 选前不选后。即选择溜放车组中偏前的闸位。这不仅易于瞭望，而且调速方便。根据现场经验，如溜放车组 5 辆，制动力强的是第二、三辆闸位；溜放车组 10 辆时，制动力强的是第三、四辆的闸位。

选闸时，制动员可根据上述原则结合实际情况机动灵活地选用。

(2) 检闸

在选闸同时，应先检查人力制动机状态是否良好，以防制动时失灵。即检闸。

如：制动链是否良好，闸瓦踏面是否有油垢。折叠式人力制动机要注意盘查轴套、销子状态良好；螺丝闸要检查丝扣上是否泥垢太多；各种类型人力制动机注意闸瓦状态是否良好，磨薄的闸瓦与车轮踏面的间隙大、制动力差；新换闸瓦与车轮踏面不能密贴。还要注意货物装载状态是否良好、牢固。

往往有不少撞车事故，都是因为事先对人力制动机未认真检查。

对链子闸要注意检查：制动链子是否良好，有无链环折断或铁丝代替链环的。如果有，不但不能选用，而且要通知列检人员修理。再就是要看闸链是绕在闸杆接点的上面还是下面。如在下面时，应将链子往上提，新造车链子闸的锁链都比较长，要注意检查是否卡在别的机件上。另外还要注意防尘堵是否卡住链条，手制动掣轮和止销是否良好。

对折叠闸要注意检查：轴套、销子是否完整无缺和有无裂痕。

对丝扣闸（俗称螺丝闸）要注意检查：是否滑丝，丝扣上泥垢是否太多，磨耗是否太大；

对盒子闸要注意检查；锁链是否脱槽或被卡住。有的盒子闸外面包了一块铁皮，操纵时容易发生故障。

对各种类型的人力制动机，除了要检查上述事项外，都还要检查闸瓦的状态。例如：闸瓦面是否有油垢，闸瓦是否活动，是新闸瓦还是旧闸瓦，是厚闸瓦还是薄闸瓦。磨得很薄的闸瓦与车轮踏面间隔大，制动力就小。有时，一辆车上只有个别闸瓦是更换的新闸瓦，制动时，就只有新闸瓦能发生作用，结果制动力就更小。像这样许多问题，制动员如果事先不认真检查，心中无数，势必就容易造成事故。

2. 试闸

试闸的方法主要有停车试闸和牵出试闸两种。

(1) 停车试闸（又称静止试闸）

时机：一般在列车到达并排风、摘管后，车辆在静止状态下进行。若仅判断有无反弹作用力，一般都在牵出时进行试闸。停车试闸的方法为一看、二拧、三蹬、四松。

一看：看人力制动机的各部件是否齐全良好。例如：人力制动机链有无开口，闸盘是否变形等。

二拧：上车将人力制动机拧死，看是否有弹力；弹性大的就是好闸。随后再拧紧人力制动机，将掣子卡在掣轮上。

三蹬：下车蹬闸瓦，看闸瓦动不动；蹬闸链，看链紧不紧。闸链拉紧，闸瓦蹬不动，就表明制动力强。

四松：再上车把闸松开。

(2) 牵出试闸

通常是在车列由到发场或调车场向牵出线牵出或由牵出线向调车场推进时进行试闸。在启动之初（第一次试闸）和将停之时（第二次试闸）拧紧人力制动机，这个时机容易判断闸的好坏。

第一次试闸是在车列启动时，速度较慢，便于查听闸瓦的摩擦声，看清车钩的状态和试验反弹力，很容易试出闸的好坏。但启动时试闸太早或过猛，会过多消耗牵引力而造成启动困难，影响调车速度，要注意掌握时机。

第二次试闸是车列牵出后，将要停车前进行。这次试闸要用最大力气，一则可以试验人力制动机的强度，防止链条的折断；二则可以帮助机车制动，减少走行距离。

经过两次试闸后，车列在牵出线上停下来，这时要抓紧时间看一下闸链是否顺次绕在闸杆上，否则要马上下车来调整闸链，使之顺次缠绕。

牵出试闸是判断人力制动机性能好坏的一种方法，其作业程序为一听、二看、三感觉。

一听：听车轮与闸瓦的摩擦声。一般人力制动机良好的，拧闸时会发出“吱吱”的声音。

二看：看车钩的伸缩状态。拧人力制动机时被试验的车辆速度降低，车辆前端车钩呈拉伸状态，后端车钩呈压缩状态。

三感觉：根据人力制动机的反弹力来判断。拧人力制动机时被试验的车辆反弹力大的制动力强；反弹力小的，制动力就弱。

总之，人力制动机试验完了，证明确实良好后，方可向调车指挥人或提钩人员显示人力制动机妥当信号，此时，才能按计划提钩溜放。

案例：未执行试闸而造成的调车重大事故

X 年 X 月 X 日，夜班 1 点 10 分，XX 站，向调车场 11 道溜放 11 辆，由制动员 XXX 一人走闸，该制动员随意选了第四位车的人力制动机，上车后懒得试闸，当车组溜出后发现车速很高，立即拧闸，可偏偏该闸不灵。制动员慌忙从第四位车跳下追上第七位车，还未来得及上到第七位车的制动台，就与 11 道的原存车撞上，造成货车报废 1 辆、中破 1 辆、小破 4 辆。调车长私自休息，叫连接员去进行溜放作业，连接员缺乏经验，偏偏造成溜放速度高了，结果酿成事故。

3. 磨闸

正常情况下，不需要磨闸，只有在雨、露、霜、雪等不良天气，轨面与车轮踏面、闸瓦都会附有水滴，摩擦系数减小，车轮容易打滑，不易制动，这时为了增加制动力而需要使闸瓦接触车轮踏面摩擦发热、车轮踏面干燥。有时虽然不在雨、露、霜、雪天气作业，但也要事先进行磨闸。例如，装防腐枕木的车辆，在天热时，柏油溶化，滴落在车辆和闸瓦上，会减少摩擦阻力。同样对装载油、盐的车辆以及车辆部门刚进行过抽检的车辆，也需要事先进行磨闸。

如何磨闸，就是把人力制动机稍稍拧紧，使闸瓦与车轮踏面摩擦发热，使雨、露、霜、雪干燥溶化。但磨闸时间不宜过长，以免闸瓦产生高温，从而降低了摩擦系数，使制动力减小。

4. 拧闸

（1）拧闸的方法

拧闸是一件比较复杂的工作，一个优秀的制动员应善于根据不同的具体情况，巧妙地进行拧闸，不使“傻”劲，而用“巧”劲。拧闸的方法通常有两种，即“端闸”（双臂分开）和“勒闸”（双臂合拢），如图 3－18 所示。

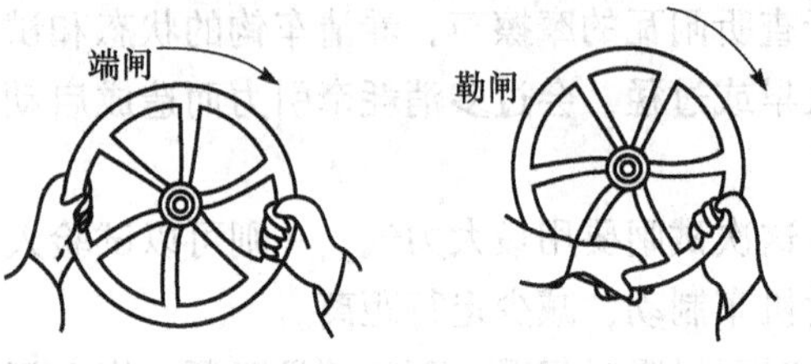

图 3－18　握闸姿势

"端闸"是双臂分开用力旋转制动手轮，依靠双臂猛然向相反方向晃动的力量，产生制动力。一般在车组走行速度低，制动罐车、守车和连挂车辆时使用。

"勒闸"是双臂合拢用力旋转制动手轮，即双臂向同一方向猛然用力旋转，用力时不要只凭臂力制动，要和身体晃动而产生的力量相结合，这样可以加大旋转的臂力。它多用于速度高，要求急剧减速的车辆。

用于目的制动的拧闸方法，可分为"顿拧""紧拧"和"死拧"三种。

顿拧：是指一紧一松的间歇性拧闸的方法。即猛力急拧制动手轮并立即放开，根据具体情况连续顿拧数次达到需要的速度。

紧拧：即用力拧紧不放，使车组降至规定速度，实现安全连挂。

死拧：即"勒死闸"。它是指链子闸在使用顿拧、紧拧方法与停留车辆连挂前，仍不能降低速度（连挂速度 5 Km/h）时使用。

制动员拧闸时，一般采用一紧一松间歇性拧闸的方法，不要"勒死闸"。因为"勒死闸"容易发生闸链崩断或减速过大，停车过早；同时"勒死闸"会使闸瓦长时间摩擦发热，降低摩擦系数，制动力减弱。

（2）拧闸制动的时机及注意事项

拧闸也分调速制动和目的制动两种。溜放调车时，制动员根据溜放速度的大小，停留车位置的远近及前后车组走行间隔，在牵出线上或梯线上进行的调速工作，称为调速制动；目的制动是在调车场线群内，由制动员使溜放车组安全地溜到指定地点的制动。无论是调速制动还是目的制动，都必须掌握好制动时机。制动过早或过晚都会导致溜放车组"压岔""堵门"或与停留车相撞。

如何掌握好制动时机，制动员要根据天气的好坏，线路的情况，以及溜放车组的情况等来掌握。

① 从天气的好坏情况来分析：

在雨、露、霜、雪、雾天气，轨面潮湿，摩擦系数小，制动力弱，因而制动距离就长，遇到这样的天气就要提早减速。在刮风天气，顺风能使车辆走行速度加快，逆风则反之。空棚车、空敞车和守车受风向的影响更加显著，因此要随风向、风力的大小提早减速或延缓减速。严冬季节，轴箱中的轴油凝固，车辆的走行阻力加大，走行速度会自然降低，因而制动距离会缩短，处于这种情况下，应延缓减速。

② 看坡道、弯道的影响：

车组向下坡的股道上溜放，需注意停留车位置，提前减速，防止撞车。如果是向上坡的线路上溜放，则在溜放车组未进入警冲标前，不宜把速度降得太低，以免造成溜放车组由于上坡减速而"压岔"或"堵门"。如果车组是向弯道溜放，则车组走在弯道上会产生阻力，降低溜放车组的走行速度，所以在使用人力制动机时要延缓减速。为什么车辆经过弯道会产生阻力？因为车辆运行于曲线上，由于离心力的作用，使车轮偏向曲线外轨，轮缘紧压外轨的内侧面，使之发生摩擦。同时，因在曲线上内外两根钢轨的长短不一，外轨长，内轨短，这样又引起一种滑动摩擦。车辆在曲线上运行时，还有一种回转阻力，即前面的转向架转向内侧，后面的转向架转向外侧，这种不断发生偏移的力，又增加了踏面与钢轨的摩擦。这三种摩擦力，统称为曲线阻力。

③ 看车辆空重及车组大小的影响：

空车或小车组，其惰力小，易于制动停车。相反，如果是重车或大车组，其惰力大，就比较难于停车。所以对装载钢轨的平车或装载钢铁制品的重车，车辆重量大，空气阻力小，即使速度很慢，其惰力还是很大，可以溜得很远。所以在制动这样的车时，要尽早减速。

④ 在采用多组溜放时，负责拧第一钩的制动员，应于车组进入警冲标内方后，再进行调节速度。第二钩制动员应于车组在牵出线上分开前，便稍行带闸。当车组分开后，立即松闸，使第二钩的速度略低于第一钩的速度。这样前后车组之间便能有适当的间隔距离，一是可防止车组的尾追，二是便于道岔的安全转换。须特别注意的是：要避免在车组分开前不“带闸”，而待车组快接近分歧道岔时，才猛拧闸，这样会使被拧闸车组的速度急剧下降，迫使后行车组也要更快地减速。如果后行车组减速不及时，就会追上被拧闸的车组；如果后行车组减速过猛，就会造成后行车组“压岔”或“堵门”。

第二钩或最后一钩的制动员应注意：由于前几车组在带闸造成压力波，会使后行车组减速。因此对后组车可适当少拧几扣，只要前组车稍稍离开时，便可松闸。由于前后车组存在速度差，可保证车组在道岔前拉开必要的间隔距离。

如果遇到溜放车组速度过大，制动员可在溜放车组进入弯道或道岔区时，进行调速。因为，这时调速溜放车组，其速度下降较快。反之，溜放车组速度不大，且停留车位置又远，就要避免在线路弯道或道岔区进行调速。综上所述，拧闸一定要掌握线路内停留车位置和溜放车组的速度，一定要避免事先不调速，而待车组接近停留车时才慌忙猛拧，结果工作既被动又不安全。

怎样掌握线路内停留车位置：正常情况可提前检查，如果连续作业，在白天要注意向线路内瞭望，并可参考邻线上的停留车数，来判断距停留车位置的远近，切不可臆测行事。

怎样调速：正确作法应该是在停留车组还没有溜到停留车位置前，把溜放车组调到所需要的速度。也就是急拧闸盘后又立即松开，这样连续几次就可把速度降到所需要的速度。好处是既不一下减速太多而发生过早停车，又可获得较强的制动力，达到稳妥连挂。相反，如果事先不认真调速，想“一把闸”解决问题，待距停留车位置很近时，才猛拧死闸，这样闸瓦长时间剧烈摩擦，产生高温，摩擦系数会降低，制动力会减弱。即或制动员这时用尽全力进行拧闸，溜放速度仍然不会很快降下来，结果往往不是重钩就是撞坏车辆，造成事故。另外对重罐车的制动更要加倍小心，应使用“急拧几扣，急松几扣”的间歇制动办法，造成罐车内的液体来回晃动，这样有助于车组的减速。但当重罐车快要接近停留车时，制动员应轻轻调速，使罐车内的液体慢慢地稳定下来与停留车连挂。连挂后还一定要确认其完全停妥，车内液体的晃动不使车辆再产生走行现象时，才可以把闸松开。

当两人或两人以上同时制动一个大车组时，应以前面制动员为主。后面的制动员则根据前端制动员的要求，掌握制动时机。如遇闸位一高一低，制动员互相看不见，不能用手信号联系时，应用口笛联系。如两制动员距离很远，听不到口笛声，则后面的制动员可看车钩的伸缩状态和溜放车组的速度掌握制动时机。

不管何种情况，制动员在拧闸时，动作都不宜过猛，否则容易造成闸链折断或使防尘堵卡住制动链，造成制动失效，危及行车和人身安全。

5. 交接闸方法

为了减轻制动员的劳动强度，提高制动效率，广泛采用交接闸的方法。交接闸的方法有如下几种：

(1) 大循环交接闸：根据制动员的技术条件进行分工。制动员拧完一钩后，立即返回牵出线顺次循环进行。其缺点是制动员跑路远、时间长、工作累、效率低，只适用于牵出线及道岔区较短、工作量不大的线路上。

(2) 包线交接闸：根据固定线路到达车流的大小，结合制动员的技术水平进行分工包线。其优点是制动员熟悉线路情况和停留车位置，交接闸计划较固定，劳动强度小。缺点是道岔区无人跟闸，易造成尾追。

(3) 分段接力交接闸：即自牵出线开始至线群内分几段，每段配备适当数量的制动员，各负其责，分别进行调速和目的制动。优点是避免尾追，缺点是需要的制动员多。

在下列情况下，不得进行交接闸：

① 制动员不好上下的车辆；

② 杂型车及其他人力制动机性能较差的车辆；

③ 隔线车组；

④ 不见接闸人的信号或接闸信号不明了、不正确；

⑤ 小于必要的制动距离。

6. 安全带的使用方法

调车安全带是保护调车人员人身安全的随身携带工具，主要用于制动员在进行人力制动机制动时使用，由腰带和安全挂钩组成。安全带的使用方法为：

(1) 登上车辆制动台后，立即把安全挂钩挂在制动手轮与手轮轴固定授之间的手轮轴上；

(2) 车辆停妥后，必须一手抓紧手把杆，一手摘安全挂钩；

(3) 安全带要扎在衣服外边，安全挂钩不使用时应挂在安全腰带上，以免被其他物体挂住；

(4) 对平车或无闸台的车辆，不得使用安全带，安全挂钩不准挂在制动手轮、篷布绳索上或其他处所。

第八节 铁鞋制动

所谓铁鞋制动，就是在一根或两根钢轨上放置铁鞋，向前滚动的车轮压上铁鞋后便沿钢轨滑行，轮轨之间由滚动摩擦变为滑动摩擦，阻止车轮前进，起制动作用。

一、铁鞋制动原理

(一) 制动铁鞋及铁鞋叉子、脱鞋器

1. 铁鞋

为保证调车作业的安全，在接班时，各制动员对所包线路上的铁鞋及鞋叉要进行全面检查，以防在使用时发生意外。

检查铁鞋时，应特别注意铁鞋的规格与质量。目前，我国铁路车站上使用的铁鞋，都是双边制动铁鞋，其构造分为两部分：底部和头部。

（1）底部：分鞋尖、鞋边、鞋底三部分，如图 3－19 所示。

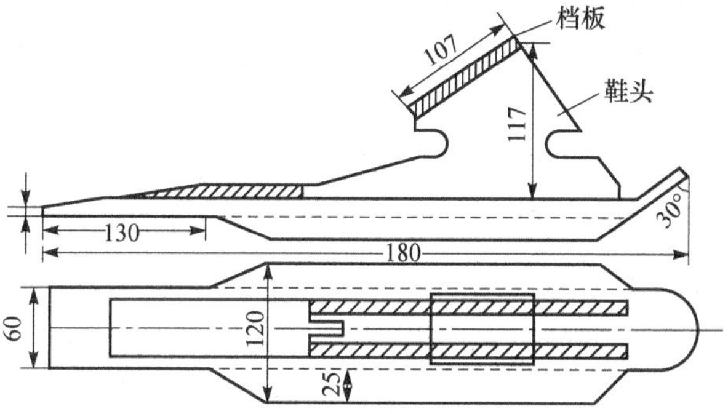

图 3－19　铁鞋

鞋尖向下约成 7 度角，长度为 20～30 毫米，以利于车轮踏压；鞋尖的宽度要小于调车场钢轨头部的宽度，以免轮缘撞击鞋尖将铁鞋打掉，鞋尖的宽度一般不要大于 60 毫米。鞋底的内侧宽度要比调车场钢轨头部的宽度大 4～6 毫米，以便铁鞋能在钢轨上安全滑动。

鞋尖适当加高，可以增加“回动量”，以防止压鞋。鞋尖加得越高，其“回动量”越大，但鞋尖的高度与鞋底板的厚度之和应小于 25 毫米。因为车轮的轮缘高度为 25 毫米，超过 25 毫米就等于车轮整个离开轨面，不能保证行车安全。

（2）头部：车轮踏上鞋底后，利用头部将车轮卡住，使鞋与车轮共同滑行而起制动作用。头部分鞋头、挡板两部分。

铁鞋挡板好像制动闸瓦一样，应成圆弧形（半径为 420 毫米），以便适应直径为 850～950 毫米的车轮；挡板的倾角应不小于 37 度，因小于 37 度，当溜放车组的速度较高时，车轮就可能越过铁鞋。但这个倾角又不能过大，如超过 45 度，铁鞋的高度、长度、重量都要增加，制动力虽大，但操纵不方便，还可能由此引起轨道串动。

2. 铁鞋叉子

为了便于安全操作，制动铁鞋，要使用铁鞋叉子。铁鞋叉子长度为 1.5 米左右，叉口的宽度一般定为 100 毫米，其样式如图 3－20 所示。

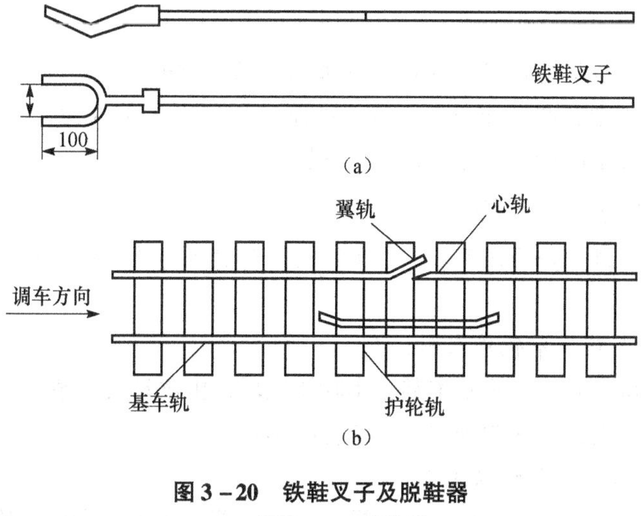

图 3－20　铁鞋叉子及脱鞋器

（a）铁鞋；（b）脱鞋器

3. 脱鞋器

我国铁路调车使用的脱鞋器是半辙叉式的双边制动铁鞋脱鞋器，简称双边脱鞋器，又名脱鞋道岔。一般位于调车场头部警冲标内侧，作为调速制动时自动脱鞋使用。其构造如图 3－20 所示。

脱鞋器是由基本轨、翼轨、护轮轨、心轨等组成的，并用鱼尾板及螺栓连接在调车线上。它的作用在于能使经过减速或间隔制动后的铁鞋离开车轮，自动脱出钢轨。

（二）铁鞋制动原理

根据试验测定，车轮与钢轨的滑动摩擦系数约 0.15～0.20，比滚动摩擦系数（约 0.002）要大百倍左右。铁鞋制动是利用变滚动摩擦为滑动摩擦的原理，增大摩擦力，使溜行车组尽快减速停车，从而达到制动目的。

（三）铁鞋制动作用

（1）间隔制动：即调速制动，利用铁鞋调速拉车档。

（2）目的制动：利用铁鞋使车组停于指定地点。

（四）提高铁鞋制动效率的途径

铁鞋制动力与滑动摩擦系数、轴重成正比例。提高铁鞋制动效率主要途径如下：

（1）增大滑动摩擦系数：在雨、雪、雾、霜天气和轨面有油污等情况下，向鞋尖和轨面撒砂，即可增大摩擦系数，又可防止铁鞋被撞掉。

（2）选择大轴重车辆下鞋：对两辆以上的车组，选择载重大而满载的重车下鞋。

（3）多下铁鞋：为使溜行车组尽快减速停车，可采用基本鞋与辅助鞋结合使用的方法，以提高车组总制力。

二、铁鞋制动方法

驼峰调车场内一般配有铁鞋制动组，负责车组入线后的制动工作。根据制动作用的不同，铁鞋又分为脱鞋制动组和目的制动组。前者的主要任务是调速拉挡，起间隔制动作用；后者的作用是使车组在预定地点停车，起目的制动作用。目的制动时，入线速度应控制在 18 km/h 以下。

铁鞋制动组通常由制动长统一指挥。根据制动员“固定包线、灵活分工、邻线互助、循环制动”的分工原则和调车作业的需要，由制动长集中调整人力，并在《调车作业通知单》上注明，做到分工明确，防止漏钩，保证安全。

（一）基本鞋的使用方法

所谓基本鞋就是事先安放在钢轨上，车组第一轮对压上的铁鞋，其作用是间隔制动或目的制动。

1. 单一安放基本鞋（单轨单基本）

即只在一根钢轨上安放一只基本鞋，车轮压鞋后，由滚动变为滑动，同时由于转向架发生倾斜，也使阻力增大，故其制动力大，滑行距离短。

2. 一轨双放基本鞋（单轨双基本）

即在一根钢轨上，前后各安放一只铁鞋（相距 5 米左右），目的是根据车组接近铁鞋时的速度大小，灵活调整基本鞋位置。速度小时，可撤掉前一只铁鞋，速度大时撤掉后一只铁鞋，有时为了防止速度过大铁鞋被车轮打掉，后一只铁鞋也可不撤，以便一只铁鞋被打掉时，后一只铁鞋仍可以起制动作用。采用这种方法，安全可靠，制动力大。

3. 双轨各放基本鞋（双轨双基本）

即在两根钢轨上平行或交错各放一只基本鞋，这种安放方法的缺点是不便于调整鞋的位置，制动后撤鞋需跨线，制动员劳动强度大，故现场用得少。

（二）辅助鞋的使用方法

辅助鞋是指车组在溜放过程中，用铁鞋叉子将铁鞋放在同一辆车两个台车之间（大档下鞋）或相邻车辆前后两台车之间（小档下鞋）的钢轨上。大档、小档如图 3－21 所示。

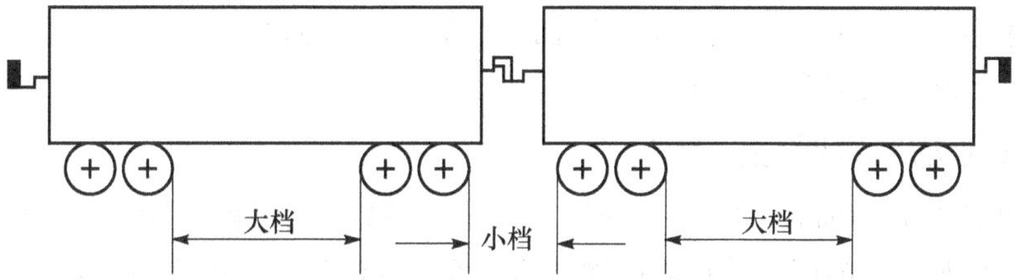

图 3－21 车档分类示意图

1. 辅助鞋的作用

（1）辅助基本鞋进行减速，并使车组停在预定地点（目的制动）。

（2）在溜放车组将要停妥前，安放一只辅助鞋，可使溜行车组产生一个回驳力，便于撤出铁鞋。

2. 使用辅助鞋的方法

（1）大档下鞋

所谓大档下鞋就是制动员用铁鞋叉子在同一车辆的两台转向架之间的钢轨上安放辅助鞋。

特点：档子较大，上鞋方便，易掌握，安全条件好。适用于正常情况。

（2）小档下鞋

所谓小档下鞋就是制动员在溜放车组的两车之间的钢轨上安放辅助鞋。

特点：档子小，安全条件差，需抓住时机稳、准上鞋。仅在大档鞋错过时机，紧急制动情况下使用。

（3）大档小档——齐下鞋

是以大档下鞋为主、小档下鞋为辅的下鞋方法。

使用时机：溜行车组走行速度大，为争取时间进行紧急制动时使用。

（三）基本鞋与辅助鞋结合使用的方法

1. 远放基本近掏档

远放基本：即距离停留车较远的地方安放基本鞋。

近掏档：即距停留车较近的地方安放辅助鞋。

适用范围：单个车、小车组（易行车）。

2. 近放基本远掏档

近放基本：距停留车较近的地方安放基本鞋。

远掏档：距停留车较远的地方安放辅助鞋。

适用范围：中车组、大车组、隔钩车。

3. 近放基本多掏档

这是一种以辅助鞋为主、基本鞋为辅的制动方法。

适用范围：溜行速度大的大、中车组。使用方法为“让头拦尾”，集中下鞋。

4. 滑鞋找距

使用方法：用铁鞋叉子在钢轨上推着铁鞋随车滑行（滑行速度保持与溜放车组走行速度相同），根据溜放车组的走行速度，测准距离后，抽出叉子，使滑行的铁鞋被溜放车组压上后起制动作用，以利于压缩天窗和安全连挂；若溜放车组已降至连挂速度（5 Km/h）不需制动时，可将滑鞋从钢轨上取下。

（四）安放辅助鞋时注意事项

（1）用鞋叉安放辅助鞋，需保持铁鞋的平稳，特别是个别铁鞋由于鞋身重量不均衡，在鞋叉叉住铁鞋时，可能产生铁鞋前后摆动的现象。这样就必须由制动员紧握叉柄，人为地加以调整，以保持铁鞋的平稳。

（2）向钢轨上安放辅助鞋时，不宜将铁鞋抬得过高，更不宜用力过猛。铁鞋抬得过高，与钢轨的撞击力就会越大，铁鞋就容易撞掉；用力过猛，容易在铁鞋接触轨面后而翻入轨内。

（3）在叉起铁鞋时，要注意使铁鞋叉与铁鞋成一个角度，并使鞋尖稍转向钢轨外侧，以便铁鞋安放后能与钢轨密贴。

（4）在向钢轨上安放铁鞋后，如果车辆溜行速度较慢，时间允许的话，应用铁鞋叉将铁鞋向钢轨外侧拉紧，使铁鞋与钢轨内侧靠近，以防铁鞋被轮缘撞掉。

（5）当用铁鞋叉将铁鞋安放好后，用铁鞋叉稍微压住铁鞋，等车轮压上铁鞋后，再将鞋叉撤出，这样可以防止由于撤叉不当而带掉铁鞋。

（6）遇车辆的两侧有车梯、支柱、补助梁时，应避免在这些车辆下安放辅助鞋。

（7）对于大车组应尽量多放几个辅助鞋，以增大反驳力，以免造成压鞋。

（8）在同一条线路上，有连续几组隔钩车，如果前后车组追得过紧，在保证前行车组安全制动的同时，更应特别注意做好后车组的制动工作，以免造成追尾事故。

（9）当车组已接近铁鞋时，不能用手去调整铁鞋的安放位置，以免挤伤手指或碰伤头部。

（10）禁止反手持叉下鞋，以免车辆撞击叉把，造成人身事故。

为了使铁鞋制动工作顺利进行，在调车场各条线路旁，应备有足够数量的铁鞋。配备数量的多少，可根据业务量的大小而定。一般在编组站调车场内，在每条线的外侧相隔 10 ~ 20 米距离涂以标志，在每一标志处，存放两只或三只铁鞋，按标记将铁鞋整齐排列起来，有的站还用料石或混凝土制成铁鞋墩埋于线路旁，每隔 10 米一处，并按顺序编成号。这样存放铁鞋就能达到纵看成行，横看成列，整齐划一，便于使用的效果，既可根据铁鞋墩的距离和编号进行简易地测速、测距，还可以用来记忆压鞋的地段。

三、铁鞋制动注意事项

（一）禁止使用的铁鞋

（1）支座有裂纹；

（2）没有挡板或挡板损坏；

（3）底板扭曲；

（4）鞋尖与轨面不密贴；

（5）鞋尖破损或弯曲；

（6）鞋尖宽度超过轨面宽度；

（7）支座或底板的焊接破裂；

（8）底板边缘损坏，磨耗过甚或弯曲；

（9）铁鞋尺寸与轨型不符；

（10）铁鞋底板有冰雪、油渍或盐碱等润滑物质。

中间站使用的防溜铁鞋亦应按上述规定，并一律涂红油，顺序编号。使用时在占线板上记明使用的铁鞋号码。

（二）不能使用铁鞋的车辆

直径950毫米及其以上的大轮车；外闸瓦车。

铁路货车为内闸瓦，客车均是内外闸（双闸瓦）。闸瓦部件距轨面最低25毫米，铁鞋高120～125毫米，若上鞋易打掉或造成沿轨面滑行，起不到制动作用。

（三）禁止使用铁鞋的地点

（1）曲线外轨；

（2）调车场以外的线路，如到发线、货物线专用线等，钢轨型号不一，不宜使用；

（3）在道岔区、钢轨接头地点、道口均不宜使用铁鞋；

（4）非指定使用铁鞋的线路（《站细》内规定）；

（5）异型钢轨接头处、铁鞋脱落器的护轮轨部位、减速顶区等。

（四）铁鞋使用后应注意的事项

在每次使用铁鞋制动后，应立即将铁鞋撤出，归放原位，以保证铁鞋的正常使用和调车作业的安全。在撤出铁鞋时，应根据以下几种情况加以处理：

（1）如遇溜放车组大于线路内的停留车组，并允许连挂时（不准连挂者除外），则溜放车组能使停留车组稍稍产生位移，使车轮脱下铁鞋。但遇到溜放车组小于线路内的停留车组并允许连挂时，则溜放车组会被停留车组拉住不能返回，而将铁鞋压住取不出来。在这种情况下，制动员应在连挂前，将停留车的钩锁销提开，使溜放车组碰回，以便于取出铁鞋。

（2）当利用铁鞋制动装载液体货物的罐车时，由于液体货物在罐车内来回动荡，使罐车脱鞋后，重新压上铁鞋，因此在罐车停妥的一瞬间，应立即将铁鞋取出。

（3）对溜放的小组车，不准与停留车连挂时，要趁车组在将要停车向回稍微移动的一瞬间，将铁鞋取出。

（4）当遇到取不下铁鞋的情况时，可取一只铁鞋，将其鞋尖斜插在被压铁鞋的后下部，在拉车时利用铁鞋的偏重，使被压铁鞋从钢轨上掉下来。

(5) 在撤取铁鞋时，应一律使用铁鞋叉，不准用手去取，以免烫伤手。用铁鞋叉去取铁鞋，还可避免其一些不安全的情况发生，如碰伤头部等。将铁鞋取出后，应按规定迅速归位，以备下次使用。

在冬季下雪时或地面存有积雪时，撤出的铁鞋应避免放在冰雪上，要放在鞋墩上或指定的地点．并除掉积雪，以防积雪遇热溶化，因为积雪溶化后结成冰，会影响下次使用。

对于一时不能取出的铁鞋，应通知有关人员，在一批作业完了后及时取出，并应建立“压鞋”的预防制度，以防止“拉鞋”的情况发生。所谓“拉鞋”，就是调车机车将压鞋的车辆，由调车场内向牵出线方向牵出，这样将拉坏道岔或酿成脱轨事故。

四、铁鞋制动员交班前的工作

铁鞋制动员在交班前，也就是在调车机车停止工作后，应对所包的线路进行检查，查看铁鞋是否全部“归位”。对线路上尚未撤出的铁鞋，要撤出来按规定地点存放。对一时不能撤出的“死鞋”，需按规定的方法，取一铁鞋用鞋尖斜插在被压的铁鞋后下部，以便在拉车时，利用铁鞋偏重使被压的铁鞋从钢轨上掉落下来。交班前，如有可能最好用撬棍或其他工具及时取下被压铁鞋。如没有时间撤取，则应记清“压鞋”地点，向接班人员交代清楚。在检查“压鞋”的同时，应将所包线路的情况（存车），如车数，组数，“天窗”大小，空余线路，以及尚能容纳的车数等一一进行检查。另外对使用的铁鞋叉子也要进行检查，整齐存放于规定地点。

工作中发现不能使用的铁鞋，应扔于道心或堆放在指定的地点，以便收集后回炉再造。

五、事故案例

案例一：溜放作业时“漏钩”造成与原有车相撞

X 年 X 月 X 日夜班 1 点 40 分，X 站非机械化驼峰解体 31333 次车列时，其中 2 道溜 3，7 道溜 1，3 道溜 2……而铁鞋包线制动员迷迷糊糊，只注意第一钩 2 道溜放的 3 辆车进行制动后是否与原有车相连挂，而忘却后面有隔钩车，当发现 3 道来车时，急忙迎着来车方向跑了 50 多米，但已来不及放基本鞋，使溜放车与原存车相撞，使货车大破一辆，构成调车大事故。

案例二：前行车组压标与后行车组发生侧面冲突的调车大事故

X 年 X 月 X 日白班 9 点 33 分，X 站非机械化驼峰解体 20005 次，其中 12 道溜 14，14 道溜 5。12 道的包线制动员让刚刚跟班学习的运校实习生，单独在脱鞋道岔前 60 米处下鞋，关键问题也没有跟实习生交代清楚，就急急忙忙往线路的原存车位置跑，准备进行防护。当 14 辆车从峰上溜下时速度很慢，包线制动员给实习生举手显示，意思是让实习生不要下鞋，而实习生误认为让他下掏档鞋，立即续掏了两只鞋，使大车组后部压标。而峰上的提钩连接员，又将溜向 14 道的 5 辆车的车钩提开，眼睁睁地看着发生侧面冲撞，造成货车中破二辆、小破一辆的大事故。

案例三：对大轮车未检查、汇报等一系列违章而造成的调车大事故

X 年 X 月 X 日夜班 1 点 05 分，X 站解体 35033 次，调车作业计划规定 10 道溜 5，11 道溜 2，10 道溜 2。因向 10 道溜 2 是大轮车，禁止使用铁鞋制动，制动员未按规定检查汇报，

提钩连接员也未检查确认，盲目提钩，铁鞋制动员因容车距离短，将铁鞋又放在曲线外轨上，以致铁鞋被打掉，溜放车与原存车相撞，造成货车大破1辆、小破2辆的调车大事故。

案例四：挂车时未检查，压鞋后既未及时取出又未汇报造成调车重大事故

X年X月X日白班19点10分，X站调车场6道挂20转线，连接员代理调车长作业，在向牵出线牵出时，靠牵出线一端尾车下的铁鞋未取出，拉鞋至330号道岔处，因铁鞋在岔心处被卡住，致使货车3辆颠覆、货车1辆及调车机车的煤水车脱线，造成守车1辆大破，货车1辆大破、1辆中破的调车重大事故。

第九节　观速和观距

在调车作业中，为了保持车组间的安全间隔或安全连挂，以及有效地进行目的制动，观测车辆走行速度及车组距停留车（或车组间）距离的方法，称为观速、观距。

调车作业中，观测车辆的走行速度，观测车组与停留车间（或某种固定设备之间）的距离，作为调节速度和制动（人力制动机或铁鞋）的依据，它直接关系到调速的好坏和制动的准确性。正确观速、观距是准确进行调速和目的制动的先决条件，是保证调车作业和行车安全的关键环节。观速、观距包括动观、静观。

动观：指调车组人员在机车车辆运行中所观察的速度或前方目标的距离。

静观：指调车组人员在固定地点观察机车车辆运行时的速度或远处的目标距离。

一、观速

目前观测速度一般运用“目测”和“言测”两种方法。一般白天以目测，尤其应当以近目测为主，夜间或大雾天气以远听音、近观速两者结合使用。由于调车速度都是在较短时间内或瞬时变化的，因此要想判明某时的调车速度，用较长时间来考虑或计算是不可能的。下面介绍几种利用较短时间判明速度或近似计算调车速度的方法。

1. 车上观速

调车组人员在车上低头看枕木头或石碴状况来判明车辆的走行速度。

例如，调车场每节钢轨的长度为12.5 m，下铺18根枕木时：

（1）能较慢地数清轨枕根数时，车辆走行速度约4 km/h；

（2）能较快地数清轨枕根数时，车辆走行速度约7 km/h；

（3）能看清而数不清时，车辆走行速度约10 km/h；

（4）接近看不清轨枕根数时，车辆走行速度约15 km/h；

（5）看石碴时，能看清石碴形状，车速约为7 km/h；

（6）看不清石碴形状，车速约为13～17 km/h；

（7）看石碴成一条线时，车速约为25 km/h以上。

2. 步行测速

即根据车辆溜行和人走行的相对速度，来测定车辆速度，一般在连挂车辆和采用铁鞋制动时运用这种方法。

（1）慢步行走能跟上车组时，约3 km/h；

（2）正常行走能跟上时约5 km/h；

(3) 快步行走能跟上时约8 km/h;

(4) 慢跑能跟上时约10 km/h;

(5) 快跑能跟上时约15 km/h;

(6) 快跑也跟不上车组时约20 km/h。

3. 数数计速

调车人员在车上或车下用自己数数的办法，测算一定时间内车辆通过钢轨的根数（或车轮撞击钢轨接头的次数），然后利用下列公式计算其速度：

$$速度 = \frac{距离}{时间} = \frac{钢轨根数 \times 钢轨长度}{时间} \times 3.6(km/h)$$

式中，3.6是把m/s换算成km/h的单位换算系数。

例题：现测得某一车辆2 s通过一根长12.5 m的钢轨，求时速。

代入公式得：

$$v = \frac{12.5}{2} \times 3.6 = 22.5(km/h)$$

又如两秒钟走完一节长10 m的钢轨时，则它的速度就是：

$$v = \frac{10}{2} \times 3.6 = 18(km/h)$$

为了使调车人员便于掌握和运用，可将车辆走一节钢轨的不同秒数及所得的不同速度用表格形式表示（详见表3－2所示），调车人员应经常练习数数以便与时间一致。数数时，每数一下为1 s（或0.5 s），在一般情况下每秒数两下比每秒数一下准确

表3－2 计速方法

经一节钢轨的时间/s	速度/($km \cdot h^{-1}$)	
	每节钢轨为12.5 m时	每节钢轨为10 m时
1	45	36
1.5	30	24
2	22.5	18
2.5	18	14.4
3	16	12
3.5	12.9	10.3
4	11.3	9
5	9	7.2
6	7.5	6
7	6.4	5.1
8	5.6	4.5
9	5	4
10	4.5	3.6
11	4.1	3.3
12	3.8	3
13	3.5	2.8
15	3.0	2.4

二、观距

观测距离是要判断推送车列或溜放车组与停留车之间、溜放车组之间，行进中的机车车辆与某种固定设备之间的距离，以便掌握或调节速度。

观察距离主要是采用对比方法。如对比邻线的存车数，对比电杆的距离（电杆间一般为50 m、30 m两种标准），对比钢轨的长度（调车场钢轨长一般为12.5 m、10 m两种标准），对比上鞋标、鞋墩（一般按20 m或15 m设置）。此外，站场中的灯桥、房舍、信号机等固定设备之间的距离都是判断距离的依据。

三、观速、观距的训练

1. 观速的训练方法

这里介绍一种利用口诀帮助计速的方法：

十二米五一秒钟，
速度四十五里整。
两秒二十二里半，
三秒十五不带零。
四秒十一加点二，
五秒九里莫放松。
六秒七里来滑鞋，
二至五米把车停。
若问一秒为多久，
滴答一声正标准。
喊出一、二有节奏，
观速定能过得硬。

注：①十二米五，指一节标准轨的长度；②里，这里指km/h；③演练时可用秒表测出自己所喊出的一、二、三、四节奏是否准确来纠正与秒表10 s之内的误差。

2. 观距的训练方法

（1）采用静观距时，可在固定地点目测远方目标距离，如停留车、电杆、其他标志、旗杆等；

（2）采用动观距时，实训学生可在机车车辆运行中以“掷沙带”方法测定停留车或远方目标的距离。

第十节　手　信　号

一、列车运行用的命令手信号

1. 停车信号：要求列车停车

昼间——展开的红色信号旗，见图3－22（a）；夜间——红色灯光，见图3－22（b）。

(a)　　(c)

图3-22

昼间无红旗时，两臂高举头上向两侧急剧摇动，见图3-23（a）；夜间无红色灯光时，用白色灯光上下急剧摇动，见图3-23（b）。

(a)　　(b)

图3-23

2. 减速信号：要求列车降低到要求的速度

昼间——展开的黄色信号旗，见图3-24（a）；夜间——黄色灯光，见图3-24（b）。

(a)　　(b)

图3-24

昼间无黄旗时，用绿色信号旗下压数次，见图 3－25（a）；夜间无黄色灯光时，用白色或绿色灯光下压数次，见图 3－25（b）。

（a）　　　　（b）

图 3－25

3. 发车指示信号

昼间——高举展开的绿色信号旗靠列车方面上下缓动，见图 3－26（a）；夜间——高举绿色灯光上下缓动，见图 3－26（b）。

（a）　　　　（b）

图 3－26

4. 发车信号

昼间——展开的绿色信号旗上弧线向列车方面做圆形转动，见图 3－27（a）；夜间——绿色灯光上弧线向列车方面做圆形转动，见图 3－27（b）。

5. 通过信号

昼间——展开的绿色信号旗，见图 3－28（a）；夜间——绿色灯光，见图 3－28（b）。

6. 引导信号

昼间——高举展开的黄色信号旗高举头上左右摇动，见图 3－29（a）；夜间——黄色灯光高举头上左右摇动，见图 3－29（b）。

（a）（b）

图 3－27

（a）（b）

图 3－28

（a）（b）

图 3－29

二、调车用的命令手信号

1. 停车信号

显示方式与列车运行用的停车信号相同，见图 3－22。

（a） （b）

图 3－30

2. 减速信号

昼间——展开的绿色信号旗下压数次；夜间——绿色灯光下压数次，显示方式参照图 3－25。

3. 指挥机车向显示人方向来的信号

昼间——展开的绿色信号旗在下部左右摇动，见图 3－30（a）；夜间——绿色灯光在下部左右摇动，见图 3－30（b）。

4. 指挥机车向显示人方向稍行移动信号

昼间——拢起的红色信号旗直立平举，再用展开的绿色信号旗左右小动，见图 3－31（a）；夜间——绿色灯光下压数次后，再左右小动，见图 3－31（b）。

（a） （b）

图 3－31

5. 指挥机车向显示人反方向去的信号

昼间——展开的绿色信号旗上下摇动，见图 3－32（a）；夜间——绿色灯光上下摇动，见图 3－32（b）。

6. 指挥机车向显示人反方向稍行移动信号

昼间——拢起的红色信号旗直立平举，再用展开的绿色信号旗上下小动，见图 3－33

(a)；夜间——绿色灯光上下小动，见图 3-33（b）。

（a）　　　　（b）

图 3-32

（a）　　　　（b）

图 3-33

注意：对显示 2、3、4、5、6 项中转信号时，在昼间可用单臂，夜间可用白色灯光依式中转。

三、联系用的手信号

1. 过标信号

列车整列进入警冲标内方，运转车长与接车人员显示的信号。

昼间——拢起的手信号旗作圆形转动，见图 3-34（a）、（b）；夜间——白色灯光作圆形转动，见图 3-34（c）、（d）。

2. 互检信号

运转车长与接发车人员、巡道人员，或在双线区段列车交会时，与邻线运转车长显示的互检信号，以示列车运行安全。

昼间——拢起的手信号旗高举，见图 3-35（a）；夜间——白色灯光高举，见图 3-35（b）。

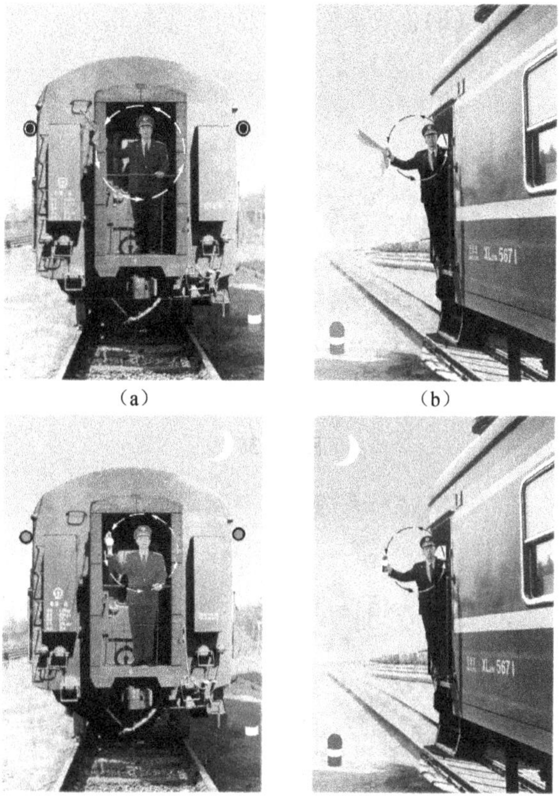

（a）（b）（c）（d）

图 3－34

（a）（b）

图 3－35

3. 道岔开通信号

表示进路道岔准备妥当。

昼间——拢起的黄色信号旗高举头上左右摇动，见图 3－36（a）；夜间——白色灯光高举头上，见图 3－36（b）。

机车出入段进路道岔准备妥当后，显示如下道岔开通信号：

昼间——展开的黄色信号旗高举头上左右摇动，见图 3－37（a）；夜间——黄色灯光高举头上左右摇动，见图 3－37（b）。

（a）（b）

图 3－36

（a）（b）

图 3－37

4. 股道号码信号

要道或回示股道开通号码。

一道：昼间——两臂左右平伸，见图 3－38（a）；夜间——白色灯光左右摇动，见图 3－38（b）。

（a）（b）

图 3－38

二道：昼间——右臂向上直伸，左臂下垂，见图 3－39（a）；夜间——白色灯光左右摇动后，从左下方向右上方高举，见图 3－39（b）。

（a）　　（b）

图 3－39

三道：昼间——两臂向上直伸，见图 3－40（a）；夜间——白色灯光上下摇动，见图 3－40（b）。

（a）　　（b）

图 3－40

四道：昼间——右臂向右上方，左臂向左下方各斜伸 45°角，见图 3－41（a）；夜间——白色灯光高举头上左右小动，见图 3－41（b）。

（a）　　（b）

图 3－41

五道：昼间——两臂交叉于头上，见图3－42（a）；夜间——白色灯光作圆形转动，见图3－42（b）。

（a）　　（b）

图3－42

六道：昼间——左臂向左下方，右臂向右下方各斜伸45°角，见图3－43（a）。夜间——白色灯光左圆形转动后，再左右摇动，见图3－43（b）。

（a）　　（b）

图3－43

七道：昼间——右臂向上直伸，左臂向左平伸，见图3－44（a）；夜间——白色灯光左

（a）　　（b）

图3－44

圆形转动后，左右摇动，然后再从左下方向右上方高举，见图 3-44（b）。

八道：昼间——右臂向右平伸，左臂下垂，见图 3-45（a）；夜间——白色灯光左圆形转动后，再上下摇动，见图 3-45（b）。

（a）　　（b）

图 3-45

九道：昼间——右臂向右平伸，左臂向右下斜 45°角，见图 3-46（a）；夜间——白色灯光左圆形转动后，再高举头上左右小动，见图 3-46（b）。

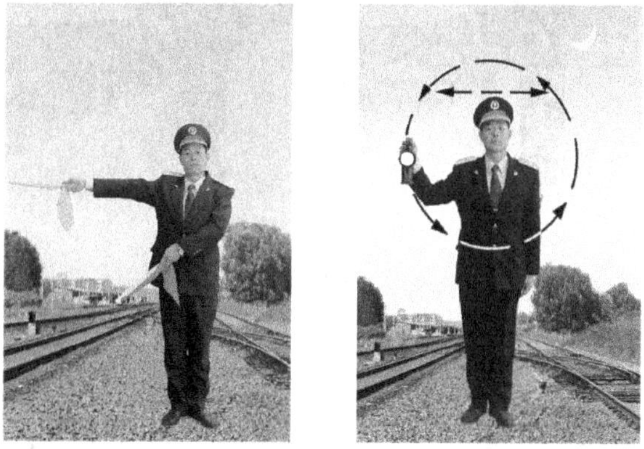

（a）　　（b）

图 3-46

十道：昼间——左臂向左上方，右臂向右上方各斜伸 45°角，见图 3-47（a）。夜间——白色灯光左圆形转动后，再上下摇动作十字形，见图 3-47（b）。

十一至十九道，须先显示十道股道号码，再显示所需股道号码的个位数信号。

二十道及其以上的股道号码，各站根据需要自行规定，并纳入《站细》。

5. 连接信号：表示连接作业

昼间——两手高举头上，使拢起的手信号旗杆成水平末端相接，见图 3-48（a）；夜间——红、绿色灯光（无绿色灯光的人员，用白色灯光）交互显示数次，见图 3-48（b）。

6. 溜放信号：表示溜放作业

昼间：——拢起的手信号旗两臂高举头上交叉后，见图 3-49（a），急向左右摇动数次；夜间——红色灯光作圆形转动，见图3－49（b）。

（a）　　　　（b）

图3－47

（a）　　　　（b）

图3－48

（a）　　　　（b）

图3－49

7. *停留车位置信号：表示停留车地点*

夜间——白色灯光（在下部）左右小动，见图3－50。

8. 十、五、三车距离信号

在连挂作业中，表示推进车辆的前端距被连挂车辆的距离

图 3－50

昼间——展开的绿色信号旗单臂平伸，见图 3－51 (a)。夜间——绿色灯光。在距离停留车位置十车（约为 110 米）时，连续下压三次；在距离停留车位置五车（约为 55 米）时，连续下压二次；在距离停留车位置三车（约为 33 米）时，下压一次，见图 3－51（b）。

注意：昼间单手握旗时，一定要把拢起的红色信号旗放在司机方向的前边，用其他手指夹住旗面，必要时便于及时将红色旗面展开（挡住绿色旗面）。

（a）　（b）

图 3－51

9. 取消信号：通知将前发信号取消

昼间——拢起的手信号旗，两臂于前下方交叉后，急向左右摇动数次，见图 3－52 (a)；夜间——红色灯光作圆形转动后，上下摇动，见图 3－52（b）。

（a）　（b）

图 3－52

10. 要求再度显示信号：前发信号不明，要求重新显示

昼间——拢起的手信号旗右臂向右方上下摇动，见图 3－53（a）；夜间——红色灯光上下摇动，见图 3－53（b）。

（a）（b）

图 3－53

11. 告知显示错误的信号：告知对方信号显示错误

昼间——拢起的手信号旗两臂左右平伸，同时上下摇动数次，见图 3－54（a）；夜间——红色灯光左右摇动，见图 3－54（b）。

（a）（b）

图 3－54

注意：在显示手信号时，凡昼间持有手信号旗的人员，应将信号旗拢起，左手持红旗，右手持绿旗（扳道员右手持黄旗），不持信号旗的人员，徒手按各规定方式显示信号。

四、实验列车自动制动机手信号

实验列车自动制动机的手信号显示方式：

1. 制动

昼间——用检查锤高举头上，见图 3－55（a）；夜间——白色灯光高举，见图 3－55（b）。

（a）　（b）

图 3－55

2. 缓解

昼间——用检查锤在下部左右摇动，见图 3－56（a）；夜间——白色灯光在下部左右摆动，见图 3－56（b）。

（a）　（b）

图 3－56

3. 实验完了（作业好了）

昼间——用检查锤作圆形转动，见图 3－57（a）；夜间——用白色灯光作圆形转动，

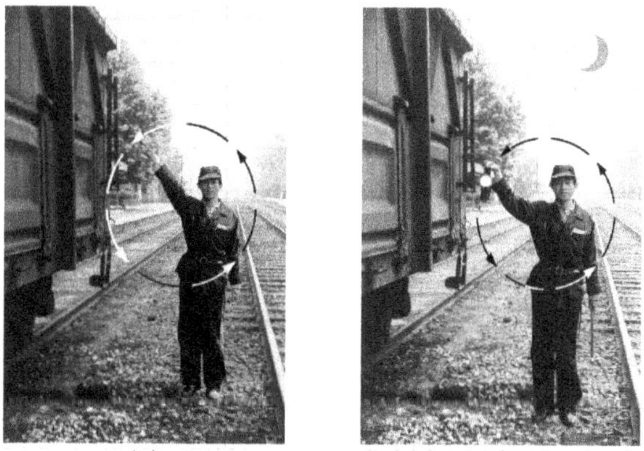

（a）　（b）

图 3－57

见图3－57（b）。

注意：车站值班员或运转车长，显示上述信号时，昼间可用拢起的信号旗代替。司机应注意瞭望试风信号，并按规定鸣笛回答。如列车制动主管为达到规定的压力，试验人员要求司机继续充风时，按缓解的信号同样显示。

五、听觉信号

1. 机车、轨道车鸣笛鸣示方式

听觉信号长声为3秒，短声为1秒，音响间隔为1秒。重复鸣示时，须间隔5秒以上。在城市运行的所有列车和机车，以及在双线交会旅客列车时，一律鸣风笛。在市区及居民区附近担当调车和小运转列车的蒸汽机车，汽笛应予封闭，具体地区由铁路局规定，如表3－3所示。

表3－3 机车、轨道车鸣笛鸣示方式

名 称	鸣示方式	使用时机
启动注意信号	一长声	启动、接近
退行信号	二长声	列车、机车车辆、单机退行时
召集信号	三长声	要求防护人员撤回
呼唤信号	二短一长声	要求出入段或显示信号
警报信号	一长三短声	
制动试验及复示信号	一段声	制动机减压或已接受到调车指挥人的手信号
缓解及溜放信号	二短声	缓解、要求缓解、复示溜放信号
拧紧人力制动机信号	三短声	要求拧紧人力制动机、要求就地制动
紧急停车信号	连续的短声	

2. 调车用的口笛、号角鸣示方式（如表3－4所示）

表3－4 口笛、号角鸣示方式

用途及时机	鸣示方式
发车、指示机车向显示人反方向移动	一长声
指示机车向显示人方向移动	一短一长声
指示发车	一长一短声
试验制动机减压	一短声
试验制动机缓解	二短声
试验制动机完了及安全信号	一短一长二短声
一道	一短声
二道	二短声
三道	三短声
四道	四短声
五道	五短声
六道	一长一短声
七道	一长二短声
八道	一长三短声
九道	一长四短声

续表

用途及时机		鸣示方式
十道		二长声
二十道		二短二长声
十、五、三车距离信号	十车	三短声
	五车	二短声
	三车	一短声
连接及停留车位置		一长一短一长声
停车		连续的短声
要求司机鸣笛		二长三短声
试拉		一短声
减速		连续二短声
溜放		三长声
取消		二长一短声
再显示		二长二短声
列车接近通报信号	上行	二长声
	下行	一长声

第十一节　减速器制动

一、减速器制动

T·JK 型压力式钳形减速器（又称风动减速器），其工作原理如图 3－58 所示。

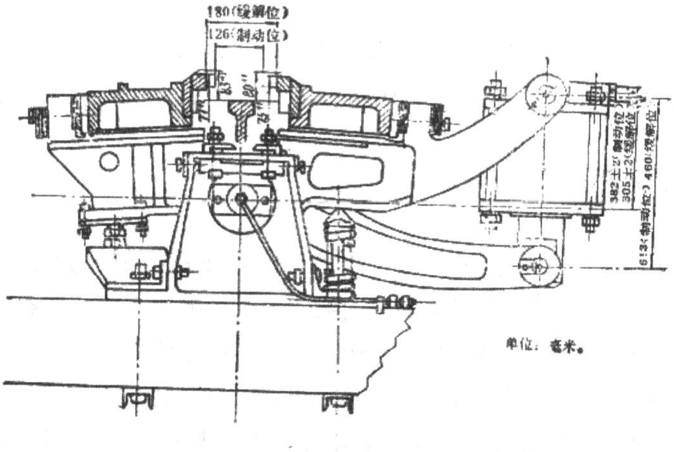

T·JK型减速器制动和缓解位置

图 3－58　T·JK 型压力式钳形减速器

当压缩空气顺着送风臂路→快排阀→制动虹软管→制动缸，从而推动活塞，活塞杆带动上、下部杆绕杠杆转动，并推动制动梁，使制动夹板紧压车轮，产生制动力。

T·JK 型减速器的工作位，其工作原理：当送风管路减压时，制动缸通过快排阀排

风，在制动缸压力接近大气压时，减速器即在自重和部分弹簧强力的作用下，恢复至缓解位，

T·JY型重力式减速器（又称液压车辆减速器），它的控制方式是电气控制、液压传动。其制动原理；是利用被制动车辆的重量，通过能浮动的基本轨和制动钳的传递，使安装在制动钳上的制动轨两侧产生压力，从而对车辆进行制动。

（一）调速作业的安全

调速是指驼峰作业楼正确掌握操纵减速器，第一部位减速器主要用于调整车组间隔及进入第二部位减速器不超过《站细》规定速度。

第二部位减速器主要为目的制动创造条件，将入线速度控制在18 km/h以下，并调整间隔，防止尾追。为了安全准确地达到上述目的，驼峰作业楼作业员总结了“七个字”的作业程序：一清、二看、三听、四调、五监、六喊、七锁。其内容是：

一清——作业员对停留车位置清楚，对空、重车清楚，对难、易行车和难、易行线清楚。

二看——作业员要看准走行速度，看准车组间隔。

三听——听车辆走行有无抱闸等异常声响。

四调——是根据天、地、人、车、货等情况，正确使用风压级数，将车组间隔调整到三车以上距离，出口速度符合《站细》规定。

五监——监视车组正确进入轨道。

六喊——发现不宜用铁鞋制动的车辆或装载易于串动货物的车辆，或溜放车组前慢后快，或其他异状等情况，及时用广播通知峰下采取措施。

七锁——发生堵门车、压标车后，立即将该线路开通，并封锁其他线路。

（二）减速器操作

操作前应检查：各按钮是否在定位，各种表示灯显示状态是否正常，确认油压、风压。

逐台按压减速器的制动按钮、缓解按钮，以及总缓解按钮，确认减速器的制动和缓解状态。

1. 半自动控制操作方法

（1）定速作业方法

解体作业开始前，作业员根据调车作业通知单及测距轨道电路表示灯（满线和进入“靶区”表示灯）所反映的停留车或走行车组的位置，并考虑车组走行性能、进入股道线路状态、风向气候等因素，结合实践经验，确定每股道减速器的出口速度（定速）。其方法是：先按压股道按钮，再按压所选定的定速按钮，该股道的定速数码以数字显示所定的出口速度（溜放车组间隔距离及减建器出口速度由《站细》规定），表明减速器已置于半自动控制状态。当车组进入减速器区段，车组实际走行速度若高于定速，减速器即自行制动；当车组速度降至定速要求时，减速器即自行缓解。

（2）定速的变更及取消

某股道的减速器一经定速，所经过的车组均按此定速自行调速，如需变更定速时，仍按规定先按压股道按钮，再按压定位按钮，即可变更定速，如需取消半自动定速时，只要按压本股道的缓解按钮即可。

（3）减速器动作状态的确认

在控制台上通过制动、缓解表示灯的亮灭和测速数码管所显示的速度变化，确认减速器的动作状态。

2. 手动控制操作方法

手动控制应根据股道停留车位置、车辆重量、车组走行速度，线路状况、气候风向等因素和实践经验，按压有关减速器的制动按钮，以控制减速器制动时间，需要缓解，按压缓解按钮，以保证车组的出口速度。做到“溜得快、不尾追，不夹停、不堵门”。其制动方法主要有以下几种：

（1）闸口制动法

在车组到达前，使减速器先置于制动状态，让车轮挤开制动夹板。对于最易行的车组及溜放速度过高的车组，可采用此法。

（2）让头拦尾制动法

对于大组车，以及与前行车组间隔大与后行车组间隔小的车组，可采用此法。

（3）间歇制动法

对中组车可用对其前、中、后车轮进行间歇性制动。

（4）轻级长夹和逐步升级制动法

对装有易碎、易串货物的车辆，先施 I 级制动，再根据需要逐步升级制动。

（5）两组减速器配合制动法

可采用联动的方法，为防止后行车组尾追，还可采用前放后制的方法，也可采用交替制动的方法。

3. 减速器制动作业中应注意的事项

（1）凡禁止通过驼峰的机车、车辆，也禁止通过减速器；机车上、下峰作业时，减速器必须置于缓解位置。

（2）对于 5 辆以上的车组，根据线路及前后车组的走行情况，采用“让头拦尾”制动法或在推蜂溜放的某处暂停，待准备妥后再继续溜放。

（3）装运水泥及装运道碴的 K 型车，以及凹型车、特殊用途车、涂有“禁止通过驼峰”标记的重油罐车，禁止使用减速器。

（4）大轮车、薄轮车、保温车、新出厂车等，皆属于制动困难的车辆，应选择合理的方法施行制动，并通知峰下做好防护。

（5）车辆经减速器夹停中途停车堵门时，作业员应及时采取防护措施，并报驼峰调车长，当危及安全时，要果断按下“切断信号”按钮，关闭驼峰信号，停车进行处理。

（6）对不能使用减速器制动且人力制动机又不良的单个车，应送入禁溜线，或并钩使用人力制动机制动，或推送下峰。

4. 故障处理

（1）如减速器区段和测速数码管显示异常，应视为半自动控制失效，作业员应立即进行手动干预，通知驼峰调车长，停止该减速器作业；登记《行车设备检查登记簿》，通知电务人员进行检修，经检修、消记、试验良好后方可使用。

（2）遇下列情况应停止使用减速器：

① 控制电源及制动、缓解按钮故障或操作不能正常表示时；

② 风压，油压警铃鸣响（报警）禁用表示灯亮红灯时；

③ 减速器不能制动或缓解，或虽能动作但达不到规定的动作时间和要求时；

④ 制动效能明显降低时。

减速器遇临时故障，应立即切断推峰信号，并在《行车设备检查登记簿》上登记，通知电务人员进行处理，待修复试验良好后，才能恢复正常使用。

遇减速器正常检修和维修施工时，须由施工人员在《行车设备检查登记簿》上登记，由作业员请示驼峰调车长并签字承认，按下“检修”或“测试”按钮并挂上红牌后，施工人员才能作业。完工后，由施工人员消记，作业员试验良好并签认后，才能恢复正常使用。

5. 作业员交接班制度

(1) 减速器作业员实行对口交接班制度，交班者须按规定填写好《交接班簿》，待接班者签名后才能离开工作岗位。

(2) 接班者应认真了解减速器及其他设备现状，确认与《交接班簿》登记相符后，方可签字同意。

(3) 作业未完，不准交接班。非值班人员禁止操作减速器。

二、减速器与减速顶结合使用方法及其注意事项

减速器与减速顶结合方案构成示意图，如图 3－59 所示。

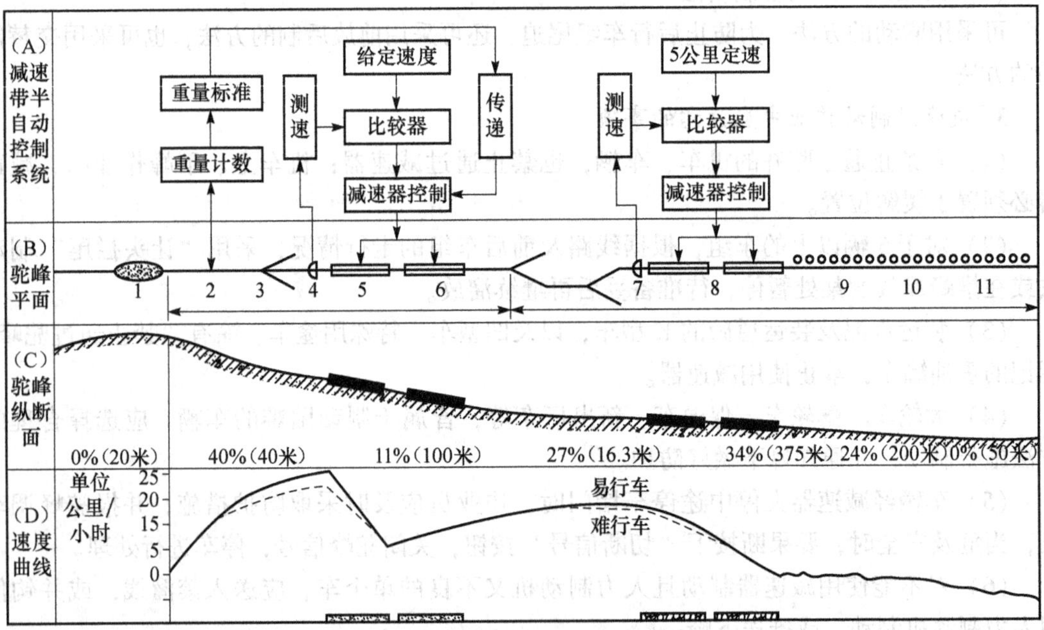

图 3－59　减速器与减速顶结合方案构成示意图

1—筑缘；2—驼峰有动力欲测重器；3—三河道岔；4—间隔创动位半自动调速机；5—间隔创动位主控减速器；6—间隔创动位辅助减速器；7—目的制动位半自动调速机；8—目的制动位减速器；9，10，11—减速顶

其作业程序及安全注意事项如下：

(1) 在车列推向峰顶之前，驼峰值班员应向扳道员、作业员等有关人员，布置作业计划的注意事项，确定制动方法。

（2）在车列推到峰顶之后，驼峰调车长应根据车组的不同组成情况，掌握好推峰速度，提钩人员要根据调车作业计划提钩。

（3）在溜放车组通过加速区时，作业员应根据车组的不同组成情况，将间隔制动控制台上预定减速器的出口速度的按钮按下（预定速度分为4、5、6、7、9、12.14、16、18、20 km/h，共十个等级，一般预定速度均在14～18 km/h范围内）。

（4）溜放车组在到达间隔制动位T·JK型减速器之前，由驼峰测重器自动测得车辆重量等级，对溜放车组实行相对应等级的制动。

（5）溜放车组通过加速区后，一般以19～24 km/h的速度，到达间隔制动位前七节T·JK型主控减速器。自溜放车组到达主控减速器时起，对溜放车组的调速任务，由以下设备在10～20秒内自动完成；由雷达测出溜放车组到达主控制器时的入口速度，由比较器进行比较。如果入口速度低于预定出口速度，主控器减速器保持缓解状态；如果入口速度高于预定出口速度，主控减速器立即开始制动；当车组溜放速度，在主控减速器制动下，降到预定的出口速度时，主控减速器便开始缓解。

（6）溜放车组经主控减速器制动之后，如果出口速度仍高于预定的出口速度，或者与前钩车组的溜放间隔，小于安全间隔，作业员须以手动方式，操纵间隔制动位后6节T·JK型辅助减速器，继续完成对溜放车组的调速任务。

（7）溜放车组以规定的出口速度离开间隔制动位减速器后，进入道岔区，此时作业员应根据车组不同的组成情况，将目的制动控制台上预定减速器出口速度的按钮按下（预定出口速度分为4、5、6、7、9 km/h共五个等级，一般预定出口速度为5 km/h）。

（8）溜放车组通过道岔区后，以不超过18 km/h的速度，到达减速区的目的制动位减速器。自溜放车组到达目的制动位7501型减速器时起，对溜放车组的调速任务，由以下设备在15～25秒钟内自动完成：由雷达测出溜放车组到达7501型减速器时的入口速度，由比较器进行比较。如果入口速度低于预定出口速度，7501型减速器保持缓解状况；如果入口速度高于预定出口速度，7501型减速器立即开始制动；当车组溜放速度在7501型减速器作用下，降到预定出口速度时，7501型减速器便开始缓解。

（9）溜放车组以规定出口速度，离开目的制动位减速器，进入连挂区在减速顶的制动作用下，以3～5 km/h的速度与前钩车组进行安全连挂，所在股道的制动员需负责监督连挂状态是否良好（股道的第一钩溜放车组，则由所在股道的制动员，按规定拧紧足够的人力制动机或安放足够的铁鞋，以防溜逸）。

第十二节　平面无线调车灯显设备

ZDT系列数控平面无线调车灯显设备适用于铁路站场平面调车作业，该设备构成了调车组人员与机车司机及调车区长之间的联络通道，使语音及指挥信令可以在此通道内准确传递。由于该设备既能传输话音信号（通话），也能传输调车指令（数据），所以，从无线通信的角度来看，是一个数话并传的同频单工分组网。

ZDT系列数控平面无线调车灯显设备，经过近十年的发展，已有适合各种不同用途的设备，以其核心设备为例，有下列5种：

① ZDT－4A型机车控制器，自带1 800 mAH电源，适用于中间站作业。

② ZDT－4B 型机车控制器，接机车电源，适用于固定调车作业。

③ ZDT－3M 型机车控制器，配机车电源转换器，适用于固定调车作业，也可自带背插式电池块，便于本务机车调车作业，设备能随上随下。

④ ZDT－4M 型机车控制器，超小型，由 GP88S 改制，适用于本务机车调车作业。

⑤ ZDT－6 型平面无线调车系统，经近两年研制，于 2002 年 6 月推出。

一、设备构成

整套设备由三大部分组成：机车设备、移动设备、固定设备。这些设备联系的纽带是电台，本设备可配多种电台，由用户选择使用。

1. 机车设备

以机车控制器为核心，完成调车指令的识别、显示。外围设备有司机话盒、显示器、外接扬声器。ZDT－3M 型机车控制器自带 PTT 通话键。

2. 移动设备

调车员、制动员使用的调车专用电台。主要用于调车人员向机车发送指令，以指挥机车行动，还可以与司机通话及调车组人员之间进行通话。

3. 固定设备

以调车区长控制器为核心，解决调车区长与调车组之间的联络问题。

二、设备特点

1. 计算机技术的应用

本系统机车控制器的核心是单片微处理机，采用 ATMEL 公司 AT90 系列的芯片。该系列微处理机具有指令多、功能强、速度快、可靠性高等优点，适用于工业控制场所。

2. 安全控制系统

（1）行进指令防护

当调车员发出行进指令（绿灯）后，系统能间断地发出测机信号（为给司机创造安静的环境，对测机信号采取了屏蔽措施，司机听不见“嘟嘟”声）。一旦调车员电台故障及其他原因造成指令发送不出去时，机车控制器可以检测出故障，发出“故障停车”信号。

测机信号间隔时间标准值为 5 秒。出厂定义：连续两个测机信号收不到，系统发出语音信号“注意、注意”；第三个测机信号仍未收到，则发出“故障停车”信号。只有 ZTB 调车电台的测机信号间隔时间可以编程调整。

ZDT－6 型行进指令的安全防护采用了 TAK 系统。

（2）调车组间的串扰防护

由于无线信道的固有特点，不同频点的调车组有可能发生信号串扰现象。一旦发生行进指令串扰，就有可能发生事故。因此，本系统在指令中加有调车组的组码。万一发生信号串扰，也不可能使这个调车组的推进指令点亮另一个调车组的绿灯，以保证行车安全。

（3）绿灯采用交流点灯

为防止电路的硬件故障造成信号升级，绿灯点灯电路采用交流点灯的方式。绿灯信号由软件产生的交流电驱动，而且输出还直接取自微处理机管脚，可避免由于点灯驱动口损坏，形成固定电平误点绿灯，以及软件出问题造成的误点绿灯现象。

（4）指令解锁

由于制动员间的联锁制动系统对每个调车组人员赋予不同的人员编码，当某一制动员发出制动指令后，只有该制动员发出的解锁指令才能解锁，而其他制动员是不能解锁该制动员发出的制动指令。

制动员无论发制动还是解锁指令，均伴有语音回示提示。司机及调车人员都可听见“X号紧急制动”或“X号解锁”，以利于多个制动员同时发出指令时，不会产生误会，司机可随时查询没有解锁的停车信号是哪位制动员发出的。

3. 语音合成技术的应用

本系统采用语音合成技术将调车组人员发出的指令用标准语音通知司机，并把此信息返回给调车组的每位成员。

4. 数据记录系统

本系统在机车控制器内设有一个有机车“黑匣子”作用的数据采集和记录系统，可以记录调车指令性质、发生时间及发出指令时的车速。通过对这些数据的分析，可以了解调车作业过程和查找调车事故的原因，所记录的时间为实时时间。断电后再开机，时间也不重置。

5. 本系统按国家标准《铁路调车作业》GB/T 7178.1～10（2006）执行

三、ZTD－6型平面调车设备特点

针对目前调车推进作业中暴露出的安全问题，采取了相应解决措施，采用全新的调车推进作业的安全控制系统（简称TAK）。其功能、作用及方法如下：

原系统再推进作业时，由调车长发出推进指令，以后每隔5秒，调车长台自动发一测机信号，机控器绿灯由该测机信号维持，领车人员（头钩连接员）负责前方进路瞭望，十、五、三车距离信号由头钩口述后，由调车长发出。此时，若调车长电台故障，机控器会报出“故障停车”。但是，领车人员电台故障（或电池没电），机控器上没有任何反映，此时很容易发生事故。

采用TAK后，推进时，可将测机信号交由头钩的电台去发。一旦头钩电台故障，机控器就会报出“故障停车”。解决了头钩领车的通信安全问题。其使用方法如下：

推进作业时，先由调车长发推进指令，这时头钩按两次黄钮发申请领车指令，机控器收到后，回示：“X号领车”，同时自动关闭调车长的测机信号，由头钩连接员发出测机信号。推进作业完了时，调车长发出“停车”指令，机控器收到后，提示“停车”，并自动切断头钩连接员的测机信号。在推进过程中，如果头钩连接员的电台出现故障（或电池没电），机控器会提示“故障停车”，以保证推进作业的安全。

ZTD－6型无线调车系统调车员指令表（依据GB/T 7178制定）（表3－5）：

表3－5　ZTD－6型无线调车系统调车员指令表

序　号	按键方式	显示方式	辅助语音	指令含义
1		红灯	停车、停车	停车信号、中止领车
2	绿、绿	绿灯长亮	推进、推进	启动、推进信号
3	绿	绿灯闪数次后熄灭	启动、启动	牵出、单机启动信号

续表

序　号	按键方式	显示方式	辅助语音	指令含义
4	绿、红	绿红灯交替后绿灯长亮	连接、连接	连接信号
5	绿、黄	绿黄灯交替后绿灯长亮	溜放、溜放	溜放信号
6	黄、黄	黄灯闪后绿灯长亮	减速、减速	减速信号
7	黄（1.5 s）	黄灯长亮	十车、十车	十车信号
8	黄（0.5 s）	黄灯长亮	五车、五车	五车信号
9	黄（0.5 s）	黄灯长亮	三车、三车	三车信号
10	黄（0.5 s）	黄灯长亮	一车、一车	紧接“三车”之后
11	黄（0.5 s）	黄灯长亮	减速、减速	减速信号
12	黄、绿	黄灯长亮	五车、五车	直发五车信号
13	黄、红	黄灯长亮	三车、三车	直发三车信号
14	无测机信号	黄（1.5 s）	546HZ 单音	呼叫区长
15	无测机信号	黄、黄	1KHZ 单音	呼叫站调

制动员指令表（表3-6）：

表3-6　制动员指令表

序　号	按键方式	显示方式	辅助语音	指令含义
1	红（0.5 s）	红一灯亮、红二灯亮	紧急停车，报制动员号码	紧急停车信号
2	黄（1 s）	灭红二灯	制动员号码，解锁	解锁信号
3	黄、黄	绿灯亮	制动员号码，领车	制动员领车信号

能力训练

一、制动作业技能

（一）作业程序及技术要求

1. 安全带检查及使用方法

（1）安全带检查

调车人员在使用前后和交接班时要进行检查，特别要注意安全钩与腰带相接处有无裂纹和开线、安全钩的开口处是否灵活，严禁将安全带改做他用。

（2）安全带使用方法

① 登上车辆制动台后，首先挂好安全钩；

② 安全钩须挂在人力制动机手轮盘与人力制动机杆的固定点间的人力制动机杆上；

③ 车辆停妥后须下车时，一手抓紧手把杆，一手摘开安全钩；

④ 使用完毕，安全钩须插在前边腰带里。

2. 人力制动机制动

（1）选闸、试闸，正确使用安全带。

（2）正确使用人力制动机制动，制动车组与停留车组稳妥连挂（包括钩销未落锁，只要采取措施能插下的），放在停留车钩尾框平台上的木棒不倒为合格。

3. 静止上鞋

（1）学院实训演练场准备标准钢轨一根。在距钢轨头部一侧800 mm、距轨面高850 mm挂一水平线，长5～10 m。

（2）静止上鞋三次，每次上10只鞋。每人考核3次，按实际操作中最好的一次计成绩。

（二）执行标准及规章

（1）中华人民共和国国家标准GB/T 7178. 2～10—2006《铁路调车作业》。

（2）中华人民共和国铁道部标准TB/T 1699—1985《铁路车站行车作业人身安全标准》。

（3）《技规》中的有关规定。

（4）沈阳铁路局《行车组织规则》中的有关规定。

（5）《站细》中的有关规定。

二、排风、摘管技能

（一）技术要求

（1）按“一关前、二关后、三摘管”的顺序排风10车，摘软管10个，并复检。要求时间不超过200 s。

（2）在作业过程中如发现折角塞门1处未关或不到位、软管未摘、石子未卡住，复检过程中每发现1处未确认活塞杆回缩、未打掉石子按规定扣分。

（二）实际操作过程

要领为关—关—摘—堵—提。

（1）关闭靠机车方向的折角塞门（客车还有暖气管端阀）；

（2）关另一端的折角塞门（客车还有暖气管端阀）；

（3）摘开软管（客车还有暖气软管、电器连接器）；

（4）堵住防尘堵（暖气软管用吊链吊起，将电器连接器放在固定位置内）；

（5）提开车钩。

（三）常见的拉风不缓解的主要原因及处理办法

主管内的风全部放完时，会使三通阀失去外力作用不能动作或三通阀作用不灵敏，不能形成制动缸的排风通路，此时拉风不能放出制动缸的余风，因此，制动机不缓解。遇到这种情况：

（1）应将缓解阀的拉杆拉开后卡上石子，然后关闭该车一端的折角塞门，在另一端向软管吹气，促使三通阀活塞运动，形成缓解位置，使制动缸内余风排出，制动缸活塞缩回而缓解。

（2）拉风不排风，车辆不缓解，也可能是缓解阀排风口堵塞。遇到这种情况，可用铁丝等物穿通缓解阀排风口。

（3）排风不缓解，可能是因人力制动机未松开，制动链（拉杆）绷紧，造成制动缸活塞不能缩回所致，应设法松开人力制动机。

（4）对装有两个副风缸的车辆，拉风时，必须分别拉动两个副风缸上的缓解阀，方能使车辆彻底缓解。如果两个副风缸中只有一个副风缸上装有缓解阀时，可将空重车调整装置扳至空车位，拉动缓解阀，车辆即可缓解。

（四）执行标准及规章

（1）中华人民共和国国家标准 GB/T 7178. 2～10—2006《铁路调车作业》。

（2）中华人民共和国铁道部标准 TB/T 1699—1985《铁路车站行车作业人身安全标准》。

（3）《技规》中的有关规定。

（4）沈阳铁路局《行车组织规则》中的有关规定。

（5）《站细》中的有关规定。

三、观速、观距技能

（一）作业程序及技术要求

1. 动观速、动观距

（1）动观速

机车匀速通过线路旁两标志杆（距离 12.5 m）的速度，调车人员站在车上运行中观测速度，机车以不同的速度运行 3 次，每次观测误差不超过 10%。使调车作业人员能够在调车作业中准确掌握速度。

（2）动观距

线路末端停一停留车，机车挂车向停留车推进运行，调车人员站在车梯上，距停留车十车、五车、三车时各丢下 1 个沙包，测量沙包与停留车间距离，与标准距离进行比较，每次观测误差不超过 10%。使调车作业人员能够在调车作业中准确掌握距离及时显示信号。

2. 静观速、静观距

（1）静观速

机车匀速通过线路旁两标志杆的速度，调车人员站在地面适当位置观测速度，机车以不同的速度运行 3 次，每次观测误差不超过 10%。使调车作业人员能够在调车作业中准确掌握速度。

（2）静观距

确定 3 个固定物（3 根标志杆、3 个停留车或地面固定物），调车人员站在固定地点，目测至 3 个固定物间距离，与实测的距离进行比较，每次观测误差不超过 10%。使调车作业人员能够在调车作业中准确掌握距离及时显示信号。

（二）执行标准及规章

（1）中华人民共和国国家标准 GB/T 7178. 2～10—2006《铁路调车作业》。

（2）中华人民共和国铁道部标准 TB/T 1699—1985《铁路车站行车作业人身安全标准》。

（3）《技规》中的有关规定。

（4）沈阳铁路局《行车组织规则》中的有关规定。

（5）《站细》中的有关规定。

四、中间站调车作业计划编制技能

1. 下图为一单线半自动闭塞区段上的车站。

已知：4 道停有装往甲站的待挂重车（棉花）一辆，且为关门车。44132 次列车在该站甩空敞车 2 辆装棉花，甩空棚车 2 辆装粮食。试编制 44132 次利用本务机车进行调车作业的计划。

已知 44132 次编组内容、顺序为：

机车	甲 1	空 C4	空 P5	甲 20

粮食仓库棉花仓库

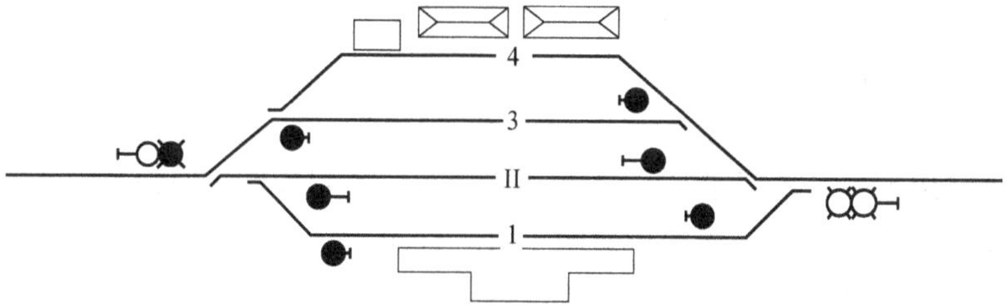

应知应会部分

一、填空题

1. 调车按其设备不同分为________调车和________调车。

2. 从列车中摘下车辆时，应严格按照________、________、________、________的程序进行。

3. 排风是在车列进行调车作业前，打开车列一端车辆的________，放出车列制动主管内压缩空气的过程。

4. 调车人员不足________人，不准进行调车作业。

5. 调车组人数不足________人时，禁止溜放作业。

6. ________和________必须亲自交接计划。

7. 调车领导人布置调车作业计划，应使用________________。

8. 拉风是在车列进行调车作业前，拉动每个车辆的拉风杆，排出________内的余风，使自动制动机缓解的作业过程。

9. 我国铁路调车工作中采用的制动工具有：________、________、________、________、加减速小车等。

10. 单机运行或牵引车辆运行时，前方进路的确认由________负责；推进车辆运行时，前方进路的确认由________负责。

11. 在正线和到发线上调车时，要经过________的准许。

12. 调车作业中，在空线上牵引运行时，不得超过________ km/h，推进运行时，不得超过________ km/h。

13. 接近被连挂的车辆时，不得超过________ km/h。

14. 调车工作量大小的基本单位是________。

15. 调车程的长短是衡量________的基本因素。

16. 车辆按其走行性能和装载货物的轻重不同，可分为________和________。

17. 车组在峰上脱离车列开始溜行的地点，称为________。
18. 驼峰调车作业方案主要有________、________和________三种。
19. 没有做好________和________，不准越区或转场作业。
20. 横向划分调车区时，两调车区之间应设立不少于________ m 的安全距离。

二、选择题

1. 排风是指在车列进行调车作业前，打开车列两端的折角塞门，放出车列（　　）和副风缸内压缩空气的过程。

A. 制动缸　B. 制动支管　C. 总风缸　D. 制动主管

2. 中间站停留车辆的防溜方法是拧紧两端车辆人力制动机并以（　　）牢靠固定。

A. 铁鞋　B. 脱轨器　C. 枕木头　D. 片石

3. 中间站利用本务机车调车时，应使用（　　）的调车作业通知单。

A. 书面　B. 附有示意图　C. 打印　D. 书写

4. 驼峰解体车列时产生了"钓鱼"的原因，主要是（　　）。

A. 错过了提钩时机　B. 速度过低　C. 速度过高　D. 平台短

5. 股道号码信号昼间——两臂向上直伸，为（　　）。

A. 一道　B. 二道　C. 三道　D. 四道

6. 股道号码信号夜间——白色灯光高举头上左右小动，为（　　）。

A. 一道　B. 二道　C. 三道　D. 四道

7. 一批作业不超过（　　），可用口头方式布置调车作业计划（中间站利用本务机车调车除外）。

A. 一钩　B. 二钩　C. 三钩　D. 四钩

8. 调车作业计划仅变更（　　）时，不受口头传达三钩的限制。

A. 股道　B. 作业线路　C. 作业区域　D. 车辆数

9. 为保证调车作业安全，推送车辆时，要先（　　）。

A. 试拉　B. 试风　C. 连接软管　D. 试闸

10. 在溜放调车作业中，使用车辆减速器、脱鞋器或人力制动机调整车组的走行速度，使前后车组之间保持一定距离的作业过程称为（　　）制动。

A. 减速　B. 间隔　C. 安全　D. 目的

11. 配属两台以上调车机的车站，为减少作业干扰，保证作业安全，对每台调车机和调车组所规定的固定作业区域，称为（　　）。

A. 作业区　B. 调车区　C. 调车场　D. 固定区

12. 驼峰解散车列，当集中道岔改为人工就地操纵时，应采用（　　）的办法。

A. 停止作业　B. 牵引溜放　C. 惰力溜放　D. 单钩溜放

13. 驼峰是溜放车辆以其自身的（　　）为主、并辅以机车的推力，主要用于分解车列的一种调车设备。

A. 动力　B. 惯性　C. 重力　D. 动能

14. 非机械化驼峰解散车辆的制动工具是（　　）。

A. 车辆减速器　B. 减速顶　C. 止轮器　D. 铁鞋

15. 调动装有压缩气体、液化气的车辆时，调车速度不得超过（　　）。

A. 15 km/h　　B. 25 km/h　　C. 30 km/h　　D. 35 km/h

16. 手推调车的速度不得超过（　　）。

A. 10 km/h　　B. 8 km/h　　C. 5 km/h　　D. 3 km/h

17. 目前我国采用的驼峰道岔自动集中设备，最多可预排（　　）进路。

A. 12 钩　　B. 24 钩　　C. 36 钩　　D. 48 钩

18. 调车场的线路由于道岔、曲线、坡度等因素，对溜入的车辆产生阻力，阻力较小的车辆称为（　　）。

A. 难行线　　B. 易行线　　C. 难溜线　　D. 易溜车

19. 驼峰的峰上提钩与平面溜放提钩的不同之处主要在于（　　）。

A. 提钩时机　　B. 提钩地点　　C. 提钩方法　　D. 提钩时机和提钩方法

20. 机械化驼峰的单推单溜作业方案中，驼峰调车机按照“挂车、推峰、溜放、（　　）”四个程序不间断的工作。

A. 取车　　B. 整理　　C. 整备　　D. 等待

三、判断题

1. 推送调车法的最大优点就是作业安全且效率高。（　　）

2. 机械冷藏车，如因迂回线故障等原因，必须通过设有车辆减速器（顶）的驼峰时，以不得超过 7 km/h 的速度溜放过驼峰。（　　）

3. 峰上提钩时，如临时发现软管未摘、提钩链未绑好或提钩杆失灵，在提钩地点不能提钩，也会产生“钓鱼”。（　　）

4. 铁鞋制动时，铁鞋支座有裂纹时禁止使用。（　　）

5. 牵出线调车时，提钩地点基本固定。（　　）

6. 峰顶平台的作用是车列能平稳、顺利地越过峰顶，保护车钩不受损坏。（　　）

7. 驼峰调车提钩地点基本上固定在压钩坡至峰顶这一区域内（　　）

8. 在尽头线上调车时，距线路终端应有 10 m 的安全距离（　　）

9. 使用无线调车灯显设备指挥调车时，根据需要调车长可以向连接员放权。（　　）

10. 中间站调车时，都必须使用附有车站示意图的调车作业通知单。（　　）

四、简答题

1. 调车作业前必须做好哪些准备？

2. 调车作业九固定内容是什么？

3. 禁止溜放的车辆、线路及其他限制有哪些？

4. 在正线、到发线上调车有何规定？

5. 调车作业的指挥人是如何规定的？

第四章 编组列车

[能力目标]

1. 在编组列车时，能够识别出哪些车辆禁止编入列车，以及能够正确的执行有关隔离限制的规定；

2. 能够根据列车编组计划的规定，判断列车是否违反规定。

[知识目标]

1. 违反列车编组计划的有关规定；

2. 列车运行图关于列车的重量和长度的规定；

3. 编组列车时，有关隔离限制的有关规定。

第一节 列车编组计划的规定

一、列车中车辆去向和编挂方法应符合列车编组计划的规定

列车编组计划是全路的车流组织计划，是车站解编作业合理分工和科学组织车流的办法。它确定了各站的作业任务和相互关系。编组计划一经确定，必须严格执行，任何车站不得任意违反列车编组计划编车，否则，必然会打乱站间分工，增加改编作业，带来作业困难，甚至造成枢纽堵塞。因此，有关人员必须严格对待，认真贯彻执行。

在新编组计划实行前，各铁路局应制订本局关于保证执行列车编组计划的措施，组织有关人员认真学习新编组计划的内容、特点和要求。各技术站根据需要和可能，做好车场分工、线路固定使用和劳动组织的调整及其他各项准备工作，并将本站的列车编组计划摘录及注意事项张贴在车站调度室及调车区长室等有关场所。

技术站对正确执行列车编组计划负有特别重要的责任。在日常工作中，车站调度员和调车区长应按照列车编组计划的规定，正确编制阶段计划和调车作业计划。调车人员在编组列车的过程中，应考虑所挂车辆是否符合列车编组计划，车号员在编制编组顺序表和核对现车

时，要检查其中编挂的车辆及编组方法是否符合列车编组计划，发现问题及时汇报。

列车调度员应监督车站按编组计划编组列车，如发现违反编组计划，应及时督促车站改正，不得滥发承认违反编组计划的命令。在个别情况下，必须承认违反编组计划时，跨局列车由铁道部调度、局管内由铁路局调度下达书面命令。执行列车编组计划具体应做到：

（1）摘挂列车主要是为中间站服务的，其编组方法应按中间站的要求办理。其一，所挂车辆应以到达中间站的车辆为主，即技术站编开的摘挂列车应首先将到中间站的车辆挂走，不满轴时方可加挂其他车辆。为了中间站调车作业方便，到达中间站的车辆还应挂于列车前部。其二，需要时，摘挂列车应为中间站挂车留出空余吨数（留轴），留轴后仍有“余轴”时，方可加挂编组计划指定的车流（区段车流或直通车流）。

（2）编组一般货物列车时，车组的编挂位置除单独指定者外，不受车组组号顺序的限制。临时排送空车时，应单独选编成组（摘挂、小运转列车除外），按回送单据向指定到站回送的空车（特殊规定者除外），按该到站的重车办理。

（3）车辆应按规定经路运行。对需要加冰、加油的保温车可视作前方加冰、加油站的重车办理（特殊指定者除外）。

（4）同一技术站编组数种不同到达站的列车或车组时，每一列车和车组均不包括另一种列车或车组的车流。

二、违反列车编组计划的情况

凡有下列情况之一者（除另有规定外），均为违反列车编组计划：

（1）技术直达列车和全部组织的装车地直达列车的车流，编入直通、区段、摘挂和小运转列车；直通列车的车流编入区段、摘挂和小运转列车；区段列车的车流编入摘挂和小运转列车。

因为这种把远程车流编入近途列车的做法，势必造成远程车流在沿途技术站重复改编，延缓货物运送和车辆周转，打乱站间分工。但对于装载超限货物的限速货车，虽属直达、直通、区段车流，亦可利用摘挂列车挂运，而不算违反编组计划。

（2）直通、区段、摘挂和小运转列车的车流，编入直达列车；区段、摘挂和小运转列车的车流，编入直通列车；摘挂和小运转列车的车流，编入区段列车。

这种把近程车流编入远途列车的作法，其后果必然使远途列车在有关技术站提前改编，同样延缓货物的运送和车辆周转，破坏站间分工。但为了加速中间站到发的仔牲畜、鱼苗、薯秧等快运货物的运送，可优先用直达、直通、区段列车挂运，而不算违反编组计划。

（3）未按规定选分车组或未执行指定的编挂顺序（由于执行隔离限制实难兼顾时除外）。主要有以下几种情况：

① 分组列车和按规定选分车组的单组列车，未选分成组。

② 应按站顺编挂的摘挂列车，未按站顺编挂。

③ 指定连挂位置的车组，未按指定位置连挂。

发生上述情况，将打乱站间分工，造成有关站作业困难，延长停留时间，降低运输效率。

（4）未按规定的重、空列车数开行。这里所说的规定的重、空列车数，不是泛指某区段开行的一般的重、空列车数，而是在列车编组计划中特殊规定的列车数。例如，为缓和枢纽能力的紧张状况，规定发往枢纽地区并按特殊要求编组的重列车数，以及为保证邻局始发直达列车的装车，必须经由某分界站交出的空列车数。上述重列车数超出和空列车数交出不足，都算违反列车编组计划。

（5）未按补轴、超轴规定编组列车。列车在变更重量和长度的车站补轴时，应尽量用与该列车编组内容相同的车流补轴，或者按规定补轴。

如图4－1所示，A站编组A—丁直达列车，编组内容为丁站卸。在甲站补轴时，应尽量用丁站卸的车流补轴，如果无丁站卸的车流，编组计划又规定可用丁站以远的车流补轴时，则可用该车流补轴。如果未用丁站卸或丁以远车流补轴而用其他车流补轴时，则违反了编组计划。如果甲站不编开到达丁站的列车，则应用最远到达站，但不远于补轴列车解体站的车流补轴，即用丙到达站车流补轴，若用乙或戊到达站车流补轴，也是违反列车编组计划。

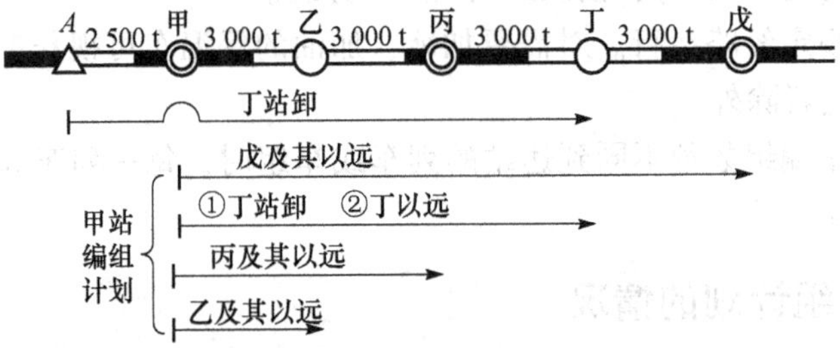

图4－1 补轴示意图

（6）违反车流经路，将车辆编入异方向列车。因为在编组计划中，根据各方向区间通过能力、运输距离、列车重量标准和运行速度等因素，规定了各支车流经济合理的经路。如果车站不按规定的经路编组，将加剧通过能力的紧张状况，增加有关技术站的作业负担，降低运输效率。例如，对有平行经路的车流，未按规定的经路编组或错误的将上行车流编入下行列车等，都算违反编组计划。

（7）未达到编组计划规定的基本组重量、辆数或长度。例如，甲－乙区段的列车重量标准为3 200 t，乙－丙区段为2 500 t，丙－丁区段为2 000 t，由于重量标准不统一，在列车编组计划中规定甲－丁的直达列车基本组为2 000 t，甲站用乙站及其以远700 t、丙站及其以远500 t分组补轴，如图4－2所示。

如果甲站编组甲－丁的直达列车，基本组只编了1 500 t，未达到规定的基本组重量，势必造成乙站补轴或改编。若乙站无车流补轴时，还有可能拆散这一直达列车，因此算作违反列车编组计划。

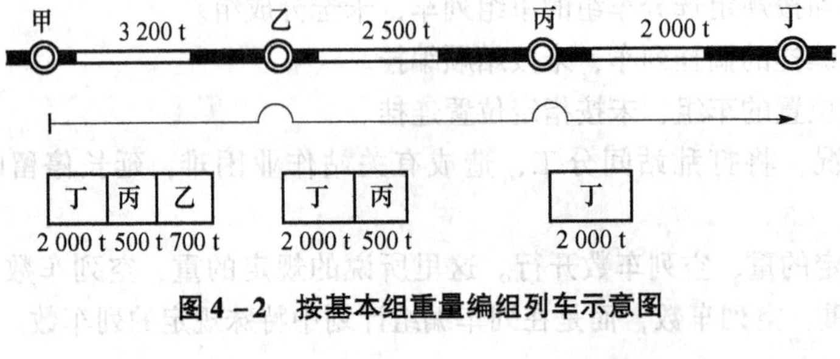

图4－2 按基本组重量编组列车示意图

（8）始发直达列车不符合编组计划规定的编组方法。如图4-3所示，A站到己站及其以远车流应在甲站集结，编入甲—己技术直达列车；到丁站和庚站及其以远的车流应选分成组，编入到丁站解体的直通列车。如果A—丁始发直达列车里挂有己站及其以远的车流，则不符合编组计划规定的车流到达站；如果把丁站及其以远和庚站及其以远的车流混编在一起，则不符合列车的分组办法。这两种情况都算做违反编组计划。

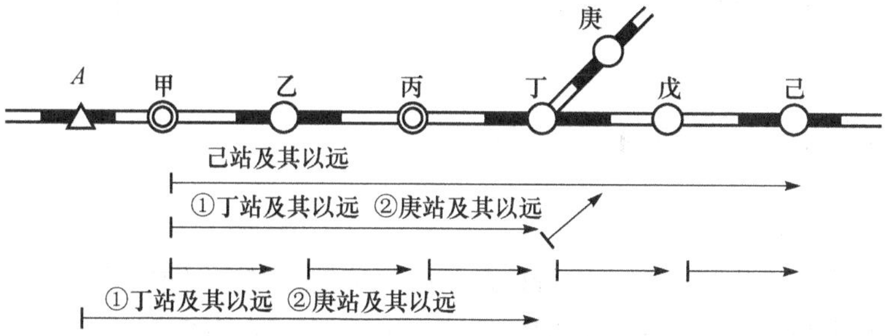

图4-3　始发直达列车与前方技术站列车编组计划配合示意图

三、建立统计和分析制度

为了考核列车编组计划的执行情况，积累车流资料及研究车流规律，应指定编组站、区段站和分界站建立必要的统计、报告和分析制度。

车站对所有始发、到达或交接的列车完成列车编组计划的情况，应逐日、逐列在专门的登记簿上进行统计，逐旬上报铁路局。对其中违反编组计划的列车，只要未予纠正，不论是否有承认违编的调度命令，不论是否开车，均视违编列车，均应注明违编的性质、原因、承认违反的调度命令号码和调度员姓名、采取的纠正措施等。铁路局则根据车站上报的资料，编制主要站完成列车编组计划的报告，并按月、按旬进行分析，查明违反列车编组计划的情况和原因。

第二节　列车运行图的规定

一、列车的重量和长度应符合列车运行图的规定

（1）列车重量标准，是以各区段规定的各种类型机车的牵引力减去各种阻力，考虑气候影响，经牵引计算和牵引试验后确定。

（2）列车长度标准，是根据运行区段内的各站或多数车站到发线有效长，再预留30 m附加制动距离确定的。

（3）直通、直达列车，在其运行中所经区段的列车重量标准不一致时，为减少途经技术站的调车作业，在列车编组计划中可规定一个统一的重量标准（一般以最低重量为准）。这一统一重量标准，即为该种列车的专用重量标准。在实际工作中，为充分利用机车牵引力，原则上不准编开低于列车重量标准（包括统一重量标准）的列车。

（4）货物列车牵引重量允许上下波动80 t及以内，计长允许欠1.2及以下。

满轴列车指实际编成的列车重量符合列车运行图规定的区段牵引重量（包括尾数上下

波动 80 t 及以内）或列车长度符合列车运行图规定的该区段列车长度标准（包括尾数向下波动 1.2 及以下）。

列车的实际重量，包括列车内编挂的所有车辆的自重和载重之总和，列车编挂的非工作机车、架桥机、检衡车等的重量也计算在内，但工作机车（本务机车、补机、重联机车等）和有火回送机车的重量不计算其重量。车辆自重及换算长度可按表 4－1 确定。机车的自重及换算长度可按表 4－2 确定。货物重量可按铁道部《铁路货车统计规则》的规定计算。

二、超重、超长和欠轴列车的开行

（一）超重列车

超重列车是指实际编成的列车重量比运行图规定的区段牵引重量超 81 t 及以上，连续运行距离超过机车乘务规定区段 1/2 的货物列车。编组超重列车能节省机车运行台数、提高区段通过能力，但由于机车性能及司机技术水平所限，可能造成运缓或坡停等后果。为此，开行超重列车时在编组站、区段站应商得机务（或折返）段调度员（值班员）的同意；在中间站应得到司机的同意，并且均需列车调度员准许，以使其指挥行车时心中有数。

（二）超长列车

超长列车指实际编成的列车长度超过了列车运行图规定的该区段列车长度标准；对于到发线有效长较短的车站，列车长度虽未超过列车运行图规定的该区段列车的换长，但实际长度（包括机车长度及附加制动距离）超过该站到发线有效长时，在编制列车运行图及日常调度指挥中，可组织列车通过。如确因作业需要停车时，应按超长列车办理。编组超长列车时，必须考虑运行区段内的具体条件，编组的超长列车的最大长度不得超过区段内一个车站两股最短到发线有效长之和，并不宜编挂超限车辆和其他限速车辆。开行超长列车时，必须得到列车调度员的命令准许，跨铁路局开行超长列车时应转发铁道部的命令。超长列车的运行办法，由铁路局在《行规》中规定。

（三）欠轴列车

欠轴列车指实际编成的列车重量和长度均未达到列车运行图所规定的标准（既欠重又欠长）。编组欠轴列车，浪费机车牵引力，一般不准开行。必须开行时，须得到列车调度员的命令准许。跨铁路局的欠轴列车，要经铁道部批准，并发给准许欠轴的调度命令方可开行。

全国主要干线直通列车规定了统一的牵引重量和长度标准。直通列车原则上不准超重、超长或欠轴。

摘挂列车、小运转列车、固定车底的循环列车、快运货物列车、军用列车、机械保温列车、限速列车、路用列车及“五定”货运班列等不受欠轴的限制，但超重或超长时，仍应按有关规定办理。

另外，线路坡度有 12.5‰以上的区段，其牵引定数的尾数波动局管内的列车由铁路局自定，跨局的由有关局商定并经铁道部批准。

表 4－1　车辆重量及长度表

1. 客车		
客车种类	平均每辆总重量/t	平均每辆换算长度
各种客车	按车体外部标记计算	按车体外部标记计算
2. 货车		
货车种类	平均每辆自重/t	平均每辆换算长度
标记载重 50 t 四轴棚车	21.0	1.3
标记载重 60 t 四轴棚车	23.0	1.5
标记载重 60 t 四轴棚车（P_{62}、P_{63}）	24.0	1.5
标记载重 58 t 四轴棚车（P_{64}）	25.4	1.5
标记载重 70 t 四轴棚车	23.8	1.6
四轴棚车（P_{65}）	26.0	1.5
标记载重 50 t 四轴敞车	20.0	1.3
标记载重 60 t 四轴敞车（C_{60}、C_{62}、C_{62M}、CF）	21.0	1.2
标记载重 60 t 四轴敞车（C_{65}）	21.0	1.3
标记载重 60 t 四轴敞车（C_{62A}、C_{62B}）	22.0	1.2
标记载重 61 t 四轴敞车（C_{63}）	22.5	1.1
标记载重 61 t 四轴敞车（C_{61}）	23.0	1.1
标记载重 70 t 四轴敞车	23.6	1.3
标记载重 80 t 四轴敞车	20.0	1.1
标记载重 50 t 四轴集装箱平车（X_{6A}）	18.2	1.3
标记载重 50 t 四轴平车	18.0	1.2
标记载重 60 t 四轴平车	20.0	1.3
标记载重 70 t 四轴平车	23.8	1.5
四轴平车（N_{15}）	17.0	0.9
标记载重 60 t 四轴罐车（G_{70}）	19.8	1.1
标记载重 50 t 及以上四轴罐车	23.0	1.1
标记载重 50 t 四轴罐车（G_{14}）	26.0	1.1
标记载重 70 t 四轴罐车	23.8	1.1
标记载重 50 t 四轴毒品车	26.0	1.5
风动石碴车（K_{13}）	23.0	1.1
散装粮食车（L_{17}）	23.5	1.3
散装水泥车（K_{15}）	19.0	1.1
散装水泥车（U_{60}）	25.5	1.2
家畜车（J_1）	16.0	1.0
家畜车（J_2）	21.5	1.3
家畜车（J_3）	19.0	1.0
家畜车（J_4）	23.0	1.3
加冰冷藏车（B_{11}）	34.0	1.3
加冰冷藏车（B_6、B_8）	34.0	1.6

注：1. 旅客列车重量按客车总重（包括旅客及行李的重量）计算，回送空客车按自重计算。

2. 列车中其他各型货车的自重及换算长度和货物的重量按铁道部《铁路货车统计规则》规定计算。

3. 机车、车辆长度的计算，以前后两钩舌内侧面距离按 11 m 为换算单位（1 辆），各型机车、车辆按上述换算单位得出的比值，称为换算长度。

表 4-2 机车重量及长度表

种类	机型	自重/t	换算长度	备注
电力	SS_1	138	1.9	
	SS_{3B}	276	4.0	按双节计算
	SS_4	184	3.0	按双节计算
	SS_3、SS_6、SS_{6B}、SS_7、SS_{7B}、6K	138	2.0	
	SS_{7C}	132	2.0	
	SS_{7D}、SS_{7E}、SS_9	126	2.0	
	SS_8	87/89	1.6	无列车供电/有列车供电
	8G、DJ_1	184	3.2	按双节计算
	8K	184	3.4	按单节计算
内燃	DF_4、DF_{4B}、DF_{4C}、DF_{4D}	127	1.9	
	DF_5、DF_7、DF_{7B}、DF_{7C}	130	1.7	
	DF_{7D}	132	1.7	山区型自重 127 t，双司机室机车换长 1.8
	DF_{7E}	145	1.8	
	DF_{7G}	132	1.8	
	DF_8	130	2.0	
	DF_{8B}	131	2.0	25 吨轴重，自重 139 t
	DF_{11}	133	1.9	
	DF_{11G}	133	2.0	
	DFH_2	58	1.2	
	DFH_3	84	1.7	
	DFH_5	81	1.4	
	BJ	84	1.5	
	ND_2	114	1.6	
	ND_3	122	1.7	
	ND_5	126	1.8	
	NY_6、NY_7	124	2.1	

第三节 禁止编入列车的车辆

在编组列车时，对其所挂的车辆，在技术上有一定的限制和要求。凡属下列情况之一的机车车辆，禁止编入列车。

一、由于车辆技术状态的原因

(1) 插有扣修、倒装色票的车辆及车体倾斜超过规定限度的车辆。

货车插有“色票”，是表示该车辆定检到期或技术状态不良，需要进行检修。凡经检车人员检查确定，因技术状态不良或定检到期需要扣修的车辆，或重车因技术状态不良需倒装而进行摘车修理时，检车人员应在该车的表示牌框内，插上相应的色票。插有色票的车辆，一律不准使用。各种色票的插、撤，只能由列检人员进行，其他人员不得任意插撤。列检人员在插撤色票的同时，要向车站发出“车辆检修通知书”。车站应按通知书要求送往指定地点。

车体倾斜，是指车辆一侧或一端倾斜（图4-4）。车体倾斜的原因很多，一是车辆本身的原因导致，如车体结构松弛，弹簧衰弱等；二是货物装载的原因，如装载偏重、集重及超重等。车体倾斜可能使弹簧折断、车辆燃轴、压死游间、不能转向。若发现不及时则可能造成热切，车辆脱轨颠覆，造成严重损失。此外，车辆倾斜超过限度，也可能侵入限界与信号设备、建筑物或邻线机车车辆接触，危及行车安全。因此，客车倾斜超过50 mm，货车超过75 mm者禁止编入列车。

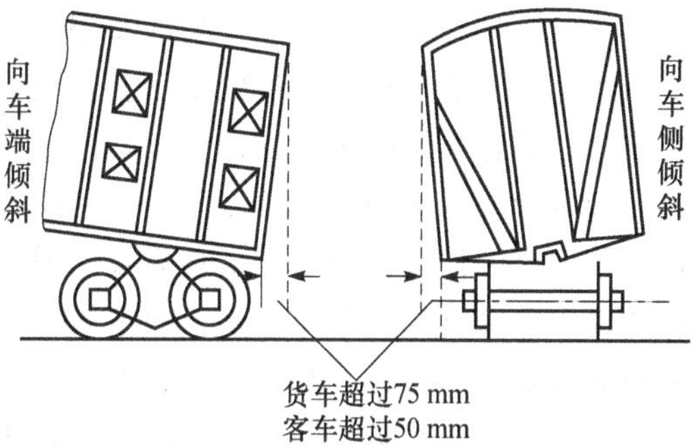

图4-4　车体倾斜

（2）曾经发生冲突、脱轨或曾编入发生特别重大、重大、大事故列车内以及在自然灾害中损坏，未经检查确认可以运行的车辆。

这些车辆经过激烈冲撞，主要部件、零件，如转向架、轮对、轴箱、车钩及车底架等可能存在隐患，如不经列检细致检查，并确定对行车有无妨碍就编入列车，将严重威胁运行安全。

（3）未关闭侧开门、底开门的车辆以及底开门的扣铁未全部扣上的车辆。平车未关闭端、侧板的（有特殊规定者除外）。

未关闭端、侧板或侧开门的车辆，在运行中侧板与侧开门可能掀动或摇晃，甚至超出机车车辆限界，可能刮坏信号设备，碰撞邻线的机车车辆，危及线路附近设备和人员的安全。端板不关，运行中可能掀动脱落，以至造成脱轨或颠覆事故。由于装载超限货物或敞车双层装载牲畜时，应将侧板牢靠地捆绑在车体上，方准编入列车。编组站、区段站货运检查人员，应检查列车中车辆门窗和端、侧板关闭情况，发现异状或未关闭时，应及时处理。

底开门不关闭，容易刮坏道岔，甚至脱落。每一底开门为两个扣铁，如只用一个扣铁关闭底开门，经过震动底开门仍可能开放，使货物散落而引起车辆脱轨。对底开门车中一个扣铁未扣上的车辆，如在中间站发现，应捆绑牢固，做成记录，重车交卸车站处理，空车交前方有列检的车站处理。

（4）缺少车门的车辆（检查回送车除外）。

这里指的是车门，并非侧板、端板等。缺少车门，装车后容易造成货物串出、坠落或丢失，不仅影响行车安全，也不能保证货物的完整和安全。因此也禁止编入列车。

二、由于装载货物的原因

1. 装载货物超出机车、车辆限界，无挂运命令的车辆

一件货物装车后，在平直线路上停留时，货物的高度和宽度有任何部位超过机车车辆限界或特定区段装载限界的，称为超限货物。在平直线路上停留虽不超限，但行经半径为300 m的曲线线路时，货物内侧或外侧的计算宽度（已经减去曲线水平加宽量36 mm）仍然超限的，也为超限货物。

装有超限货物的车辆在运行中要遵守一些特殊规定，如限制运行速度，相邻线路会车或调车时必须满足规定的线间距，禁止通过某些线路、桥梁、隧道等。列车调度员根据批准装

运电报发布挂运命令。因此，装载超限货物车辆编入列车时，必须得到列车调度员同意挂运的调度命令及有关挂运条件的指示，否则，不能保证货物与列车运行的安全。

车站在挂运超限车以前，由车站值班员或车站调度员将批示命令号码、车种、车号、到站、超限等级等事项报告调度所，以便纳入日班计划。调度所在挂运超限车以前，将管内具体运行条件以调度命令形式下达有关站段，以便做好准备工作。发站、中转站的车站值班员应将调度命令交给列车乘务员。挂有超限车的列车，应在《站细》规定的线路接发。运行上有限速等限制条件的超限车辆，除有特别指示外，禁止编入直达、直通列车。

货检人员在检查超限车时，应严格检查超限车的加固状态，确认没有串出检查线，方准挂运。发现异状时，应立即报告车站值班员，按其指示办理。

2. 装载跨装货物的（跨及两平车的汽车除外）平车，无跨装特殊装置的车辆

跨装货物是指一件货物的重量或长度需用两辆平车共同负担载重的货物（包括加挂游车）。跨装货物固定在两辆平车或三辆平车上成为一个整体。为使跨装货物的车辆能灵活地通过曲线，必须在车辆与货物之间使用跨装的特殊装置——货物转向架（转向枕木）。同时，为了防止因车钩弹簧压缩、伸张而造成货物的串动，在跨装货物的车辆与车辆之间还必须使用车钩缓冲停止器（卡铁）。若无特殊装置，列车通过曲线或坡道地段则可能产生移动，从而引起不良后果。

3. 平车、沙石车及敞车装载货物违反装载和加固技术条件的车辆

货物装载和加固必须保证能经受正常调车作业及列车运行中的冲击，以保证货物在运输的全过程中，不致发生移动、滚动、倾覆、倒塌或坠落等情况。平、敞、砂石车装载的货物，必须符合《铁路货物运输规程》中“货车装载加固技术条件”的要求。如货物装载偏重，上重下轻等。货物装车后，其总重心横向偏离车底板纵中心线的水平距离超过 100 mm 时，为横向偏重；其总重心纵向偏移，使一个车辆转向架所承受的货物重量超过标记载重的 1/2，或两转向架承受的重量之差大于 10 t 时，为纵向偏重。横向偏重和纵向偏重统称为偏重。两者有时会同时发生。

货物装车后，车底架的工作应力超过其允许应力时，称为集重装载。确定集重货物，必须搞清支重面长度和负重面长度两个概念。支重面指货物的底面，负重面指车底板的顶面。支重面长度指货物直接放于平面时，用来支承本身重量那部分底面的长度，称为货物的支重面长度。负重面长度是对车辆而言，指货车用来负担货物重量直接与货物支重面相接触的那部分车底板的长度。装载集重货物时，要符合《货车装载加固技术条件》的有关规定。

原木、粮食、棉花及其他包装物品等不按规定码放，加固的绳索、铁丝、支柱等不合规格或捆绑不牢等，在运行中可能经不起紧急制动及通过道岔、曲线、坡道而产生的纵向力和横向力作用，而使货物串动、倒塌、坠落等，影响正常行车，危及行车安全。要特别注意金属制材的装载加固问题。金属制材材质坚硬、重量大、表面平滑，运输过程中极易移位，造成车辆燃轴、脱线或颠覆，过去曾多次酿成重大事故，为此，一定要把金属制材的防滑、装载、加固工作做好。

4. 由于装载的货物需要停止自动制动机作用，而未停止的车辆

根据装载的货物性质（易燃、易爆）要求关闭自动制动机，这是考虑在列车制动时，防止车轮踏面与闸瓦摩擦发热，产生高温或迸发火星。特别是在长大下坡道上，制动时间过长，闸瓦处于高热状态，如不停止自动制动机，对装有爆炸品或受高温容易引起燃烧和造成

火灾的货物车辆，有可能引燃或引爆。所以必须停止自动制动机的作用。

三、厂矿企业自备机车、轨道起重机、自轮运转特种设备过轨时，未经铁路机车车辆人员检查确认者

企业自备机车车辆、自轮运转特种设备的技术标准，是由各企业根据本单位的作业特点而制订的标准，其维修、养护皆不如铁路严格。所以企业自备车过轨编入铁路列车运行时，须经铁路机车车辆部门鉴定，按铁路标准加以检查确认，才能保证安全。

第四节 货物列车中车辆的编挂

一、装载危险、易燃普通货物车辆编入列车的隔离

危险货物是指具有燃烧、爆炸、腐蚀、毒害、放射射线等性质，而且在运输过程中发生意外，能引起人身伤亡，财产受到毁损的物资。易燃普通货物是指遇明火或受高温容易引起燃烧和造成火灾的货物。易燃普通货物品名见表4-3。

表4-3 易燃普通货物品名表

顺 号	品 名
1	危险货物《品名表》规定之外的籽棉，棉花（皮棉），木棉，黄棉花，废棉，飞花，破籽花
2	危险货物《品名表》规定之外的各种麻类和麻屑
3	麻袋（包括废、破麻袋），各种破布，碎布，线屑，乱线，化学纤维
4	牧草，谷草，油草，蒲草，羊草，芦苇，荻苇，玉米棒（去掉玉米的），玉蜀黍秸，豆秸，秫秸，麦秸，蒲叶，烟秸，甘蔗渣，蒲棒，薄棒绒，芦秆，亚麻草，烤烟叶，晒烟叶，棕叶以及其他草秸类
5	葵扇（芭蕉扇），蒲扇，草扇，棕扇，草帽辫，草席，草帘，草包，草袋，蒲包，草绳，芦席，芦苇帘子，笤帚以及其他芦苇、草秸的制品
6	干树皮，干树枝，干树条，树枝（经脱叶加工），带叶的竹枝，薪柴（劈柴除外），松明，腐朽木材（喷涂化学防火涂料的除外）
7	刨花，木屑，锯末
8	纸屑，废纸，纸浆，柏油纸，油毡纸
9	炭黑，煤粉
10	粮谷壳，花生壳，笋壳
11	羊毛，驼毛，马毛，羽毛，猪鬃以及其他禽兽毛绒
12	麻黄，甘草

注：1. 用敞、平、沙石车装运易燃普通货物时，应用篷布苫盖严密，在调车或编入列车时，应进行隔离。但对干树皮、干树枝、干树条和带叶的竹枝，由于干湿程度、带叶多少不同是否苫盖篷布由发站根据气温和运输距离在确保运输安全的原则下负责确定。

2. 腐朽木材喷防火涂料或采取其他防火措施后，可不苫盖篷布。

3. 本表未列的品名，是否也属于易燃普通货物，由发站报铁路局确定。

4. 以易燃材料做包装、捆扎、填塞物，以竹席、芦席、棉被等苫盖的非易燃货物，以及用木箱、木桶、铁桶包装的易燃普通货物，均按普通货物运输。以敞车装运时，是否应苫盖篷布，由托运人根据货物的运输安全情况负责确定，并在运单托运人记事栏内注明。

装载危险及易燃普通货物车辆在运输中须采取隔离措施，编入列车的隔离办法，按铁道部《铁路危险货物运输管理规则》规定办理。

隔离的作用，一是使易燃、易爆物品与火源隔离；二是万一发生意外时，能尽量减少或避免扩大损失，如爆炸品与机车、搭乘旅客的车辆实行隔离，爆炸品与放射性物品不准编入同一列车等。小运转列车的机车及调车机车均装有双层火星网，其运行途程较短，加之各路局条件差异很大，所以，在保证安全的前提下，小运转列车及调车作业隔离由铁路局规定。

为防止装载蜜蜂的车辆在列车中固挂运位置失当造成蜜蜂死亡，装蜜蜂的车辆不得与整车装运敌敌畏、1065、1059 等农药车（即标有△的车）编挂在同一列车内。如因车流不足、分别挂运有困难时，在本次列车运行全程内不发生列车折角转向的条件下，可编入同一列车内，但应将蜜蜂车挂在农药车前部，并隔离四辆以上。蜜蜂车与生石灰车编在同一列车内时至少应隔离两辆。

装载散装石灰、粉末沥青及恶臭货物（如氨水、碳氨、六六六、粪便、兽骨、湿的毛皮等）的敞、平车辆编入列车时，具体编挂位置由列车调度员指定。

二、货物列车中关门车的编挂

“关门车”是指关闭制动支管上的截断塞门，本身失去制动力的车辆。包括因装载货物要求，须停止制动作用的车辆，以及因自动制动机临时发生故障准许关闭截断塞门的车辆。但主要列检所所在站编组始发的列车中，不得有制动故障关门车。

为保证列车在施行制动时有足够的闸瓦压力，以确保列车在规定的制动距离内停车，列车中机车、车辆的自动制动机，均应加入全列车的制动系统。因装载货物规定须停止制动作用或运行中制动机临时发生故障不能修复时，允许编挂关门车。编挂关门车时，应满足《技规》规定的货物列车每百吨列车重量的最小闸瓦压力。每百吨列车重量的高摩合成闸瓦换算闸瓦压力不得低于 180 kN。货车装有高磷铸铁闸瓦时的换算闸瓦压力按相应高摩合成闸瓦换算闸瓦压力的 170% 计算。列车牵引计算和试验证明，满足上述条件，在制动主管压力达到规定标准时，列车在限制下坡道上遇紧急情况，施行紧急制动，能在 800 m 距离内停车。

编入列车的关门车数不超过现车总辆数的 6%（尾数不足一辆按四舍五入计算）时，可不计算每百吨列车重量的换算闸瓦压力，不填发制动效能证明书；超过 6% 时，按《技规》第 201 条规定计算闸瓦压力，并填发制动效能证明书交与司机。制动效能证明书在有列检所的车站，由列检负责计算和填写；无列检所时，由车站计算并填写。

为确保列车在紧急制动时能及时紧急制动，对关门车编挂位置也须严格限制：

① 关门车不得挂于机车后部三辆车之内；

② 列车中连续连挂关门车不得超过二辆；

③ 列车最后一辆不得为关门车；

④ 列车最后第二、三辆不得连续关门车。

机车后三辆之内编挂关门车，虽然能通风，但进行紧急制动时，由于风管路长，不能产生或延迟紧急制动作用，从而延长了制动距离，容易发生危险；当列车制动时，在列车尚未全部停轮前，各车辆间产生瞬间冲动、冲挤现象，关门车本身不制动，冲挤就比较激烈，如关门车连续连挂过多，就很可能因制动冲挤而造成脱轨、断钩、脱钩等事故，故连续连挂以二辆为限；列车最后一辆不能为关门车，是防止因车钩分离而造成车辆溜逸，产生严重后果；当尾部的车辆制动时，若最后第二、三辆是连续关门车，就可能因冲挤而出现尾部车辆脱轨；若列车最后加挂一辆没有制动作用的故障车时，列车最后第二、三辆又连续关门，这样就形成列车尾部四辆车中，只有一辆货车有制动作用，一旦在关门车处发生车钩分离，即不能保证尾部车辆自动停车，可能造成车辆溜走。

三、特殊车辆编挂的要求

1. 轨道起重机

因轨道起重机不起制动作用，车钩无缓冲装置，而且重心高、起重臂又有横向摆动，走行部分也不如货车，因此，回送时一律挂于列车中部或后部，以减少对列车运行的影响。

轨道起重机的回送限制速度见表 4－4，表 4－4 以外的按设计文件要求速度回送。

表 4－4　轨道起重机回送限制速度表

型　号	名　称	回送速度/($km \cdot h^{-1}$)
NS1601/NS1601GT	160 t 伸缩臂式内燃轨道起重机及吊臂平车	120
NS1602/NS1602GT	160 t 伸缩臂式内燃轨道起重机及吊臂平车	120
N1601/NS1601G	160 t 伸缩臂式内燃轨道起重机及吊臂平车	85
N1602/NS1602G	160 t 内燃轨道起重机及吊臂平车	85
NS1251/NS1252	125 t 伸缩臂式内燃轨道起重机及吊臂平车	120
NS1001/NS100G	100 t 伸缩臂式内燃轨道起重机及吊臂平车	80
N1002/N1002A	100 t 伸缩臂式内燃轨道起重机及吊臂平车	80
NS100GT	100 t 伸缩臂式内燃轨道起重机及吊臂平车	120
NS0631/NS0632	63 t 伸缩臂式内燃轨道起重机及吊臂平车	80
N0601/N0602	60 t 内燃轨道起重机	80

2. 机械冷藏车组

机械冷藏车组因有各种机械设备和管道，牢固性差，应尽量挂于列车中部或后部。

3. 尾部故障车的编挂

为解决中间站甩下的故障车能挂运到技术站及时修复，列车后部准许加挂，不适于连挂在列车中部，但走行部良好的车辆（指经车辆部门检查确定的牵引梁、中梁裂损，制动主管通风不良，一端车钩不能使用等故障车辆），经列车调度员准许，可挂于列车尾部。为保证安全，以一辆为限。如该车自动制动机不起作用，应由车辆人员采取不致脱钩的安全措施。

其他特种车辆，如装载超限货物的车辆、大型的凹型车和落下孔车、空客车及特种用途车（发电车、无线电车、轨道检查车、电务试验车、通信车）等，因挂运时任务不同，所以编挂的要求也不尽相同。遇有挂运时，应按铁道部货物运输规章规定或临时指示办理。

四、列尾装置的使用

列车尾部安全防护装置（简称列尾装置）是用于货物列车的重要行车安全设备。列尾装置由固定在机车司机室的司机控制盒和安装在列车尾部的列尾主机组成。

（一）列尾装置的作用

（1）使机车乘务员准确掌握列车尾部风压，确认列车完整；

（2）当列车主管因泄漏等原因风压不足时，可直接向司机报警；

（3）当车辆折角塞门被意外关闭时，司机可直接操纵列尾装置，使其强行排风，使列车制动停车；

（4）起到列车标志的作用，为接发列车人员确认列车完整提供依据。

（二）列尾装置的使用

为保证货物列车的运行安全，货物列车尾部必须挂列尾装置。小运转列车是否挂列尾装置，由铁路局根据列车运行距离长短等条件确定。

列尾主机使用前由列尾检测人员控制、司机控制盒在机车出库前由电务部门按列车无线调度通信设备的有关规定进行检测，合格后方可投入使用。

列尾主机的安装与摘解由车务人员负责；软管连接，有列检作业的列车，由列检人员负责；无列检人员作业的列车，由车务人员负责。特殊情况由铁路局规定。

列车在编组站、区段站始发前，由机务值班人员分阶段向车站值班员提供担当始发列车牵引任务的机车号码，并由车站值班员在规定的时间内将出发本务机车号码通知列尾作业人员。列尾作业人员将机车号码及其他有关信息填记于固定表册，将机车号码置入列尾主机；再次确认无误后，将列尾主机安装锁闭在待发列车尾部最后一辆车后端车钩。在其他站，机车乘务员根据车站值班员通知的列尾主机号码对其进行确认。

本务机车连挂车列后，机车乘务员必须通过司机控制盒查询本机车号是否已正确输入列尾主机。如发现错误，由有关人员重新检查处理。列车出发前，机车乘务员要通过列尾装置确认列车制动主管贯通和风压是否达到规定标准。发现异常，立即通知有关人员处理。列车在运行中，司机应按“机车操作规程”的要求查询列车尾部风压。发现因折角塞门关闭引起制动不正常时，机车乘务员除采取机车制动外，还要按司机控制盒操作列尾主机排风，并报告列车调度员，按调度通知或命令处理。

列车在运行中发现列尾装置故障不能使用或丢失时，要及时报告列车调度员，并在最近的前方站停车处理。车站助理值班员接发列车时要同时注意列尾主机状况，若发现列尾主机有异状，可能危及行车安全时，要及时通知机车乘务员并进行处理。列尾装置正常使用时，机车乘务员负责列车的完整。

在中间站保留、终到的列车，车站值班员要指派人员及时从列车尾部摘下列尾主机，断开电源，妥善保管，并做好继续使用的准备工作，或按规定回送指定站。不更换本务机车的中转列车，如不更换列尾主机，继乘的机车乘务员须对列尾主机进行确认。

第五节 旅客列车中车辆的编挂

一、对编入旅客列车车辆的要求

（一）编入特快旅客列车的车辆最高运行速度等级必须符合该列车规定的速度要求

由于构造速度超过 120 km/h 的客车，装有电控制动机、盘形制动装置和防滑器，以及空气弹簧等设备，为确保特快旅客列车运行中的安全，不符合上述构造速度要求的客车，不准编入特快旅客列车。

（二）超过定期检修期限的车辆，禁止编入旅客列车

车辆超过了定期检修期限，其各部技术状态将会发生变化，如结构松弛，零部件裂纹、变形，轴箱内油脂变质和制动作用不良，以及可能产生的在外部不易发现的隐患等，直接威胁旅客人身安全和行车安全。为满足输送旅客需要，尽快地修复客车，对于经过车辆部门鉴定，送厂、段施修的客车，可不受上述限制。超过检修周期的动车组严禁上线运行。

（三）装载危险、恶臭货物的车辆，禁止编入旅客列车

危险货物，是指具有易燃、易爆、腐蚀、毒害、放射等性质的货物；恶臭货物，一般是指污秽品，如粪便、兽骨、湿毛皮、鱼介类和动物的内脏等。装有这些货物的车辆挂在旅客列车上，将会直接威胁旅客的生命和财产安全，有碍于旅客的舒适和身体健康。因此，装载危险、恶臭货物的车辆，禁止编入旅客列车。

二、旅客列车的编组

旅客列车是以客车（包括代用客车）编组的为运送旅客及行李、包裹、邮件的列车，其编组内容主要有软卧车、硬卧车、餐车、软座车、硬座车、行李车、邮政车和发电车等。旅客列车应按旅客列车编组表编组，最后一辆车的后端应有压力表、紧急制动阀和运转车长乘务室。

为进一步保证旅客的安全，加大旅客列车安全系数，机车后第一位应编挂一辆未搭乘旅客的车辆作为隔离车。行李车、邮政车、发电车等非乘坐旅客的车辆应分别挂于机车后第一位和列车尾部，起隔离作用。在装有集中联锁的区段、并设有列车运行监控记录装置或列车超速防护系统时，旅客列车可不挂隔离车。如隔离车在途中发生故障摘下时，可无隔离车继续运行。局管内旅客列车经铁路局长批准，可不隔离。

旅客列车中乘坐旅客的车辆，与机车、货车相连接的客车端门及编挂在列车尾部的客车后端门须加锁。

单列动车组编组固定，无隔离车，运用状态下不得拆解。目前我国动车组每列为 8 辆，CRH1 为 5 动 3 拖。CRH2 为 4 动 4 拖。CRH3 为 4 动 4 拖。CRH5 为 5 动 3 拖。两组同型号动车组可重联运行。动车组设备故障不能继续运行时，不得拆解、甩车。

动车组禁止加挂各型机车车辆；动车组禁止与其他列车混编。

三、旅客列车中临时关门车辆的处理

为保证旅客列车有足够的制动能力，旅客列车始发站不准编挂关门车。在运行途中如遇自动制动机临时发生故障，在停车时间内不能修复时，准许关闭一辆，但列车最后一辆不得为关门车。关门车不准挂在最后，主要是为了防止列车一旦在关门车处发生分离时，该关门车不能自动停车，以致溜走；而且运转车长一般情况下应在最后一辆车值乘，遇有紧急情况使用紧急制动阀时，会延误制动时机，严重威胁旅客列车的安全。

四、旅客列车加挂货车的限制

由于旅客列车运行速度高、牵引重量小，而货车最高速度较客车低，若在旅客列车中加挂货车，势必会降低旅客列车的运行速度。另外，机车的功率是一个定值，加挂货车后增加

了旅客列车的重量，若不甩客车则会影响列车速度，若甩客车以保证速度却又会影响旅客运输。再者，客车是双闸瓦，制动力大，货车是单闸瓦，制动力小，旅客列车中编入了货车，会使全列车制动力减弱，延长制动距离，并且引起冲撞。

综上所述，为保证旅客列车的安全、正点，特快旅客列车不准编挂货车，其他旅客列车原则上也不准编挂货车。

在特殊情况下，如装运抢险、救急、救灾、鲜活易腐等物资车辆，必须由旅客列车挂运时，局管内旅客列车应经铁路局准许，跨局的旅客列车经铁道部准许，方可加挂。虽在局管内甩挂，而挂运于跨局旅客列车的货车，也应经铁道部准许。因为一旦发生列车晚点或特殊情况，将影响其他铁路局。

旅客列车上加挂的货车，必须挂于列车后部，辆数不得超过两辆，并且加挂货车的技术状态和最高运行速度，符合该列车规定速度要求。

五、动车组回送

（1）动车组回送按旅客列车办理，原则上采用自走行方式。无动力回送时可根据《回送技术条件》加挂回送过渡车，使用客运机车牵引。动车组可两列重联回送。

（2）动车组回送运行时，须安排动车组司机及随车机械师值乘。自走行回送时，非担当区段应指派带道司机。

（3）动车组回送不进行客列检作业。动车组（回送过渡车）与本务机车车钩摘解软管摘接按《技规》有关规定办理。过渡车钩、专用风管和电气连接线的连接和分解由随车机械师负责，动车组司机配合。

（4）动车组安装过渡车钩回送时，限速 120 km/h 运行，尽可能避免实施紧急制动。发生紧急制动后，本务司机必须通知随车机械师，经随车机械师检查过渡车钩状态良好后方可继续运行。

（5）动车组回送时，列车调度员应根据有关动车段（动车运用所）提出的限速、回送方式（有、无动力）、可否折角运行等注意事项，发布有关调度命令。

第六节　列车中机车的编挂及单机挂车

一、工作机车的编挂

担任牵引列车的机车为工作机车，包括本务机车及补助机车（简称补机）。

为保证工作机车的司机瞭望信号、各种标志和线路状况，保证行车安全，充分发挥机车最大牵引效能，工作机车应挂于列车头部并正向运行。

牵引小运转、路用、救援列车的机车，行程短速度低，可逆向运行。某些区段列车，若始发、终到站无转向设备，也可逆向运行。

为增加全区段牵引重量，提高区段通过能力或适应全线牵引定数，可使用双机或多机牵引列车。双机牵引时，两台机车应重联挂于列车头部，由第一位机车担当本务机车职务，第二位机车按第一位机车要求进行操纵。

为不减少全区段的牵引重量，列车在困难区间，可加挂补机。补机原则上应挂于本务机车的前位或次位，便于联系、配合，防止发生挤坏车辆或拉断车钩。对于在中间站摘下的补机，为便于作业，补机最好挂于本务机前面，此时由补机执行本务机车的职务。在特殊区段，如受桥梁负重的影响等，或补机需中途返回时，经铁路局批准，补机可挂于列车后部，但需接通风管。若后部补机中途折返时不接风管，为避免区间行车摘管造成列车启动困难或降低通过能力，由铁路局制订保证安全的办法。

二、回送机车的编挂

因配属、局间调拨或入厂、段检修，以及检修完毕后返回本段等原因，产生了机车回送问题。

铁路局所属的机车跨牵引区段回送时，原则上应有动力附挂货物列车。(电力机车经非电气化区段回送时除外)，杂小型及状态不良的可随货物列车无动力回送。回送机车应挂于本务机车次位。

回送机车在所担当的区段外单机运行时，由于乘务员不熟悉线路及设备情况，应派线路指导人员添乘带道。

旅客列车遇特殊情况须附挂跨铁路局的回送机车时，按铁道部命令办理。

20‰及其以上坡道的区段，禁止办理机车专列回送。

回送机车时还需考虑桥梁承载能力的限制及有火机车与装载易燃、危险货物车辆的隔离，须隔离回送时，其连挂台数、隔离限制，由铁路局规定。

三、单机挂车

单机，是指未挂车辆在区间线路上运行的机车。由于上下行方向列车数量不同等原因，会产生单机运行。掌握机车运用的调度人员，为利用机车动力，准许顺路机车连挂车辆，即单机挂车。

单机挂车要考虑单机运转时分，燃料消耗及机车运用情况等因素，在区段内作业不宜过多。在机车牵引区段的线路坡度不超过12‰时，以10辆为限；超过12‰的区段，由铁路局规定。

单机挂车应按下列规定办理：

(1) 所挂车辆的自动制动机作用必须良好，发车前列车（无列检时由车站发车人员）按规定进行制动试验；

(2) 连挂前由车站彻底检查货物装载状态，并将编组顺序表和货运单据交与司机；

(3) 在区间被迫停车后的防护工作由机车乘务组负责，开车前应确认附挂辆数和通风状态是否良好；

(4) 列车调度员应严格掌握，不得影响机车固定交路和乘务员劳动时间；

(5) 不准挂装载爆炸品、超限货物的车辆；

(6) 单机挂车时，可不挂列尾装置。

能力训练

1. 要求：确定A站编组的列车是否违编。

已知：(1) A 站在路网上的示意图如下：

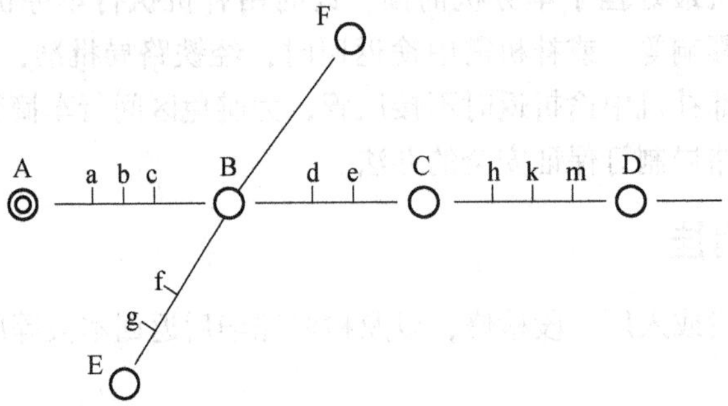

(2) A 站列车编组计划如下：

A 站列车编组计划

序 号	发 站	到 站	编组内容	列车种类	备 注
1	A	C	C 及其以远	直通列车	
2	A	B	B 及其以远	区段列车	
3	A	B	a～c 间	摘挂列车	按站顺编组
4	A	E	(1) E 及其以远；(2) 空敞车	直通列车	
5	A	F	F 及其以远	直通列车	

(3) A 站实际列车编组如下：

发 站	到 站	列车车次	列车实际编组顺序（由首到尾）	是否违编及原因
A	C	21035	h/10 C/20 k/5 e/5	
A	B	31003	B/20 F/6 d/5 h/7 e/5	
A	B	43689	a/6 c/8 b/5	
A	E	21987	E/40 空/C10	
A	F	23627	F/40 f/6	

2. 已知：(1) 区段牵引重量规定为 3 300 t，计长 70.0；

(2) 技术站始发 34052 次，现车 55 辆，总重 3 387 t，计长 66.1；

(3) 34052 次列车编组如下图所示。

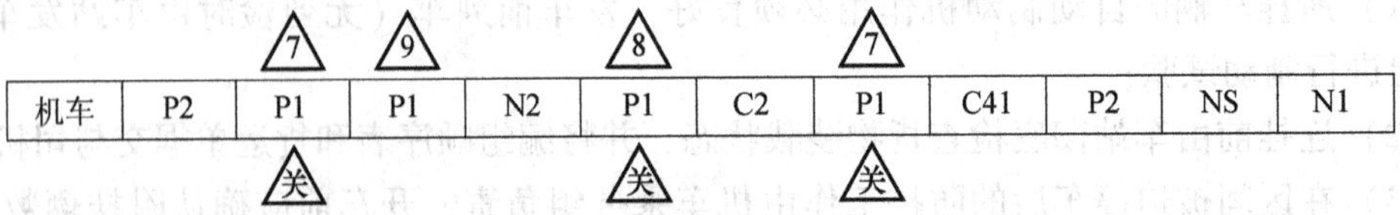

要求：(1) 指出 34052 次列车编组中的错误。

(2) 原列车车辆全部挂走，写出改正后的 34052 次编组。

(3) 指出开行按要求 (2) 改正后的 34052 次列车，需要什么手续？

应知应会

一、填空题

1. 编组列车时，货物列车牵引重量允许上下波动________t 及以内，计长允许欠

________及以下。

2. 客车倾斜超过________ mm 者，货车超过________ mm 者禁止编入列车。

3. 开行超重列车时在编组站、区段站应商得机务（或折返）段________的同意；在中间站应得到________的同意。

二、判断题

1. 编组列车必须符合列车编组计划关于机车、车辆编入列车的技术条件，隔离和编挂限制，关门车编挂数量和位置要求，以及单机挂车等规定。(　　)

2. 列车中最后第一、第二辆车不得连续编挂关门车。(　　)

3. 货物列车（包括小运转列车）尾部须挂列尾装置。(　　)

4. 列车长度应根据运行区段内各站到发线的有效长来确定。(　　)

5. 没有调度命令的超限车，禁止挂运。(　　)

三、选择题

1. 凡违反车流径路，将车辆编入异方向列车时，属于违反（　　）。

A. 车流组织计划　B. 日班计划　C. 列车编组计划　D. 阶段计划

2. 为保证列车运行安全，(　　) 的车辆禁止编入货物列车。

A. 装有易燃货物　B. 装有恶臭货物　C. 装有液化气　D. 插有扣修倒装色票

3. 特殊情况下，普通旅客列车必须加挂货车时，须经上级调度部门准许，方可在列车后部加挂，但不得超过（　　）

A. 1 辆　B. 2 辆　C. 3 辆　D. 4 辆

4. 在列车中关门车连续编挂不得超过（　　）

A. 1 辆　B. 2 辆　C. 3 辆　D. 4 辆

5. 编入列车中的关门车数，超过现车总数的（　　）时，应按规定计算闸瓦压力，并填制动效能证明书交与司机。

A. 5‰　B. 3‰　C. 8‰　D. 6‰

6. (　　) 不受欠重或欠长的限制。

A. 区段列车　B. 直通列车　C. 摘挂列车　D. 直达列车

7. 货物列车重量、长度均未达到运行图规定标准，连续运行距离超过机车乘务区段（　　）时，应按欠重列车办理。

A. 1/3　B. 1/2　C. 1/4　D. 1/5

三、简答题

1. 违反列车编组计划的规定有哪些？

2. 哪些车辆禁止编入列车？

3. 关门车编入列车时，编挂数量和位置是如何规定的？

4. 列尾装置的作用是什么？

第五章

技术站的技术作业过程

[能力目标]

能够正确的编制列车编组顺序表。

[知识目标]

1. 技术站货物列车的作业种类及技术作业过程；
2. 列车编组顺序表的填记方法；
3. 货车在站技术作业分类及技术作业过程。

[素质目标]

培养学生认真、细致的工作作风及刻苦钻研、精益求精的精神。

第一节　技术站的货物列车技术作业

车站的生产活动包括客运作业、货运作业和行车技术作业。

客运作业：办理客票的发售，旅客的乘降，旅客的文化和生活服务，行李和包裹的承运、装卸、中转、保管与交付等。

货运作业：办理货物的承运、装车、卸车、保管与交付，零担货物的中转，货运票据的编制与处理等。

行车技术作业：办理列车的接发作业，到达技术作业和出发技术作业，列车的解体和编组作业，车辆摘挂和取送作业等。

车站行车技术作业内容随车站类型而不同。

中间站办理的技术作业主要是接发列车作业，摘挂列车的调车作业和车辆的取送作业，少数车站也办理始发列车和终到列车的编解作业。

技术站办理的技术作业取决于列车和车流种类。经过技术站 C 的列车和车流种类如

图 5－1 所示：

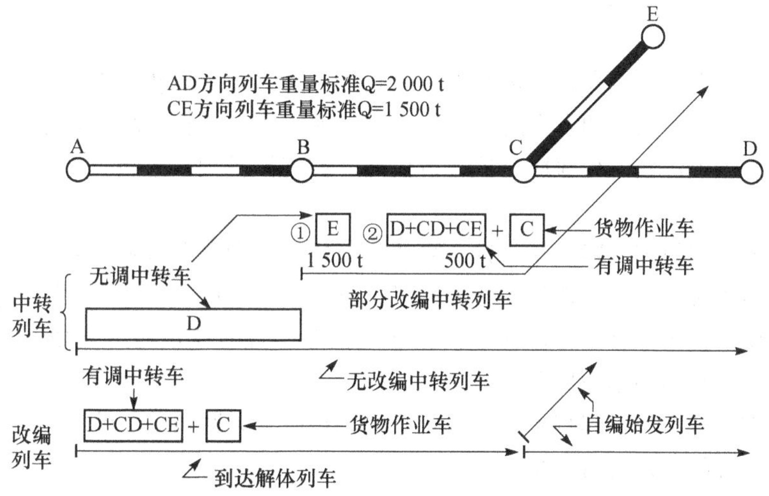

图 5－1　列车技术作业种类

货物列车在始发站、终到站、运行途经技术站的到发线上及摘挂列车在中间站办理的各项作业，统称为货物列车技术作业。

一、技术站办理的货物列车种类及作业内容

（一）技术站办理的货物列车种类

（1）无改编中转列车：在该技术站不进行改编作业，而只在到发场进行到发技术作业后继续运行的列车。

（2）部分改编中转列车：在该技术站进行变更列车重量、变更运行方向和换挂车组等调车作业的列车。

（3）到达解体列车：在该技术站全部列车需进行解体的列车。

（4）自编始发列车：在该技术站编成并出发的列车。

如图 5－2 所示：

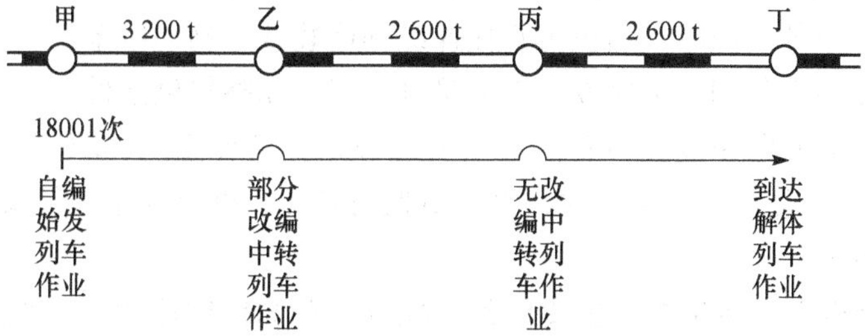

图 5－2　技术站办理的货物列车种类

（二）技术站办理的货物列车作业内容

列车到达技术站或列车编组完毕以后，在技术站的到达场、出发场或到发场上要对列车进行一系列的技术作业。虽然各种列车所办理的作业内容和要求不完全相同，但一般包括下

列技术作业内容：

1. 车辆的技术检查和修理

（1）原因

由于列车重量大、速度高，在运行中所受到的冲击力大，车辆的各组成部分可能会发生磨损、毁坏或丢失，对列车的安全运行造成影响，因此经过一段长距离运行后，需要进行技术检查和修理。这项作业由列检所的检车员根据《技规》的要求进行。

（2）要求

检车员应提前到规定线路接车，检查列车走行情况；负责列车机车的摘挂和试风工作。检查前要在车列两端插上防护信号，然后分段检查车辆的走行部、车钩及制动装置。

应尽量采用不摘车检修的方法作业，如必须摘车修理时应填写“车辆检修通知单”并正确使用色票，及时通知车站甩车。

发现因货物装载不当引起技术状态不正常的车辆应及时通知车站处理；对车辆自动制动机空重位置不符合的车辆进行调整。

2. 车辆的货运检查及整理

（1）原因

车辆经过长时间的运行或调车作业后，货物装载、加固状态可能发生变化，需要进行装载状态检查和整理。这项作业由车站的货运检查员负责。

（2）要求

在列车到达前，货运检查员要在列车尾部停车地点接车，利用列车进站走行中观察货物装载状况。列车停妥后，货运检查员检查的主要内容如下：

从车列两侧检查敞、平车上的货物装载和篷布苫盖情况；棚车的铅封、车体、车门、车窗等有无异常状态；罐车有无渗漏，顶盖是否关好；超限货物的装载状态是否符合挂运电报和记录内容。

发现异状应及时处理，不能立即恢复时应按规定编写货运记录并通知车站甩车。

3. 换挂列尾装置

列尾装置由机车控制盒和主机两部分组成，其作用如下：

（1）使机车乘务员准确掌握列车尾部风压，确认列车完整；

（2）列车主管因泄漏等原因风压不足时，可直接向司机报警；

（3）折角塞门意外关闭时，司机可直接操纵列尾装置，制动停车；

（4）可起列车标志作用，为接发列车人员确认列车完整提供条件。

换挂列尾装置由列尾作业员负责。其主要任务是：换挂主机，填写“列尾装置使用登记表”，建立机车和列尾的一一对应关系并认真监听核对，确保列车运行安全。

4. 检查核对现车

该项工作由外勤车号员负责，主要任务是检查列车编组顺序表（运统1）、货运单据和现车是否“三相符”。发现无改编中转、部分改编中转和到达解体列车出现问题应及时报告站调并做好记录，通知发车站。发现自编始发列车出现问题应及时判明情况并通知站调重新进行调车作业，确保出发列车的质量。

5. 车列与票据交接

车号员根据“运统1”核对现车和票据无误后，按规定将票据装入票据袋并用封条封好，连同一份“运统1”与机车乘务员当面办理签字交接。办理到达列车时机车乘务员要确认列车完整，并将加封的票据袋交付到站的车号人员，发现不相符的情况应立即通知有关车站处理。

6. 准备发车及发车

列车及票据交接后，车站助理值班员将列车的有关情况通知司机，按规定简略试风，确认具备发车条件后，直接向司机显示发车信号。司机在确认发车条件具备后，根据信号的显示启动列车。

此外，不同种类的列车还需办理其他一些必要的技术作业。

二、技术站货物列车技术作业过程

技术站的货物列车技术作业是在到发场完成的，由车站值班员负责组织指挥。要求提前做好准备，加强与有关工种的协同配合，组织流水作业，避免作业中断，压缩各种等待时间，最大限度地组织平行作业，以减少作业延续时间，提高作业效率。

各种货物列车的技术作业过程如下：

1. 无改编中转列车技术作业过程

无改编中转作业实际是将到达作业与出发作业结合起来进行（见表5－1）。可以看出，无改编中转列车技术作业总时间主要受车辆技术检修作业时间控制。因此为了压缩作业时间，应加强检修预报，充分利用自动轴温检测仪等先进设备，组织检车人员提前到场。

表5－1　无改编中转列车技术作业过程

顺序	作业项目	时间/min				
		0	10	20	30	40
1	检车员、车号员、货运检查员、列尾作业员等出动					
2	车辆技术检修作业（包括摘挂机车及试风）					
3	列尾作业员技术作业					
4	车号员检查现车					
5	货运检查					
6	有关人员与到达、出发司机办理运统1货运票据交接					
7	准备发车与发车					
	作业总时分					

2. 部分改编中转列车技术作业过程

部分改编中转列车除需办理与无改编中转列车相同的各项作业外（见表5－2），还要按下列不同情况进行一定的调车作业：

（1）变更列车重量时，需进行减轴或补轴的调车作业；

（2）换挂车组时，需进行摘车和挂车的调车作业；

（3）变更列车运行方向时，需进行变更列车机车和列尾装置位置的调车作业，如车次改变，还应重新建立列尾主机与机车控制盒的一一对应关系。

表 5－2 部分改编中转列车技术作业过程

顺序	作业项目	时间/min				
		0	10	20	30	40
1	检车员、车号员、货动检查员、列尾作业员等出动					
2	车辆技术检修作业（包括试风、摘机车）					
3	列尾作业员技术作业					
4	车号员核对现车					
5	货运检查					
6	摘挂车辆					
7	有关人员与到达、出发司机办理运统1和货运票据交接					
8	准备发车和发车					
	作业总时分					

可以看出，决定部分改编中转列车技术作业时间的主要因素是车辆技术检修作业和调车作业时间。因此为了压缩作业时间，车站应根据列车到达确报，提前准备并检修好需加挂的车组，并调移至靠近列车到达线的线路上，以便列车技术检修后立即进行调车作业；还可对减轴、需摘下的车组进行先摘后检作业，集中力量检修基本车组。

3. 到达解体列车技术作业过程

可以看出，加速到达解体列车技术作业的关键还是压缩车辆技术检修作业时间，同时做好解体的准备工作（排风、摘管），见表 5－3。因此除了应加强检修预报、充分利用自动轴温检测仪等先进设备，组织检车人员提前到外，车站值班员还应加强与站调的联系，制订合理的阶段计划，保证列车作业完毕后及时转线解体。

表 5－3 到达解体列车技术作业过程

顺序	作业项目	时间/min				
		0	10	20	30	40
1	检车员、车号员、货运检查员、列尾作业员等出动					
2	车辆技术检修作业（包括拭风、摘机车）					
3	列尾作业员技术作业					
4	车号员核对现车					
5	货运检查					
6	有关人员与到达司机办理运统1和货运票据交接					
7	准备解体					
	作业总时分					

4. 自编始发列车技术作业过程

自编始发列车技术作业是列车在站作业的最后一道工序，对于保证列车质量与运行安全具有重要意义。为减少列车在出发场的停留时间，要求有关人员提前做好准备并及时核对现车、交接票据（见表 5－4）。车站值班员还应加强与机务段联系，督促机车按时出段。

表 5－4 自编始发列车技术作业过程

顺序	作业项目	时间/min 0	10	20	30	40
1	检车员、车号员、货运检查员、列尾作业员等出动					
2	车辆技术检修作业（包括挂机及试风）					
3	列尾作业员技术作业					
4	车号员核对现车					
5	货运检查					
6	有关人员与出发司机办理运统1货运票据交接					
7	准备发车与发车					
	作业总时分					

三、列车编组顺序表

（一）列车编组顺序表的作用

列车编组顺序表（运统 1）是记载列车组成情况，作为车站与机车乘务员间、铁路局间交接车辆的依据，是编制车站作业计划、进行运输统计工作的原始资料。因此，凡由车站始发的一切列车（包括挂有车辆的单机、轨道车附挂路用车），均应由车号人员根据《铁路货车统计规则》的有关规定，按列车组成的实际组成情况，正确、及时地编制列车编组顺序表（表 5－5）。

表 5－5 列车编组顺序表

顺序	车种	罐车油种	车号	自重	换长	载重	到站	货物名称	发站	篷布	收受人或卸线	记事
1	C_{62}		4135545	21	1.2		A	空				
2	P_{63}		3303495	24	1.5		B	空				
3	P_{64}		3419201	24	1.5	40	C	整零	甲			F
4	P_{60}		3067489	23	1.5	60	D	化肥	乙			F 关
5	P_{61}		3067779	23	1.5	25	/	农药	甲			F △2
6	G_{60}	Q	6224954	21	1.1	55	H	煤油	/			
7	P_{62}		3129478	24	1.5		丙	空				
8	/		3229498	24	1.5		/	/				
9	X_{6B}		5256348	22.4	1.5	30	/	五重 6	乙			
10	N_6		5002356	20	1.3	⌒	/	汽车	甲			
11	N_6		5003479	20	1.3	55	/	/	甲			
12	N_{12}		5005469	20	1.2	⌣	/	/	/			
13	G_{60}	Q	6225741	21	1.1		/	租用				X 厂租用
14	G_{50}	/	0000352	22	1.1		/	自备				B 厂自备
15	C_{62A}		4556189	22	1.2	20	/	谷草	K	2		△6

自编组站出发及在途中摘挂后列车编组

站名	客车 合计	客车 其中 原编组客车	担当局	加挂客车	担当局	货车 重车	空车	非运用车	其中代客	守车	其他	合计	自重	载重	总重	换长	铁路篷布合计
部						9	4	1				14					
企							1										
乙						9	5	1				15	331	285	616	20.0	2

（二）列车编组顺序表的填记方法

1. 表头部分

（1）编组站名：填记列车始发站名。如列车在分界站或运行途中的编组站、区段站更换本表时，仍按原列车始发站名填记。解体站名为本列车的计划终到站。

（2）年、月、日、时、分：按日历填记列车计划发车的时间。

（3）列车车次：填记调度计划开行的车次。

（4）自首尾：列车编组顺序表中车辆的填记顺序，如自列车机后开始填记时，应将“尾”字抹消。如自列车尾部开始填记时，应将“首”字抹消。

（5）制表者、检查者：必须有签字（代号）或盖章。

2. 编组内容部分

（1）车种栏：填记货车基本记号及辅助记号（车种、车型）。

（2）罐车油种栏：根据罐车车体标记，以简字填记。轻油填“Q”，黏油填“L”。车体上的油种涂有代用字样时，按所代用的油种填记。

（3）车号栏：根据车体上的大号码填记。如发现双号码时，以车底架侧梁号码为准。

（4）自重及换长栏：根据《技规》中“机车车辆重量及长度表”的规定计算（可不填记），无规定时在本栏填记车体标记的自重及换长。

（5）载重栏：根据货票填记货物的实际重量（无实际重量按计费重量）填记。一票多车只有合计载重吨数时，用上下括号表示。本栏的载重量按辆以吨为单位填记，吨以下四舍五入。

（6）到站栏：按货票或其他货运票据填记重车的到达站名。多站整装零担车及整车分卸，应分别填记第一及最终到达站站名；水陆联运货票，按到达第一个水路口岸站填记；其他有指定到站的车辆（包括空车）亦在此栏填记指定到站名；整列排空空车和其他无指定到站的排空空车，填记列车终到站名。

（7）货物名称栏：按货票记载的货物名称填记。

（8）发站栏：按货票填记重车始发站名。

（9）篷布栏：按货票和“特殊货车及运送用具回送清单”填记铁路篷布张数。

（10）收货人或卸线栏：按铁路局规定填记。

（11）记事栏：除填记下列事项外，其余按铁路局的规定填记。

①装载危险、易燃货物的车辆，按《危险货物运输规则》的规定填记隔离记号；

②外国车辆填记国名；企业自备和企业租用车辆，填记企业简称；军方自备车填记“军方自备”字样。

3. 自编组站出发及在途中站摘挂后列车编组部分（结算部分）

（1）站名栏：自编始发列车填记始发站名；列车在分界站或在运行途中的区段站更换本表时，填记更换站名。

（2）客车栏：填记客车（包括简易客车）的辆数。

（3）货车栏：分部属货车、企业自备车、合计三行填记。其重、空车为运用车的重、空车辆数；非运用车为检修、代客、路用、企业自备及租用空车、军方特殊用途空车等非运用车的合计辆数。“其中代客”为篷车代用客车辆数。

（4）其他栏：填记不属于客、货车范围的机械车辆、架桥机、起重机及无动力机车等的合计辆数。

（5）合计栏：填记列车编组总辆数（不包括本务机车、重联机车、补机及有动力附挂机车等）。

（6）自重栏：填记全列车（包括无动力机车）加总后的自重吨数（吨以下四舍五入）。

（7）载重栏：填记编组内容部分表内载重栏加总后的吨数。

（8）总重栏：填记本结算部分自重栏及载重栏的总吨数。

（9）换长栏：填记全列车（包括无动力机车）加总后的换长。

（10）铁路篷布合计栏：填记铁路篷布总张数。

4. 运统1的处理

（1）车号员编制本表后，应与现车进行核对；

（2）列车出发前，司机向车站领取本表，并与现车进行核对，发现不符时，应要求车站更正；

（3）列车在中间站摘挂车辆时，司机将摘下车辆记载抹销，将加挂车辆有关事项记入空白行内，并在各车辆的记事栏内注明摘挂车辆站名以及填记摘挂后列车编组情况各栏；

（4）列车到达后，司机应将本表移交车站，由车号员将其与现车核对，发现不符时应要求司机更正。

列车编组顺序表填写的份数，各铁路局、各车站根据需要而定，一般为一式二份。一份留存，一份交司机带到下一技术站、终到站。对经由铁路局分界站交出的列车，需增添一份由司机负责交分界站统计人员。

正确、及时地编制列车编组顺序表是车号人员最重要的任务之一。表内各栏，必须填写正确、清楚、齐全。不使用同音字、非规定的简化字，字迹不清或有涂改时，应在记事栏内注明。

第二节 技术站的货车技术作业

一、技术站办理的货车种类及作业内容

（一）技术站办理的货车种类

1. 中转车

（1）无调中转车：随无改编中转列车或部分改编中转列车到达，在该站进行到发技术作业后，又随原列车继续运行的货车。

（2）有调中转车：随到达解体列车或部分改编中转列车到达，在该技术站经过一系列改编作业后，再随自编始发列车或另一列部分改编中转列车继续运行的货车。

2. 货物作业车

货物作业车是指随到达解体列车或部分改编中转列车到达，在车站进行货物作业（卸车、装车或倒装）的货车，也叫本站作业车。按其在车站完成装卸作业的次数，可分为一次货物作业车和双重货物作业车。

【编组站主要办理改编列车和有调中转车作业，区段站主要办理中转列车和无调中转车

作业，铁路网上绝大多数车站都办理货物作业车的作业。】

（二）技术站办理的货车作业内容

不同种类的货车，在技术站办理的技术作业内容各不相同，概括起来有以下几种：

（1）到达作业：在到达场上对各种到达本站的列车所进行的技术作业。

（2）解体作业：在驼峰或牵出线上将到达解体列车或车组按车辆的到达地点分解到调车场各固定线路内的调车作业。

（3）集结过程：被分解到调车线上的货车，按列车到达站聚集成列的过程。

（4）编组作业：在牵出线上将集结的货车按列车编组计划、列车运行图和《技规》的要求，选编成车列或车组所进行的调车作业。

（5）出发作业：在出发场上对各种由本站出发的列车所进行的技术作业。

（6）取送作业：将货物作业车送往指定地点进行装卸作业，并在作业后将货车送回调车场的调车作业。

（7）调移作业：将货物作业车从一个作业地点送往另一个作业地点的调车作业。

（8）装卸作业：在货物作业地点进行的装车或卸车作业。

二、货车技术作业过程

技术站对各种货车要分别办理不同的技术作业，这些作业要按照一定的程序进行，这就是所谓的车站技术作业过程。

（1）无调中转车技术作业过程：到达、出发（结合进行）。

无调中转车系随中转列车到达车站，并随原列车出发，因此它的技术作业过程也就是中转列车的技术作业过程。无调中转车技术作业通常在到发场上办理。

（2）有调中转车技术作业过程：到达、解体、集结、编组、出发（见图5－3）。

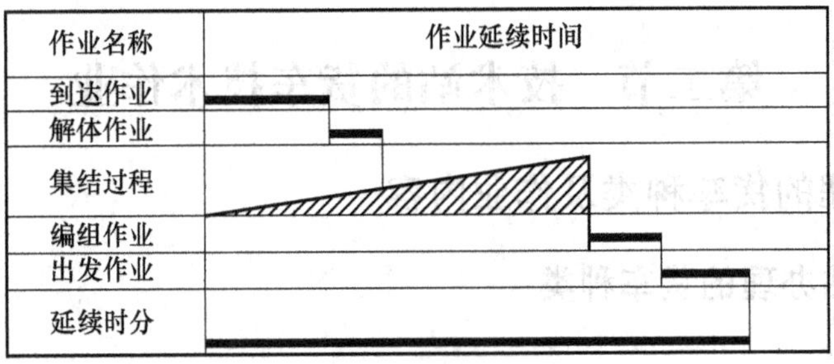

图5－3　有调中转车技术作业过程

由于车站的车场配置不同，有调中转车在站内的走行径路也不尽相同。

① 横列式车站：有调中转车在站内产生大量的折返走行，增加了货车在站停留时间（图5－4）。

② 单向纵列式车站：除反驼峰方向的车流和折角车流外，有调中转车在站内可以顺向走行，从而保证其各项作业的流水性和最短的走行径路（图5－5）。

③ 双向纵列式车站：折角车流在站内形成场间交换车，解体以后需要转场重复改编。额外增加了转场前集结、转场和转场后解体等三项作业（图5－6）。

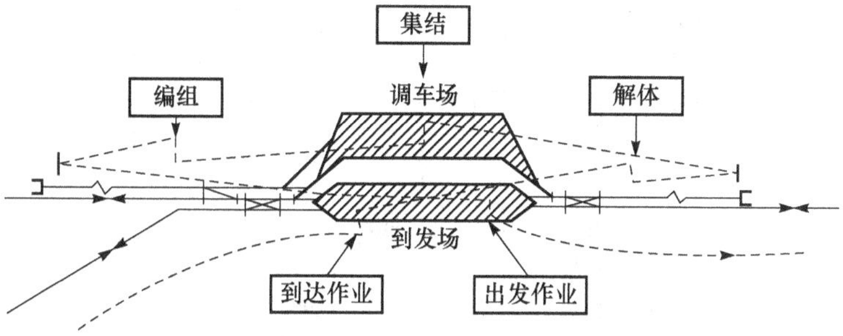

图 5－4　横列式车站有调中转车走行径路图

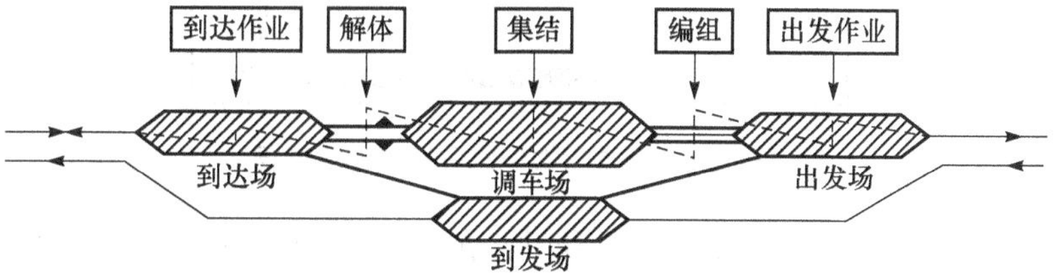

图 5－5　单向纵列式车站有调中转车走行径路图

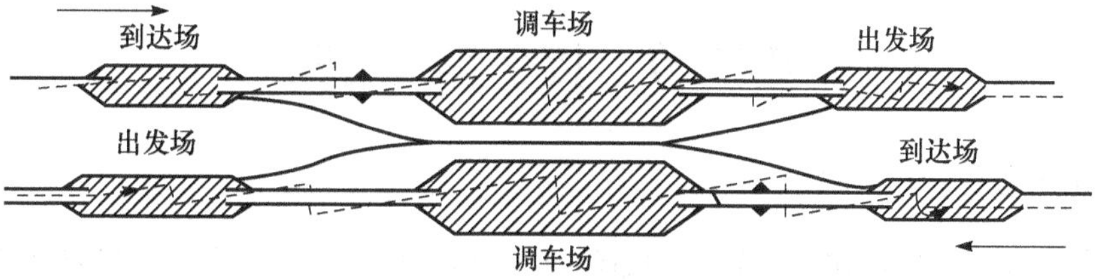

图 5－6　双向纵列式车站有调中转车走行径路图

（3）一次货物作业车技术作业过程：到达、解体、待送、送车、装车或卸车、取车、集结、编组、出发（图 5－7）。

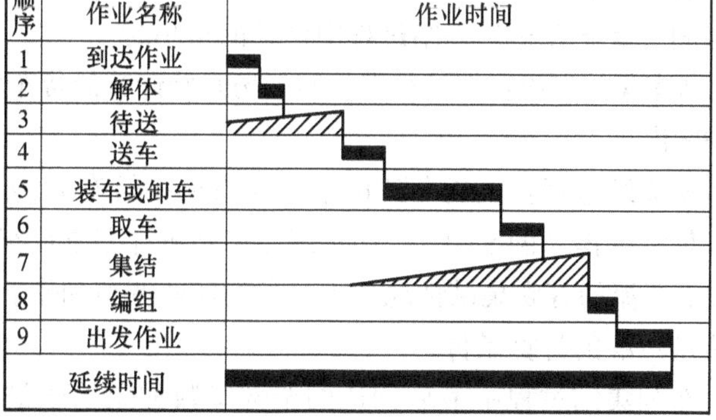

图 5－7　一次货物作业车技术作业过程

（4）双重货物作业车技术作业过程：到达、解体、待送、送车、卸车、调移、装车、取车、集结、编组、出发（图 5－8）。

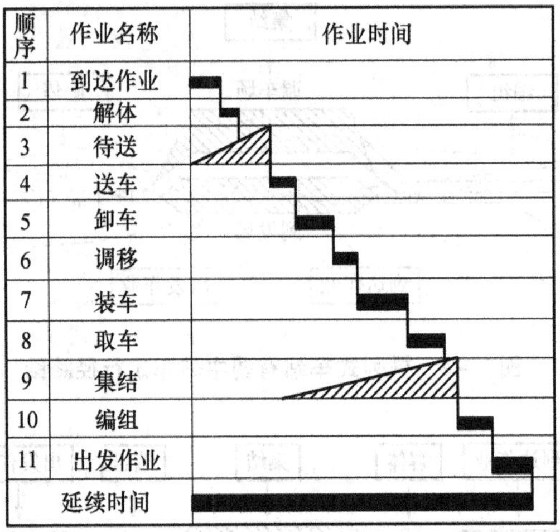

图 5-8 双重货物作业车技术作业过程

车站在完成列车和货车的技术作业过程时，在保证安全生产的前提下，必须最大限度地使各项作业保持流水性、节奏性和不间断性，缩短列车和货车在站停留时间。尤其是要尽量避免和压缩各种非生产时间。

第三节 货车集结过程

一、基本概念

（1）货车集结过程：在技术站上为编组某一到达站（去向）的出发车列（或车组），由于在重量或长度上有一定要求，因而使陆续进入调车场的货车有先到等待后到凑集满重或满长的过程。

（2）货车集结时间：货车在货车集结过程中消耗的车小时。

（3）车列集结过程：从组成某一到达站出发车列的第一组货车进入调车场之时起，至组成该车列的最后一组货车进入调车场之时止的过程。

（4）车列集结时间：货车在车列集结过程中消耗的车小时。

（5）按调车场的货车集结过程：按货车进入调车场开始计算的货车集结过程（图 5-9）。编制车站阶段计划时采用。

（6）按车流的货车集结过程：按货车到达车站（有调中转车）或装卸完毕（货物作业车）开始计算的货车集结过程（图 5-9）。用于编制车站班计划推算车流及查定车站技术作业标准，它反映车站上车流的客观集结情况，不受车站作业调整和作业进度的影响。

（7）两种货车集结过程的计算条件。

（8）集结中断：车列集结过程中最后到达的全部车数如果等于最后车组的车数，将形成集结中断。否则剩余车组，即成为集结下一个车列的第一车组，集结无中断。

摘挂列车和小运转列车一般不满轴运行，因此这些列车车列的集结过程不能以满重或满长为标准来结束，可采取规定时间的方法确定结束集结过程的时刻。

货车集结是技术站货车技术作业过程中一项既不可缺少又属于停留等待的特殊组成部

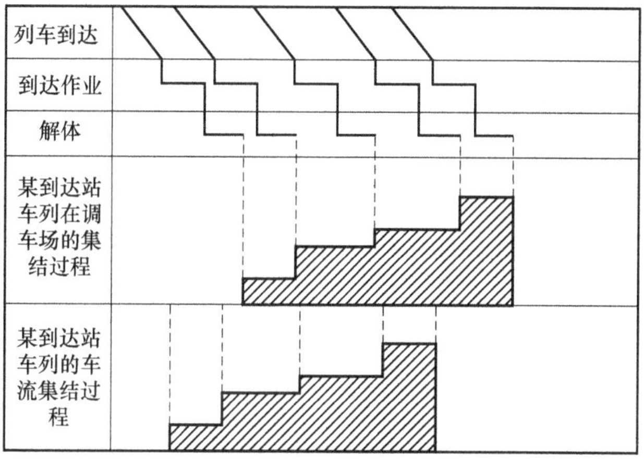

图 5-9　按调车场和按车流的货车集结过程图

分，且占有很大比重。根据我国几个主要编组站的统计，一般约占改编作业总时间的 40%～50%。因而，研究分析货车集结过程及其影响因素，从而采取有效措施缩短货车集结时间是十分必要的。

二、货车集结时间的计算

货车集结时间主要计算一个列车到达站一昼夜消耗的车小时和平均一辆货车的集结时间两项。以下举例说明：

（1）车组大小相等，到达间隔相同，集结无中断时（图 5-10）。即：

$$m_1 = m_2 = m_3 = m_4, t_1 = t_2 = t_3, t_{中断} = 0$$

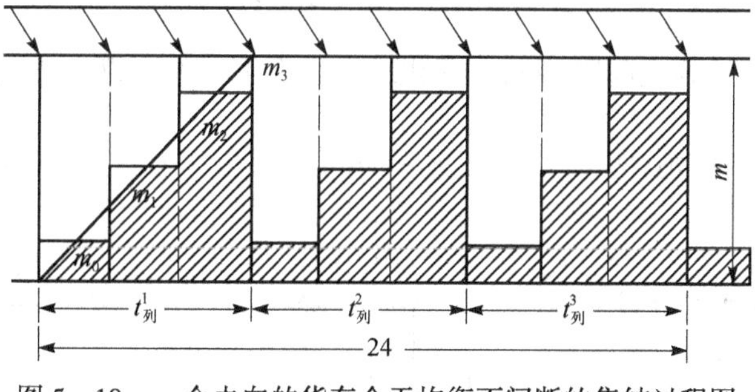

图 5-10　一个去向的货车全天均衡不间断的集结过程图

该车列集结时间：

$$T^{列}_{集} = m_1(t_1 + t_2 + t_3) + m_2(t_2 + t_3) + m_3 t_3 + m_4 \times 0 = \frac{1}{2} t_{列}\, m(车小时)$$

式中　$m = m_1 + m_2 + m_3 + m_4$，$t_{列} = t_1 + t_2 + t_3$

全天货车集结时间：

$$T_{集} = \frac{\sum t_{列} \times m}{2} = \frac{24 \times m}{2} = 12m(车小时)$$

每辆货车平均集结时间：

$$t_{集} = \frac{12m}{N}(小时)$$

式中 N——该去向全天集结的货车数

（2）车组大小不等，到达间隔不同，集结有中断时。

① 车组大小不等，到达间隔相同（图5－11）。即：

$$m_1 \neq m_2 \neq m_3 \neq m_4, t_1 = t_2 = t_3$$

先大后小→$T^{列}_{集} > \frac{1}{2}mt^1_{列}$；先小后大→$T^{列}_{集} < \frac{1}{2}mt^2_{列}$

② 车组大小相等，到达间隔不同（图5－11）。即：

$$m_1 = m_2 = m_3 = m_4, t_1 \neq t_2 \neq t_3$$

先密后疏→$T^{列}_{集} > \frac{1}{2}mt^3_{列}$；先疏后密→$T^{列}_{集} < \frac{1}{2}mt^4_{列}$

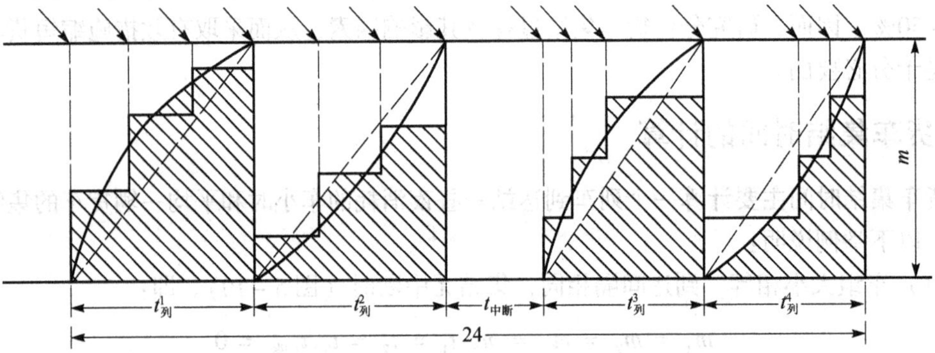

图5－11 一个去向的货车全天均衡有间断的集结过程图

③ 车组大小相等，到达间隔相同，每集结一个车列集结中断一次（图5－12）。即：

$$m_1 = m_2 = m_3 = m_4 = \cdots, m = em_1, t_1 = t_2 = t_3 = \cdots, t_{中断} = \frac{24m}{Ne}$$

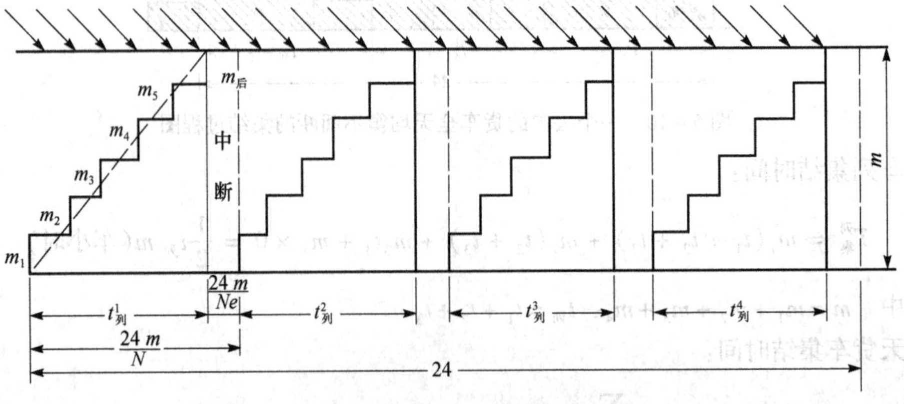

图5－12 集结一个车列出现一次中断的集结过程图

在这种情况下，每个车列系由均衡到达的 e 个车组集结组成，而且车列的编成车数 m 刚好是每组到达车数的整倍数。因此，每集结一个车列后就会出现一次集结中断的现象。

如果该去向全天集结的货车数为 N，则全天集结的车列数为 N/m。每集结一个车列包括中断时间在内的平均延续时间为 24 m/N，而其中每次集结中断的时间等于车组的平均到达间隔时间 24 m/Ne，故实际一个车列的集结时间为：

$$t_{列}=\frac{24m}{N}-\frac{24m}{Ne}(\text{小时})$$

因此，该去向的货车全天消耗的集结时间：

$$T_{集}=\frac{\sum t_{列}\times m}{2}=\frac{1}{2}m\left(\frac{24m}{N}-\frac{24m}{Ne}\right)\times\frac{N}{m}=12\left(1-\frac{1}{e}\right)\times m(\text{车小时})$$

④ 车组大小相等，到达间隔相同，每集结 γ 个车列集结中断一次（图 5 - 13）。即：

$$m_1=m_2=m_3=m_4=\cdots,m=em_1,t_1=t_2=t_3=\cdots,t_{中断}=\frac{24m}{Ne\gamma}$$

因此，该去向的货车全天消耗的集结时间：

$$T_{集}=\frac{\sum t_{列}\times m}{2}=\frac{1}{2}m\left(\frac{24m}{N}-\frac{24m}{Ne\gamma}\right)\times\frac{N}{m}=12\left(1-\frac{1}{e\gamma}\right)\times m(\text{车小时})$$

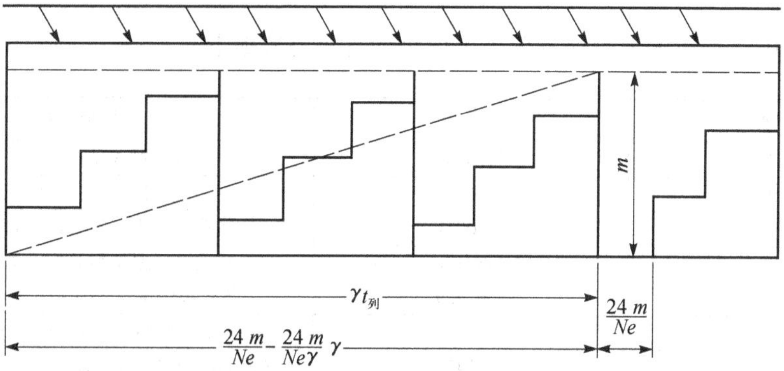

图 5 - 13　集结 γ 个车列后形成一次中断的集结过程图

通过以上的图解和计算分析，显然看出，在一般情况下，编组一个到达站的车列全天消耗的货车集结时间并不等于 12 m，而是往往小于 12 m。通常用下式表示：$T_{集}=Cm$（车小时）

式中　C——货车集结参数。

每辆货车平均集结时间则用下式表示：$t_{集}=\frac{Cm}{N}$（小时）

由此，可得到以下结论：编组一个到达站出发车列全天消耗的货车集结时间 $T_{集}$，决定于货车集结参数 C 和车列的编成辆数 m，而与该去向全天的车流量 N 无关。至于每辆货车平均集结时间 $t_{集}$，则与该去向全天的车流量成反比。影响货车集结参数 C 的因素主要是车组（特别是结束车列集结的最后车组）大小的不均衡性及其配合到达的程度和货车集结中断的次数与时间。整个车站的货车集结时间还与列车编组计划规定该站编组车列的到达站数及其车流强度有关。

三、压缩货车集结时间的措施

技术站日常运输生产中压缩货车集结时间的主要措施：

（1）组织货车按去向按阶段配合到达。通过调度所在合理制订日历装车计划的基础上，组织枢纽和邻接区段内的车站按去向、按阶段装卸车，并使其配合送到技术站，以加速车列集结和车流接续，保证按列车运行图编发列车。

（2）组织本站自装重车或自卸空车及时取回，扩大最后车组，提前结束车列集结过程。

（3）组织超重列车，将同去向的货车挂完，造成集结中断。

能力训练

要求：为乙站编制41001次列车的列车编组顺序表。

已知：（1）乙站在路网上的示意图下图所示。

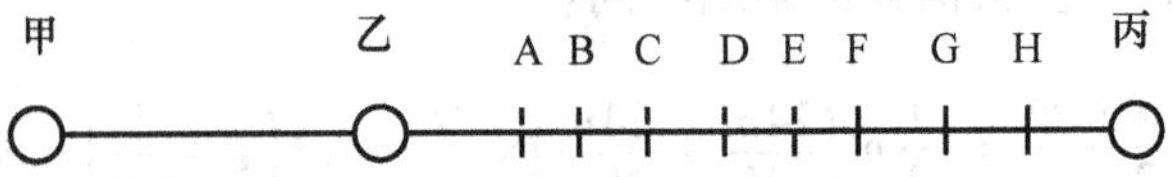

乙站示意图

（2）41001次列车编组顺序及票据上摘录的有关内容如下：

车　种	车　号	摘录内容
C62	0410231	空车到A站，A厂自备车
C62	0410232	空车到A站，A厂自备车
P64	3410011	装载60 t小麦到C站，封，发站甲
C62A	4432132	装载60 t原木到B站，关，发站甲
P63	3302729	装载农药40 t到D站，发站乙，△2
P63	3302131	装载百货50 t到D站，发站乙
C62	4102475	装载20 t谷草到E，篷布2块，发站乙，△6
G70（Q）	6275472	空车到E站
P63	3304157	空代客到F站
N16	5027281	装载30 t农机到G站，发站乙

（3）41001次的始发站是乙站，解体站是丙站，列车按到站成组编组。

（4）货车重量及长度按《技规》规定。

列车编组顺序表　　　　（运统1）

______站编组______站终到______年______月______日______时______分______次列车

自首尾（不用字抹消）　　　　制表者：　　　　检查者：

顺序	车种	罐车油种	车号	自重	换长	载重	到站	货物名称	发站	篷布	收货人或卸线、票据号	车辆使用属性	记事

续表

顺序	车种	罐车油种	车号	自重	换长	载重	到站	货物名称	发站	篷布	收货人或卸线、票据号	车辆使用属性	记事

自编组站出发及在途中摘挂后列车编组

站名	客车		货车						其他	合计	自重	载重	总重	换长	铁路篷布合计
	合计	其中行李车	重车	其中租用车	空车	非运用车	其中								
							代客	其中 P65							
合计															
企															
部															

到达时间　　月　　日　　时　　分　　交接时间　　时　　分　　　司机签章

应知应会

一、填空题

1. 运用货车按其在站所办理的技术作业不同，分为________和________。

2. 货物作业车按其在站作业过程不同，分为________和________。

3. 技术站办理的货物列车种类包括____________、____________、____________、____________。

4. 一次货物作业车在技术站办理的作业除了和有调中转车相同的五项外，还增加了____________、____________、____________。

5. 车号员检查核对现车，要保证____________、____________、____________“三相符”。

二、判断题

1. 部分改编中转列车中未摘下的运用货车均为有调中转车。(　　)

2. 部分改编中转列车减轴时，对摘下车组可采用先摘下后检修的作业方案。(　　)

3. 货物作业车分为一次货物作业车、双重货物作业车和多重作业车。(　　)

4. 在填记列车编组顺序表时，若发现双号码时，应以车体上的大号码为准。(　　)

三、简答题

1. 技术站办理的货物列车种类有哪些？

2. 技术站货物列车作业一般都包括哪些作业内容？

3. 什么是中转车、无调中转车、有调中转车？

4. 什么是货物作业车、一次货物作业车、双重作业车？

第六章

车站作业计划

[能力目标]

1. 能够正确、合理的推算班计划出发列车的车流来源及中停时指标；
2. 能够根据班计划及其他要求，正确、合理的填记车站技术作业图表及编制阶段计划；
3. 能够正确的编制调车作业计划。

[知识目标]

1. 班计划的内容；
2. 车站技术作业图表的填画规定及调车机车的安排；
3. 解体调车作业计划的编制方法；
4. 一般列车编组调车作业计划的编制方法；
5. 摘挂列车编组调车作业计划的编制方法。

[素质目标]

培养严谨、认真的工作态度，吃苦耐劳、刻苦钻研的敬业精神。

铁路运输日常工作计划包括调度部门编制的旬、日（班）计划和车站编制的车站作业计划。

车站作业计划根据日（班）计划编制，是为保证完成日（班）计划任务，实现列车运行图、列车编组计划的行动计划，并在调度的指挥下组织实现。日（班）计划，依靠车站作业计划来实现。

车站作业计划包括班计划、阶段计划和调车作业计划。

班计划是车站最基本的计划，它体现了调度所对车站规定的任务和要求，由值班站长（主任）、调度室主任或运转主任按照调度所的要求编制。

阶段计划是一个班各阶段工作的具体安排，是完成班计划的保证，由车站调度员根据该阶段工作开始前的具体情况编制。

调车作业计划是规定车列如何解体、编组、取送、甩挂等作业的具体行动计划，由调车区长编制。

第一节 班 计 划

铁路运输工作从昨日18:01至今日18:00为一个工作日。一个工作日分为两个班，本单元以乙站第一班（即昨日18:01至今日6:00）为例。

一、班计划的内容

（一）列车到达计划

列车到达计划包括各方向到达列车车次、到达时分及编组内容（去向别重车数、车种别空车数和到达本站重车数）等。

（二）列车出发计划

列车出发计划包括各方向出发列车车次、出发时分、编组内容（去向别重车数、车种别空车数）及车流来源等。

（三）卸车、排空及装车计划

（1）卸车计划：全站卸车数，主要卸车地点的卸车数及卸后空车安排；

（2）排空计划：车种别的排空车数及挂运车次；

（3）装车计划：全站装车数，各装车地点品类别、车种别、去向别的装车数，空车来源及挂运车次。

（四）班工作指标

包括推算的货车出入总数；各阶段运用车保有量；应完成的货车平均中时和停时；全站到、发、解、编列数，卸、排、装车数及办理车数；计划扣修车数，站、段、厂的修竣车数；货车备用及解除计划；工务、电务施工计划。

（五）重点任务和上级指示等

乙站班计划见表6-1。

二、班计划的编制

班计划的编制一般应在14:00—17:30阶段内进行，各站班计划的编制时间可由各局在上述时间内具体规定。

（一）收集资料阶段

（1）预计18:00现在车。车站调度员在15:00，根据当时车站的现在车数，然后考虑从15:00—18:00间列车到发和编解、车辆装卸和取送等情况，推算出车站18:00的现在车数，并按重车去向、空车车种和停留地点分别统计。

（2）货运要车计划。货运调度员收集各发货单位次日请求装车计划和其中由调度所批准的承认装车计划等资料。

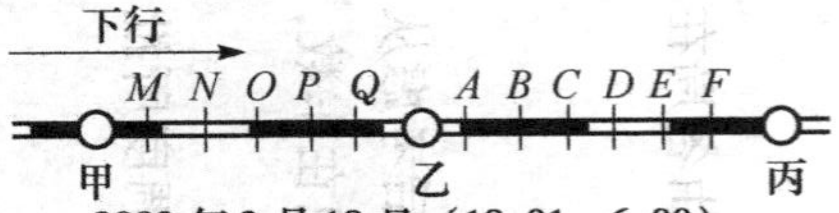

2002年3月18日（18:01～6:00）

表6－1　乙站班计划表

站长　　　　副站长

列车到达计划

方向	车次	到达时间	编组内容 甲方向 甲及其以远	乙—甲间	丙方向 丙及其以远	乙—丙间	乙站卸 货场	机务段	空车 P	C	合计
上班结存			21	48	21	30	C10	C20	10	9	169(50)
甲方向	30051	18:20			25	21	C10				56
甲方向	20109	20:35			56						56
甲方向	30053	21:05			35	10	C10				55
甲方向	20111	22:00			56						56
甲方向	30055	1:15			35	10	P10				55
甲方向	20113	1:40			56						56
甲方向	30057	3:30			30	25					55
甲方向	20115	4:00			56						56
丙方向	20110	18:58	56								56
丙方向	30138	20:10	45	11							56
丙方向	20112	22:10	56								56
丙方向	30140	0:20	30	15			C10				56
丙方向	20114	1:10	56								56
丙方向	30142	2:10	36	20							56
丙方向	30144	4:30	35					C20			55
丙方向	20116	5:05	56								56

列车出发计划

方向	车次	出发时间	编组内容及车流来源	合计辆数
丙方向	40101	19:15	站存乙—丙/30	30
丙方向	30131	20:45	站存丙/21、30051 丙/25 站装丙/10	56
丙方向	20109	21:25	原列丙/56	56
丙方向	20111	22:45	原列丙/56	56
丙方向	30133	0:25	30053 丙/35、卸空/C20	55
丙方向	40103	1:15	30051 乙—丙/21、30053 乙—丙/10	31
丙方向	20113	2:25	原列丙/56	56
丙方向	20115	4:45	原列丙/56	56
丙方向	30135	5:25	30055 丙/35、站装丙/20	55
甲方向	40112	18:25	站存乙—甲/43（10）	43
甲方向	20110	19:48	原列丙/56	56
甲方向	30052	22:25	30138 甲/45，站存甲/11	56
甲方向	20112	23:00	原列甲/56	56
甲方向	20114	2:00	原列甲/56	56
甲方向	40114	2:30	站存乙—甲/5 站装乙—甲/9 30138 乙—甲/11 30140 乙—甲/15	40
甲方向	30354	4:40	站存甲/10、30140 甲/30 30142 甲/16	56
甲方向	20116	5:50	原列甲/56	56

推算中停时间

时间＼项目	计算中时 到达	发出	结存	计划停时 到达	发出	结存
18点结存			110			59
18:01—19:00	102	33	179	10	10	59
19:01—20:00		86	93			59
20:01—21:00	112	46	159		10	49
21:01—22:00	101	59	204	10		59
22:01—23:00	56	168	92			59
23:01—0:00			92			59
0:01—1:00	45	35	102	10	20	49
1:01—2:00	157	87	172	10		59
2:01—3:00	56	87	141		9	50
3:01—4:00	111		252			50
4:01—5:00	35	112	175	20		70
5:01—6:00	56	91	140		20	50
合计	831	801	1 801	60	69	672

中停时	中转车数	中时	作业次数	停时
	816	2.2	99	6.8

班工作总任务

到达列数	出发列数	解体列数	编组列数	装车数
16	17	8	9	39
卸车数	**排空数**	**中时**	**停时**	**办公车数**
60	20	2.2	6.8	1 761

重点指示

1. 30052 次接续 30138 次时间紧，如强组织工作。
2. 夜间天气不良，强卸车组织，注意安全。

卸车计划

卸车地点	车种车数	抵达车次	卸后安装
货场	C10	上班待卸	卸后装丙
货场	C10	30051	卸后装丙
货场	C10	30053	卸后装
货场	C10	30140	卸后装
机务段	C20	上班街卸	卸后排

排空计划

排空车次	车种车数	空车来源
30133	C20	上班机务段待卸

装车计划

装车地点	去向	车种车数	空车来源	挂运车次
货场	丙	P10	上班待装	30131
货场	丙	C10	上班待卸卸后装	30135
货场	丙	C10	30051次卸空	30135
货场	乙—甲	C9	上班待装	40114

3. 到达解体列车确报。

4. 机车供应情况。车站值班员收集各次出发列车的机车来源资料。

除上述资料外，计划编制人员还应掌握本班有关实际作业情况。例如，车站现在车数量的多少，车流特点，调车机车运用情况，列车编解作业进度，货物作业车装卸情况，货源情况，货场货位情况等，以便编制出既具有指导意义又切合实际的计划。

（二）编制计划阶段

车站调度员在15:00—16:00，将计划编制资料报告调度所，调度所在16:30—17:00向车站下达班计划任务，车站即据此编制班计划。

1. 列车到达计划

列车到达计划是调度所作为任务布置给车站的，车站无须另作安排。

在接受到达计划中，如发现某方向（车场）出现密集到达、车站作业有困难时，应及时向调度所提出调整计划建议，力争将调整工作做在班计划编成之前。

2. 列车出发计划

列车出发计划中出发列车车次和时分（一般按运行图规定）是调度所作为任务下达的。车站编制列车出发计划，主要是确定每一出发列车的编组内容和车流来源，这是班计划的中心内容。

（1）出发列车的编组内容，必须符合列车编组计划的有关规定。如果列车可编入多于一个到站的车流时，应根据具体的车流条件选定。例如优先将编挂机会较少的某去向车流编入列车；同时，应对前后出发列车编挂的车流给予综合考虑。

列车编组辆数，应根据列车运行图规定的该区段列车牵引重量和换算长度概算。例如甲－乙－丙区段列车牵引定数为4 000 t，列车计长为70.0，货车平均换长为1.2，每辆重车平均重量为70 t，则列车平均编组辆数为重车56辆左右，空车58辆左右。除摘挂列车和小运转列车不受编组辆数限制外，其他列车均应按编成辆数加以确定。

（2）出发列车的车流来源

各种车辆都要经过一定的技术作业才能编成列车由车站出发。因此，各种车辆从其参加集结（按车流集结）时起，至由车站发出时止的最小间隔时间，称为车辆接续时间。

在编制班计划的列车出发计划时，一般均应按车辆接续时间选择出发列车的车流来源。即每一列出发列车的车流来源都必须满足车辆接续时间的要求。在具备组织快速作业的条件下，也可将接续时间不足的车辆作为出发列车的车流来源（紧接续），但必须有相应的措施加以保证。出发列车的车流来源为：

① 已在调车场集结的车辆；

② 在货场、专用线和站修线待取的车辆；

③ 在到达场待解的车辆；

④ 在计划期间内陆续到达的车辆和陆续装卸完毕的车辆。

例：乙站《站细》规定的各项技术作业时间标准为：无改编中转列车技术作业45 min，到达作业35 min，出发作业25 min，解体作业30 min，编组一般列车30 min，编组摘挂列车40 min，解编结合40～50 min，货场取送30 min，机务段取送20 min，调移时间15 min，交接班30 min，装车2.5 h，卸车1.5 h，调机整备45 min。下面具体说明乙站各种出发列车车流来源的车辆接续时间（以一般列车为例）。

① 出发场待发列车中的全部货车，其出发时间为运行图规定的时分。

② 已在调车场集结的车辆。

调车场集结的有调中转车及货物作业车，其最短的接续时间为：

$$t_{编} + t_{发} = 30 + 25 = 55(\text{min})$$

③ 在货场、专用线和站修线待取的车辆。

货场、专用线和站修线待取的货物作业车和修竣车辆，其最短的接续时间为：

$$t_{取} + t_{编} + t_{发} = 15 + 30 + 25 = 70(\text{min})$$

④ 在到达场待解的车辆。

到达场待解车列中的有调中转车，其最短的接续时间为：

$$t_{解} + t_{编} + t_{发} = 30 + 30 + 25 = 85(\text{min})$$

⑤ 在计划期间内陆续到达的车辆和陆续装卸完毕的车辆。

a. 无调中转车，一般按运行图规定的接续运行线安排其出发时间，如遇到列车早点或晚点到达时，应在保证完成中转技术作业（标准为 45 min）的情况下，选定紧密衔接的适当列车运行线，安排出发时间。

b. 有调中转车，其最短的接续时间为：$t_{到} + t_{解} + t_{编} + t_{发} = 120$（min）

c. 货物作业车中：

待装（卸）的作业车，其最短的接续时间为：$t_{装(卸)} + t_{取} + t_{编} + t_{发} = 220$（160）（min）

待送的作业车，其最短的接续时间为：

$$t_{送} + t_{装(卸)} + t_{取} + t_{编} + t_{发} = 235(175)(\text{min})$$

到达的作业车，其最短的接续时间为：

$$t_{到} + t_{解} + t_{送} + t_{装(卸)} + t_{取} + t_{编} + t_{发} = 300(240)(\text{min})$$

列车出发计划的编制过程，实际就是正确推算车流、合理搭配车流，落实车流来源的过程。一般应从班初开始，分别对本班每一出发列车确定其编组内容和车流来源，直到所有出发列车都有车流保证，所有编组去向的车流都无过多剩余为止。

装卸作业量大的车站，在编制出发列车计划时，要做好中转车和本站作业车的合理搭配，有计划地组织本站作业车补轴，保证列车满轴和正点出发。

现以乙站列车出发计划为例，说明如下：

① 40101 次摘挂列车图定 19:15 出发。编入乙站 18 点结存乙—丙 30 车，其接续时间为 1 h 05 min，可以纳入列车出发计划。

② 30131 次区段列车图定 20:45 出发。如用本班内到的有调中转车（接续时间为 120 min），则 18:45 前到的可以编入；如用待取的货物作业车（接续时间为 70 min），则 19:35 前装好的可以编入。据此推算出 30131 次列车的车流来源为 18:00 结存丙及其以远 21 车，预计 18:30 装完的丙方向 10 车，30051 次 18:20 到达丙及其以远 25 车，合计 56 车，这些车流均能满足 30131 次列车的接续时间，可以编入。

③ 30052 次区段列车图定 22:25 发车，根据预报知 30138 次 20:10 到，内有 30052 次所

需的车流 45 辆，且满足接续时间要求，而该方向 18:00 结存车尚有 21 辆。据此，可推算出 30052 次列车的车流来源。

3. 卸车、排空及装车计划

（1）卸车计划：本班内的计划卸空车数。根据车站 18:00 待卸车数和有效卸车数确定。

有效卸车数是本班内到达，本班内能卸空的车数。根据所卸车辆到达时分和到、解、送、卸作业时间标准，考虑货物品名、卸车能力及各种等待时间等因素确定。

假定乙站货物作业车从到达至卸空需 5 h，则最晚 1:00 前到达车站的重车才能纳入卸车计划。据此推算有效卸车数为 30 车（30051 次到 10 车、30053 次到 10 车、30140 次到 10 车），乙站 18:00 结存待卸车 30 车，则本班的卸车计划为 30 + 30 = 60 车。

但是对易卸、特别是大钩或整列易卸（如装载煤、砂等货物）的车辆，虽在有效卸车时限之后到达，但通过重点组织，无效可变为有效者，也应尽量纳入卸车计划；而对难卸、卸车时间有限制（如夜间不能卸）及卸车能力受限制的车辆，即使到达时间在有效卸车的时限之内，而实际不能卸空者，也不应纳入卸车计划。

对卸车，除做出数量上的计划外，还应做出具体的组织安排。其内容主要包括：货物品名、车种车数、到达车次、到达时间、收货人、卸车地点、计划送车时间、卸车机具、劳力安排以及卸后空车的安排等。

（2）排空计划：本班内分方向（车次）、车种、车数的排空车数。这是一项任务性计划，车站应保质保量完成。

例如，调度所指定 30133 次排空敞车 20 辆，乙站具体安排用机务段 18:00 待卸、预计 19:00 卸完的空敞车 20 辆作保证。

（3）装车计划：本班内地点别、到站别、品类别、车种别的装车数。以调度所批准的次日装车计划为依据，结合排空后剩余空车情况对装车作出的具体安排。

根据调度所批准的装车计划，结合车站 18:00 待装、空车来源和货源情况，在保证排空任务前提下，具体确定本班到站别、品类别的装车数、空车来源及挂运车次。

例如，乙站货场 18:00 待装丙站棚车 10 辆，挂 30131 次；待装乙 - 甲间敞车 9 辆，挂 40114 次，18:00 待卸 C_{10}、30051 次到达本站卸 C_{10}，卸空后均用于装丙方向，编入 30135 次，本班排装车 39 辆。

4. 班工作指标

班计划编完后，应推算本班可能完成的中转车平均停留时间（中时）和货物作业车一次货物作业平均停留时间（停时），推算步骤和方法如下：

（1）按中转车、货物作业车分别填记 18:00 结存车；

（2）根据列车到达与出发计划，统计每小时内到达与出发的中转车数与作业车数，填入推算表有关栏内；

（3）计算每小时末结存车数：$\sum N = N_{结存} + \sum N_{到} - \sum N_{发}$

（4）加总本班到达与出发的中转车、货物作业车数，将结存栏加总即得本班总停留车小时（本班车辆总停留车小时，近似地采用各小时结存车数之和——此处做了假设，属近似计算）；

（5）计算中时、停时和货物列车出发正点率。

$$t_{中} = \frac{2 \times \sum Nt_{中}}{N_{到}^{中} + N_{发}^{中}} = \frac{2 \times 1801}{831 + 801} = 2.2(\text{h/车})$$

$$t_{货} = \frac{\sum Nt_{货}}{U_{装} + U_{卸}} = \frac{672}{39 + 60} = 6.8(\text{h/次})$$

$$\gamma_{发} = \frac{n_{发}^{正}}{n_{发}^{总}}$$

5. 重点任务和上级指示

将完成班计划任务的有关重点指示，填入记事栏内，以便值班人员重点掌握。

(1) 上级领导和调度所的命令、指示和文电；

(2) 完成任务的关键阶段、处所和作业的重要环节；

(3) 重点物资运输的要求；

(4) 安全生产和作业组织上应注意的事项（如施工封锁、设备维修、装卸或挂运超限货物、车流接续及气候变化等)。

最后，班计划编制完成，由主管运输副站长负责审批。审批重点包括：

(1) 各方向到、发列车数，全站和各场货车出入总数，解编任务及主要装卸地点装卸任务与能力是否适应。

(2) 推算的中、停时指标能否完成月计划，发现不能完成时，要向路局汇报，并积极采取措施；连续 3 天完不成时，需进行专题分析，查找原因，制定措施。

(3) 各方向各阶段的流线结合和车流接续情况，是否有压流、欠轴等问题。

(4) 军运、特种车辆及列车的到、发、装卸、编解、零星甩挂的安排是否符合规章制度和命令指示。

(5) 保证安全、正点的注意事项。

(6) 施工计划与措施是否落实。

三、班计划的下达

班计划编完并经批准后，除报局调度所外，编制人应在规定时间主持召开班计划会议，使有关人员明确本班的工作任务、作业关键和注意事项，共同研究完成班计划的方法，并由接班的值班站长或车站调度员在点名会上向全体接班职工传达。

第二节 阶段计划

铁路运输计划的车流波动表现为时间上、数量上、去向上和空车车种上，而设备的利用要结合车流情况具体安排，这样才能使班计划完全实现，同时要编制阶段计划。

具体来说，由于编制班计划时掌握的资料有些是 18:00 前预计的，尤其是本班内陆续到达的列车，其编组内容和到达时刻、货物作业车装卸进度、调车作业进度等都可能发生变化。因此，车站除了编制班计划外，还需根据列车到发、机车交路、车站作业进度等实际情况，具体安排每一阶段的工作，并根据情况变化，及时采取调整措施，以保证班计划实现。一般情况下，一个班分为 3 ~4 个阶段，一个阶段为 3 ~4 h。

一、阶段计划的内容

（1）到达列车的车次、时分、编组内容、占用股道和解体起止时分。

（2）出发列车的车次、时分、编组内容、车流来源、占用股道和编组起止时分。

（3）各货物作业地点车辆的取送时间、取送车数及挂运车次。

（4）中转列车的到发时分、占用股道、甩挂车数及作业时间。

（5）调机解编、取送、整备、整场、交接班、吃饭的顺序及起止时分。

二、车站技术作业图表

（一）车站技术作业图表的作用

车站技术作业图表是车站调度员用以编制阶段计划和进行调度指挥的工具，它不仅反映车站技术设备运用和作业进度的实际情况，也是进行车站工作分析的原始资料。因此，车站调度员应按规定正确及时认真填记。

（二）车站技术作业图表的内容

由于车站主要设备和作业情况不同，车站技术作业图表的格式也略有区别，但其主要组成部分一般包括（如表6－2所示）：

（1）列车到发栏：填画列车到发车次、时刻；

（2）编组内容栏：填记到达列车的编组内容；

（3）到发场栏：填画列车占用到发线的顺序和起止时分；

（4）驼峰、牵出线栏：填画调车作业占用驼峰或牵出线的顺序和起止时分；

（5）调车场栏：填记去向别重车、车种别空车集结车数，及到达本站卸车的待送车数；

（6）装卸地点栏：填记待装待卸及装卸后待取车数；

（7）调车机车栏：填画每台调车机车作业、整备情况。

（三）车站技术作业图表的填记方法

1. 填记调车场及装卸地点结存车数。根据“过表”的站存车及站调或调车区长掌握的现在车数填记。

例如乙站技术作业图表18:00时，调车场8道结存甲及其以远21车，9道结存乙——甲间5车，10道结存丙及其以远21车，13道结存本站卸车10车，货场结存待装19车，机务段结存待卸20车。

2. 填画到达解体列车车次、到达时刻、编组内容、占用到发线和解体起止时分。

（1）据各次列车到达时分，按照先后顺序，在列车到发栏内画上到达运行线，注明车次，并从列车到达时起，用垂直线引入计划占用的到发线内；

（2）根据列车确报，在编组内容栏内、垂直线右侧填记列车编组内容：重车填“去向/车数”，空车填“车种/车数”，其中无调中转车外加方框；

（3）在列车占用的到发线栏内，记载列车车次、占用到发线起止时分；

（4）由计划解体时起，用垂直线引入驼峰或牵出线栏，并记明解体的起止时分；

（5）解体完毕，再用垂直线引入调车场栏，按其编组内容在调车场栏引线右侧分别记载解体后的累计车数。

表 6-2 车站技术作业图表

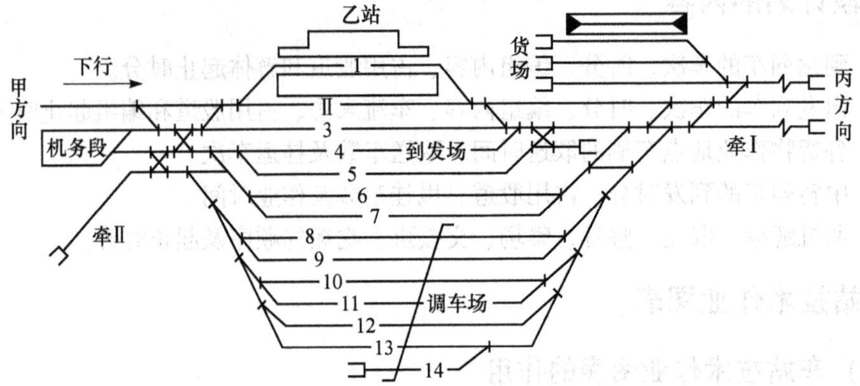

2002年3月18日夜班　　乙站技术作业表　　站调＿＿＿运站

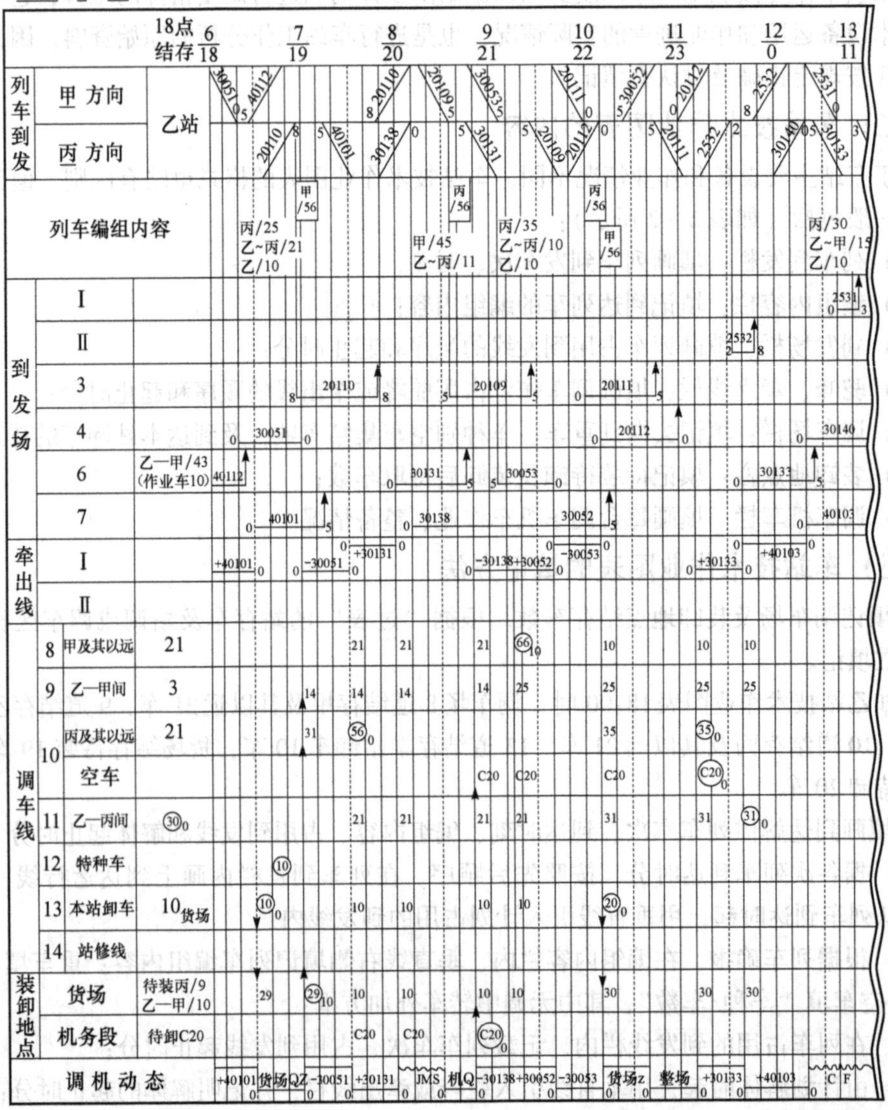

18点结存
6/18
7/19
8/20
9/21
10/22
11/23
12/0
13/11
列车到发
甲方向
丙方向
乙站
列车编组内容
到发场
牵出线
调车线
8 甲及其以远
9 乙—甲间
10 丙及其以远
空车
11 乙—丙间
12 特种车
13 本站卸车
14 站修线
装卸地点
货场
待装丙/9
乙—甲/10
机务段
待卸C20
调机动态
乙—甲/43
(作业车10)

3. 填画自编始发列车

（1）根据班计划制订的列车出发计划及运行图规定的发车时刻，当某一去向的车流集结够一个车列的编组辆数时，将该去向的车数用圆圈圈上，其右下角注明剩余车数；

（2）用垂直线引入牵出线栏，标明编组作业起止时分；

（3）编组完了后引入出发线栏，并按图定出发时刻引入列车出发栏，画上出发运行线，注明车次及出发时分。

4. 填画中转列车

根据列车到达运行线，在到达时分处用垂线引入计划占用的到发线，记明车次、占用到发线起止时分；再根据图定发车时分，用垂直线引入列车到发栏内，画上出发运行线，注明车次及出发时分。

5. 填画取送车

送车开始时，将待送车数用圆圈圈上（右下角注明剩余车数），从调车场转入装卸地点栏；取车完了时，将待取车数用圆圈圈上（右下角注明剩余车数），从装卸地点引入调车场相应股道内，并在引线右侧添记变化后的车数。

6. 填画调机动态

填画每台调车机车的生产、辅助生产和非生产时间，技术作业相关项目及符号见表6－3。

表6－3 技术作业项目及符号

编 组：+	解 体：－	甩 挂：±	取 车：Q	送 车：Z
交接班：J	整备：ZB	待避：B	上煤水：MS	上水：S
吃饭：C	等工作：DG	等装卸：DX	等技检：DA	

此外，填画技术作业图表时，线条颜色规定为：

（1）计划线：均用黑铅笔线。

（2）实际线：旅客列车、自编始发货物列车用红色线，其他货物列车用蓝色线；调机作业为蓝色直线，交接班、上煤水、入库整备、吃饭为蓝色曲线。各种等待；待避等非生产时间，用红色直线。

三、阶段计划的编制

（一）编制资料

（1）班计划规定的本阶段列车到发、解编及车辆取送任务；

（2）现车情况：调车场各股道存车情况，待解车列的编组内容、到达解体列车确报，各货物作业地点待取车数（重车按去向，空车按车种）；

（3）本阶段开始时到发线占用及机车交路情况；

（4）调车机车作业进度和煤（油）水储备情况；

（5）机车交路及整备计划；

（6）车辆扣修计划、站内施工计划等；

（7）车辆转场计划。

（二）编制步骤

（1）填记本阶段开始时到发场、调车场、货场、专用线等股道存车情况。

（2）填画列车到发情况。

根据班计划中列车到达、出发计划，按先后顺序，用黑铅笔在列车到发栏填画运行线、列车车次、到发时分；在列车编组栏内填记编组内容，在到发场栏内填画列车占用到发线顺序及起止时分。

（3）根据编组车列的需要，合理组织车流，安排调车机车解编、取送作业顺序及起止时分。

（4）按填画技术作业图表的规定，随时推算并填记调车场、装卸地点等处车流变化情况。

（三）编制方法

1. 确定出发列车的车流来源

（1）出发列车车流来源必须按照调车场集结过程，而不能按车流集结过程确定。

即不能简单地按车辆接续时间来选择出发列车所需的车流，而只能把列车开始编组以前已解入调车场的车辆，作为出发列车的车流来源。因此，出发列车车流来源将从其开始编组前能解体的待解车列和能取回的待取车辆中选择。

（2）在选择每一列出发列车的车流来源时，应兼顾其他出发列车的集结过程。

（3）当到达列车中有适宜组织“坐编”的车流时，应选为出发列车的车流来源，不足部分用调车场集结的车流补充，以减少调动的车数。

如20:10到达的30138次列车中，有甲及其以远的车流45车且均编挂在一起，可用以“坐编”30052次，从而减少解、编调车作业时间。

2. 保证车流与运行线紧密结合

编制阶段计划的中心问题是组流上线、流线结合。如车流不足，运行线虚靡；车流过大，运行线不够，则造成车流积压，为此应采取各种调整措施。

当车流不足时，可考虑选用以下调整措施：

（1）调整解体顺序，提前解体挂有编组急需车流的车列，满足编开列车的需要；

（2）组织接续车流快速作业。当车辆接续时间不足时，一方面对站存车流进行预编、预检，另一方面对到达的接续车流组织快检、快解作业，实现车流紧接续；

（3）组织本站作业车补轴。根据编组列车的需要，有计划地组织本站作业车优先装卸、取送、编组，以保证编组列车满轴、正点出发；

（4）请求调度所调整列车到达顺序，或利用小运转列车将本站编组急需的车流提前送到，以满足编开列车的需要。如某站位于列车运行的前方，可建议调度所准许列车不满轴早点开出，在该站进行补轴。

当车流过大，造成积压时，可建议调度所组织超轴列车，利用单机挂车或利用区段列车挂中间站车流。

3. 编制调车机车运用计划

合理运用调车机车，全面完成解编和取送任务，是阶段计划的关键内容，是衡量车站作业计划质量与指挥水平的重要标志。

（1）合理分配调机工作任务，均衡作业负担例如驼峰编组站，一般安排驼峰机车负责解体，峰尾牵出线调机负责编组，货场、专用线调机负责取送作业。

（2）合理安排调机作业顺序，保证编组列车需要

例如安排驼峰机车解体顺序时，应优先解体急于腾空到发线或编组列车急需车流的车列；安排牵出线调机编组顺序时，应根据列车出发时刻和车流集结情况，优先编组最近出发的车列。

（3）组织调机协同动作，减少非生产等待时间

① 编组一个车列所需的车流，既有待解车列中的中转车，又有货场装卸完了的本站作业车时，应安排一台调机负责解体，另一台调机负责取车，两台调机互相配合，协同动作，减少待解、待取等非生产时间，保证编组列车正点出发；

② 在纵列式驼峰编组站，应妥善安排驼峰机车和牵出线机车配合作业。某去向车流集结够一个车列，而出发场又有空闲线路时，应及时安排峰尾机车进行编组，以及时腾空调车线，使驼峰机车能正常溜放该去向的车流，无须下峰整场或活用其他线路；

③ 按站顺或到站成组编组摘挂列车作业时间长，可安排调机空闲时预编车组。

（4）合理安排取送作业

① 对于作业量大而稳定的装卸车地点，应实行定时、定量取送制度；

② 对于货流稳定的成组车流，应组织成组装车，固定车次挂运；

③ 其他零星车流应根据调机能力、等送（取）车数及其用途，确定取送顺序、地点、车数和起止时分。一般先取编组急需的车流，先送能装卸、且装卸以后能用的车流，并尽量做到送车与取车结合，减少取送次数和单机走行时间；

④ 取车时间应在允许时间范围内选择稍后一点的时间，以便取回更多的车辆；送车时间应选在使车辆待送时间少的时间，并不超过装卸后编入列车所容许的时间。

4. 合理制订到发场（线）运用计划

制订列车到发场（线）运用计划时，站调应根据到发场分工、到发线固定使用办法，与车站值班员共同商定，并由车站值班员负责掌握。

（1）紧凑使用到发线

① 当列车密集到发，到发线使用紧张时，应组织有关人员加速列车技术作业，大力压缩技术作业时间；

② 需分部解体车列的车站，应组织两端调机同时解体一个车列，尽快腾空到发线；

③ 对于编组辆数较小的小运转列车或单机、单机挂车，可合用一条到发线；

④ 无客车到发或通过时，暂用客车到发线或正线接发货物列车。

（2）减少到发与调车作业的干扰

① 编制到发线运用计划时，应当根据到发场咽喉布置情况，分析列车到发时间以及有关的编组或解体作业时间，合理地安排各次列车占用的到发线路，以减免列车到发与调车作业进路的交叉干扰。

② 列车到发与调车作业发生交叉干扰的条件：一是进路有交叉，二是占用进路的时间相同。两个条件必须同时具备才构成真正的交叉。

③ 可采用以下安排线路的方法：当列车到发和调车作业不在同一时间发生时，将列车安排在与调车作业有交叉干扰的线路上到发，当列车到发和调车作业将在同一时间发生时，

将列车安排在与调车作业无交叉干扰的线路上到发。

【例】编制乙站18:01—1:00的阶段计划。已知资料：

（1）乙站2002年3月18日第一班班计划，见表6-1。

（2）乙站平面示意图及调车场线路固定用途，如表6-2。

（3）乙站《站细》规定的各项技术作业时间标准见第一节所述。

（4）乙站18:01—1:00到达列车确报及18:00结存车，如表6-2。

（5）乙站设有一台调车机车，固定在第1牵出线上作业。

【解】

（1）将乙站18:00结存车和列车到发计划按规定填入表6-2有关栏内。

（2）逐列落实始发列车的车流来源。

① 40101次列车图定19:15出发。根据上班已知资料，其开始编组时间为17:50，用乙-丙间30车；18:30编完，可以保证正点发车。

② 30131次列车图定20:45出发。18:00结存丙及以远21车；预计18:30可装完丙及以远10车（另有乙-甲间9车），19:00即可取回；据到达确报，18:20到达乙站解体的30051次列车中有丙及以远25车，至此共计56车。车辆接续时间均满足30131次列车的需要。

③ 30052次列车图定22:25出发。据到达确报，20:10到达乙站解体的30138次列车中有甲及以远45车；18:00结存甲及以远21车（用其中11车），共计56车。车辆接续时间满足30052次列车的需要。

④ 30133次列车图定0:25出发。机务段20:00前已卸空的敞车20车，调度所指定向丙方向排空；据班计划和确报，21:05到达乙站解体的30053次列车中有丙及其以远35车，合计55车。车辆接续时间满足30133次列车的需要。

⑤ 40103次列车图定1:15出发。18:20到达乙站解体的30051次列车中有乙-丙间车流21车；21:05到达乙站解体的30053次列车中有乙-丙间车流10车，合计31车。车辆接续时间满足40103次列车的需要。

（3）安排到发线运用。为减少接发列车与调车作业、机车出入段作业的交叉干扰，根据乙站到发线固定使用办法，考虑各种列车占用到发线的时间标准安排如下：无改编中转列车20109次、20110次、20111次、20112次占用3、4道；到达解体列车30051次、30140次占用4道；自编始发列车40112次、30131次、30133次及到达解体列车30053次占用6道；自编始发列车40101次、40103次占用7道；30138次接入7道“坐编”30052次。

（4）安排调机运用。根据编组列车的需要，安排调机解编、取送顺序如下。

① 17:50—18:30，编组40101次；

② 18:30—19:00，向货场送10车，取回丙及其以远10车，乙-甲间9车；

③ 19:00—19:30，解体30051次；

④ 19:30—20:00，编组30131次；

⑤ 20:00—20:50，调机入段整备，交接班后取回机务段卸空的20辆敞车；

⑥ 20:50—21:40，解体30138次，并在到发场7道“坐编”30052次；

⑦ 21:40—22:10，解体 30053 次；
⑧ 22:10—22:40，向货场送 20 车；
⑨ 22:40—23:10，整理调车场；
⑩ 23:10—23:40，编组 30133 次；
⑪ 23:40—0:20，编组 40103 次；
⑫ 0:20—1:00，安排调车组及调机乘务组人员吃饭。

（四）阶段工作重点

1. 第一阶段（18:01—21:00）

一般以上一班安排的跨班计划为基础，接班前在值班站长的主持下由接班车站调度员进行编制。这一阶段，由于各工种人员需要换班，特别是调车机车需要停止作业，这就造成作业中断。容易造成到达列车待解时间延长，影响到发线使用效率；列车解编及货物作业车取送延迟，可能造成出发列车待编、晚点或停运。因此，这一阶段工作重点是安排好调车机车的使用计划，消灭和减少因交接班作业中断所造成的影响。

2. 第二阶段（21:01—0:00）

调车机车需要整备，各工种人员需要吃饭。因此，第二阶段重点工作是抓好机车整备和工作上的调整。在有数台调车机车作业的车站上，整备时间最好交错进行。在各车场主体机车进行整备时，最好安排其他机车顶替作业，以减少影响。各场间的任务分配应注意同机车的整备工作相配合，在工作安排上消除不安全因素。

3. 第三阶段（0:01—6:00）

第三阶段是计划执行的结算阶段。6:00 是夜班工作的结算时间（另：18:00 是全日工作的结算时间）。在这一阶段要详细检查本班或全日工作任务的完成情况，采取措施保证各项任务的全面完成。

4. 第四阶段

第四阶段跨及两班，亦称跨班计划。在这一阶段要按规定的交班制度清理站场，因作业需要而活用的线路，在下班前要按规定的使用办法恢复固定使用；应解应编应取应送的车辆都要按规定分别完成；所有调车机车应于交接班前回到固定作业区域，同时准备好有关的交班资料，以便使接班人员很快掌握情况，为下一班工作打好基础。

四、阶段计划的布置与下达

阶段计划编完后，由车站调度员和车站值班员于阶段计划开始前半小时分别向有关人员布置和下达。

（一）向调车区长或驼峰值班员下达

（1）到发列车车次、时分、占用股道先后顺序及起止时分。
（2）解体列车顺序、起止时分。
（3）编组列车顺序、起止时分、编组内容及车流来源。
（4）装卸、扣修、修竣、加冰、消毒、倒装、客车底等车辆的取送时间、地点、辆数。
（5）调车机车整备计划、驼峰及牵出线作业安排。

（二）向货运调度员下达

（1）编挂本站作业车的车次、时分、货物品名、去向、车种、车数。

（2）到达本站卸车的重车数、卸车地点、货物品名、收货人。

（3）各货场、专用线的作业车取送时间、辆数、装卸要求、挂运车次。

在一些装卸工作量较大、由货运调度员直接负责指挥调车机车组织取送作业的车站，上述内容应由货运调度员向有关作业地点的货运值班员（货运员）下达。

（三）向其他人员下达

车站值班员向列检所值班员、机务段值班员、列车段派班员传达和核对计划，向车场助理值班员、场（区）信号长、扳道长等有关人员下达到发列车车次、时分、占线顺序和重点要求。

车站值班员向客运值班主任（或客运值班员）和客站列检值班员传达旅客列车晚点、变更进路和客车摘挂计划。

车站调度员和车站值班员在向有关人员下达阶段计划的同时，应将上级有关命令、指示和重点要求一并传达。

第三节 调车作业计划

一、调车作业计划的意义

1. 定义

调车作业计划是规定车列如何解体、编组、取送、甩挂等作业的具体行动计划，调车工作应根据调车作业计划进行。

2. 编制要求

（1）符合货物列车编组计划、列车运行图和《技规》的有关规定，保证调车作业和人员安全。

（2）合理运用技术设备和先进工作方法，最大限度地实现解体照顾编组，解体照顾送车，使解、编、取、送作业密切配合。力争做到调车钩数少、调动辆数少、占用股道少、调车行程短、作业方便。

（3）做到及时、准确、完整。即及时编制、下达计划；保证计划无漏洞、无差错，尽量不变或少变计划；要求调车作业通知单字迹清楚，项目齐全。

3. 编制依据

调车作业计划由调车领导人（调车区长或车站调度员）编制，并以调车作业通知单的形式下达给有关调车人员执行。编制依据如下：

（1）阶段计划规定的各项调车作业的顺序和起止时分；

（2）到达列车确报，包括车种、车号、到站、品名、收货人和特殊标记等；

（3）调车场、货场线路固定使用、容车数和停留车情况；

（4）调车区的现在车及其分布情况。

二、调车作业通知单的填写

调车作业通知单应按铁路局规定格式逐项填记齐全；记事栏内需要标注的各种符号按

《行规》及《站细》的规定填记；使用电子计算机编制调车作业计划时，在记事栏中需要标注的各符号按以下规定填记：

①场别、股道罗马字母＋阿拉伯数字，调车场可不写场别；②禁止溜放：禁；③禁止过峰：(禁)；④限速连挂、串动货物：×；⑤空车：以该车种代号表示；⑥禽、畜、蜜蜂：活；⑦鱼苗：鱼；⑧超限：超；⑨跨装：跨；⑩凹型平车：凹；⑪机械保温车：Ⓑ；⑫易燃及危险品：△—△；⑬人员车：人；⑭特种军用△；⑮大轮车：大；⑯检修车：⊗。

解体车列应在记事栏注明前端第1辆车号。摘、挂5辆及以上车辆时，注明末位车辆车号（中间站除外）。

三、调车作业计划的编制方法

（一）解体调车作业计划

解体调车，就是通过驼峰或牵出线，将车列按车辆的去向（重车）或车种（空车）分解到调车场固定使用的股道内，为编组和取送作业创造有利条件。

1. 整列解体

纵列式车站利用驼峰解体调车时，一般采用整列解体的方法。整列解体通常是按照调车场线路固定使用方案来编制调车作业计划（车辆对号入座）。

例题1：

（1）乙站衔接的铁路方向如下图所示。

（2）乙站调车场线路固定使用方案如表6－4所示。

表6－4　乙站调车场线路固定使用方案

股　道	去　向
8	甲及其以远
9	乙—甲间
10	丙及其以远
	空车
11	乙—丙间
12	特种车
13	本站卸车
14	站修线

（3）到达解体列车30051次接入到发场4道，其确报内容如下图所示。

乙$_{3(货2)}$	丙$_{10}$	A_5	丙$_5$	A_5	丙$_3$	乙$_{7(货2)}$	丙$_7$	D_2△	E_4	B_5	30051

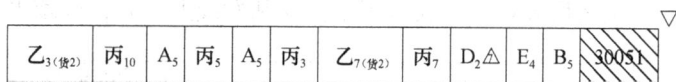

（4）按线路固定使用方案整列解体30051次的调车作业计划，其调车作业通知单如表6－5所示。

表 6－5 调车作业通知单

3月18日 第2号		解体30051 编组 次 调1机车				
计划起止时分 自 19:00 至 19:30						
实际起止时分 自 至						
顺序	股道	挂车数	摘车数	作业方法	记事	残存
1	4	56			4103418	56
2	13		3			53
3	10		10		4418967	43
4	11		5		3041849	38
5	10		5		4129062	33
6	11		5		3109573	28
7	10		3			25
8	13		7		4032372	18
9	10		7		4207410	11
10	11		11	推送	禁	0

调车长：王 磊　　　　填表人：王海涛

2. 分部解体

横列式车站，通常采取分部解体的方法，因此要正确选定“开口”位置。

（1）分部解体的原因

① 可在两端牵出线上共同解体车列；

② 牵出线长度不足；

③ 为了减轻调动重量。

（2）选择“开口”位置的方法

① 在禁溜车之后开口，以避免带着其他车组推送禁溜车；

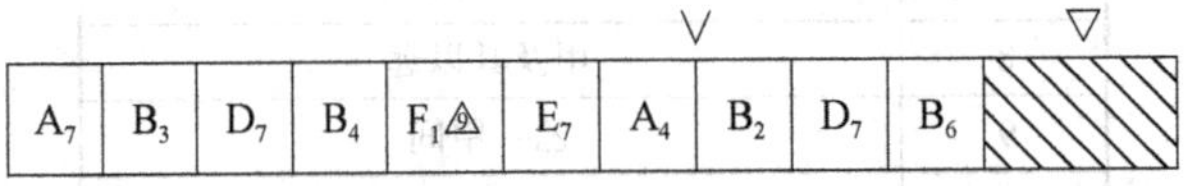

② 在车列的大车组之前或不宜带动的车辆（如非工作机车、轨道起重机等）之前开口，以便第一钩把其摘走，减轻车列的调动重量或便于后面的作业；

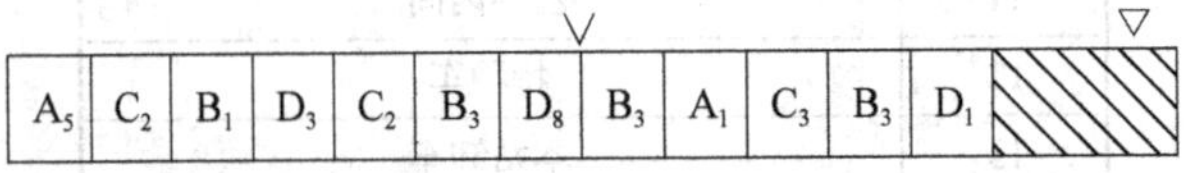

③ 在便于利用调车机车次位集结少量车组之处开口，以便减少调车钩数；

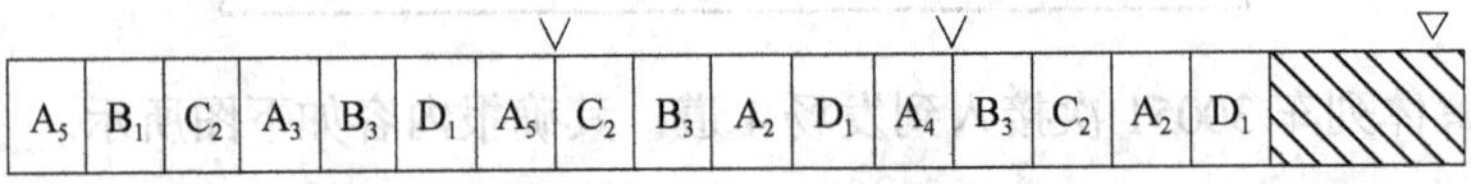

④ 在“坐编”车组之后开口，以便该车组留在到发线上坐底，以减少调动的车数；

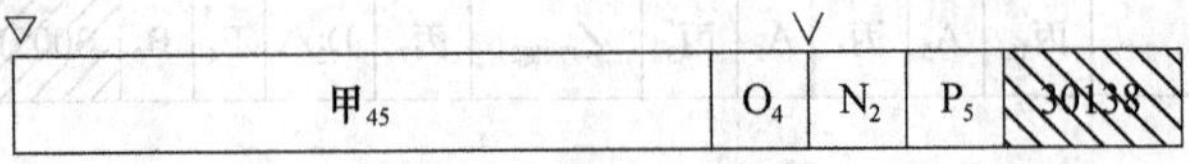

⑤ 避免开口后的第一组车进入“满线”或有“堵门车”的线路，以避免调机带着其他车组到该线顶送车辆，如不可避免时，应暂时溜入其他线路；

⑥ 两端牵出线共同解体同一车列时，应考虑两台机车作业均衡，合理配合。例如使两部分车数大致相等。

口诀：首前尾后，开口首尾旁；尾前首后，开口首位间；两次调动，车辆相近；同组顺组，机前集结（有多个首，以最左为准；有多个尾，以最右为准）。

练习：①EDCD$^{\vee}$ADG$^{\vee}$ECF；　②EDCDG$^{\vee}$D$^{\vee}$AECF

③ADFCC$^{\vee}$BEDAC；　④ADFCD$^{\vee}$BEDAE

3. 解体照顾编组

列车解体作业一般按调车线的固定使用方法进行。但是为了实现解体照顾编组，或为了临时解决线路不足的问题，在编制解体作业计划时，还须考虑活用线路的办法，以便减少重复作业，提高调车效率。

横列式车站解体车列时，广泛采用解体照顾编组、解编结合的方法，即在解体车列的同时就进行另一列车的部分编组工作。

例如乙站阶段计划规定，20:50—21:40 解体 7 道 30138 次，编组 30052 次，采用解编结合的方法。20:10 到达的 30138 次列车中，有甲及其以远的车流 45 车且均编挂在一起，可用以“坐编”30052 次，以减少调车钩数，减少解、编调车作业时间。其调车作业通知单如表 6－6 所示。

表 6－6 调车作业通知单

3月18日 第4号		解体 30138 编组 30052	次	调1机车		
计划起止时分	自 20:50 至 21:40					
实际起止时分	自 至					
顺序	股道	挂车数	摘车数	作业方法	记事	残存
1	7	11			4153258	11
2	9		11			0
3	8	11			3078288	11
4	7		11	推送	+30052 22:25 开	0

调车长：王 磊　　　　填表人：王海涛

4. 解体照顾送车

解体照顾送车，即在解体车列时，为送车创造便利条件。

例如乙站阶段计划规定，21:40—22:10 解体 6 道 30053 次，22:10—22:40 去货场取送作业车。

已知乙站 13 道停留待送货 2 作业车 10 车（30051 次到达），货 2 停留待取丙方向作业车 10 车（站调同货调联系后，得知货场待装丙方向 10 车可提前装完），30053 次到达本站解体的列车，确报为：

▽								∨						
乙$_{1}$（货$_{2}$）	丙$_{5}$	D$_{3}$	乙$_{3}$（货$_{3}$）	F$_{4}$	丙$_{8}$	A$_{1}$ △	乙$_{2}$（货$_{2}$）	丙$_{7}$	F$_{2}$	丙$_{8}$	乙$_{3}$（货$_{2}$）	丙$_{7}$	乙$_{1}$（货$_{2}$）	30053

要求分部解体30053次后，将30051次和30053次到达乙站的作业车20车送货场2道17车、送货场3道3车，并将货场装往丙站的作业车10车取回10道。为此，应从乙$_2$（货$_2$）（如上图所示）后开口，以便利用机前集结，实现对口连挂，减少钩数。同时，在解体第二批车列时，为了减少重复作业，照顾送车，应将乙$_3$（货$_3$）活用线路，分解到9道，其调车作业通知单如表6-7所示。

表6-7 调车作业通知单

3月18日 第5号		解体 30053 编组 货场取送	次	调1机车		
计划起止时分	自 21:40 至 22:40					
实际起止时分	自 至					
顺序	股道	挂车数	摘车数	作业方法	记事	残存
1	6	28			3001328	28
2	10		7		4155422	21
3	11		2			19
4	10		8		4100288	11
5	13		3			8
6	10		7		带1车	1
7	6	27			全部	28
8	13		1			27
9	10		5		4132158	22
10	11		3			19
11	9		3		活用线路	16
12	11		4			12
13	10		8		4148688	4
14	11		1	推送	禁，带3车	3
15	13	14			全部	17
16	9	3				20
17	货$_3$		3		对	17
18	货$_2$	10			全部	27
19	货$_1$		10		4032372	17
20	货$_2$		17		对	0
21	货$_1$	10			全部	10
22	10		10		全部	0

调车长：王 磊　　　　填表人：王海涛

（二）编组调车作业计划

1. 一般列车

由于车辆通常按列车编组计划的去向在调车场的固定线路上集结，所以一般列车的编组调车作业，只是在一条线或几条线上进行车组的连挂和车列转线。只有当车辆的编挂位置不符合《技规》等关于编组列车的要求时，才需进行分解调车作业。

例如乙站30131次列车的编组调车作业通知单如表6-8所示。

表6-8 调车作业通知单

3月18日 第3号		解体 编组 30131		次	调1机车	
计划起止时分	自 19:30 至 20:00					
实际起止时分	自 至					
顺序	股道	挂车数	摘车数	作业方法	记事	残存
1	10	56			4123199	56
2	6		56			0

调车长：王 磊　　　　填表人：王海涛

2. 摘挂列车

为了方便摘挂列车在中间站的摘挂作业，一般要求同一到站的车辆编挂在一起，并且按站顺编组。然而大部分技术站的调车场只固定一条调车线用于集结某一个方向的摘挂车流。因此，在编组摘挂列车时需要将待编车列重复分解，然后按要求收编成车列，这样不仅调车钩数多，而且使用股道多。因此，编组摘挂列车是一项十分复杂的工作。

（1）基本原理

① 接连顺序，如123；②不接连顺序，如135；③接连反顺序，如321；④不接连反顺序，如531。

按站顺编组摘挂列车，实质上就是使车列中②③④车组顺序全部转变为①顺序。

（2）基本约定

为叙述方便，用阿拉伯数字代替车组到站，并规定编组后距调机最远的车组到站为1，并从远到近依次编为2，3…，调车机车在右端作业，列车向左端出发。

（3）编制方法

编制摘挂列车的调车作业计划可用调车表来进行。表格实际是调车场的示意图，横格称为“列”，表示每条线路；竖格称为“行”，表示车组在待编车列中相互位置，“行”与“列”的交点，表示每个车组分解到那条线路。这样，通过在调车表上进行“下落”“调整”“合并”等步骤，就可把顺序杂乱的待编车列变成接连顺序的车列，从而实现摘挂列车的编组要求。

① 下落：在编组摘挂列车时，为了调转顺序，就要把待编车列中的反顺序车组分解到不同线路上，这样的调车过程，反映在调车表上，即所谓车组下落。

车组下落的方法是：从左端起先找表格上部所填记的待编车列中的第一个1号车组，将其下落到第一列，然后向右找出全部1号车组，若无1号车组，则继续向右找出2号车组，并均下落到第一列。如果1号车组的左方有2号车组，则在1号车组右方下落全部2号车组后，第一列下落工作即告完毕，否则，在第一列还可下落3号车组，依此类推。

第一列下落完毕后，再从左至右找第一列最后部车组的同号车组，无同号车组时找其大一号的车组，下落到第二列，并按第一列下落的规则填写完第二列，依此类推，直至全部车组下落完毕为止。

口诀：首组开始，由远而近，先同后顺，自上而下。

② 调整：有些车组在下落时不一定只有一个位置，而是可在两列之间移动，这种可在

两列中调整位置的车组称为可调车组。

可调车组用阿拉伯数字下方加“·”来表示。至于如何确定可调车组的有利位置，则应与“合并”方式的选择结合起来考虑。

③ 合并：待编车列下落的每一列如果单独占用一条线路，则只需从最大列号开始，依次连挂各列便可编成符合接连顺序要求的车列，但这时将消耗下落列数相等的推送钩数。

研究发现，待编车列下落的各列中一部分列须各自占用一条线路，而另一部分列则可以合并使用线路（组成暂合列），从而减少编组列车的推送钩数；但是合并使用线路后，需要对暂合列的车组进行重复分解，因此合并使用线路并非可以任意进行，其原则是：单独占用一股道的下落列应不能为相邻列和最大列；暂合列内车组交错少，能增加邻组，利用尾组，减少调车钩数。暂合列的较优方案如表6－9所示。

表6－9 暂合列车的较优方案

下落总列数	最少股道数	合并方式	附 注
四	三	四、二	一、三各占一股道
五	三	五∨四、二	一、三各占一股道
五	三	三∨五、二	一、四各占一股道
五	三	一∨三、五	二、四各占一股道
注：重复分解时，将“∨”后面的车组向有关股道对口分解。			

分批分解时减少下落列的方法：

① 尾前首后，开口首位间，比不分批分解减少一个下落列；

② 第一批分解中的个别车组向第二批车组存车线溜放，也可减少下落列。

例1：768512531476（B11）

① 下落

调车表

	7	6	8	5	1	2	5	3	1	4	7	6
一					1				1			
二						2		3		4		
三				5			5					6
四		6									7	
五	7		8									

② 调整

调车表

	7	6	8	5	1	2	5	3	1	4	7	6
一					①				1			
二					1	2		3		4		
三				5			5					6
四		6									7	
五	7		8									

③ 合并

调车表

	7	6	8	5	1	2	5	3	1	4	7	6
一（10）									1			
二（11）	7	6	8		1	2		3		4	7	
三（12）				5			5					6
四		⑥									⑦	
五	⑦		⑧									

调车作业计划

11—9
12—1
11—2
12—1
11—1
10—1
11—2
12—1
11 +7
12—1
11—1
10—4
12—1
11 +2
12—5
10—5
DF7—12

该计划共用21个调车程，16个调车钩（未含转线钩，下同），其中推送钩5钩，溜放钩11钩。

例2：34172612537（B11）

① 下落

调车表

	3	4	1	7	2	6	1	2	5	3	7
一			1				1	2			
二					2					3	
三	3	4							5		
四						6					7
五				7							

② 调整

调车表

	3	4	1	7	2	6	1	2	5	3	7
一			1				1	2			
二					2					3	
三	3	4							5		
四						6					7
五				7							

③ 合并

调车表

	3	4	1	7	2	6	1	2	5	3	7
一（10）			1				1	2			
二（12）				7	2	6				3	7
三（11）	3	4							5		
四						⑥					⑦
五				⑦							

调车作业计划

11 +9
10—1
12—3
10—2
11—1
12 +2
10—1
11—1
10—1
12 +1
11 +4
10 +5
DF7—11

该计划共用17个调车程，12个调车钩，其中推送钩5钩，溜放钩7钩。

实际上，待编车列中车组的排列情况复杂多变，如存在禁溜车、需要隔离的车辆等情况，则不能完全照搬上述方法，应据实际情况做出相应合理的计划。

（三）取送调车作业计划

取送调车作业计划也是以调车作业通知单的形式下达的。因此，应根据阶段计划安排的取送顺序、起止时分、调车场内待送车辆和装卸地点待取车辆停留等情况进行编制，并注意货场或专用线在走行线上的道岔衔接方向以及货场或专用线内有无机车转头设备，从而确定送车时调机连挂位置（牵引或推进），以及选编待送车辆时，调机在调车场哪一端作业比较方便。

能力训练

一、本实训是以一个区段站（O站）的作业来进行的，要求学生根据资料，编制车站班计划（见附件一）。

已知资料：

1. 车站位置和邻接区段

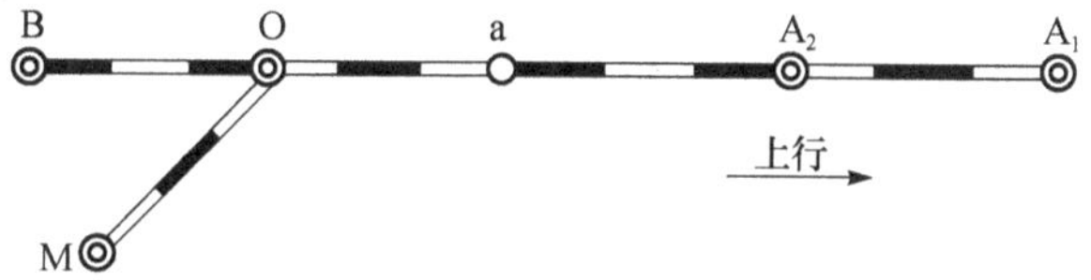

2. O站出发列车编组计划（部分）

$m=50$ 辆（摘挂列车 $m\leqslant 50$ 辆）

列车到站	列车种类	编组内容	车　次
A1	技术直达	①A1（至少35辆）；②A2	10002…
A2	直通	A2	20002…
a	区段	a	30002…
a	摘挂	① O～a；② a	40002…
B	区段	B	31001…
B	摘挂	① O～B；② B	41001…
M	区段	M	32001…
M	摘挂	① O～M；② M	42001…

3. 预计18点现在车

站内：	A1	A2	a	O～a	B	O～B	M	O～M	O	空
	38	48	9	21	68	10	71	2	C/3	N/3

货场：重车（已装好）B/3；空车C/6；待卸车P/2，C/2

4. 本班请求车计划（已批准的装车计划）

A1	A2	a	o～a	B	o～B	M	o～M	0	空
36	48	9	21	68	10	71	2	C/3	N/3

5. 货场取送车时刻及装卸作业时间

站内送车时刻：20:20　　0:00　　3:20

取回站内时刻：21:30　　0:40　　4:00

送车时刻20分钟可以开始装卸作业，取回站内前20分钟结束装卸作业，装或卸一次时间为2小时30分。

6. 排空计划

G——A_2，P——B 无数量限制；　　C——M，N——B 本班至少各排出12辆

7. 车辆接续时间

中转车：到～发120分，最少不少于110分；

作业车：取回～发出90分，最少85分；到达～送车90分，最少85分。

8. 出发列车时刻

到达站	车　次	时　刻	到达站	车　次	时　刻
A1	10002	18:30	a	30002	0:50
M	32001	19:08	B	41001	1:20
B	31001	19:32	M	32007	1:36
A2	20002	20:20	A2	20004	2:07
M	32003	21:01	B	31007	2:43
B	31003	21:50	M	42001	3:24
a	40002	22:27	B	31009	4:20
M	32005	23:06	A2	20006	4:41
B	31005	23:32	M	32009	5:18
A1	10004	00:09	B	31011	5:46

9. 到达列车时刻及编组内容

车　次	时　间	编组内容													计
		A1	A2	a	O-a	B	O-B	M	O-M	O	空车				
											P	C	N	G	
31002	18:10	10	14	10	3			8		P_2				3	50
20001	18:52					18	6	21		C_3	2				50
32002	19:41	4	12	14	6	12					2				50
20003	20:22					23	4	14	2	C_3		4			50
31004	20:40	15	6	7	3			10	2	P_2/N_3		2			50
20005	21:10					18	8	16	6		2				50
32004	21:52	8	12	10	2	5	7			P_4				2	50
31006	22:39		8	10				18	8			6			50
20007	23:11					25	6	10	9						50
41002	23:35	11	1					23		C_1/P_3				2	41
32006	23:48	8	10			22	6			C_4					50
31008	0:38		22					16	8					4	50
10001	0:54					14	10	12	6	P_4	4				50
32008	1:40		21	3	4	13	6							3	50
10003	2:15					17	8	15		N_1			9		50
31010	2:50	7	4	8	3			20	6	C_2					50
32010	3:32	11	10	3	2	22					2				50
40001	4:24					20	2	16	7			2			47
31012	4:45		20	4	6			7	5	C_4				4	50
32012	5:20	6	5	8	3	24	2			C_2					50
10005	5:50					12	2	21	4	C_6		5			50

二、本实训是以一个区段站（O 站）12—17 时的作业来进行的，要求学生根据资料，

按车站调度员指挥车站的要求绘制车站技术作业图表（见附件二），制定阶段计划。

（一）资料

1. O站平面示意图、衔接方向

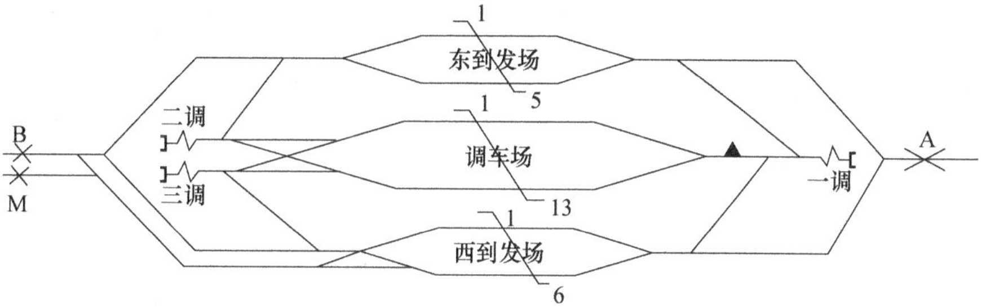

到发场及其分工

场　别	到发线数	担当任务
东到发场	5条	A方向到、发；B方向到
西到发场	6条（6道为客车通过线）	M方向到、发；B方向发

编组场线路及其分工

股道	1	2	3	4	5	6	7	8	9	10	11	12	13	容车量均54辆
存车内容	A_1	A2	A2	A+	空N	作业车交车线	扣修车交车线	B	空C	空P	B+	M	M+	

货场在东到发场一侧、站修线在西到发场一侧。

2. 调车机设置及分工

作业地点	调　别	担当任务
驼峰	一调	主要担当车列解体作业
东牵出线	二调	主要担当发往A方向列车编组及货场取送作业
西牵出线	三调	主要担当发往B、M方向列车编组及站修线取送

3. O站出发列车编组计划

到达站	列车种类	编组内容	车　次	编组辆数
A1	技术直达	① A1（至少35辆）；② A2	10002…	50
A2	区段	A2	30002…	50
A2	摘挂	① A2/10辆；② O～A2区段中间站车流	40002…	≤40
B	区段	① B；② 空C	31001…	50
B	摘挂	① O～B区段中间站车流；② B	41001…	≤50
M	区段	① M；②空P	32001…	50
M	摘挂	① O～M区段中间站车流；② M	42001…	≤50

4. 到达列车车次及编组内容

方 向	车 次	时 刻	A1	A2	A+	B	B+	M	M+	O	P	C	N	G
B	31020	已到东3	13	10	7			10	6	3				
M	32020	已到西4	8	10	4	10	6			3		6		2
A	30005	已到东4				17	8	12	2	4	7			
B	31022	12:35	8	11	5			10	4	3	5		4	
M	42002	12:53	2	5	8	9	5			5		8		2
A	30007	13:30				12	7	15	4	3	5	3		
B	31024	14:19	5					18	10	3				
A	40003	14:28				15		14	6	2	3	3		
M	32022	14:50	8	14		16	6			2				4

5. 出发列车车次及时刻

到达站	车 次	时 刻	到达站	车 次	时 刻
M	32019	12:32 已编好西2	B	31021	15:45
A2	30006	13:10	A2	40004	15:55
B	31019	13:57	M	32023	16:22
M	32021	14:30	A2	30008	16:55
A1	10002	14:50	B	41003	17:26

6. 本阶段开始时股道现在车

编组场线路编号	1	2	3	4	5	6	7	8	9	10	11	12	13
现在车	A1/25	A2/50	A2/10	A+/5	N/5	O/8	扣/6	B/30	C/2	P/6	B+/10	M/28	M+/3

7. 排空方向

P→M　C→B　N→A2　G→A1

8. 计划与进度

装车计划：13:30 装完 A2/5

15:00 装完 B+/4（指定编入 41003 次）

站 修 线：13:40 修峻 N/2、M/1、B/3（其中 N/2 编入 30008 次）

调机作业开始时刻及其他

一调：12:00；二调 12:10；三调 12:20

一调开始解体前先顶车一次，以后每解体三列顶一次，每次顶车均为十分钟。本阶段安排货场取送两次，包括走行时间每次 50 分钟（站内至货场需走行十分钟），本阶段安排站修线取送 2 次，包括走行时间每次 40 分（站内至站修线需走行 5 分）。

9. 作业时间标准

解 体	编 组	编 组	到 达	出 发	取交换车及分解
25/列	直通 35/列	摘挂 50/列	35/列	20/列	10/列

10. 32020、30005 次列车编组顺序

B/3	A2/2	O/1	C/3	A1/3	G/1	A+/2	A2/4	B/2	扣/1	C/3	G/1	O/2	B+/3	B/4	A+/2	A2/4	B/1	A1/5	B+/3

B/3	O/1	P/2	B/6	M/2	B+/3	B/5	M/6	P/3	O/3	M+/2	B/3	P/2	B+/5	M/4

11. 有关规定

解体开始后 15 分钟，车辆溜入股道；编组结束前 10 分钟，车辆离开股道，送车和取车结合进行时，分别在开始后和结束前 10 分钟，车辆离开和进入股道。

（二）实训要求

1. 各到达列车解体完毕，各出发列车编组完毕。

2. 编制 32020 次、30005 次列车解体调车作业计划，以及 10002 次、31019 次、32021 次列车编组调车作业计划。

3. 编制 O 站阶段计划说明书（包括 O 站工作组织中存在的问题和发现的缺点、实训的体会）

应知应会

一、填空题

1. 车站作业计划包括________、________和________。

2. 车站班计划的中心内容是________，主要任务是________________。

3. ________是保证实现班计划的具体行动计划。

4. 中时是指________________________________。

二、选择题

1. 车站阶段计划由（　　）负责编制。

A. 车站值班站长　B. 车站值班员　C. 车站调度员　D. 调车区长

2. 车站每天的生产活动分为两个班进行，其中（　　）为第二班。

A. 当日 18:01 至次日 6:00　B. 当日 20:01 至次日 8:00

C. 当日 6:01 至次日 18:00　D. 当日 8:01 至次日 20:00

3. 阶段计划的长短，一般应以（　　）为宜。

A. 1～2 h　B. 2～3 h　C. 3～4 h　D. 4～5 h

4. 在编制班计划中列车出发计划时，应以（　　）为依据确定每一出发列车的编组内容。

A. 列车运行图　B. 货物列车编组计划

C. 车站技术作业过程　D. 调度所下达的任务

5. 在填记技术作业图表的调机动态栏时，记载符号“DA”表示（　　）。

A. 等工作　B. 待避　C. 等装卸　D. 等技检

三、判断题

1. 编制按站顺编组的摘挂列车调车作业计划时，可以通过合并使用线路，减少连挂车辆的挂车钩。（　　）

2. 班计划中列车出发计划的编制过程，就是推算车流、合理组织车流的过程（ ）

3. 纵列式车站利用驼峰解体调车时，一般采用分部解体的方法（ ）

4. 车站可直接将调度所布置的班工作任务填记在班计划表列车到达计划栏内，无须另作安排（ ）

5. 编制按站顺编组的摘挂列车调车作业计划时，调整可移动车组的原则是不影响站顺则调，影响站顺则不调（ ）

四、简答题

1. 车站作业计划包括哪些？分别由谁负责编制？

2. 编制阶段计划过程中，遇到车流不足或车流过大时，车站应考虑采取哪些措施？

3. 编制调车作业计划的要求是什么？

4. 编制班计划的列车出发计划时，编组始发列车的车流来源有哪几个方面？

五、综合题

1. 按站顺编制摘挂列车编组调车作业计划。要求：使用股道数 3 条；调机在右，列车编成后向左出发；待编车列（$1_7 3_3 7_2 1_1 2_3 4_3 6_2 8_2 9_1 5_3$）停于调车场 10 道，8、9 道空闲，列车编好后向到发场 4 道转线出发。

2. 按站顺编制摘挂列车编组调车作业计划。要求：使用股道数 3 条；调机在右，列车编成后向左出发；待编车列（3417261253）停于调车场 7 道，5、6 道空闲，列车编好后向到发场 2 道转线出发。

3. 按站顺编制摘挂列车编组调车作业计划。要求：使用股道数 3 条；调机在右，列车编成后向左出发；待编车列（$7_3 5_4 2_4 5_3 4_1 3_6 1_5 2_1 5_2 6_1$）停于调车场 11 道，10、12 道空闲，列车编好后向到发场 3 道转线出发。

第七章

车站工作统计

[能力目标]

1. 能够根据所学知识和所给资料，按号码制和非号码制统计货车停留时间的方法，统计货车在站的停留时间。

[知识目标]

1. 装卸车数的统计；
2. 现在车的分类；
3. 号码制和非号码制统计货车停留时间的方法。

[素质目标]

培养学生细心、耐心、严谨的工作态度以及团队合作的精神。

为了及时而准确地反映车站工作完成的情况，提供确定任务、编制计划和改进工作的资料，对于车站各项数量指标和质量指标的完成实绩要进行系统的统计和分析。

车站工作统计主要有装卸车统计、现在车统计、货车停留时间统计、货物列车出发正点率统计。

第一节　装卸车统计

装卸车统计是反映铁路实际完成的货运量、货车运用及货物装卸作业的情况，用以考核完成货物运输计划和改进货物运输工作的依据。

（一）装车统计

凡在铁路货运营业站承运并填制货票，以运用车运送货物的装车，均统计为装车数。统计装车数应以实际装车作业或货车交接完毕，并填妥货票时的数目为准。

（二）卸车统计

凡填制货票以运用车运送，到达铁路货运营业站的卸车，均统计为卸车数。

（三）不计算装卸车数和作业次数的货车

（1）各种非运用车的装卸（按一般货运手续办理的装车应转为运用车）；

（2）变更到站的重车；

（3）不论是否摘下而进行货物装载整理的货车；

（4）在本企业专用线内或不经过铁路营业线的两个企业间搬运货物的装卸。

车站的装卸车数，是反映车站货物运输工作量大小以及考核车站货运工作计划完成情况的一个数量指标，也是确定车站货运机构设置和货运设备配置的主要依据。

第二节　现在车统计

现在车统计主要反映车站每日18点时货车现有数，以及货车的运用和分布情况。

一、现在车按产权所属分为部属铁路货车、企业自备货车及内用货车、外国铁路货车

（1）部属铁路货车：凡属铁道部资产、涂有铁路路徽，按铁道部统一规定涂打车型标记、编号的货车。

（2）企业自备货车：凡属企业（包括国家铁路运输企业、合资铁路、地方铁路及其属企业）资产并取得“企业自备货车经国家铁路过轨运输许可证”（以下简称“过轨运输许可证”）和一次性过轨的货车。

（3）内用货车：属企业（包括合资、地方铁路及其下属企业）资产但未取得“过轨运输许可证”，仅在本企业内承担社会运输任务的货车。内用货车比照企业自备货车进行统计。

（4）外国铁路货车：凡属于国外资产的铁路货车。

二、现在车按运用状况分为运用车和非运用车

1. 运用车

运用车是指参加铁路营业运输的部属铁路货车、企业自备货车、外国铁路货车，内用货车、企业租用、军方特殊用途重车。运用车分为重车和空车。

（1）重车

① 实际装有货物并具有货票的货车；

② 卸车作业未完的货车；

③ 倒装作业未卸完的货车；

④ 以“特殊货车及运送用具回送清单”手续装载整车回送铁路货车用具（部属篷布、空集装箱及军用备品等）的货车；

⑤ 填制货票的游车；

（2）空车

① 实际空闲的货车。

② 装车作业未完的货车。

③ 倒装作业未装完的货车。

④ 运用状态下的机械冷藏车的工作车

2. 非运用车

指不参加铁路营业运输的部属货车（包括租出空车）、企业自备内用检修车和在专用线、专用铁路内的已获得“过轨运输许可证”的企业自备货车、在站装卸作业企业自备空车、在本企业内的内用空车、军方特殊用途空车以及部属特种用途车。

非运用车应按备用车、检修车、代客货车、路用车、洗罐车、整备罐车、租出空车、在企业内的企业自备货车和军方特殊用途空车等分别统计。

（1）备用车：为了保证完成临时紧急任务的需要所储备的技术状态良好的部属空货车。特殊备用车须备满48小时，其他备用车须备满24小时，才能解除备用。备用时间不满或无令动用时，自备用时起按运用车统计（因紧急任务需要，经铁道部批准解除时，不受此项限制）。

（2）代客货车：根据铁道部命令用以运送人员、行李及包裹的货车。

（3）路用车：铁道部批准作为铁路各单位运送非营业运输物资或用于特殊用途的货车。分为特殊用途车和其他路用车。

（4）洗罐车：为进行清洗的良好罐车。

（5）整备罐车：在指定地点进行技术整备的整列（成组）固定编组石油直达罐车。

（6）租出空车：企业租用的部属货车空车；新造及由国外购置的货车在交付使用前的试运转空车；部队训练使用的部属货车。

（7）军方特殊用途空车：指军方用于军事运输等特殊用途的空货车（车体基本记号标明为客车的除外）。

车站每日应按统一规定时间（18点），根据现在车实际状况，分别填写现在车报表和18点现在重车去向报表，并上报分局调度所。

现在车统计不仅可以考核车站运用车保有量是否超过规定标准，而且可供铁路局推算各分局货车保有量和去向别的移交重车数，以编制和检查运输工作日常计划，组织卸车和调整车流之用。

第三节　货车停留时间统计

一、统计意义

用以反映运用车在车站进行货物作业和中转作业停留时间完成的情况，提供检查、分析、改善车站技术作业组织的依据，以加速货车的周转。

二、货车停留时间的定义

货车停留时间是指运用车由到达、转入或加入时起至发出、转出或退出时止的全部停留时间（不包括其中转入非运用车的停留时间）

中间站利用列车停站时间进行装卸，装卸完了仍随原列车继续运行时，只计算作业次数，不计算停留时间。

按作业性质分为货物作业停留时间和中转停留时间。

1. 货物作业停留时间

运用车在站线（包括区间）及专用线（包括路产专用线）内进行装卸、倒装作业所停留的时间。按下列作业过程时间统计。

（1）入线前停留时间：由货车到达时起至送到装卸地点时止，以及双重作业货车由卸车完了时起至送到另一装车地点时止的时间。

（2）站线作业停留时间：由货车送到装卸地点时起，至装卸作业完了时止的时间。

（3）专用线作业停留时间：由货车送到装卸地点时起，至装卸作业完了时止的时间。如规定以企业自备机车取送车辆时，以双方将货车送到规定地点的时分计算。

（4）出线后停留时间：由货车装卸作业完了时起，至发出时止的时间。

2. 中转停留时间

为货车在车站进行解体、改编、中转技术作业及其他中转作业（包括变更到站、装载整理、专为加冰及洗罐消毒的货车，按规定进行洗罐的罐车除外）所停留的时间。

按中转作业性质分为无调中转车停留时间和有调中转车停留时间两种。

车站统计一次货物作业平均停留时间和中转车平均停留时间。

各项平均停留时间的计算公式为：

① 一次货物作业平均停留时间

$$t_{货} = \frac{\sum Nt_{货}}{U_{装} + U_{卸}}(\text{h/次})$$

式中 $\sum Nt_{货}$——当日本站货物作业车总停留车小时；

$U_{装}$、$U_{卸}$——当日本站货物作业车完成的装车和卸车总次数。

② 有调中转车平均停留时间

$$t_{有} = \frac{\sum Nt_{有}}{\sum N_{有}}(\text{h/车})$$

式中 $\sum Nt_{有}$——当日有调中转车总停留车小时；

$\sum N_{有}$——当日有调中转车总数。

③ 无调中转车平均停留时间

$$t_{无} = \frac{\sum Nt_{无}}{\sum N_{无}}(\text{h/车})$$

式中 $\sum Nt_{无}$——当日无调中转车总停留车小时；

$\sum N_{无}$——当日无调中转车总数。

④ 中转车平均停留时间

$$t_{中} = \frac{\sum N_{无}\, t_{无} + \sum N_{有}\, t_{有}}{\sum N_{无} + \sum N_{有}}(\text{h/车})$$

三、统计方法

目前统计各种货车停留时间的方法有号码制和非号码制两种方法。

1. 号码制统计方法

利用号码制统计货车停留时间时，是按每一辆货车填写“号码制货车停留时间登记簿”，并计算其在车站的停留时间。对各种作业性质的货车分别填写号码制货车停留时间登记簿，就可统计出各种作业货车在站停留的车数或作业次数及停留车小时。

由此可见，当货车发出后才能统计其在站的停留时间。因此，号码制统计方法规定：各种性质货车当日发出车辆的总停留车小时作为各种性质货车当日的总停留车小时，各种性质货车当日发出车辆的作业次数及中转车数作为各种性质车辆当日的作业次数及中转车数，然后用公式计算各平均停留时间。

2. 非号码制统计方法

非号码制统计方法与号码制统计方法的区别在于它不按每一辆车统计停留时间，而按一日（一班或一小时）内同一性质所有停站车辆统计总停留车小时统计。非号码制统计车辆停留时间时，先假定一日（一班或一小时）开始时结存的车辆和本日（本班或本小时）到达或转入的车辆全都停留至本日（本班或本小时）结束，并按此统计车辆的总停留车小时，然后再将本日（本班或本小时）发出或转出车辆从发出或转出之时起至本日（本班或本小时）结束之时止未停留的总车小时扣除，即得到各种性质车辆在本日（本班或本小时）的总停留车小时。通用的计算公式如下：

$$\sum Nt = N_{结存}t + \sum N_{到}\,t_{到} - \sum N_{发}\,t_{发}$$

式中 $\sum Nt$——各种性质停站车辆一天（班或小时）的总停留车小时；

t——一天（班或小时）的时间，h；

$N_{结存}$——前一天（班或小时）结存的同一性质车数；

$N_{到}$——一天（班或小时）内各次列车到达车站或转入的同一性质车数；

$t_{到}$——各次列车由到达车站或转入之时起，至本日（班或小时）结束时止的换算小时；

$N_{发}$——一天（班或小时）内各次列车由车站出发或转出的车数；

$t_{发}$——各次列车由车站出发或转出之时起，至本日（班或小时）结束时止的换算小时。

列车到发或转入转出时间的分钟数应换算为十进制的小时数（见表7-1）。按非号码制统计货车停留时间，通常采用逆算十进制小时换算表（见表7-2）。

表7-1 正算十进位小时换算表

实际时分	1~2	3~8	9~14	15~20	21~26	27~32	33~38	39~44	45~50	51~56	57~60
换算小时	0	0.1	0.2	0.3	0.4	0.5	0.6	0.7	0.8	0.9	1.0

表7-2 逆算十进位小时换算表

实际时分	1~3	4~9	10~15	16~21	22~27	28~33	34~39	40~45	46~51	52~57	58~60
换算小时	1.0	0.9	0.8	0.7	0.6	0.5	0.4	0.3	0.2	0.1	0.0

因此，按非号码制统计时，各种性质货车当日实际停留的总车小时作为其当日的总停留

车小时。当日完成的装车数和卸车数之和为当日的货物作业次数。当日到达和出发中转车数之和的一半，作为当日的中转车数。根据有关计算公式，便可求出各项平均停留时间。

3. 方法比较

号码制统计方法的优点是能够比较精确地算出每辆货车的停留时间，缺点是方法繁琐，并且不能反映车站当日工作的实际成绩。因此，号码制统计方法只在出入车数较少的车站采用，或者用来统计本站货物作业车的入线前、站线、专用线和出线后的停留时间。

非号码制统计方法简便，又有一定的精确程度，并能反映车站当日工作的实际成绩，因此在出入车数较大的车站普遍采用。

第四节 货物列车出发正点统计

货物列车正点统计是反映货物列车按列车运行图行车情况，考核日（班）列车工作计划的编制质量及执行情况，分析改善列车运行秩序和运输指挥工作的主要依据。

车站货物列车出发正点率，是根据列车《行车日志》进行统计的，计算公式为：

$$\gamma_{发} = \frac{n_{发}^{正}}{n_{发}^{总}}$$

列车不能正点出发，不仅会增加调度工作的困难，甚至可能会打乱整个区段的列车运行秩序。

造成列车不能正点出发的原因很多，但车站工作组织的水平往往是决定出发正点率的一个主要因素。因此，不断提高车站工作组织水平，加强与有关方面的相互配合，对提高货物列车出发正点率具有重要的意义。

附注：几种常见的统计报表名称

运报—1——分界站货车出入报表
运报—2——现在车报表
运报—3——十八点现在重车去向报表
运报—4——货车停留时间报表
运报—5——货车运用成绩报表
运报—6——货物列车正晚点报表
运报—9——货车车辆千米统计表
运报—10——货物列车千米统计表
运报—11——编组站办理货车辆数统计表
运统1——列车编组顺序表
运统2——中间站行车日志
运统3——编组（区段）站行车日志
运统4——货车出入登记簿
运统5——检修车登记簿
运统6——运用车转变记录
运统7——非运用车登记簿
运统8——号码制货车停留时间登记簿

运统 9——非号码制货车停留时间登记簿
运统 10——列车运行分析表
运统 11——货车动态表
货报—1——装卸车报表

能力训练

根据某站某日“货车出入登记簿”（运统 4）（见附件三、四），分别用号码制与非号码制（见附件五、六）统计货车在站停留时间，并计算当日完成的中时、停时（已知当日装车 50 车，卸车 45 车）。

应知应会

一、填空题

1. 现在车按运用上的区别，分为________和________两大类。
2. 目前，货车停留时间的统计方法有________和________两种。
3. 货车停留时间按作业性质分为时间________和________时间。
4. 现在车统计主要反映____________________。
5. 运统 8 的全称是____________________。

二、判断题

1. 凡计算车站出入的运用车，均应统计停留时间。(　　)
2. 企业租用空车是企业租用的部属货车空车。(　　)
3. 运统 8 中货车的到、发和转变以及各种货物作业过程的起止时分均填记实际时分。(　　)
4. 在填记运统 8 时，凡作业过程不全的货车的车数与停留时间在 18：00 时必须单独加以结算。(　　)
5. 入线前停留时间的长短，主要取决于列车到达、解体、集结和送车等技术作业的效率 (　　)

三、简答题

1. 车站工作统计的意义是什么？其主要内容包括哪些？
2. 现在车如何分类？何谓运用车？哪些货车按重车统计？哪些货车按空车统计？
3. 号码制与非号码制统计方法各有何优缺点？分别适用于何种车站？
4. 写出运统 1 ~ 运统 9 和运报—1 ~ 运报—4 统计报表的全称。

第二部分　铁路局工作组织

第八章

列车运行图的基本概念

[能力目标]

能够根据所给资料，正确地确定车站中心线。

[知识目标]

1. 列车运行图的格式及分类；
2. 车站中心线的画法。

第一节　列车运行图的图解表示

一、列车运行图的定义与作用

1. 定义

列车运行图是用以表示列车在铁路区间运行及在车站到发或通过时刻的技术文件。它规定各次列车占用区间的程序，列车在每个车站的到达和出发（或通过）时刻，列车在区间的运行时间，列车在车站的停站时间以及机车交路、列车重量和长度等。

2. 作用

（1）规定了各次客货列车占用区间的程序，以及在车站到、发或通过的时刻；

（2）规定了铁路各项技术设备的运用（线路、站场、机车、车辆）；

（3）规定了与行车各有关部门的工作（车、机、工、电、辆）；

（4）铁路运输服务能力的一种表现形式。

二、列车运行图的图解表示方法

列车运行图是运用坐标原理对列车运行时间、空间关系的图解表示，因而实际上它是对列车运行时空过程的图解。基本表示方法有：

（1）横坐标表示时间，纵坐标表示距离。

（2）横坐标表示距离，纵坐标表示时间。

目前我国铁路列车运行图采用第一种图形表示形式。在此类运行图上：

竖线：代表一昼夜的小时和分钟的时间线；

横线：代表分界点的中心线；

斜线：代表列车运行线，表示列车在区间的运行情况。其中上斜线代表上行列车，下斜线表示下行列车。

站名：上行端位于上方，下行端位于下方；特殊情况由铁道部规定。

三、运行图格式

为了适应使用上的不同需要，列车运行图按时间划分方法不同，有以下三种格式：

（1）二分格运行图：主要用于编制新运行图（见图 8－1）。

（2）十分格运行图：主要用于编制调度调整计划和绘制实绩运行图（见图 8－2）。

（3）小时格运行图：主要用于编制旅客列车方案图和机车周转图（见图 8－3）。

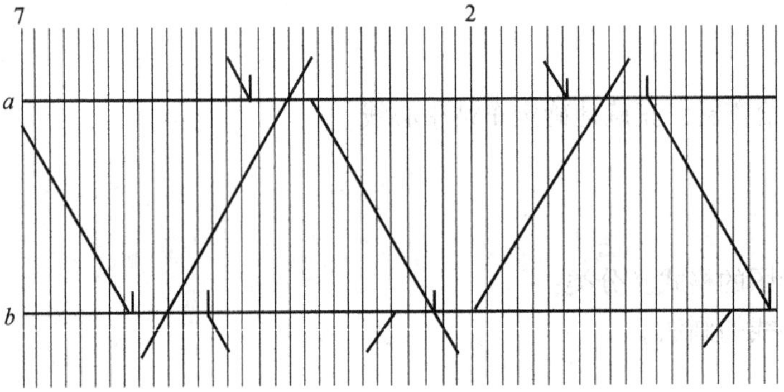

图 8－1　二分格运行图

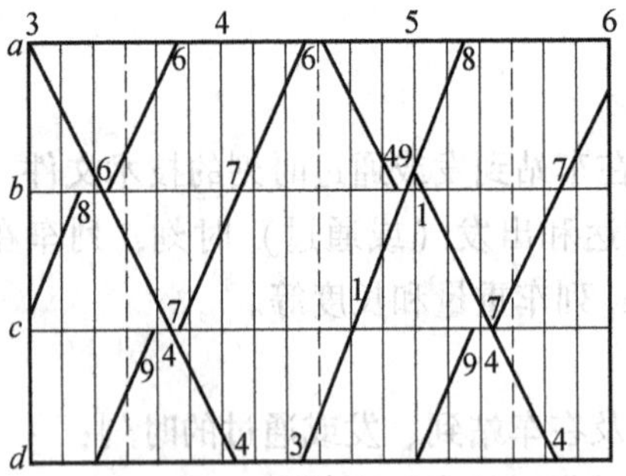

图 8－2　十分格运行图

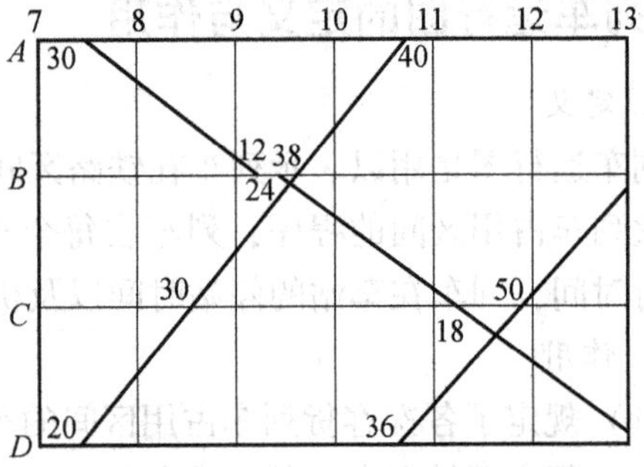

图 8－3　小时格运行图

（4）一分格运行图：主要用于编制地铁运行图。

（5）六小时格运行图：主要用于编制旅客列车车底周转图。

四、确定车站中心线位置的方法

在列车运行图上，以横线表示车站中心线的位置，一般以细线表示中间站，以较粗的线表示技术站和有技术作业的车站，以虚线表示乘降所，以红线表示两股道车站。车站中心线的位置有下列两种确定方法：

1. 按区间实际里程的比率确定

优点：运行图上的站间距离完全反映实际情况。

缺点：列车在整个区段的运行线往往是一条斜折线，既不整齐，也不易发现列车区间运行时分上的差错。

2. 按区间运行时分的比率确定（见图 8－4）

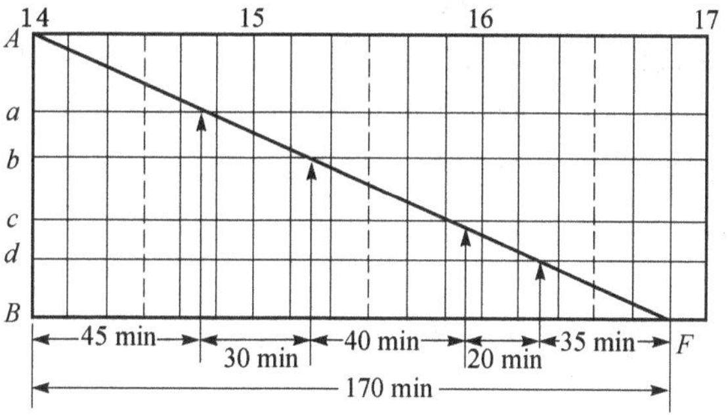

图 8－4 按区间运行时分比率确定车站位置示意图

优点：列车在整个区段的运行线基本上是一条斜直线，既整齐美观，也易于发现列车区间运行时分上的差错，所以一般采用这一方法。

五、运行图符号及记点

列车运行图上铺画有许多不同种类的列车运行线。为了便于识别，列车运行线分别采用不同的颜色和表示符号，并在区段首末两端区间相应列车运行线的上方标明其规定的车次（见表 8－1）。

表 8－1 运行图符号及论点

列车种类	表示方法		备 注
旅客列车（包括行邮专列）	红单线	————	以车次区分
临时旅客列车	红单线加红双杠	—‖—‖—	
回送客车底	红单线加红方框	—□—□—	
行包专列	蓝单线加红圈	—○—○—	
“五定”班列	蓝单线加蓝圈	—○—○—	
快运货物、直达、重载列车	蓝单线	————	以车次区分
直通、区段、小运转列车	黑单线	————	以车次区分
冷藏列车	黑单线加红圈	—○—○—	
军用列车	红色断线	--------------	
回送军用列车	红色断线加红方框	---□---□---	
超限货物列车	黑单线加黑方框	—□—□—	
摘挂列车	黑单线加“＋”“｜”	—＋—｜—	
路用列车	黑单线加蓝圈	—○—○—	
单机	黑单线加黑三角	———	
高级专列及先驱列车	红单线加红箭头	—→—→—	
救援和除雪列车	红单线加红“×”	—×—×—	
重型轨道、轻油动车	黑单线加黑双杠	—‖—‖—	

运行图上的列车运行线（斜线）与车站中心线（横线）的交点，即为列车到、发或通过车站的时刻。根据列车运行图的格式，它有不同的表示方法。

（1）二分格运行图：以规定的标记符号表示，不需填写数字（如："｜"表示分钟，"↑"表示30 s）；

（2）十分格运行图：填写10以下数字（1～9）；

（3）小时格运行图：填写60以下数字（1～59）。

所有这些表示时刻的数字，都填写在列车运行线与车站中心线相交的钝角内。列车通过车站的时刻，一般填写在出站一端的钝角内。

为方便旅客使用和铁路员工组织生产，还需根据列车运行图编制列车时刻表。旅客列车时刻表应在新运行图实行之前向社会公布。

第二节　列车运行图的类型

根据使用范围以及铁路线路的技术设备（如单线、复线）、列车运行速度、上下行方向的列车数量、列车的运行方式等条件，列车运行图可以分为多种类型。

一、按使用范围不同分

1. 供铁路内部使用的列车运行图

即通常所指的列车运行图，又称图形列车运行图。

2. 供社会使用的列车运行图

即列车时刻表（铁路旅客列车时刻表和"五定"班列车时刻表）。

二、按区间正线数目不同分

1. 单线运行图

对向列车的交会、同向列车的越行都必须在车站上进行（见图8－5）。

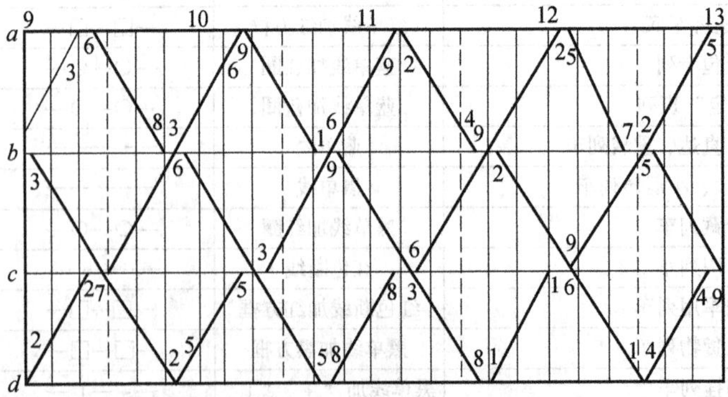

图8－5　单线成对平行运行图

2. 双线运行图

对向列车可以在区间内或车站上交会；但同向列车的越行必须在车站上进行（见图8－6）。

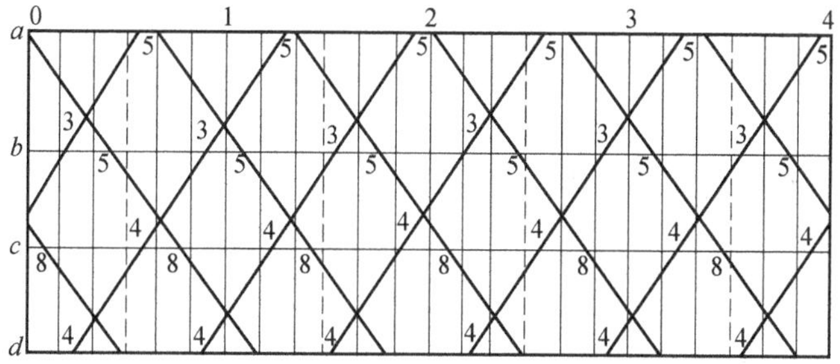

图 8－6　双线成对平行运行图

3. 单双线运行图

单线区间和双线区间各按单线运行图和双线运行图的特点铺画运行线（见图 8－7）。

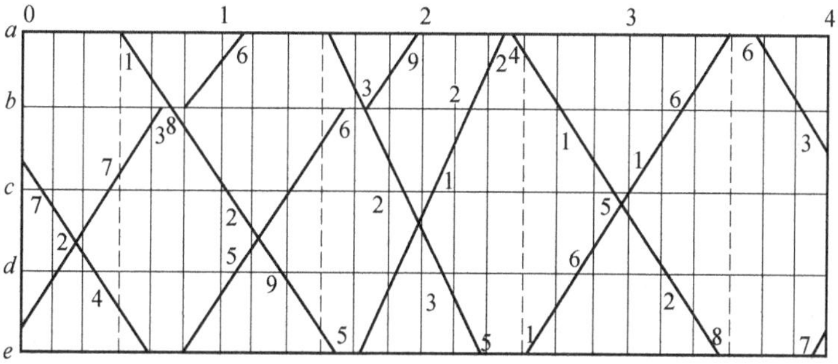

图 8－7　单双线成对平行运行图

4. 多线运行图

三、按列车运行速度不同分

1. 平行运行图

在同一区间内，同一方向列车的运行速度相同，且列车在区间两端站到、发或通过的运行方式也相同。因而列车运行线相互平行，并在区段内没有列车越行。

2. 非平行运行图

在运行图上铺有各种不同种类和不同速度的列车，且列车在区间两端站到、发或通过的运行方式不同（见图 8－8），因而列车运行线不相平行，区段内有列车越行。

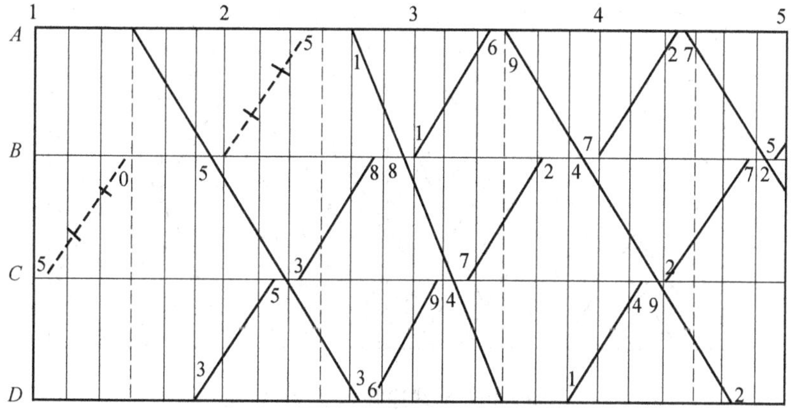

图 8－8　单线非平行运行图

四、按上下行方向列车数目不同分

1. 成对运行图

上下行方向的列车数目相等并成对运行。

2. 不成对运行图

上下行方向的列车数目不相等。

五、按同方向列车运行方式不同分

1. 连发运行图

在非自动闭塞区段采用，同方向列车的运行以站间区间为间隔。在单线区段只有不成对运行时才采用连发运行图，而连发的列车数通常不超过两列，在连发的一组列车之间不能铺画对向列车（见图8－9）。

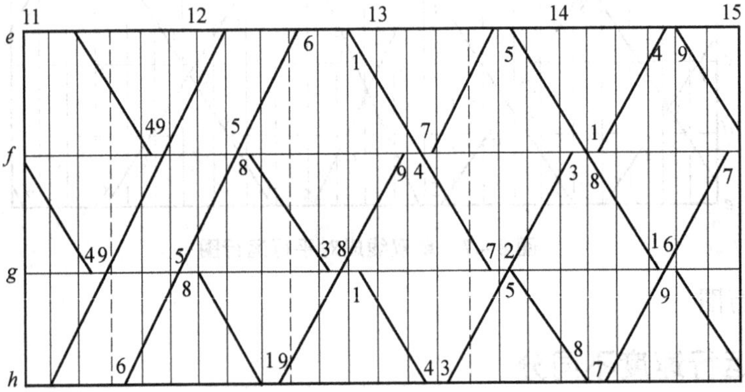

图8－9 单线连发运行图

2. 追踪运行图

在自动闭塞或非自动闭塞区段（设有线路所）采用，同方向列车的运行以闭塞分区或所间分区为间隔（见图8－10）。

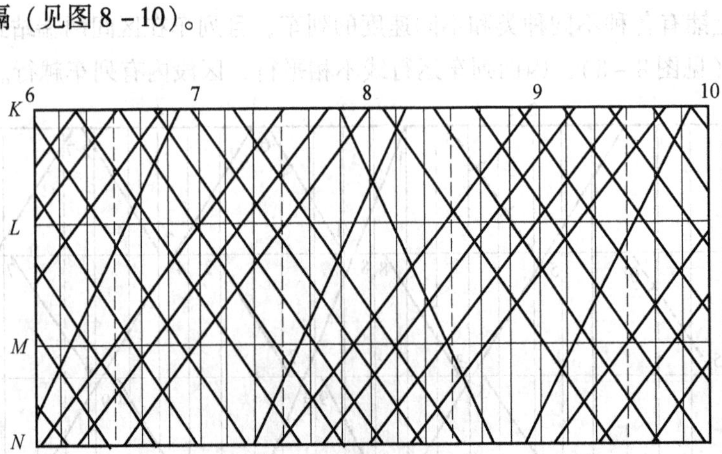

图8－10 双线追踪非平行运行图

3. 部分追踪运行图

仅有一部分列车是追踪运行的，实际工作中经常采用。

以上所列举的分类，都是针对运行图的某一特点而加以区别的。实际上，每张运行图都具有好几方面的特点，例如某一区段的运行图它既是双线的、非平行的，又是追踪的。

运行图的命名规则如下：

单	线	成对	追踪	平行	运行图
双		不成对	非追踪	非平行	

能力训练

要求：按下行货物列车区间纯运时分确定车站中心线。

1. A——B 单线区段示意图

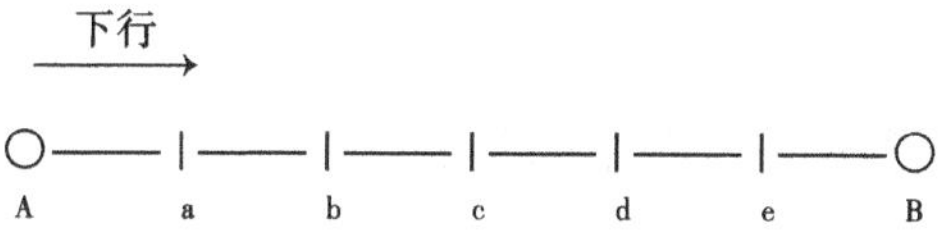

2. A——B 区段区间距离、列车运行时分

区间名称	区间距离	列车运行时分			
		旅客列车		货物列车	
		上行	下行	上行	下行
A——a	22	17	15	21	19
a——b	25	18	22	23	26
b——c	17	12	12	15	15
c——d	20	14	15	16	18
d——e	27	20	23	24	26
e——B	13	10	10	13	13

应知应会

一、填空题

1. 列车运行图按同方向列车运行方式，分为________运行图和________运行图。

2. 列车运行图上的竖线代表____________，横线代表________，斜线代表________。

3. 确定车站中心线位置的方法有____________和____________。

4. 列车运行图按运行速度不同，分为________运行图和________运行图。按上下行列车数目不同，分为________运行图和________。

二、简答题

1. 什么叫列车运行图？它有何作用？

2. 确定车站中心线位置的方法有哪两种？各自的优缺点是什么？

第九章 列车运行图的要素及其计算

[能力目标]

能够正确的识别列车运行图的各项组成要素

[知识目标]

1. 列车区间运行时分；
2. 车站间隔时间。

第一节 列车运行图概述

列车运行图虽有各种不同的类型，但它们都是由一些基本要素组成的。因此，在编制列车运行图之前，必须首先确定组成列车运行图的各项要素。

列车运行图的要素包括：

（1）列车区间运行时分；

（2）列车在中间站的停站时间；

（3）机车在基本段和折返段所在站的停留时间标准；

（4）列车在技术站、客货运站的技术作业过程及其主要作业时间标准；

（5）车站间隔时间；

（6）追踪列车间隔时间。

一、列车区间运行时分

（1）列车区间运行时分是指列车在两个相邻车站或线路所之间的运行时间标准。由机务部门采用牵引计算和实际试验相结合的方法查定。

（2）列车区间运行时分是按车站中心线或线路所通过信号机之间的距离计算（见图9－1）。当到发场中心线与车站中心线不一致时，按到发场中心线计算。

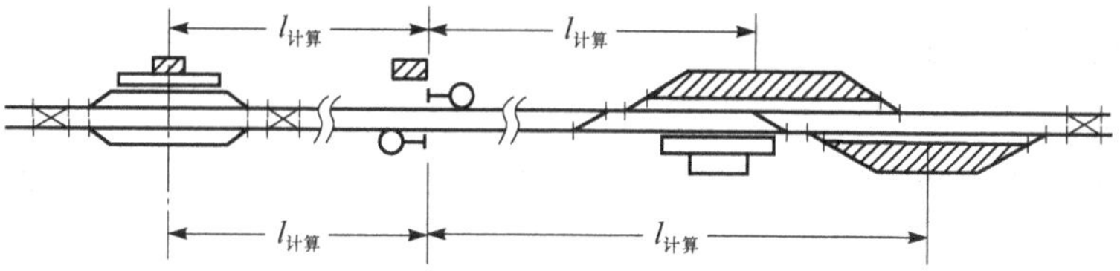

图 9-1 区间运行时分的计算距离示意图

(3) 同一区间列车运行时分不同的原因。

① 旅客列车和货物列车； ② 快车和慢车；

③ 上行和下行； ④ 不同的列车重量；

⑤ 不同的牵引机车类型； ⑥ 列车通过区间的方式不同（见图 9-2）。

其中，列车不停车通过两个相邻车站所需的区间运行时分称为纯运行时分。列车到站停车的停车附加时分（$t_{停}$）和停站后出发的启动附加时分（$t_{起}$），应根据机车类型、列车重量以及进出站线路平面、纵断面条件查定。

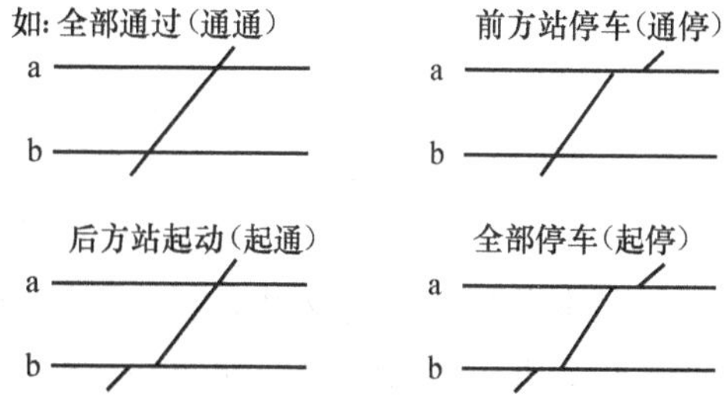

图 9-2 列车通过区间的方式

因此，列车区间运行时分应按以上几种情况分别查定。

(4) 起停车附加时分有关规定。

内燃、电力牵引时：$t_{起}=t_{停}=1$ min 蒸汽牵引时：$t_{起}=2\sim3$ min；$t_{停}=1\sim2$ min

二、列车在中间站的停站时间

列车在中间站的停站时间是指列车在中间站办理列车技术作业、客货运作业及列车会让和越行等所需要的最小停站时间。

(1) 必要的技术作业：摘挂补机、试风和列车的技术检查、机车乘务组和车长换班等。

(2) 客货运作业：旅客乘降、行李包裹和邮件的装卸、车辆摘挂、取送车和货物装卸等。

(3) 列车在中间站的会车和越行。

为了进行上述作业，必须规定相应的列车停站时间标准。

列车进行技术作业和客货运作业的时间标准，是由每一车站用分析计算和实际查标相结合的方法分别确定的。会车和越行停站时间根据车站间隔时间和追踪列车间隔时间确定。

列车在中间站的各项作业，应尽可能平行进行。在满足实际需要的条件下，应最大限度地缩短列车停站时间，以提高列车的旅行速度。

三、机车在基本段和折返段所在站的停留时间标准

机车在基本段和折返段所在站的停留时间标准：机车在基本段和折返段所在站办理必要作业所需要的最小时间。

机车在基本段和折返段所在站的停留时间标准，取决于机车的运用方式。

（一）铁路机车的运用方式

1. 肩回运转制交路

机车担当与基本段相邻区段的列车牵引任务。机车每次通过折返段和基本段所在站时，都需入段进行整备作业（见图9－3）。

2. 半循环运转制交路

机车担当与基本段相邻两个区段的列车牵引任务，除需进折返段整备外，机车第一次返回基本段所在站时不入段，继续牵引列车向前方区段运行，到第二次返回基本段所在站时，才入段进行整备作业（见图9－4）。

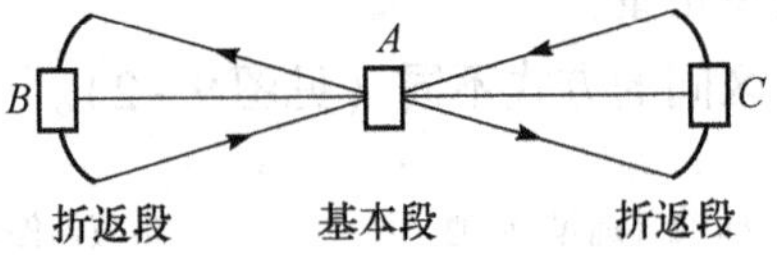

图9－3 肩回运转交路图

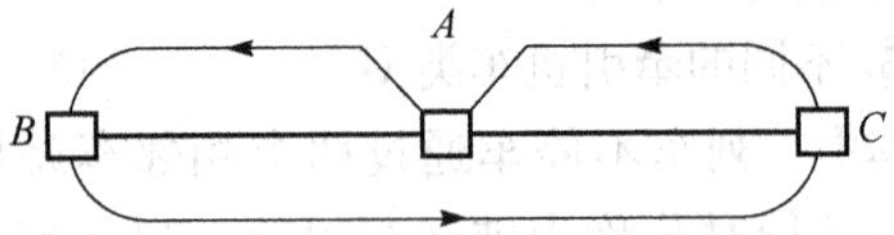

图9－4 半循环运转交路图

3. 循环运转制交路

机车担当与基本段相邻两个区段的列车牵引任务，除需进折返段整备及因中间技术检查需入基本段外，每次返回基本段所在站时，都在车站上进行整备作业（见图9－5）。

4. 环形运转制交路：机车在一个区段或枢纽内担当两个及两个以上往返的列车牵引任务之后，才入段进行整备作业，机车不需要转向（见图9－6）。这种交路适用于担当市郊列车和小运转列车的牵引任务。

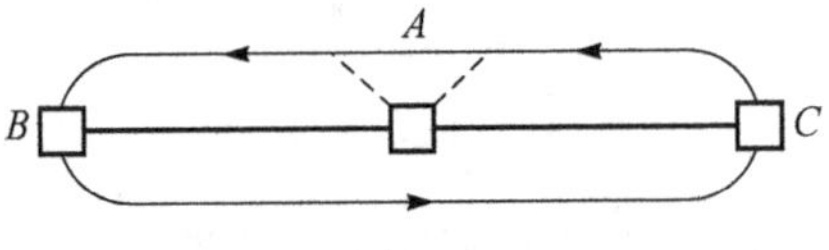

图9－5 循环运转交路图

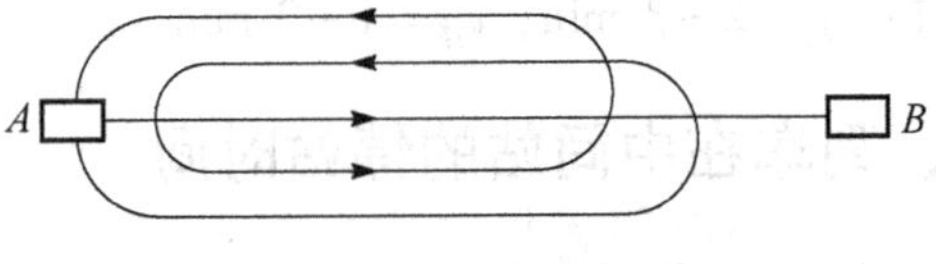

图9－6 环形运转交路图

目前，我国铁路常采用的机车运转方式为肩回运转制交路和循环运转制交路

（二）机车在基本段和折返段所在站的停留时间标准

1. 机车在折返段所在站应办理的作业（见图9－7）

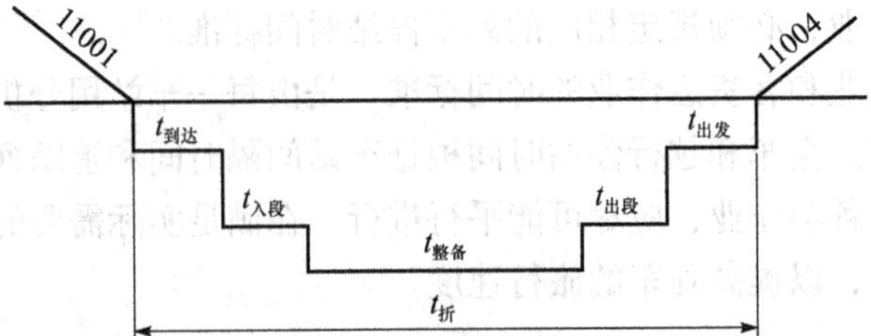

图9－7 机车在折返段所在站作业过程图

（1）在到发线上的到达作业：包括到达试风、摘机车、准备机车入段进路等；

（2）机车入段走行；

（3）机车在段内整备作业：对于内燃机车来说，段内作业主要是机车乘务组换班，供应燃料，补充润滑油、砂、冷却水，日常检查和机车转向等；

（4）机车出段走行；

（5）在到发线上的出发作业：包括挂机车、出发试风等。

综合以上各项作业所需要的时间，便得出机车在折返段所在站的停留时间标准。

$$t_{折} = t_{到达} + t_{入段} + t_{整备} + t_{出段} + t_{出发}$$

上列各项作业时间，可根据分析计算和查标相结合的方法确定。

2. 机车在基本段所在站应办理的作业

在基本段所在站上，不采用循环运转制时，机车也需办理上述各项作业，而且整备作业要更加细致些．因而整备时间也就要更加长一些。

在编制运行图前，机务部门必须对每一牵引区段的机车分别查定办理各项作业的时间标准，并查定机车在基本段和折返段所在站的总停留时间标准。

四、列车在技术站和客货运站的技术作业时间标准

为了保证车站与区段工作的协调和均衡，就必须编制与车站技术作业过程相配合的列车运行图。因此，在编制列车运行图时，需要具备技术站、客货运站技术作业过程的主要作业时间标准。它们包括：

（1）在到发场内办理各种列车作业的时间标准；

（2）在驼峰或牵出线上解体和编组列车的时间标准；

（3）旅客列车车列在配属段、折返段所在站的停留时间标准；

（4）货物站办理整列或成组装卸作业时间标准。

上述标准，一般可根据《站细》确定。

第二节 车站间隔时间

一、车站间隔时间的定义、查定要求、影响因素

1. 定义

车站间隔时间：在车站上办理两列车的到达、出发或通过作业所需要的最小间隔时间。

2. 查定要求

在查定车站间隔时间时，应遵守有关规章的规定及车站技术作业时间标准，以保证行车安全和最有效地利用区间通过能力。

3. 影响因素

车站间隔时间的大小，与下列因素有关：

（1）车站邻接区间的行车闭塞方法；

（2）信号和道岔的操纵方法；

（3）车站类型；

（4）接近车站的线路平纵断面情况；

（5）机车类型；

（6）列车重量和长度。

在编制新列车运行图之前，每个车站都要根据具体条件，查定各种车站间隔时间。

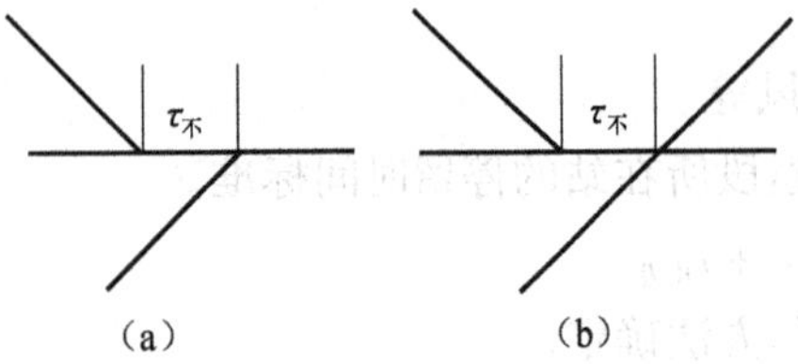

图 9-8 不同时到达间隔时间

二、不同时到达间隔时间（$\tau_{不}$）

1. $\tau_{不}$的定义

在单线区段，来自相对方向的两个列车在车站交会时，自某一方向的列车到达车站时起，至相对方向列车到达或通过该站时止的最小间隔时间，称为不同时到达间隔时间（见图 9-8）。

2. $\tau_{不}$的形式

（1）为了提高货物列车的旅行速度，除上下行列车在同一车站上都有作业需要停车外，原则上应使交会的两列车中的一列不停车通过车站。因此在运行图上较常采用一列停车、一列通过的不同时到达间隔时间。

（2）凡不能办理相对方向同时接车的车站，由相对方向到站停车的两列车也须保持必要的不同时到达间隔时间。

注：为了保证行车安全，在进站信号机外制动距离内进站方向为超过《技规》第 279 条规定的下坡道（6‰），而接车线末端又无隔开设备的车站，禁止办理相对方向同时接车。

3. $\tau_{不}$的计算

不同时到达间隔时间的大小，根据以下条件确定：

（1）办理必要作业的时间 $t_{作业}$：只有当第一列车到达车站停于警冲标内方后，才能为对向列车准备好接车进路，开放进站信号机；

（2）对向列车通过进站距离的时间 $t_{进}$：进站信号开放时，列车头部在进站信号机外方所处的位置应等于一个制动距离及司机确认信号显示时间内所通过的距离 $L_{进}$（约 20 米）之和，$t_{进}$ 为列车通过进站距离的运行时间。

因此，不同时到达间隔时间由两个部分组成：第一部分是第一列车到达车站后，车站办理必要作业所需要的时间 $t_{作业}$；第二部分是对向列车通过进站距离 $L_{进}$ 所需要的时间$t_{进}$。即

$$\tau_{不} = t_{作业} + t_{进} = t_{作业} + 0.06\frac{L_{进}}{v_{进}} = t_{作业} + 0.06\frac{0.5l_{列} + l_{确} + l_{制} + l_{进}}{v_{进}}(\min)$$

由于车站两端的 $L_{进}$ 和 $v_{进}$ 不同，因此每一车站必须对上下行列车分别查定其不同时到达间隔时间。车站办理必要作业的时间，根据各站信联闭设备条件及其作业内容查定（见图 9-9）。

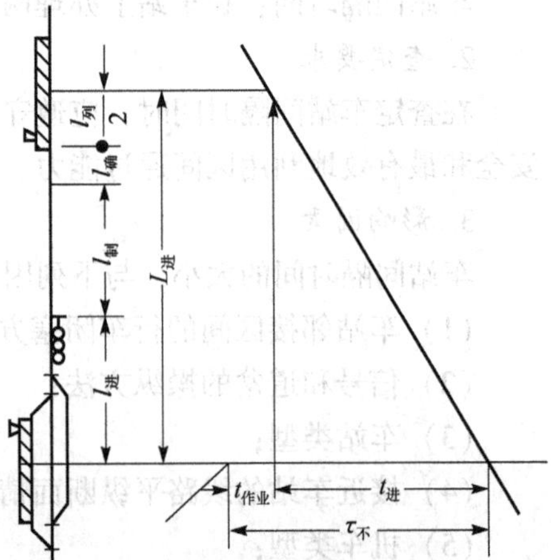

图 9-9 进站信号机开放时的列车位置与不同时到达间隔时间图

三、会车间隔时间（$\tau_{会}$）

1. $\tau_{会}$的定义

在单线区段两列车交会时，自某一方向列车到达或通过车站时起，至由该站向同一区间发出另一对向列车时止的最小间隔时间，称为会车间隔时间（见图 9-10）。

2. $\tau_{会}$的形式

会车间隔时间就是车站办理各项作业所需要的

时间。主要包括：确认列车到达或通过的时间，与来车方向同区间的邻站办理闭塞的时间，准备发车进路及开放进站信号机的时间等。

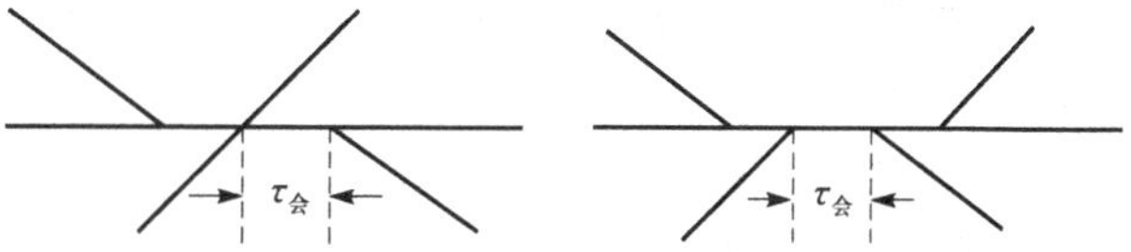

图 9－10　会车间隔时间示意图

3. $\tau_{会}$的计算：$\tau_{会}=t_{作业}$ (min)

会车间隔时间应根据各站信联闭设备条件及其作业内容查定。

四、同方向列车连发间隔时间（$\tau_{连}$）

1. $\tau_{连}$的定义

在单线或双线区段，从列车到达或通过前方邻接车站时起，至由车站向该区间再发出另一同方向列车时止的最小间隔时间，称为同方向列车连发间隔时间（见图 9－11）。

2. $\tau_{连}$的形式

根据列车在前后两站停车或通过的不同情况，连发间隔时间可有下列四种形式：

（1）两列车在前后两车站均通过（见图 9－12）；

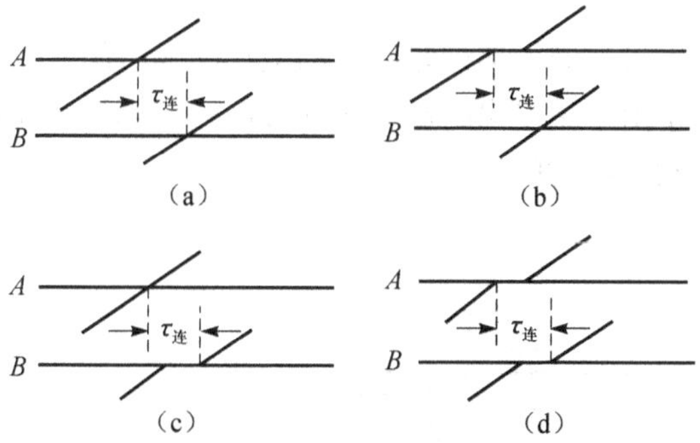

图 9－11　连发间隔时间示意图

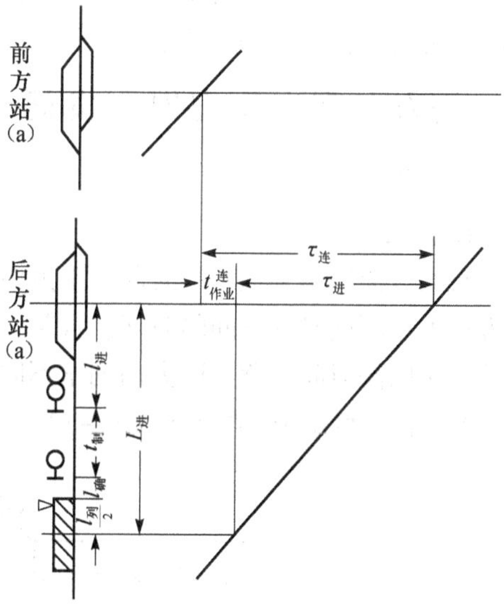

图 9－12　两列车在前后站均通过的连发间隔时间示意图

（2）前行列车在前方站停车，后行列车在后方站通过；

（3）前行列车在前方站通过，后行列车在后方站停车；

（4）两列车在前后两站均停车。

3. $\tau_{连}$的计算

按照组成因素不同，可将上述四种形式的连发间隔时间可归纳为两种类型：

第一种类型为（1）和（2）。其共同点是后行列车均在后方站通过，不同点仅在于前者是前方站值班员监督列车通过，后者是监督列车到达。这一类型的连发间隔时间由两部分组成：

（1）前后两站办理作业所需的时间 $t_{作业}$

前方站值班员监督前行列车到达或通过后，两站间为后行列车办理闭塞手续，后方站为后行列车开放通过信号机等作业时间。

（2）后行列车通过后方站进站距离 $L_{进}$ 的时间 $t_{进}$。

这种类型的连发间隔时间可按下列公式计算：

$$\tau_{连}^{\mathrm{I}} = t_{作业} + t_{进} = t_{作业} + 0.06\frac{L_{进}}{v_{进}} = t_{作业} + 0.06\frac{0.5l_{列} + l_{确} + l_{制} + l_{进}}{v_{进}}(\mathrm{min})$$

第二种类型为（3）和（4）。其共同点是后行列车均在后方站停车，不同点仅在于前者是前方站值班员监督列车通过，后者是监督列车到达。这一类型的连发间隔时间只由前后两站办理作业所需的时间组成。它包括前方站值班员监督前行列车到达或通过后，两站间为后行列车办理闭塞手续，后方站为后行列车开放出站信号机并组织发车等作业时间。这种类型的连发间隔时间可按下列公式计算：

$$\tau_{连}^{\mathrm{II}} = t_{作业}(\mathrm{min})$$

由此看出，第一种类型的连发间隔时间的组成因素及车站办理作业的内容与不同时到达间隔时间基本相同；第二种类型的连发间隔时间的组成因素及车站办理作业的内容则与会车间隔时间基本相同。

但必须注意，连发间隔时间是发生在前后两个车站上，而不同时到达间隔时间和会车间隔时间是发生在同一个车站上。

五、同方向列车不同时到发间隔时间（$\tau_{到发}$）和不同时发到间隔时间（$\tau_{发到}$）

1. 定义

自某方向列车到达车站时起，至由该站发出另一同方向列车时止的最小间隔时间，称为同方向列车不同时到发间隔时间；自某方向列车由车站发出时起，至同方向列车到达车站时止的最小间隔时间，称为同方向列车不同时发到间隔时间。

2. $\tau_{到发}$和$\tau_{发到}$的形式（见图 9－13）

图 9－13　同方向列车不同时到发和不同时发到间隔时间图

3. $\tau_{到发}$和$\tau_{发到}$的计算

凡禁止办理同方向同时发接列车的车站，必须查定同方向列车不同时到发间隔时间和不同时发到间隔时间。在查定这两种间隔时间时，必须遵循以下规定：

（1）当同方向列车不同时到发时，必须在接入列车进站停妥后，方可办理同方向出发列车的有关作业。

（2）当同方向列车不同时发到时，必须在出发列车全部通过出发进路中的最后出站道岔以及车站办理有关作业之后，方可开放同方向的进站信号机。此时，接入列车的头部必须位于该站进站信号机外方 $l_{制}+l_{确}$ 以外。

根据上述条件，同方向列车不同时到发间隔时间为由车站值班员监督列车到达后，向同一方向发出另一列车所需办理必要作业的时间组成；而同方向列车不同时发到间隔时间（见图 9－14），由下列各项因素所组成：

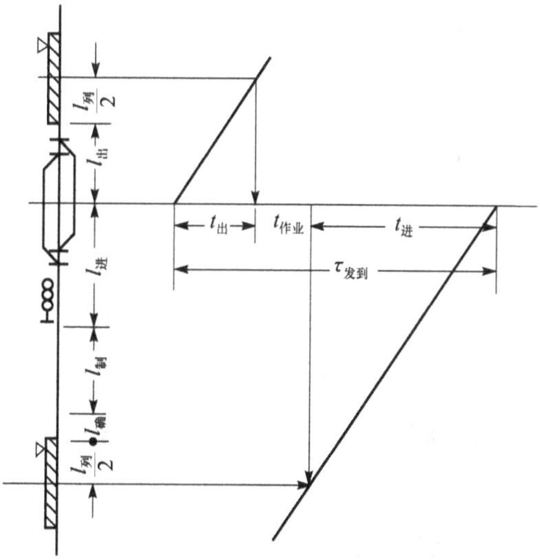

图 9－14　同方向列车不同时发到间隔时间组织图

（1）出发列车通过出站距离 $L_{出}$ 的时间 $t_{出}$；

（2）车站办理必要作业的时间 $t_{作业}$；

（3）到达的同方向列车通过进站距离 $L_{进}$ 的时间 $t_{进}$。即

$$\tau_{到发}=t_{作业}(\text{min})$$

$$\tau_{发到}=t_{出}+t_{作业}+t_{进}=0.06\frac{l_{出}+0.5l_{列}}{v_{出}}+t_{作业}+0.06\frac{0.5l_{列}+l_{确}+l_{制}+l_{进}}{v_{进}}$$

$$=t_{作业}+0.06\left(\frac{l_{出}+0.5l_{列}}{v_{出}}+\frac{0.5l_{列}+l_{确}+l_{制}+l_{进}}{v_{进}}\right)(\text{min})$$

六、相对方向列车不同时通过间隔时间（$\tau_{通}$）

1. $\tau_{通}$ 的定义

在一端连接双线区间，另一端连接单线区间的车站（或线路所）上，两个相对方向的列车不同时通过该站（或线路所）的最小间隔时间，称为相对方向不同时通过间隔时间（见图 9－15）。

2. $\tau_{通}$ 的形式及计算

$$\tau_{通}=t_{作业}+t_{进}(\text{min})\text{——含义同前}$$

上述各种车站间隔时间的数值大小，与列车运行速度和列车长度有关。因此，应分别对旅客列车和货物列车进行查定。

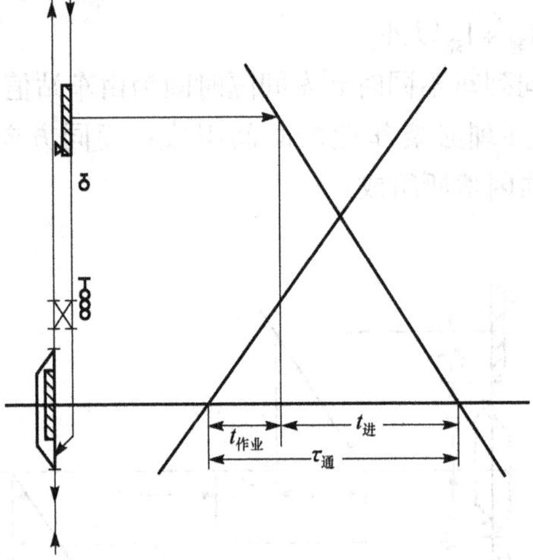

图 9－15　单双线区段相对方向列车不同时通过车站的间隔时间组成图

由上述分析可知，车站间隔时间都是为了保证行车安全和办理各项必要作业所需的时间，这种时间对区间通过能力和列车旅行速度都有很大影响，所以应正确查定车站间隔时间。

七、车站间隔时间小结（见表 9－1）

表 9－1　车站间隔时间小结

车站间隔时间	图示	正线数目	列车方向	计算方法
$\tau_{不}$	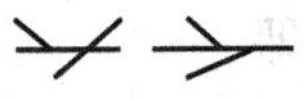	单	对向	$\tau_{不}=t_{作业}+t_{进}$
$\tau_{会}$	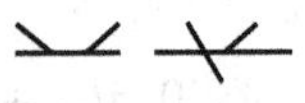	单	对向	$\tau_{会}=t_{作业}$
$\tau_{连}$	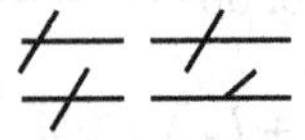	单、双	同向	$\tau_{连}^{\mathrm{I}}=t_{作业}-t_{进}$ $\tau_{连}^{\mathrm{II}}=t_{作业}$
$\tau_{到发}$		单、双	同向	$\tau_{到发}=t_{作业}$
$\tau_{发到}$		单、双	同向	$\tau_{发到}=t_{出}+t_{作业}+t_{进}$
$\tau_{通}$		单、双	对向	$\tau_{通}=t_{作业}+t_{进}$

第三节　追踪列车间隔时间

一、追踪列车间隔时间的意义

（1）追踪运行：在自动闭塞区段，一个站间区间内同方向可有两列或两列以上列车以闭塞分区间隔运行，称为追踪运行。

（2）追踪列车间隔时间：追踪运行列车之间的最小间隔时间，称为追踪列车间隔时间（如图9－16所示）。

追踪列车间隔时间决定于同方向列车间隔距离、列车运行速度及信联闭设备类型。

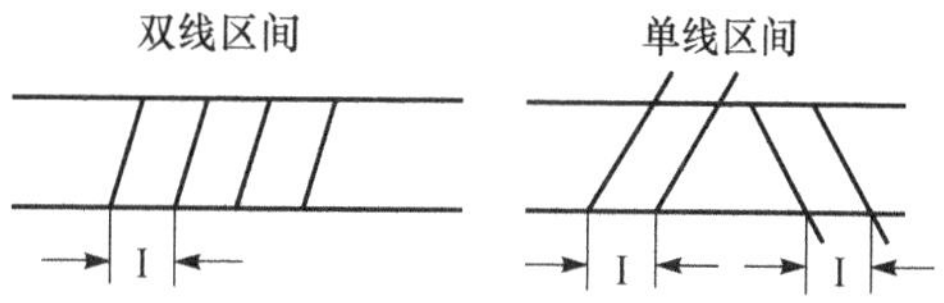

图9－16　追踪列车间隔时间示意图

二、三显示自动闭塞区段追踪列车间隔时间

（1）在三显示自动闭塞的区段，追踪列车之间通常情况需相隔三个闭塞分区，这样可以保证后行列车一直能看到绿灯显示，从而保持高速运行（见图9－17）。即：

$$I_{追}^{绿}=0.06\frac{l_{列}+l'_{分区}+l''_{分区}+l'''_{分区}}{v_{运}}(\text{min})$$

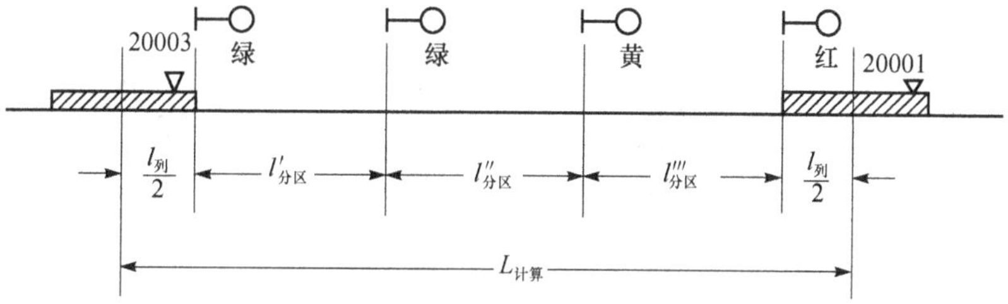

图9－17　追踪列车在绿灯信号下向绿灯运行间隔距离示意图

（2）当列车在长大上坡道上运行时，由于运行速度较低，追踪列车间隔时间可以按照前后列车间隔两个闭塞分区的条件来确定（见图9－18）。即：

$$I_{追}^{黄}=0.06\frac{l_{列}+l'_{分区}+l''_{分区}}{v_{运}}+t_{确}(\text{min})$$

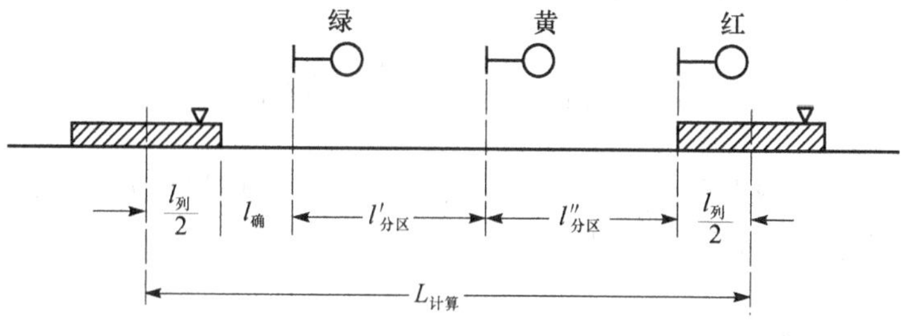

图9－18　追踪列车向黄灯运行间隔距离示意图

（3）根据列车在区间内追踪运行的上述条件计算出追踪列车间隔时间后，还应分别按列车到站停车、从车站出发和两列车不停车通过车站的条件进行验算。

① 追踪列车到达间隔时间 $I_{到}$：在自动闭塞区段，自前一列车到达车站时起，至同方向次一追踪列车到达或通过该站时止的最小间隔时间（见图9－19）。

此时，应使后行的追踪列车不因站内未准备好接车进路而降低速度。为此，车站准备好进路并开放进站信号的时刻，应不迟于后行列车头部接近站外第二通过信号机的时刻。即：

$$I_{到}=t_{作业}+0.06\frac{0.5l_{列}+l'_{分区}+l''_{分区}+l_{进}}{v_{进}^{平均}}(\mathrm{min})$$

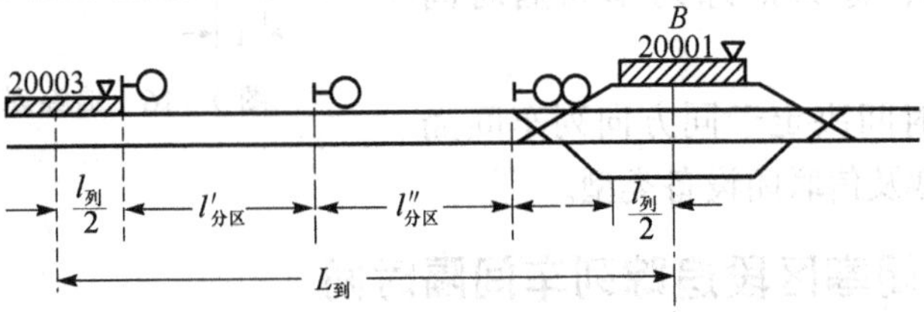

图 9－19　列车追踪到达间隔距离示意图

② 追踪列车出发间隔时间 $I_{发}$：在自动闭塞区段，自车站发出或通过前一列车时起，至该站再发出同方向次一追踪列车时止的最小间隔时间（见图 9－20）。

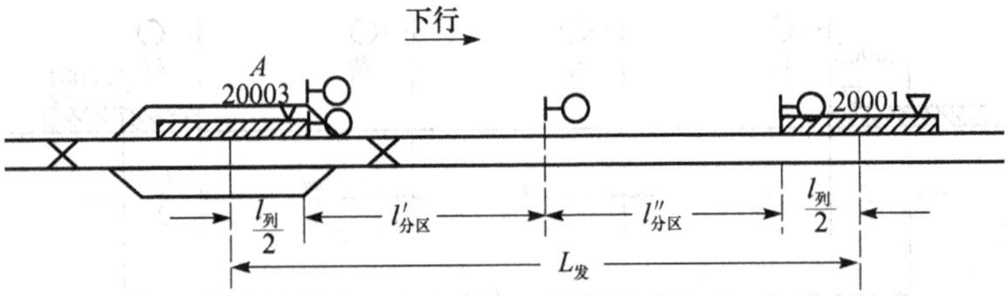

图 9－20　列车追踪出发间隔距离示意图

此时，应使后行列车在出站信号机显示绿灯的条件下出发。为此，只有在前行列车腾空两个闭塞分区后，出站信号机才能显示绿灯。即：

$$I_{发}^{绿}=t_{作业}+0.06\frac{l_{列}+l'_{分区}+l''_{分区}}{v_{出}^{平均}}(\mathrm{min})$$

当准许列车凭出站信号机显示黄色灯光发车时：

$$I_{发}^{黄}=t_{作业}+0.06\frac{l_{列}+l'_{分区}}{v_{出}^{平均}}(\mathrm{min})$$

③ 追踪列车通过间隔时间 $I_{通}$：在自动闭塞区段，自前行列车通过车站时起，至次一同向列车通过该站时止的最小间隔时间（见图 9－21）。

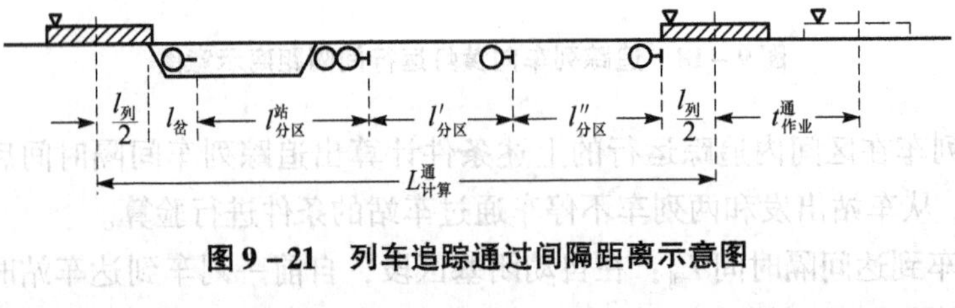

图 9－21　列车追踪通过间隔距离示意图

$$I_{通}=t_{作业}+0.06\frac{l_{分区}^{站}+l'_{分区}+l''_{分区}+l_{列}+l_{岔}}{v_{通}^{平均}}(\mathrm{min})$$

在开行重载列车的区段，应根据重载列车与普通货物列车前后位置的不同，分别确定 $I_{追}$、$I_{到}$、$I_{发}$ 和 $I_{通}$。

因为旅客列车和货物列车的运行速度不同，所以在确定旅客列车追踪货物列车的追踪间隔时间时，应按到站条件计算；而确定货物列车追踪旅客列车的追踪间隔时间时，则应按从车站出发的条件计算。

对各区间分别上下行求出普通货物列车之间的上述几种追踪间隔时间之后，取其中最大的数值作为计算平行运行图通过能力时的追踪间隔时间。

三、四显示自动闭塞区段追踪列车间隔时间

（一）四显示自动闭塞的产生

自动闭塞的作用在于它能以闭塞分区为空间间隔，使两列车之间保持一定的安全距离，并按规定速度运行，从而起到提高通过能力和保证行车安全的作用。

目前世界铁路自动闭塞区段大部分都采用三显示。四显示自动闭塞是由于列车运行速度和密度不断提高，在有些客货混运的区段出现客货列车运行速度和制动距离相差很大，三显示不能适应的现象而产生。

例如在某些市郊铁路区段，运行市郊列车和其他干线长途列车，其中有的列车需要经常停车，且制动距离短；而有的列车或高速、重载列车，停站较少且制动距离很长。于是在这样的区段便出现两种对立的运营要求：一方面，为实现同向列车以最小必要间隔运行，闭塞分区长度尽可能缩小；另一方面，为保证高速、重载列车的制动距离，闭塞分区长度又应加长。为解决这一矛盾，提出了四显示自动闭塞方式。

（二）设备使用特点

（1）四显示自动闭塞区段，区间通过信号机、进站、出站、进路信号机能显示绿、绿黄、黄、红四种颜色灯光信号；进站、接车进路信号机还能显示两个黄色灯光；进站、接车进路信号机附设有引导信号，出站、发车进路、接车进路信号机附设有调车信号；停车后启动困难的通过信号机装有容许信号。

（2）线路闭塞设备为双线双方向四显示自动闭塞制式。车站设有正、反方向的进站、出站信号机，反方向进站信号机设在反方向运行线路的右侧（其他位置须经铁路局批准）。这样可以明显区分正、反方向运行的信号显示，以便司机掌握列车运行条件。

（3）装设列车速度监督设备，当列车运行速度超过速度监督设备的规定速度时自动迫使列车紧急制动，因此四显示自动闭塞信号是具有预告功能的速差式信号。

（4）相邻两个闭塞分区长度之和能满足列车从最高速度实施制动停车的的需要。任一闭塞分区长度能满足列车按速度监督要求分级减速的制动距离的需要，分区长度一般为600～1 000 米。

（5）设红灯保护区，即列车在区间正方向运行时，列车尾部后方连续两架通过（含出站）信号机显示红色灯光。

（6）进站信号机未开放时，其外方连续两架通过信号机显示黄色灯光。

（7）区间通过信号机双断丝灭灯时，向前方第一架信号机转移黄灯；区间断轨或发生短路时，向前方两架信号机转移红灯；正向进站信号机红灯双断丝灭灯或显示红灯而其防冒

进点式设备故障时，向预告信号机转移红灯（见图 9－22）。反方向进站信号机红灯双断丝灭灯或点红灯而其防冒进点式设备故障时，无灯光转移，只有电码转移。

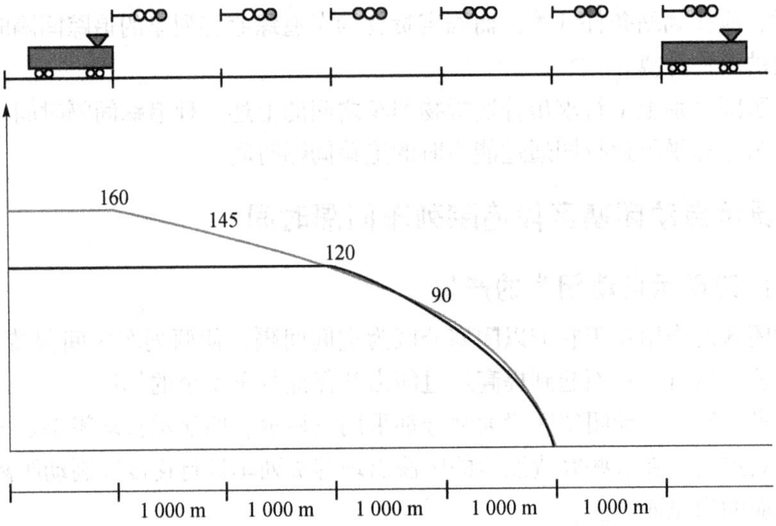

分区性质	提醒区	一制动区	二制动区	三制动区	防护区	占用区
信息种类	提醒注意	预告	预告	停车		

图 9－22　四显示自动闭塞示意图

（三）四显示自动闭塞区段，追踪列车运行至少应保证五个闭塞分区的间隔

即：
$$I_{追}^{绿} = 0.06\frac{l_{列} + l_1 + l_2 + l_3 + l_4 + l_5}{v_{运}}(\text{min})$$

（四）四显示制式的相关问题

1. 采用四显示提高行车密度问题

在前苏联、英国和日本等国家的市郊铁路，由于列车对数多，行车密度大，采用四显示制式，在高峰时期排紧密运行图，组织高密度运行，这对解决市郊运输确实是一项有效措施。

但是在干线上，想借助采用四显示来压缩最小间隔时间，对通过能力的提高是有限的。另外，列车密度越大，由于技术站进站信号机不能按时开放而造成的接车延误的影响也越大。

2. 四显示信号方式的行车速度问题

（1）在列车运行速度不超过 120 km/h 的线路上，制动距离相差不大，采用三显示可满足运营要求。

（2）在快速（160 km/h 以上）列车运行的线路上，特别是有多种列车混跑时，制动距离相差悬殊。三显示一个闭塞分区的长度，难于既满足高速列车制动，又适应低速列车通过，这种情况下，宜采用四显示制式。

（3）当列车速度超过 200 km/h 时，四显示这种地面信号的方式，就不能满足要求，必须采用以机车信号为主的信号方式。

（五）四显示在我国的应用问题

1. 必要性

（1）为适应繁忙干线运输发展需要，现有的 8 分钟间隔满足不了通过能力的需要，为此要求自动闭塞能按 6 分钟间隔布置信号机，而达到 7 分钟间隔排图的目的，以增加线路通过能力。

（2）现有三显示制式在列车速度不超过 120 km/h 时，在密度上是有潜力的：一是重新调整闭塞分区长度，按制动距离空间间隔来划分，列车间隔时间还可缩短。二是随繁忙干线电气化，电力机车具有启动快的优点，有可能实现 6 分钟间隔布置信号机。

（3）如果开行 160 km/h 的快速列车，制动距离可高达 2 000 m，三显示就不能满足需要了，必须采用四显示才能实现 6 分钟间隔。

2. 四显示的应用

（1）在具有快速列车运行的客货混运线路上，应采用四显示。

（2）闭塞分区考虑的原则是：两个闭塞分区长度必须大于列车从最高速度的常用制动的制动距离；每个闭塞分区长度应大于列车从最高速度降到黄灯容许速度和从黄灯容许速度到零速度的制动距离。

四、移动自动闭塞追踪列车间隔时间

移动自动闭塞是在确保行车安全的前提下，以使追踪列车间的间隔达到最小为目的，以车站控制装置和机车控制装置为中心的一个闭塞控制系统（见图 9 - 23）。

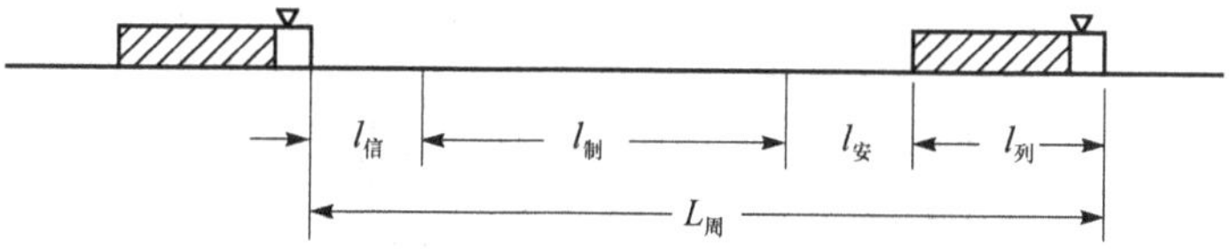

图 9 - 23　移动自动闭塞追踪列车间隔图

移动自动闭塞系统可以有效地压缩追踪列车间隔时间，提高区间通过能力。其计算方法为：

$$I_{\text{道}}^{\text{绿}} = 0.06\frac{l_{\text{制}} + l_{\text{列}} + l_{\text{安}}}{v_{\text{运}}} + t_{\text{信}}(\min)$$

能力训练

1. 已知：甲—乙为单线半自动闭塞设备，各站进站信号机外制动距离内进站方向无超过 6‰的下坡道，各中间站接车线末端均无隔开设备。设各站$\tau_{\text{不}} = 5$ min，$\tau_{\text{会}} = 3$ min，$\tau_{\text{连}} =$ 5 min。

要求：根据下图判断哪些车站间隔时间不满足要求。

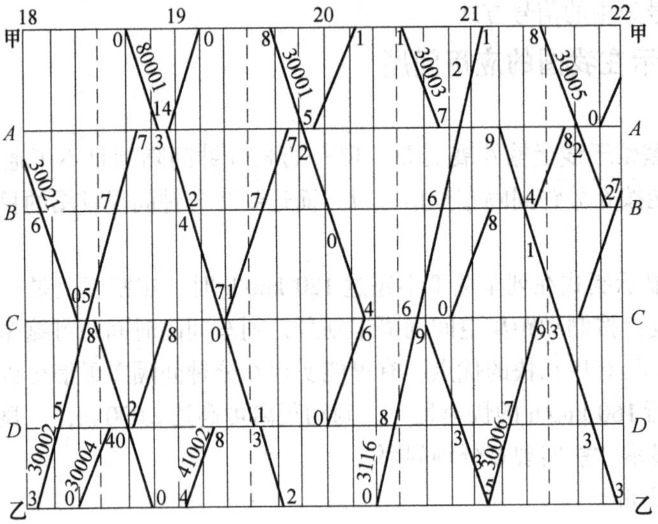

甲——乙区段列车运行图

2. 已知：甲——乙区段为单线半自动闭塞，各占$\tau_{不}=4$ min，$\tau_{会}=3$ min，$\tau_{连}=4$ min。要求：检查甲——乙区段运行图有无错误，若有，请指出并说明原因。

运行时分	
上行	下行
10_{3}^{1}	10_{1}^{3}
11_{3}^{1}	12_{1}^{3}
10_{3}^{1}	10_{1}^{3}
7_{2}^{1}	8_{1}^{1}

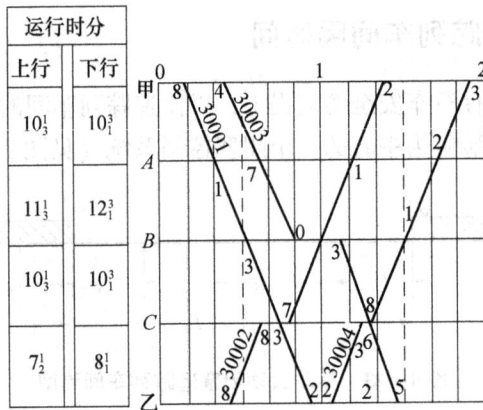

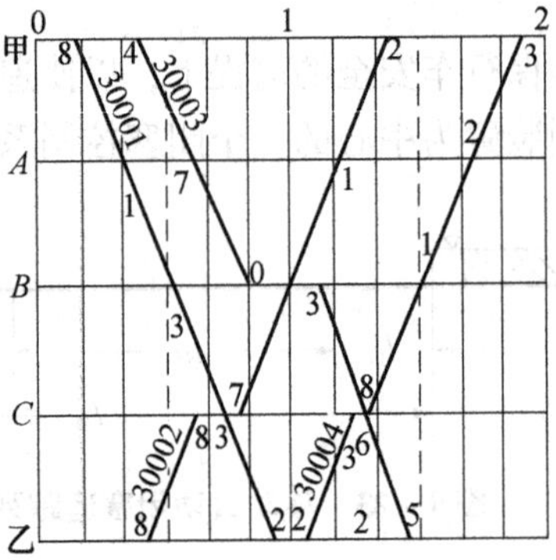

甲——乙区段列车运行图

应知应会

一、填空题

1. 当区间两端站均无技术需要停车时，应按通通、通停、起通、________四种情况分别查定其区间运行时分。

2. 禁止办理相对方向同时接车时，不同时到达车站的间隔时间由办理有关作业时间和________时间组成。

二、判断题

1. 区间运行时分的计算距离在车站到发场中心线与车站中心线不一致时，按车站到发场中心线计算（　　）

2. 列车运行图是铁路运输工作的综合计划，是铁路行车组织工作的基础。(　　)

3. 列车的交会和越行只能在车站上进行的是双线运行图。(　　)

4. 在编制列车运行图时，可以不用严格遵守列车运行图要素规定的时间标准。(　　)

5. 为缩小追踪间隔时间，应在保证安全的基础上，缩短闭塞分区长度，提高列车的运行速度。(　　)

三、简答题

1. 列车运行图的要素包括哪些？

2. 什么是列车区间运行时分？如何查定？

3. 什么是车站间隔时间？

第十章 铁路区间通过能力及旅行速度

[能力目标]

能够正确的计算区间通过能力。

[知识目标]

1. 铁路区段通过能力的确定；
2. 运行图周期；
3. 限制区间、困难区间。

[素质目标]

培养认真、细致的工作作风，善于思考、归纳推理的学习方法。

第一节 铁路通过能力的概念

为适应国民经济发展的需要，满足社会主义市场经济对铁路运输的需求，铁路必须具备一定的运输能力。决定铁路运输能力的主要因素有：

（1）固定的（不能移动的）设备，如线路、站场、桥隧、信号、供电设备等；

（2）活动的（可以移动的）设备，如机车、车辆、燃料、电力等；

（3）技术设备运用和行车组织方法；

（4）行车人员（机车及列车乘务人员，车站办理行车工作的有关人员）的数量及政治业务素质、技术水平等。

运输能力是通过能力和输送能力的总称。

一、区段最终通过能力的确定

1. 定义

在采用一定类型的机车车辆和一定的行车组织方法条件下，铁路区段的各种固定设备，在单位时间内（通常指一昼夜）所能通过的最多列车对数（或列数）称为通过能力。

2. 确定方法

铁路区段通过能力通常按照下列固定设备进行计算：

（1）区间。其通过能力主要决定于区间正线数、区间长度、线路平纵断面、机车类型、信联闭设备的种类。

（2）车站。其通过能力主要决定于车站到发线数、咽喉道岔的布置、驼峰和牵出线数、信联闭设备的种类。

（3）机务段设备和整备设备。其能力主要决定于机车的检查修理设备、机车整备及燃料储存设备、机车乘务制度、机车修程及段内整备线的数量。

（4）给水设备。其能力主要决定于水源、扬水管网及动力机械设备。

（5）电气化铁路的供电设备。其能力主要决定于牵引变电所容量及接触网设备。

能力最薄弱的设备限制了整个区段的能力，即该区段的最终通过能力。

二、通过能力的不同概念

在铁路实际工作中，通常把通过能力分为三个不同的概念。

（1）设计通过能力：预计新线修建以后或现有铁路技术改造以后，铁路区段固定设备所能达到的能力，称为设计通过能力。

（2）现有通过能力：在现有固定设备、现行的行车组织方法和现有的运输组织水平的条件下，铁路区段可能达到的能力，称为现有通过能力。

（3）需要通过能力：在一定时期内，为了适应国家建设和人民生活的需要，铁路区段所应具备的能力，称为需要通过能力。

三、输送能力

表示铁路运输能力的另一个概念是输送能力，它是指在一定的固定设备、机车车辆类型和行车组织方法条件下，按照机车车辆和乘务人员的现有数量，在单位时间内所能输送的最多货物吨数。它通常以一年内所能通过的万吨数计算。

铁路通过能力和铁路输送能力之间既有区别又有联系。

铁路通过能力着重从现有固定设备方面指明该铁路线可能通过的列车数量，由于它没有考虑现有活动设备（载运工具）的数量和职工配备情况的因素，通过能力的实现将受这些因素的制约。

输送能力着重从现有活动设备和职工配备情况方面指明该铁路线能够通过的列车数或货物吨数，它需以铁路通过能力为依托并将受其限制。铁路输送能力一般小于或等于铁路通过能力。

本章只研究区间通过能力。计算区间通过能力时，通常先计算平行运行图的通过能力，然后在此基础上再确定非平行运行图的通过能力。

第二节 平行运行图通过能力

一、平行运行图周期构成和分析

1. 平行运行图

在同一区间内，同一方向列车的运行速度相同，且列车在区间两端站的到、发或通过的运行方式也相同，因而列车运行线相互平行，在区段内没有列车越行。

2. 运行图周期

在平行运行图上，每一个区间的列车运行线，总是以同样的铺画方式一组一组地反复排列着。这种一组列车占用区间的时间，称为运行图周期（$T_{周}$）。

3. 不同类型的运行图周期（见图 10－1～图 10－5）

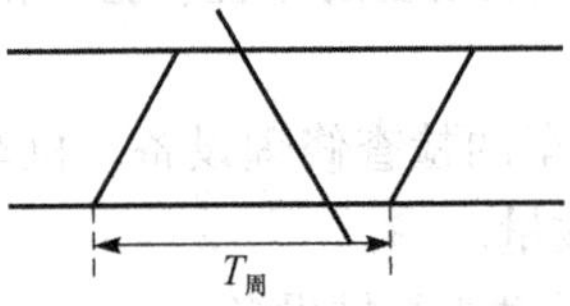

图 10－1　单线成对非追踪运行图周期

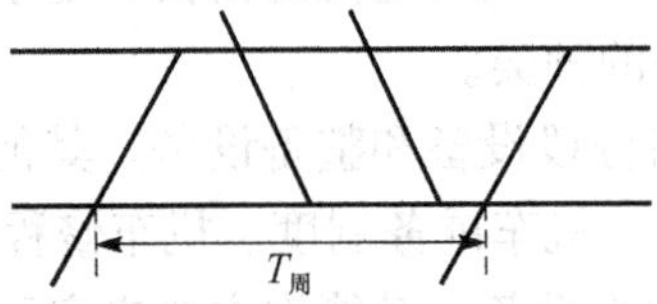

图 10－2　单线不成对非追踪运行图周期

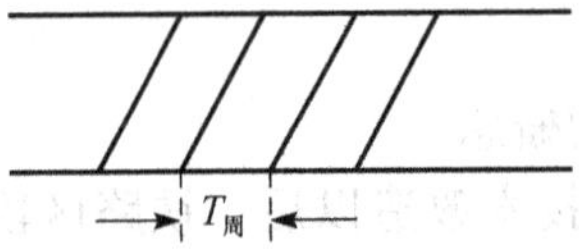

图 10－3　双线追踪运行图周期

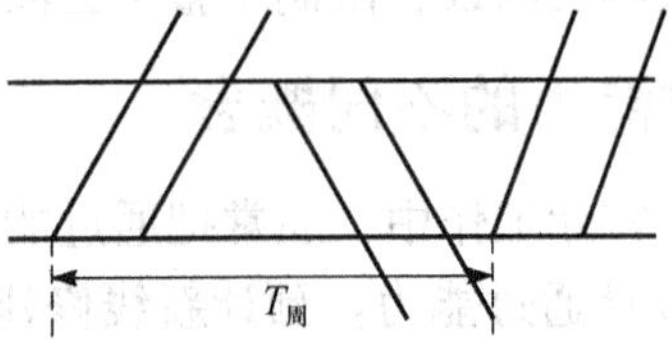

图 10－4　单线成对追踪运行图周期

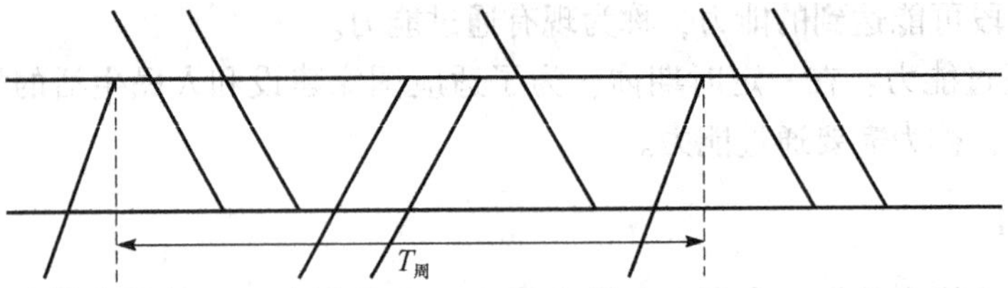

图 10－5　单线成对部分追踪运行图周期

4. 运行图周期构成分析

运行图周期系由列车区间纯运行时分、起停车附加时分以及车站间隔时间所组成，即

$$T_{周} = \sum t_{运} + \sum t_{起停} + \sum \tau_{站}(\text{min})$$

通常，列车在各区间的纯运行时分不同，各站的车站间隔时间也可能不同，所以各区间的 $T_{周}$ 常常是不等的。$\sum t_{运}$ 对 $T_{周}$ 的大小起主要作用。

5. 平行运行图通过能力的计算方法

$$n = \frac{(1440 - T_{固})d_{有效}}{T_{周}} n_{周}(\text{列或对})$$

式中：n——平行运行图最大的区间通过能力，列或对；

$T_{固}$——固定作业占用运行图时间（为进行线路养护维修、技术改造施工、电力牵引区段接触网检修等作业，须预留的固定占用区间时间，以及必要的列车慢行和其他附加时分），min；

$d_{有效}$——有效度系数，指扣除设备故障和列车运行偏离、调度调整等因素所产生的技术损失后，区间时间可供有效利用的系数，一般可取 0.88～0.91；

$n_{周}$——一个运行图周期中所包含的列车对数或列数。

可见，通过能力的大小与 $T_{周}$ 成反比。$T_{周}$ 越大，通过能力越小。在整个区段里，$T_{周}$ 最大的区间也就是通过能力最小的区间，整个区段的通过能力也就受它的限制。

6. 限制区间

$T_{周}$ 最大的区间，称为该区段的限制区间。限制区间的通过能力即为该区段的区间通过能力。

7. 困难区间

在运行图周期里 $\sum t_{运}$ 最大的区间，称为困难区间。

在大多数情况下，困难区间往往就是限制区间，但有的区间虽然本身不是困难区间，由于车站间隔时间数值较大，而成了限制区间。

如前所述，在不同类型的运行图里，$T_{周}$ 的组成及 $n_{周}$ 的数值是不同的。因此，必须对不同类型的运行图分别计算其通过能力。

二、单线成对非追踪运行图（普通运行图）

1. 通过能力

在单线区段，通常采用成对非追踪运行图（见图 10－6）。周期表示为：

$$T_{周} = t' + t'' + \tau_{站}^{a} + \tau_{站}^{b} + \sum t_{起停}(\min)$$

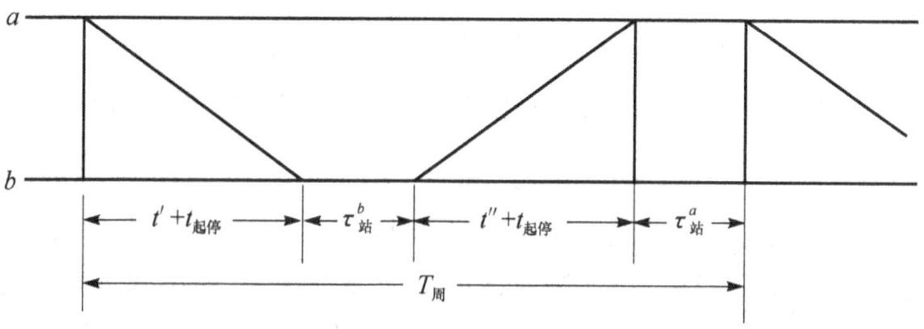

图 10－6 单线成对非追踪运行图周期示意图

由于一个周期内所包含的列车数为一对（即 $n_{周}=1$），因此该区间的通过能力为：

$$n = \frac{(1440 - T_{固})d_{有效}}{T_{周}}(列或对)$$

为了使区段通过能力达到最大，应当使限制区间的 $T_{周}$ 数值尽量缩小。在采用一定类型的机车和一定的列车重量标准的条件下，区间纯运行时分 $\sum t_{运}$ 是固定不变的。因而想要缩小 $T_{周}$，只有设法缩小（$\sum t_{起停} + \sum \tau_{站}$）的数值。通过在限制区间合理地安排列车运行线的铺画方案，是可以达到上述目的的。

2. 限制区间内 $T_{周}$ 的选取

运行图上列车运行线的可能铺画方案有以下四种（见图 10－7）

（1）上下行列车不停车通过车站而进入区间（a），其运行图周期为：

$$T_{周} = t' + t'' + \tau_{不}^{a} + \tau_{不}^{b} + t_{停}^{a} + t_{停}^{b}(\min)$$

（2）上下行列车不停车通过车站而开出区间（b），其运行图周期为：

$$T_{周} = t' + t'' + \tau^{a}_{会} + \tau^{b}_{会} + t^{a}_{起} + t^{b}_{起}(\min)$$

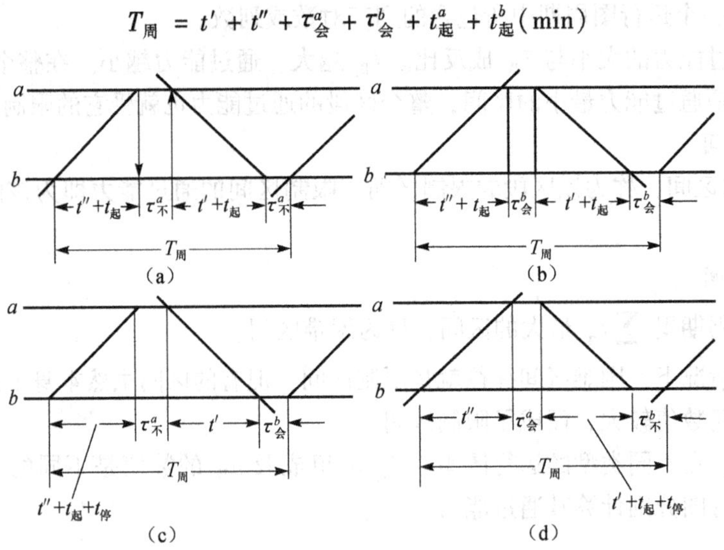

图 10－7 列车运行线铺画方案示意图

（3）下行列车不停车通过区间两端车站（c），其运行图周期为：

$$T_{周} = t' + t'' + \tau^{a}_{不} + \tau^{b}_{会} + t^{a}_{停} + t^{b}_{起}(\min)$$

（4）上行列车不停车通过区间两端车站（d），其运行图周期为：

$$T_{周} = t' + t'' + \tau^{a}_{会} + \tau^{b}_{不} + t^{a}_{起} + t^{b}_{停}(\min)$$

一般来说，$\tau_{不}$要大于$\tau_{会}$，而 $t_{起}$往往比 $t_{停}$稍大。从上述四种铺画方案可以看出，（$\sum \tau_{站} + \sum t_{起停}$）的组成及其总值在不同的方案里是各不相同的。为了得到最大的区间通过能力，在限制区间就应该选择 $T_{周}$最小的方案（见图 10－8）。

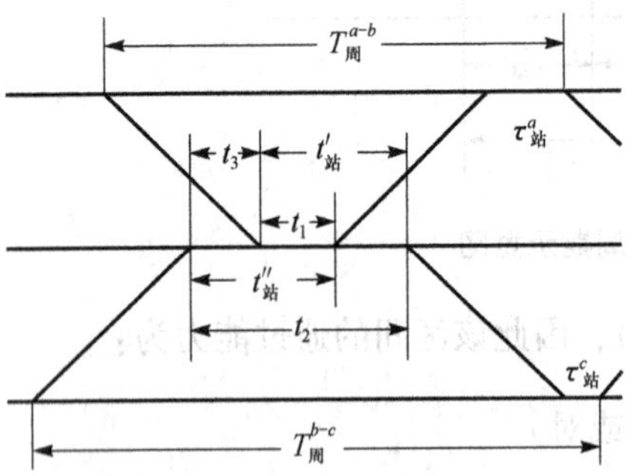

图 10－8 限制区间 $T_{周}$的选择

在选择限制区间列车运行线的合理铺画方案时，应考虑到区间两端车站的具体条件，满足技术作业停站和起停车限制的要求。例如，在 a 站下行出站方向有较大上坡道时，如果采用下行列车在 a 站停车进入区间的方案，就有可能造成下行列车出发启动困难，这时就应选用下行列车通过 a 站而 $T_{周}$ 又是较小的方案。

3. 中间站技术作业停站时的列车运行方案

中间站的技术作业停站时间，对两相邻区间的通过能力会产生不良影响，并可能因此而使两相邻区间中的一个成为区段的限制区间，因此必须研究采取消除或减少这种影响的措施。

为减少技术需要停站时间对通过能力的影响，可以根据具体情况采取下列措施：

（1）将技术需要的停车站设在两个列车运行时分较小的区间所邻接的车站上。

（2）两列车在技术需要停车站交会时，先从小区间接入待会列车。

（3）规定最小的列车技术需要停站时间。

（4）将技术需要停车站设在允许同时接车的车站上。

（5）当技术需要停车站不允许同时接车而邻接区间的列车运行时分又大致相等时。可采取交错会车方式。

（6）将上下行列车的技术需要停站分别规定在两个车站上。

（7）移动运行图周期。如果无法采用上述措施或采用措施后仍不能消除技术需要停站时间对通过能力的影响时，可采用移动运行图周期的办法。当一个列车的技术需要停站时间相当于半个运行图周期时，可采用半周期移位法；当一个列车的技术需要停站时间相当于一个运行图周期时，可采用全周期移位法。采用运行图周期移位法时，可以提高通过能力，但旅行速度将显著降低，同时要求车站具有较多的配线，故一般只在特殊情况下采用。

4. 会车方案

三、单线不成对非追踪运行图

在上下行行车量不等的区段，为了适应运量增长的需要，可以采用不成对运行图（见图 10－9）。

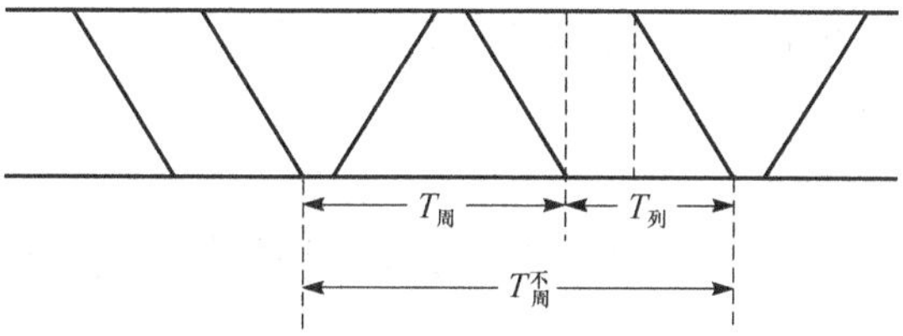

图 10－9　单线不成对排追踪运行图

若令 n'为行车量较小方向的列车数，n''为行车量较大方向的列车数，则 $2\times n'$的列车可成对运行，（$n''-n$）的列车需要连发运行。则有不成对系数 $\beta_{不}=n'/n''$。

又：

$$n'T_{周}+(n''-n')T_{列}=1440$$

则：

$$T_{周}^{均}=T_{周}+\frac{(n''-n')T_{列}}{n'}=T_{周}+T_{列}\left(\frac{1}{\beta_{不}}-1\right)$$

所以：

$$n'=\frac{1440}{T_{周}+T_{列}\left(\frac{1}{\beta_{不}}-1\right)}(列);n''=\frac{1440}{T_{周}\beta_{不}+T_{列}(1-\beta_{不})}(列)$$

单线不成对运行图行车量较大方向的区间通过能力比成对运行图大，并且不成对系数愈小，其通过能力也愈大。但是，采用单线不成对运行图，往往比采用其他措施要降低旅行速度，需要增添车站配线，并且不成对系数越小，这种不良影响也就越显著。因此，只有在需要少量增加通过能力，并且上下行行车量不平衡的条件下，才采用这个措施。

四、双线运行图

1. 双线半自动闭塞区段

在双线半自动闭塞区段，通常采用连发运行图（见图 10－10）。

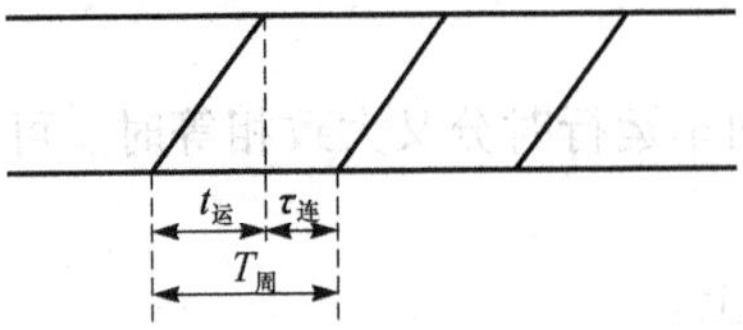

图 10－10 连发运行图

$$T_{周}=t_{运}+\tau_{连}(\text{min})$$

区间通过能力应分别上、下行方向按下式计算：

$$n=\frac{1440}{t_{运}+\tau_{连}}(\text{列})$$

由于区间线路断面的关系，上下行方向的限制区间不一定是同一个区间，在计算通过能力时应注意这一点。

2. 双线自动闭塞区段

在双线自动闭塞区段，通常采用追踪运行图（见图 10－11）。

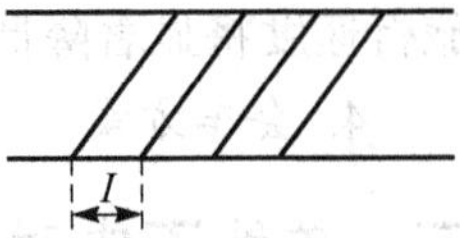

图 10－11 追踪运行图

$$T_{周}=I(\text{min})$$

每一方向的区间通过能力为：$n=\dfrac{1440}{I}$（列）

由上述公式可以看出，自动闭塞区段在 $T_{固}=0$，$d_{有效}=1$ 的情况下，当 $I=10$ min 时，平行运行图的通过能力每一方向可以达到 144 列；当 $I=8$ min 时，每一方向可以达到 180 列；当 $I=6$ *min* 时，每一方向可以达到 240 列；当 $I=3$ min 时，每一方向可以达到 480 列。由此可见，在双线区段上装设自动闭塞设备并采用追踪运行图，对于增加通过能力可以达到特别显著的效果。

第三节 非平行运行图通过能力

采用平行运行图可以达到最大的通过能力。但这种运行图实际上一般并不采用，只有在能力特别紧张的特殊情况下采用。在通常情况下，采用的都是非平行运行图。

一、非平行运行图通过能力

1. 非平行运行图

在运行图上铺有各种不同种类和不同速度的列车，且列车在区间两端站的到、发或通过的运行方式不同。因而列车运行线不相平行，区段内有列车越行。

2. 非平行运行图的通过能力

在旅客列车数量及其铺画位置既定的条件下，铁路区段一昼夜内所能通过的货物列车和旅客列车对数（或列数）。

3. 计算原理

在非平行运行图上，铺画有不同种类、不同速度的列车，有速度较高的旅客列车和快运货物列车，也有一般货物列车及停站次数较多、停站时间较长的摘挂列车等。通常，在一昼夜内旅客列车和快运货物列车的数量是确定的，且运行时刻相对确定，运行图的大部分仍具有平行运行图的特征。因此，在计算非平行运行图的通过能力时，先确定平行运行图的通过能力，然后根据开行旅客列车和快运货物列车对货物列车的影响，扣除由于这些影响而不能开行的货物列车数，以及因开行摘挂列车等而减少开行的货物列车数，即可求得非平行运行图的通过能力。

4. 计算方法

（1）图解法。在运行图上首先铺画旅客列车运行线，然后在旅客列车运行线的空挡内，铺画其他货物列车（包括摘挂列车）。运行图上所能最大限度铺画的客货列车总数即为该区段的非平行运行图的通过能力。

图解法结果比较精确，但较复杂，并且必须是在所有运行线全部铺画完成后才能得到通过能力数值，故只在特殊需要时采用。

（2）分析法。在计算平行运行图通过能力的基础上，根据旅客列车、快运货物列车和摘挂列车等的扣除系数，近似地计算非平行运行图的通过能力，计算公式如下：

$$n_{货}^{非} = n - \varepsilon_{客} n_{客} - (\varepsilon_{快货} - 1)n_{快货} - (\varepsilon_{摘挂} - 1)n_{摘挂}$$

$$n_{非} = n_{货}^{非} + n_{客}$$

5. 扣除系数

因铺画一对或一列旅客列车、快运货物列车或摘挂列车等需要从平行运行图上扣除的货物列车对数或列数。

可以看出，分析法的精确性主要取决于扣除系数的取值是否合理。因此用分析法确定非平行运行图的通过能力时，首先必须研究确定扣除系数的原理。

二、单线非自动闭塞区段旅客列车的扣除系数

在运行图上铺画旅客列车所产生的扣除系数，由以下两部分组成（见图 10－12）：

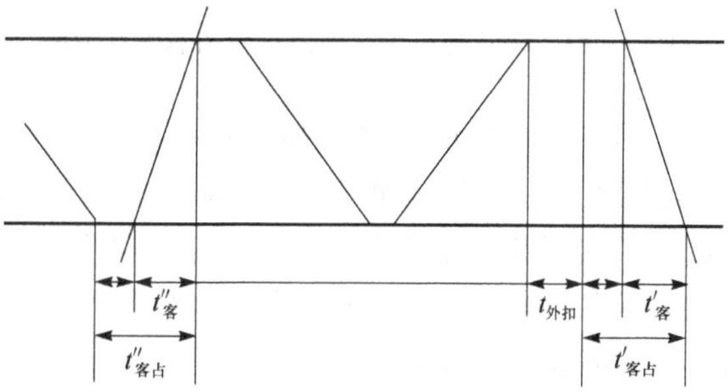

图 10－12 扣除系数的组成

1. 基本扣除系数（$\varepsilon_{基}$）

一对旅客列车占用限制区间的时间 $t_{客占}$ 与一对货物列车占用限制区间的时间 $T_{周}$ 之比，称为基本扣除系数。$t_{客占}$ 是由旅客列车区间运行时分 $t_{客}$ 和车站间隔时间 $\tau_{站}$ 两部分所组成。即：

$$t_{客占} = t'_{客占} + t''_{客占} = t'_{客} + t''_{客} + \sum \tau_{站} = \Delta(t' + t'') + \sum \tau_{站}$$

$$\varepsilon_{基} = \frac{t_{客占}}{T_{周}} = \frac{\Delta(t' + t'') + \sum \tau_{站}}{T_{周}}$$

其中，Δ——货物列车与旅客列车速度比值。

2. 额外扣除系数（$\varepsilon_{外扣}$）

由于两相邻旅客列车之间的时间间隔不是货物列车占用限制区间时间的整倍数而产生的额外扣除时间 $t_{外扣}$ 与一对货物列车占用限制区间的时间 $T_{周}$ 之比，称为额外扣除系数。

额外扣除系数数值的大小与运行图上旅客列车对数及其铺画位置、区间不均等程度、中间站到发线数目等因素有关。在单线区段可近似地按下列经验公式计算：

$$\varepsilon_{外扣} = \frac{t_{外扣}}{T_{周}} = 0.7j - 0.025n_{客} - 0.1$$

j——区间不均等系数，等于货物列车平均运行图周期与限制区间运行图周期之比。即 $j = T_{周}^{均}/T_{周}$，在一般情况下，额外扣除系数可取0.2～0.5。

因此，旅客列车的扣除系数 $\varepsilon_{客}$ 为：$\varepsilon_{客} = \varepsilon_{基} + \varepsilon_{外扣}$

三、摘挂列车的扣除系数

摘挂列车的运行速度虽然与普通货物列车相同，但由于摘挂列车在中间站停站次数较多、停站时间较长，所以对区间通过能力影响很大。区间愈均等，运行图铺满程度愈高，这种影响就愈大（见图10-13）。

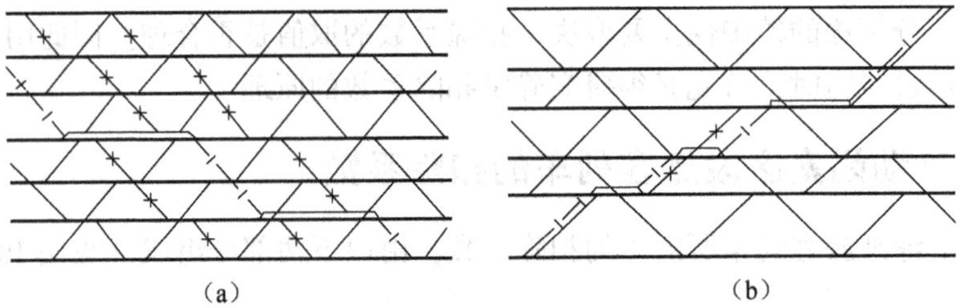

图10-13 摘挂列车对区间通过能力影响示意图

（1）在平行运行图上，当区间均等时，摘挂列车每一次在车站完成作业后发出，都要从运行图上扣掉一条列车运行线。在这种情况下，摘挂列车的扣除系数等于停站次数加一。

（2）在非平行运行图上，除因铺画旅客列车产生一定的空费时间 $t_{外扣}$ 外，由于区间不均等，在邻接较小区间的车站还将产生运行图空隙。利用这些空费时间和运行图空隙铺画摘挂列车，就可以使摘挂列车扣除系数大大缩小。

摘挂列车扣除系数的精确数值，应根据实际绘制的运行图确定。

从上述分析可以看出，扣除系数的大小与许多因素有关，其中主要有：

① 区间的不均等程度；

② 各种列车的运行速度、开行数量及其在运行图上的铺画位置；

③ 旅客列车和摘挂列车在区段内的停站次数及停站时间。

这些因素的影响只能在运行图铺好之后才能完全确定。因此，在计算通过能力时，不得不利用扣除系数的经验数值。

第四节 旅行速度及影响因素

一、列车速度的概念

列车速度指标包括列车运行速度、列车技术速度和列车旅行速度三项。

（1）列车运行速度：列车在区段内运行，不包括中间站停站时间及起停车附加时分在内的平均速度。

$$v_{运}=\frac{\sum nL}{\sum nt_{纯运}}(\mathrm{km/h})$$

式中：$\sum nL$——在一个区段内每昼夜所完成的列车千米数；

$\sum nt_{纯运}$——在一个区段内每昼夜所消耗的纯运行列车小时数。

（2）列车技术速度：列车在区段内运行，不包括中间站停站时间，但包括起停车附加时分在内的平均速度。

$$v_{技}=\frac{\sum nL}{\sum nt_{纯运}+\sum nt_{起停}}(\mathrm{km/h})$$

式中：$\sum nt_{起停}$——在一个区段内每昼夜所消耗的起停车附加时分列车小时数。

（3）列车旅行速度：列车在区段内运行，包括在中间站停站时间及起停车附加时分在内的平均速度。

$$v_{旅}=\frac{\sum nL}{\sum nt_{纯运}+\sum nt_{起停}+\sum nt_{中停}}(\mathrm{km/h})$$

式中：$\sum nt_{起停}$——在一个区段内每昼夜所消耗的中间站停站列车小时数。

（4）旅行速度系数

$$\beta_{运}=v_{旅}/v_{运}\Rightarrow v_{旅}=\beta_{运}v_{运}(\mathrm{km/h});\quad \beta_{技}=v_{旅}/v_{技}\Rightarrow v_{旅}=\beta_{技}v_{技}(\mathrm{km/h})$$

旅行速度是表明列车运行图质量的一项重要指标，也是影响机车车辆周转和货物送达的一项重要因素。因此，在编制列车运行图时，应力求把旅行速度同运行速度或技术速度的差别减少到最小程度，即必须尽可能减少列车在区段内的停站次数和停站时间。

二、影响列车旅行速度系数的因素

在上述两个旅行速度系数中，$\beta_{运}$ 能更为全面、准确地表示列车运行图质量。它不仅能反映列车在中间站总停站时间及起停车附加时分对旅行速度的影响，还能反映与列车停站次数有关的影响。

（1）客货列车行车量，以及随之增加的停站次数和相应的时间消耗；

（2）与越行次数有关的客货列车速度比；

（3）供列车交会和越行的分界点分布密度；

（4）直接用于计算列车最小停站时间的车站间隔时间。

能力训练

1. 已知甲——乙单线区段采用半自动闭塞区段有关资料如下表，区段两端甲、乙站上下行列车均停车，A 站下行出站方向重车启动困难，各站均不能同时接车。

甲——乙区段运行图有关资料

	上行运行时分	下行运行时分	站名	列车放行方案	$T_{周}$	$n_{平行}$
各站 $\tau_{不}=5$ min; $\tau_{会}=3$ min; $t_{起}=2$ min; $t_{停}=1$ min。	12	10	甲 A			
	10	11	B			
	15	16	C			
	14	13	乙			

要求：(1) 选择限制区间最有利的列车放行方案。

(2) 计算各区间平行运行图区间通过能力。

(3) 若该区段 $n_{客}=2$ 对，$n_{摘}=2$ 对，$\varepsilon_{客}=1.3$，$\varepsilon_{摘}=2.0$，试计算该区段非平行运行图通过能力。

应知应会

一、填空题

1. 运输能力是________和________的总称。

2. 运行图周期系由________、________以及________所组成。

3. $T_{周}$ 最大的区间，称为该区段的________。

4. 非平行运行图区间通过能力，是指在旅客列车数量既定的前提下，区间在一昼夜内能通过的________对数或列数。

5. 列车在区段内运行，包括在中间站停站时间及起停车附加时分在内的平均速度，称为________。

二、判断题

1. 铁路区段通过能力是指铁路区段内各种固定设备中，通过能力最薄弱设备的通过能力（　　）

2. 在计算区间通过能力时，以对数表示时，不足 0.5 对时取 0.5 对，0.5 对以上不足 1 对时按 1 对计算（　　）

3. 列车运行时间最长的区间就是限制区间（　　）

4. 为提高区段的通过能力，应使限制区间的运行图周期压缩到最小（　　）

5. 在上下行行车量不等的区段，为了适应运量增长的需要，可以采用不成对运行图（　　）

6. 速度系数是货物列车技术速度与旅行速度的比值（　　）

二、简答题

1. 决定铁路区段通过能力的主要因素有哪些？

2. 什么是困难区间？什么是限制区间？二者关系如何？

第十一章

列车运行图的编制

[能力目标]

1. 能够根据所给资料，按照编制列车运行图的各项原则，正确的编制列车运行图；
2. 能够正确计算列车运行图的主要指标。

[知识目标]

1. 列车运行方案图的编制；
2. 列车运行详图的编制；
3. 列车运行图主要指标的计算。

[素质目标]

培养学生认真、细心的工作作风，团队协作、互相帮助、刻苦钻研的精神。

第一节　列车运行图编制的基本要求

一、列车运行图定期编制的原因

（1）铁路客货运量的日益增长和运输市场的发展变化；
（2）铁路技术设备的不断更新和运输组织工作的不断改进；
（3）列车牵引重量和运行速度的逐步提高；
（4）新建铁路和既有铁路改线。

二、编图工作的组织领导

列车运行图的编制和调整工作，由铁道部统一领导，各铁路局负责做好具体工作。

1. 铁道部——编图领导小组（车、机、工、电、辆等部门）

负责编图的组织领导工作，确定编图的原则、任务和步骤，组织有关铁路局协商拟定全路跨局旅客列车运行方案，解决局间列车交接的有关问题，审查各局提报的编图资料和各局编制的列车运行图。

2. 铁路局——编图小组（车、机、工、电、辆等部门）

按照铁道部的统一部署，认真准备好编图资料，负责完成本局的运行图编制工作。

三、编图资料

（1）各区段各种客货列车行车量；

（2）车站间隔时间和追踪列车间隔时间及必要的列车运行图缓冲时间；

（3）各区段通过能力；

（4）客货列车停车站名和停站时间标准；

（5）各技术站主要技术作业时间标准；

（6）客车车列在配属段、折返段停留时间标准；

（7）客货列车区间运行时分和起停车附加时分；

（8）各区段货物列车重量标准；

（9）机车在基本段和折返段所在站作业时间标准，机车运用方式和乘务组工作制度；

（10）各区段线路允许速度；

（11）施工计划以及慢行地段和慢行速度；

（12）现行列车运行图执行情况的分析。

四、编图要求

（1）保证列车运行的安全；

（2）迅速、便利运输旅客和货物；

（3）充分利用铁路通过能力，经济合理地运用机车车辆和安排施工时间；

（4）应将区间通过能力利用率控制在一定的允许范围内，确保列车运行图具有一定的弹性，以适应日常运输生产和列车运行秩序变化的需要；

（5）列车运行图要与列车编组计划和车站技术作业过程相协调，使列车运行线与车流很好地结合起来；

（6）保证各站、各区段间工作上的协调和均衡；

（7）合理安排乘务人员的作息时间，值乘时间不超过规定的劳动时间标准。

列车运行图是全路与运输有关各单位的综合工作计划。因此，在编制运行图过程中，要从全局出发，统筹兼顾，正确处理列车运行与技术站作业之间的关系，列车运行与机车交路之间的关系，运输与施工之间的关系，跨局列车与管内列车之间的关系，旅客列车与货物列车之间的关系等，要使编制出来的运行图既是先进的，又是可行的。各铁路局编完运行图后，由铁道部审查批准，并由铁道部确定在全路统一实行新运行图的日期（与新列车编组计划同时实行）、印制行车时刻表，拟定新旧运行图的交替办法，并组织各铁路局、站段切实做好实行新运行图的各项准备工作。

五、编图步骤

1. 编制列车运行方案图

着重解决列车运行线的布局衔接问题，尽量使列车运行线均衡排列。合理勾画机车交路，压缩运用机车台数。列车运行方案图一般用小时格图纸进行编制，只标明列车在主要站（技术站、分界站及较大的客货运站）的到发时刻（见图 11－1）。

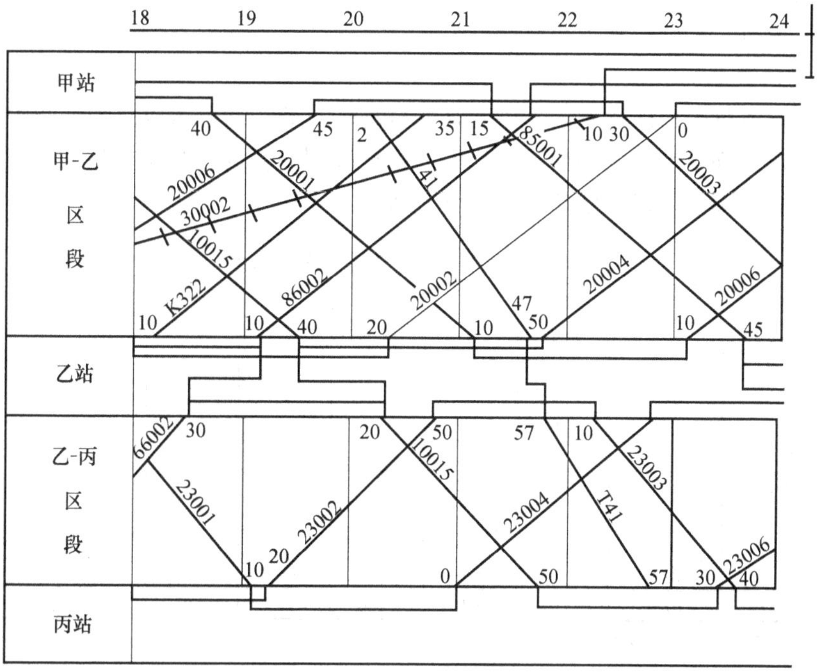

图 11－1 列车运行方案图

2. 编制列车运行详图

规定每一列车在各个车站的到、发或通过的时刻。列车运行详图，应根据列车运行方案图进行编制，一般用二分格图纸进行编制，编完后再描绘在十分格运行图纸上。

3. 计算列车运行图指标

第二节 区段管内工作列车铺画方案

一、区段管内工作内容和列车种类

（1）区段管内工作：区段内各中间站到发车流的组织与输送工作，即中间站的装车和卸车，向中间站取送重空车以及中间站的调车工作等。

除装卸量较大的中间站车流可组织装车地直达列车等方式运送外，一般都是由区段管内列车输送。

（2）区段管内列车：为区段管内工作服务的货物列车。

主要有摘挂列车、区段小运转列车和调度机车等，其中以摘挂列车为主要形式。

（3）中间站调车工作由摘挂列车、区段小运转列车机车、配属于一个或几个中间站的专用调机以及调度机车担当，必要时由补机进行调车作业。

（4）编制列车运行图时，应首先安排好区段管内零散车流的输送，即先确定区段管内列车的种类和行车量，然后选择这些列车在运行图上的铺画方案。

二、区段管内工作量

区段管内工作量即区段管内各种货物列车的行车量，它决定于区段管内各中间站到、发的零散重空车流量，即区段管内车流量。

1. 重空车流斜表

区段管内车流量是由区段管内各中间站的日均装车数、卸车数以及为保证中间站装车所需要的空车来源和卸后空车的去向所决定的。根据计划的管内重车流量和空车流向，参照实际车流规律，即可编制区段重空车流斜表（见表11－1）。

表11－1　甲—乙区段重空车流斜表

	甲	A	B	C	D	E	F	G	乙	计
甲			10/0		11/0		4/0	3/0		28/0
A	10/0						3/0			13/0
B	0/7	0/3							3/0	3/10
C			3/0					4/0	2/0	9/0
D	0/4					0/7				0/11
E	12/0	2/0		1/0					5/0	20/0
F	3/0					0/4				3/4
G				5/0		0/2			4/0	9/2
乙		8/0		3/0		7/0		4/0		22/0
计	25/11	10/3	13/0	9/0	11/0	7/13	7/0	11/0	14/0	107/27

注：分子——重车，分母——空车。

2. 车流变动图

为了直观起见，可以根据区段重空车流斜表编制区段内各区间的车流变动图（见图11－2）。

区间重量标准(t)	3 000	3 000	3 300	3 500	3 000	3 000	3 200	3 300
车流总重	1 904	2 108	1 632	2 040	1 432	1 632	1 156	952
摘挂车数	+3	−10	+3	+6　−11	$+\frac{0}{7}$　$-\frac{0}{7}$	+5　−7	−7	+4

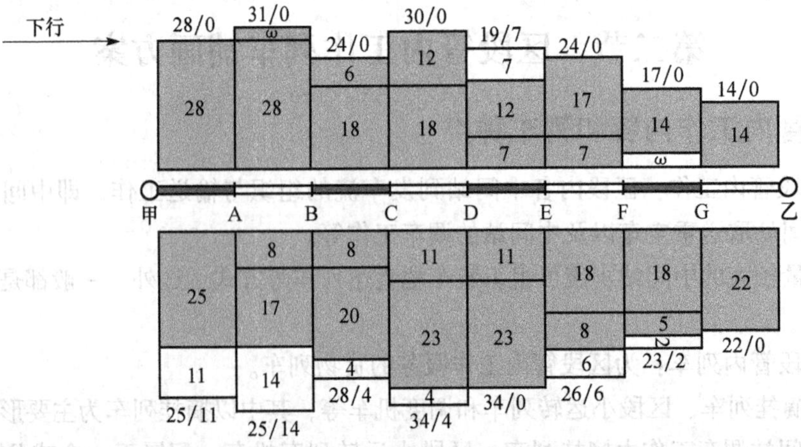

摘挂车数	$-\frac{10}{3}$	+10　−3	$+\frac{0}{10}$　−9	+3	$+\frac{0}{4}$　$-\frac{7}{6}$	+15	$+\frac{3}{4}$　−4	$+\frac{5}{2}$
车流总重	1 920	1 980	1 984	2 392	2 312	1 888	1 604	1 496
区间重量标准(t)	3 000	3 000	3 000	3 000	3 500	3 200	3 000	3 000

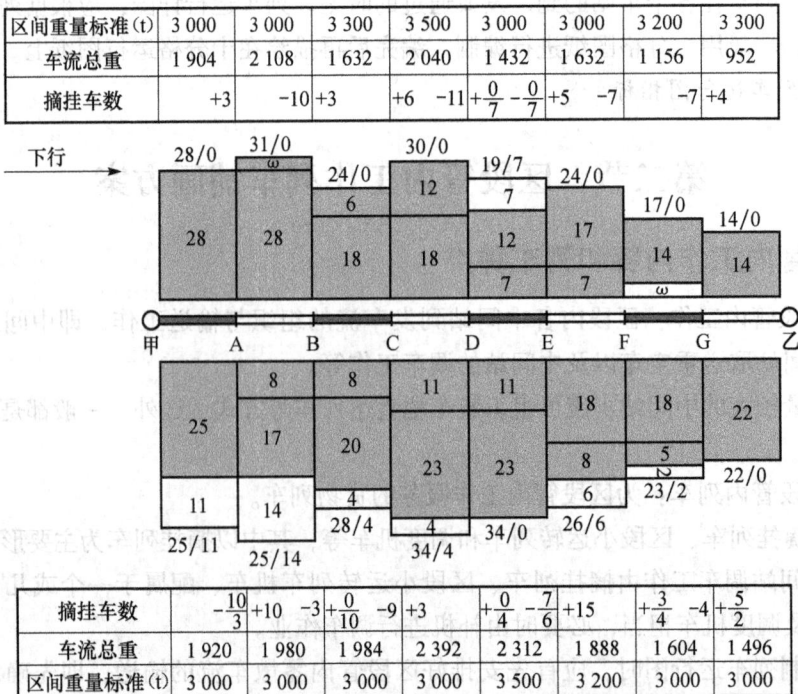

图11－2　各区间的车流变动图

3. 行车量的确定

根据列车牵引重量和各区间的车流量，即可确定摘挂列车的行车量。

列车重量标准一般是按整个区段规定的，但实际上在一个区段内各个区间的线路平纵断面各不相同，因此各个区间的牵引重量是不同的。同时，由于摘挂列车在各中间站办理车辆摘挂作业，以致实际的列车重量在运行途中也有变化。为了充分利用机车牵引力，在查定该区段应开行的摘挂列车数时，一般应以各区间牵引重量和各区间由摘挂列车挂运的车流量为依据，用下式分别对每一区间进行计算：

$$n_{摘挂}^{吨} = \frac{U_{摘挂}^{重} q_{总重} + U_{摘挂}^{空} q_{自重}}{Q_{区间}} (列)$$

当空车流较多时，还应按到发线容车数以同样原理确定应开行的摘挂列车数，即：

$$n_{摘挂}^{车} = \frac{U_{摘挂}^{重} + U_{摘挂}^{空}}{m_{区间}} (列)$$

$$其中, m_{区间} = \frac{L_{效} - L_{机} - L_{安}}{L_{车}} (车)$$

$$此时, n_{摘挂} = \max \left\{ n_{摘挂}^{吨}、n_{摘挂}^{车} \right\} (列)$$

对每个区间分别上下行方向求出 $n_{摘挂}$ 的数值以后，取其中最大值作为该区段应开行的摘挂列车数。

4. 摘挂列车数的影响

（1）开行的摘挂列车数过少，将使区段管内车流积压，延长车辆在技术站和中间站上的停留时间；

（2）增加摘挂列车的开行次数，对区段通过能力的利用和机车运用效率都将产生不利影响；

（3）如果邻近技术站几个区间的到发车流重量超过该区间牵引重量标准时，为减少摘挂列车开行数量，可以考虑在这几个区间开行区段小运转列车，与摘挂列车配合作业；

（4）对上、下行车流量显著不等的区段，上下行方向开行的摘挂列车数可以不同，如开行一对半、二对半等。

三、区段管内货物列车的铺画方案

1. 基本概念

（1）顺向车流：由某方向摘挂列车送到中间站摘下，作业后由同向摘挂列车挂走的车流。

（2）逆向车流：由某方向摘挂列车送到中间站摘下，作业后由对向摘挂列车挂走的车流。

在区段内开行一对摘挂列车的情况下，顺向车流在中间站上的停留时间与摘挂列车在运行图上的铺画方案无关，而逆向车流在中间站上的停留时间则与其有很大关系。而当上下行摘挂列车在运行图上按无交叉方式铺画时：

（1）上开口方案：下行摘挂列车送到各中间站的逆向车流，作业后均能由上行摘挂列车挂走，且下行摘挂列车与上行摘挂列车在运行图上有最小间隔的方案，见图 11－3（a）。

(2) 下开口方案：上行摘挂列车送到各中间站的逆向车流，作业后均能由下行摘挂列车挂走，且上行摘挂列车与下行摘挂列车在运行图上有最小间隔的方案，见图 11－3（b）。

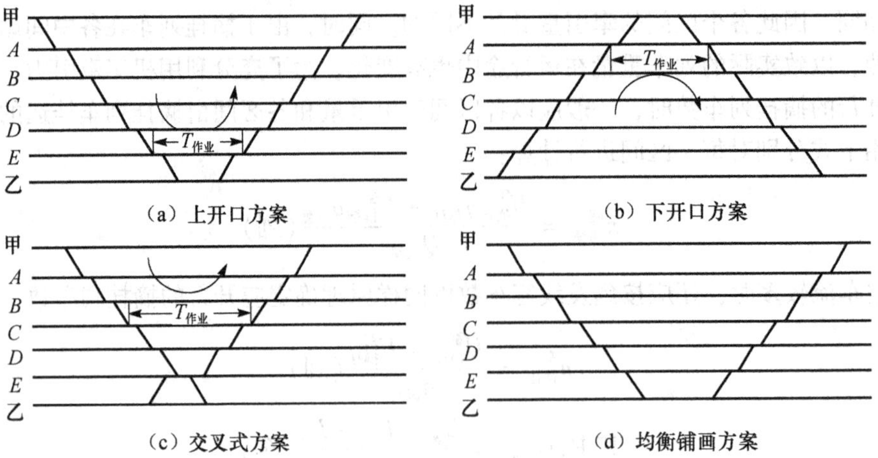

图 11－3 一对摘挂列车铺画方案

2. 铺画要求

(1) 保证摘挂车流在技术站和中间站上的停留时间为最小；

(2) 保证机车乘务组的连续工作时间不超过规定标准；

(3) 摘挂列车在各中间站的停留时间，应满足调车作业的需要；

(4) 对于不是经常有货物装卸和整车货物发到的中间站，在方案中可不规定停站时间，或将此种车站的停站时间集中于某一个车站，在日常执行中由列车调度员机动调整。

三、铺画方法

(1) 在区段内开行一对摘挂列车的情况下，主要根据中间站的车辆停留车小时选择有利方案（如图 11－4 上开口方案）。

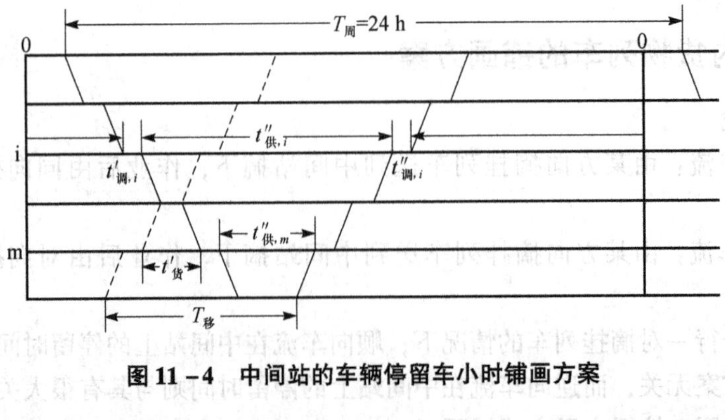

图 11－4 中间站的车辆停留车小时铺画方案

(2) 随着上、下行摘挂列车运行线铺画方案的变化（如上行运行线左移），逆向车流在中间站的停留时间也发生变化。在所有可能的铺画方案中，车辆在各中间站总停留时间最小的方案，是摘挂列车的最优铺画方案。

（3）当区段内有两对摘挂列车时，对向摘挂列车的铺画方案相同（如前所述），同向摘挂列车将主要有两种不同的铺画方案（见图11－5）。

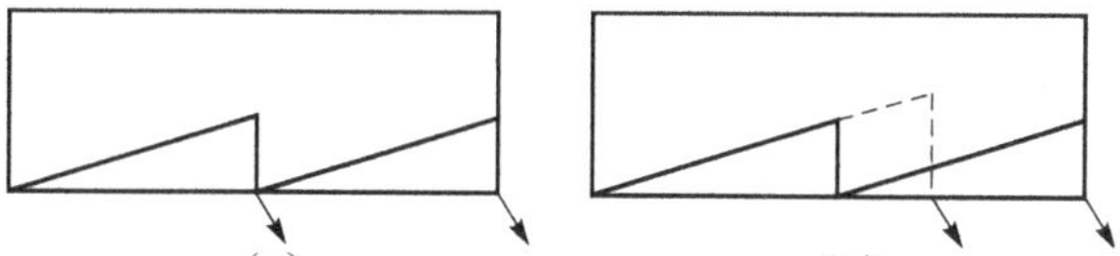

图11－5　同向摘挂列车铺画方案

比较结果：

图11－5（a）均衡开行方案：在技术站节省$T_{集}$，但顺向车流在中间站的停留时间延长；

图11－5（b）不均衡开行方案：在技术站浪费$T_{集}$，但顺向车流在中间站的停留时间大为缩短。

为保证顺向车流能在当日由第二列摘挂列车挂出，使其在中间站停留时间大为缩短，同向摘挂列车的间隔应不少于作业时间最长的那个中间站的一次或双重货物作业时间和调车作业时间标准。

（4）为了缩短摘挂车流在技术站上的停留时间，应保证有最良好的车流接续。

摘挂列车在技术站的出发时刻，必须与挂有摘挂车流的列车的到达时刻相配合；摘挂列车到达技术站的时刻，必须与挂走摘挂车流的列车的出发时刻相配合（见图11－6）。

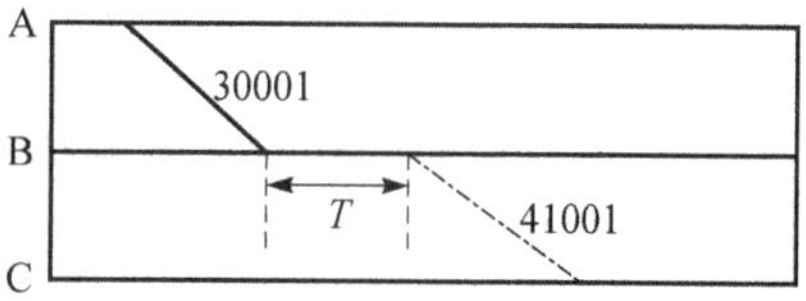

图11－6　摘挂列车车流接续铺画方案

图中T值应等于区段列车的到达、解体作业时间和摘挂列车的编组、出发作业时间之和。

（5）由于摘挂列车旅行时间长，所以应特别注意乘务组和车长的连续工作时间不得超过规定标准。否则，应采取以下措施：

① 当同方向每天开行两列摘挂列车时，可以组织分段作业；

② 在日常调度工作中，组织中间站按日历装车，借以减少摘挂列车停站次数。在编图时摘挂列车的停车作业时间可集中给点，灵活运用；

③ 在区段小运转列车运行的区段，使摘挂列车在区段小运转列车运行的地段内无作业通过中间站，以提高摘挂列车的旅行速度。

在编制列车运行图时，为了不影响其他货物列车运行，必要时可对摘挂列车等区段管内列车的运行线作酌量移动或调整，使区间通过能力得到更好地利用。

第三节　列车运行图的编制方法

在编制列车运行图时，一般先铺画旅客列车运行线，再铺画货物列车运行线。在铺画客货列车运行线时，要兼顾和处理好各方面的关系，安排好整个方向上的列车运行线，以提高列车运行图的编制质量。

一、旅客列车运行图的编制

在编制旅客列车运行图时，首先要编制旅客列车运行方案（客车方案），旅客列车运行方案应按照先国际、后国内，先直通、后管内，先快车、后慢车的顺序进行编制；编制客车方案主要应解决以下一些问题：

（一）方便旅客旅行

1. 应规定适宜的旅客列车始发、终到和通过各主要站的时刻

（1）直通列车宜在下午或晚间开，但不宜过晚（迟于零点）；宜在白天到，但不宜过早（早于6－7点）；

（2）在城市交通的配合下，直通列车也可以规定不早于7点开，不晚于零点到；

（3）直通列车通过沿途各主要站的时刻也应力求方便旅客，尽可能予以照顾；

（4）管内旅客列车以白天运行为宜。

直通旅客列车的合理发车范围如图11－7所示：

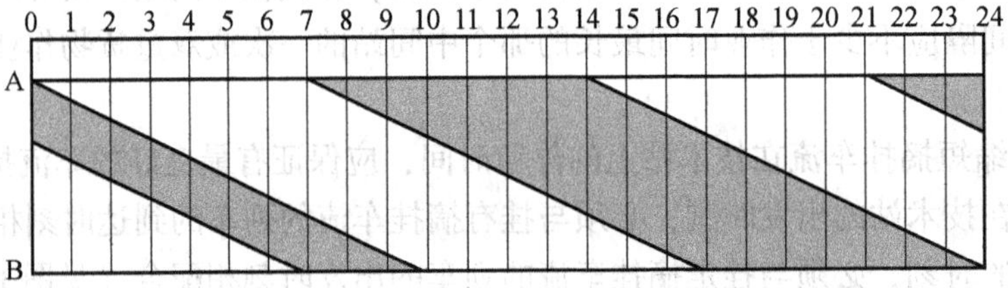

图11－7 直通旅客列车的合理发车范围示意图

2. 使各方向各种列车的运行时刻相互衔接，缩短旅客中转换乘的等待时间

（1）直通旅客列车间运行时刻的相互衔接，应照顾中转直通客流较大的方向（如图11－8所示）。

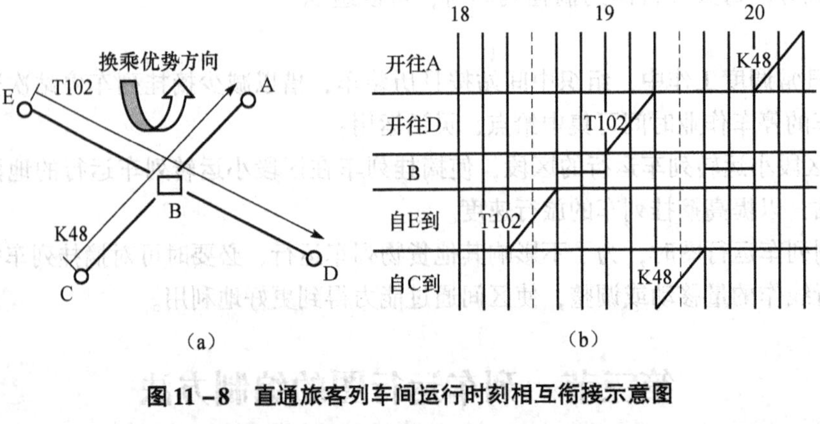

图11－8 直通旅客列车间运行时刻相互衔接示意图

（2）管内旅客列车与直通旅客列车间运行时刻的相互衔接。

如管内列车数较多，则最好在直通列车前后各开一次管内列车；当管内旅客列车数较少，应照顾换乘客流占优势的方向（如图11－9所示）。

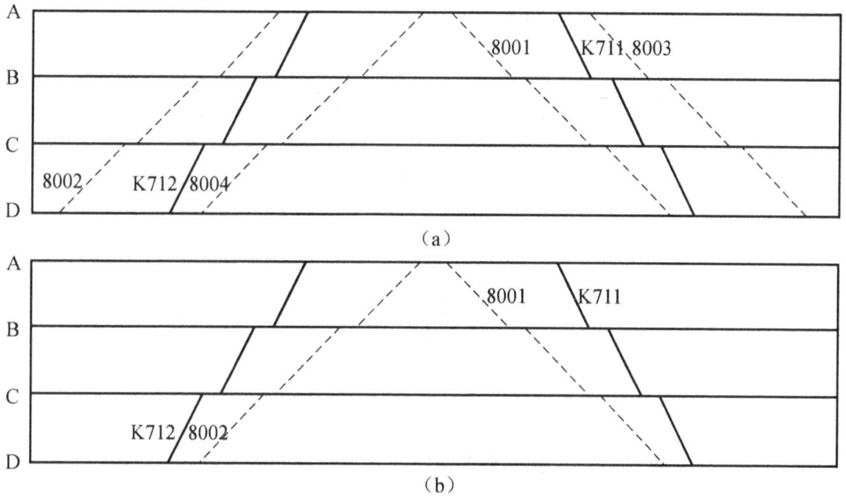

图 11－9　管内与直通旅客列车间运行时刻衔接图

（二）经济合理地使用机车车辆

直通与管内旅客列车的到发时刻，除应力求便利旅客外，还应照顾旅客车列（车底）和客运机车的经济使用。

1. 车底的经济使用（见图 11－10）

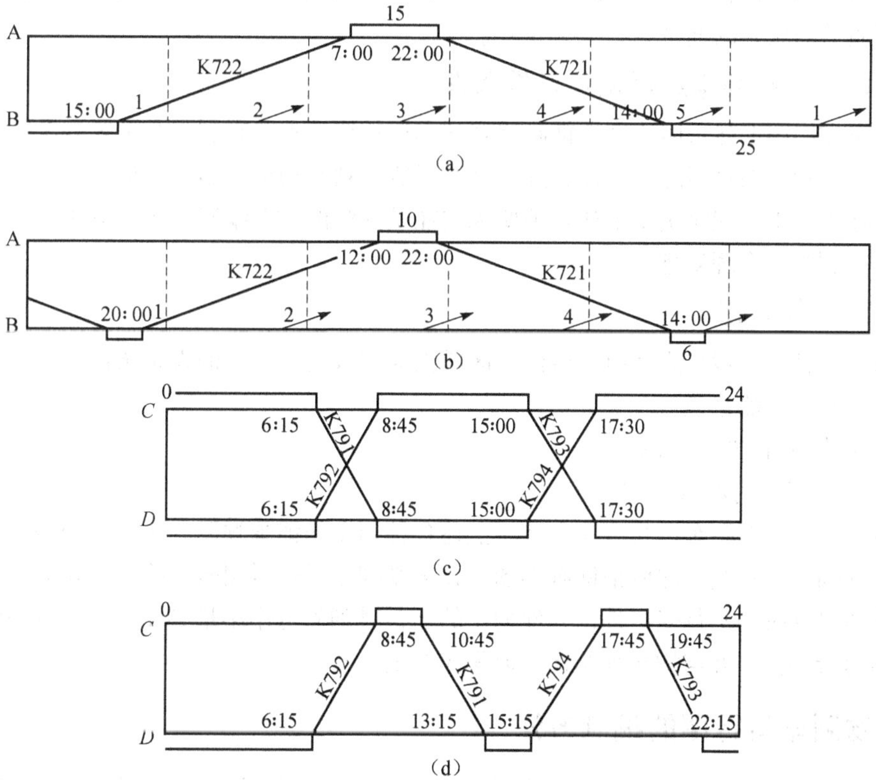

图 11－10　管内列车车底周转与到发时刻关系图

2. 机车的经济使用（见图 11－11）

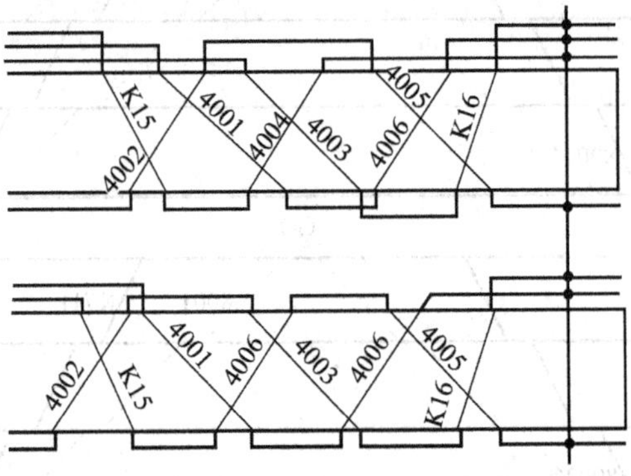

图 11－11　旅客列车运行方案与机车周转关系图

（三）保证旅客列车运行与客运站技术作业过程的协调

由于旅客列车到发时刻的特殊要求，大客运站在一昼夜的某一段时间内，往往出现列车密集到达或密集出发的情况，因此应做到：

（1）列车密集到发的间隔时间应与车站技术作业过程相协调，否则将不能保证车站正常接发列车。

（2）大型客运站一般按方向设置候车室，因此同方向旅客列车的始发间隔时间，应考虑到旅客站舍的负担，以免造成站内拥塞；旅客列车的终到间隔，应考虑出站地道的负担，以免造成通道内旅客的拥挤。

（四）为货物列车运行创造良好条件

在客车方案图上尽可能均衡地铺画旅客列车运行线，不仅有利于车站客运设备的有效利用，保证旅客列车的良好运行秩序，并且有利于货物列车均衡地运行，加速机车车辆周转。

在实际工作中，同时实现上述各项要求往往是困难的，在编制客车方案时，应根据具体情况，权衡利弊，合理安排。

（五）其他问题

在铺画各种列车运行方案时，应注意区段内会车或越行地点的设备条件，考虑列车会让所附加的时分。一般来说：

（1）会车附加 10～12 min；

（2）等待越行附加 30～35 min。

最后，根据旅客列车运行方案，按照上述各种列车的铺画顺序，可在二分格运行图上详细铺画各种列车运行线，即所谓铺画详图。在编制列车运行详图时，除国际联运的旅客列车在国境站的接续时刻不得变更外，其他列车的运行时刻尚可作小量必要调整，以便创造更好的会让和运行条件，并与货物列车运行取得较好配合。

二、货物列车运行图的编制方法

在旅客列车运行图编制以后，货物列车运行线的铺画也可分两步进行，即先编方案图，然后再根据方案图编制详图。但在运量大、区间通过能力比较紧张的单线区段，由于在编方案图时很难对限制区间给予准确的安排，所以一般不编方案图，而直接在二分格运行图上编制详图。

（一）货物列车运行方案图的编制

1. 编制方法

（1）货物列车旅行时间的计算。在双线区段，直达、直通、区段列车为各区间运行时分（包括起停车附加时分）、列车在中间站技术作业停站时间之和，若列车在区间被越行时，还应增加待避时间；摘挂列车应另加各中间站的停站时间。在单线区段，除摘挂列车外，还应考虑会车次数和停站时间，行车量越大，会车次数越多，列车旅行时间应增加越多。

（2）运行线的排列应尽量均衡。可按列车数量和一昼夜可利用的时间，计算列车间隔时间。以一直达列车运行线为准，逐一确定列车在技术站的发车时刻。遇有旅客列车运行线时，列车间隔时间可以适当调整，但尽量不在旅客快车之前较短时间内安排货物列车运行线，以减少列车待避次数，提高旅行速度。

（3）区段行车量较少时，可从机车折返站按机车折返时间，成对安排货物列车运行线；通过能力较紧张时，可以从限制区间开始铺画，以限制区间的最优列车放行方案为基础，向两边展铺，其中有些列车则需“倒铺”。

（4）所有列车运行线安排完毕后，应勾画机车交路。勾画机车交路一般按顺序办理，即先到站的机车应先折返。如遇个别折返时间不够标准时间时，应对部分列车的到发时刻进行适当调整。机车固定使用时，应单独勾画。

2. 注意事项

（1）列车运行图与列车编组计划的配合

① 按照列车编组计划所规定的列车种类、发到站和列车数（并考虑适当波动）铺画各种货物列车的运行线。

② 对有稳定车流保证的定期运行的列车，应在运行图上固定运行线，从始发站到终点站使用统一的车次，优先安排，经过技术站时要有良好的接续。

③ 对非定期运行的技术直达列车、直通列车在技术站间可使用直通车次，在技术站也应有适当接续的运行线。

④ 与车流产生规律相结合。如按厂矿企业的生产和装车情况，安排装车地直达列车的配空出重运行线；按车流集结情况，安排自编始发列车运行线等，使运行线与车流最大限度地结合起来。

（2）列车运行图与车站技术作业过程相配合

在编制运行图时应力求使各方向列车在技术站均衡到发，并使各方向改编列车和中转列车交错到开，为车站创造均衡而有节奏的工作条件（见图11－12）。但是由于种种原因，往往会产生货物列车运行不均衡的现象。

① 货物列车运行不均衡的原因

a. 受旅客列车铺画位置的影响；

b. 为保证邻局、邻区段货物列车有良好的运行条件。

② 货物列车运行不均衡的后果：

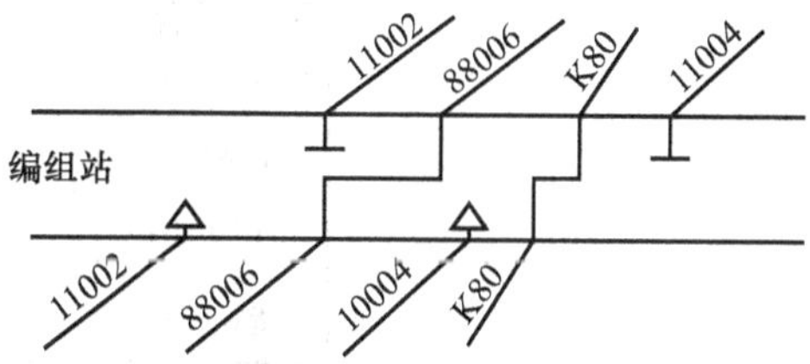

图11－12　列车运行线紧密衔接示意图

a. 导致货车在车站产生各种等待停留时间；

b. 浪费车站通过能力、改编能力。

③ 货物列车运行不均衡的对策：

a. 列车到达技术站和由技术站出发的间隔时间，应考虑车站的到发线数目及列车占用到发线的时间，以保证车站能不间断地接发列车。

b. 使直达、直通列车在技术站的停留时间与技术作业过程和作业时间标准相适应。

c. 到达技术站解体的列车，其间隔时间应与驼峰或牵出线解体作业进度相适应（见图 11－13、11－14）。

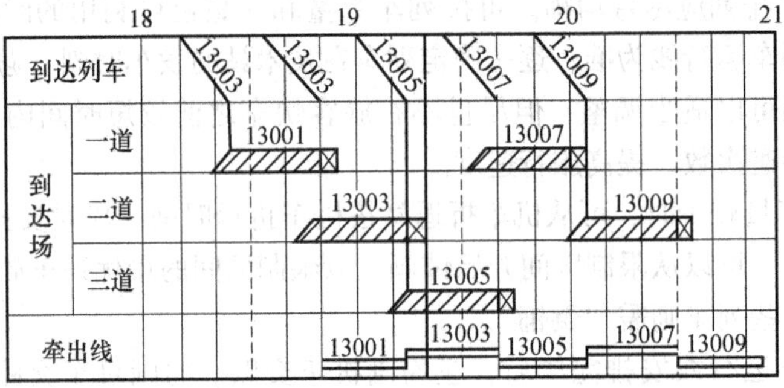

图 11－13　列车到达间隔与解体作业相协调示意图

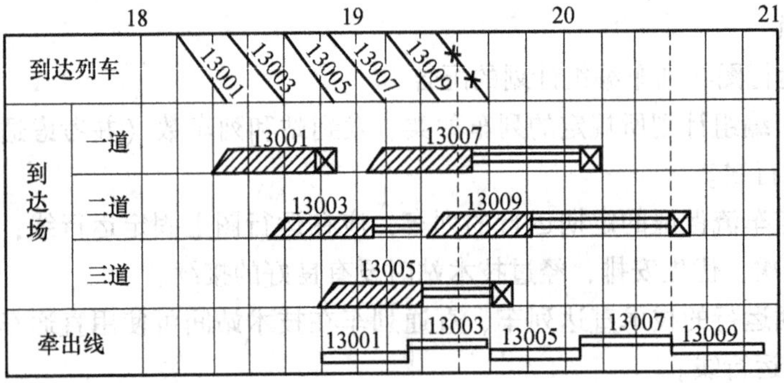

图 11－14　列车到达间隔与解体作业不相协调示意图

d. 由技术站编组出发的列车，其间隔时间应与牵出线编组作业进度相适应。

e. 对于组织始发直达列车的车站，应使空车列车到达与重车列车出发之间的间隔与该站各项作业时间相协调。否则就会延长货车停留时间或不能保证重车列车按规定时刻出发（见图 11－15）。

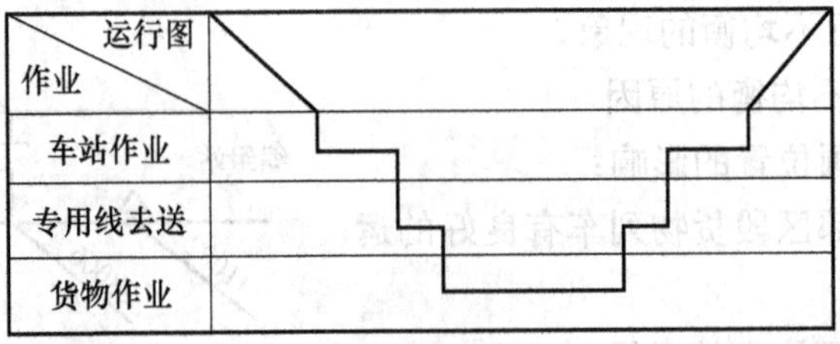

图 11－15　列车运行图与货运站技术作业过程相协调示意图

（3）列车运行图与机车周转图的配合

列车运行图与机车周转图的配合最好做到机车不等列车、列车也不等机车。

① 执行机车乘务制度，避免乘务员超劳现象；

② 根据机车运用方式、规定的行车量和机车在自外段停留时间标准，顺序地安排列车运行线；

③ 为了避免或减少机车等候列车的额外停留时间，应使相对方向的列车配合地到达更换机车的技术站（见图 11－16）。

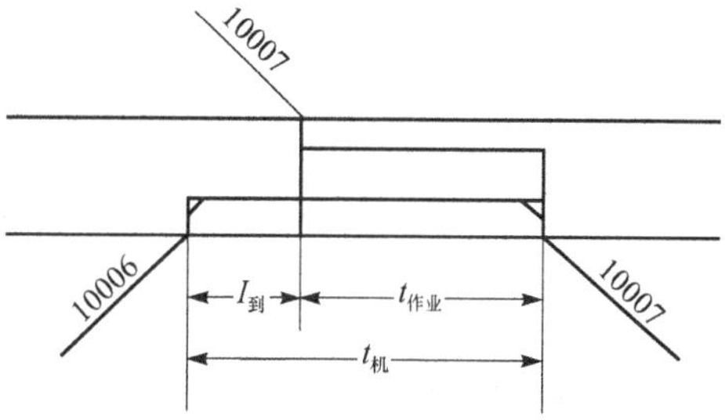

图 11－16 相对方向列车配合到达更换机车的技术站图

（二）货物列车运行图详图的编制

1. 铺画要求

（1）因列车会让等原因，对方案图所规定的运行线可做适当的移动，但尽可能不变更分界站的到开时刻。

（2）在单线区段，如通过能力有较大后备时，可优先铺画定期运行的快运货物列车和直达列车。在中间站交会时，应尽量使其他货物列车等会这些列车；在经过技术站时，应保证其紧密接续，以加速列车运行。

（3）摘挂列车，应先按区段管内货物列车铺画方案在运行图上铺画轮廓运行线，然后结合其他货物列车一起铺画。

2. 注意解决的问题

（1）保证行车安全和旅客乘降安全

① 遵守不准同时接发列车的有关规定；

② 保证车站间隔时间及列车追踪间隔时间符合各站所规定的标准；

③ 避免某方向列车在禁止停车或停车后启动困难的车站上停车；

④ 列车在车站会车和越行时，应与该站的到发线数相适应；

⑤ 尽量避免旅客列车在中间站停车时该站有其他通过列车；

⑥ 遵守机车乘务组工作和休息的时间标准。

（2）有效地利用区间通过能力

① 单线区段，区间通过能力有较大富余（利用率在 70% 以下）时，为保证机车的良好运用，货物列车运行线可以从机车折返站开始成对地铺画（见图 11－17）；

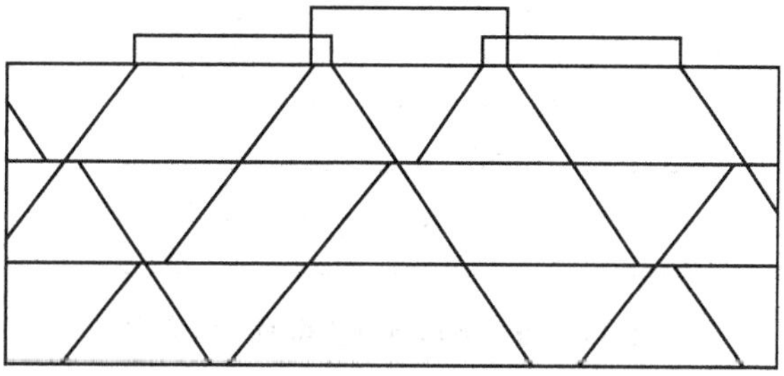

图 11－17 从机车折返站开始铺画货物列车运行线

② 单线区段，区间通过能力比较紧张（利用率在 80% 以上）时，为了有效地利用区间

通过能力，该区段应从限制区间开始铺画货物列车运行线（见图 11－18）。

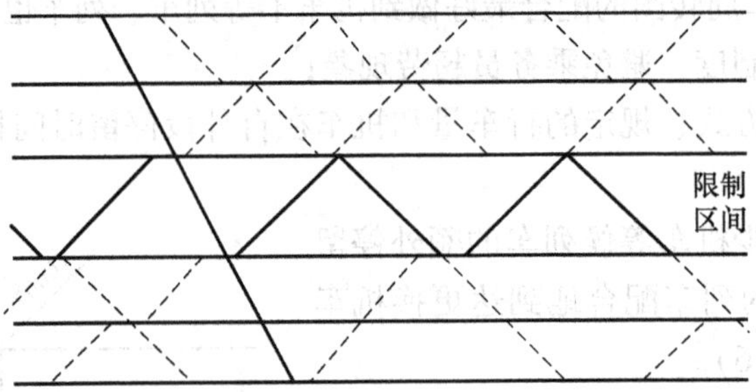

图 11－18　从限制区间开始铺画货物列车运行线

（3）提高货物列车旅行速度

影响旅行速度的主要因素是会车和越行次数及其停站时间。因此，在铺画运行图时，必须尽量减少。

① 铺画在旅客列车之前的货物列车，尽可能使之通过各中间站，以避免在区段内被旅客列车越行（见图 11－19）；

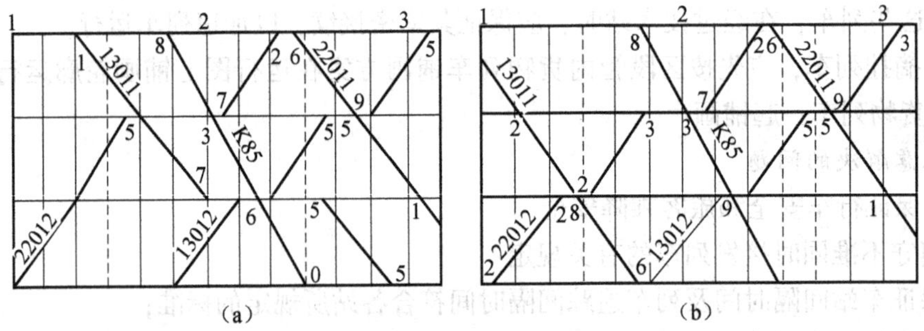

图 11－19　在旅客列车之前铺画货物列车的方法示意图

② 区段内不能避免越行时，尽可能将越行地点规定在有技术作业或两相邻区间运行时分最小的车站上（见图 11－20）；

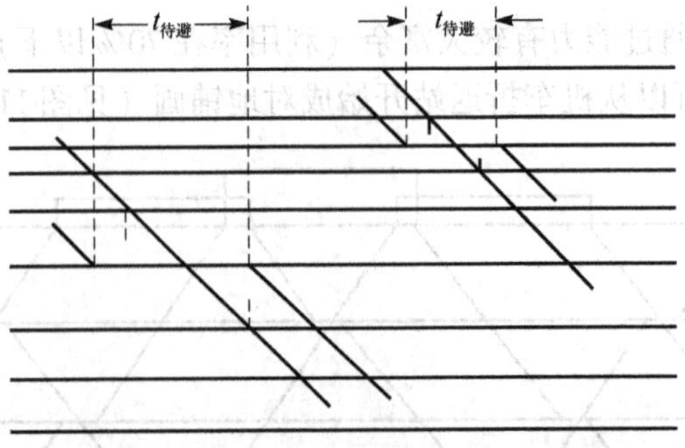

图 11－20　列车待避停留时间示意图

③ 铺画在旅客列车之后的货物列车，尽量使客货列车之间能够铺画交会的对向货物列车，以减少会车停站时间（见图 11－21）；

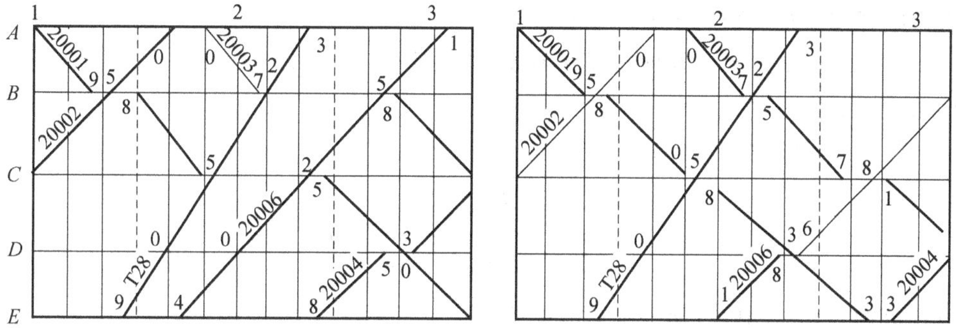

（a）　　（b）

图 11－21　在旅客列车之后铺画货物列车的方法示意图

④ 在单双线区段，可从最困难的单线区间开始铺画列车运行线，并尽可能使列车的交会在双线区间内进行。

在运量很大的区段上，为确保列车运行图与车站作业相协调，在铺画运行图之后，应对区段站、编组站、主要客运站和货运站的咽喉道岔和到发线的占用情况进行图解检查。当某些车站的接发车条件不能满足运行图的要求时，需要适当修改运行图，或采取必要的技术组织措施，例如重新调整到发线的使用，以保证运行图的顺利实行。

第四节　列车运行图指标

一、列车运行图编制质量的检查

列车运行图全部编完之后，必须对列车运行图的编制质量进行全面的检查。检查的主要内容有：

（1）列车运行图上铺画的客货列车数是否符合所规定的任务；

（2）运行线的铺画是否符合规定的各项时间标准，列车的会让是否合理，在中间站停车会让的列车数是否超过各该站现有的到发线数；

（3）摘挂列车的铺画是否满足区段管内货物列车铺画方案的要求；

（4）机车乘务组连续工作时间和机车在自外段所在站的停留时间是否符合规定的时间标准；

（5）在列车运行图上预留的施工“天窗”是否满足施工需要；

（6）局间分界站的列车衔接是否合适，一昼夜各阶段的列车到发密度是否均衡。

二、列车运行图指标

通过检查，确认列车运行图完全满足规定的要求后，计算列车运行图的指标。列车运行图指标由各铁路局计算，报铁道部汇总。

1. 数量指标

（1）国境站和局间分界站相互交接的列车数；

（2）按列车性质分类的旅客列车及货物列车数；

（3）旅客列车及货物列车走行千米；

（4）由各始发站发出的各种旅客列车数和各种货物列车数。

2. 质量指标

（1）旅客列车或货物列车的平均技术速度

$$v_{技} = \frac{\sum nl}{\sum nt_{纯运} + \sum nt_{起停}}(\text{km/h})$$

（2）货物列车平均旅行速度和速度系数

$$v_{旅} = \frac{\sum nl_{货}}{\sum nt_{纯运} + \sum nt_{起停} + \sum nt_{中停}}(\text{km/h}), \quad \beta = \frac{v_{旅}}{v_{技}}$$

（3）旅客列车平均直通速度

$$v_{直}^{客} = \frac{\sum nl_{客}}{\sum nt_{全旅}}(\text{km/h})$$

（4）直通货物列车在技术站的平均接续时间

$$T_{接续} = \frac{\sum n_{直}t}{\sum n_{直}}(\text{min})$$

为了进一步评价新运行图的编制质量，除计算新运行图的各项指标外，并应与现行运行图进行比较，分析各项指标提高或降低的主要原因。

三、实行新图前的准备工作

列车运行图最后经铁道部批准后，由铁道部规定全路统一实行新图的日期。为了保证新图能够正确和顺利地实行，必须在实行新图之前做好下列准备工作：

（1）发布有关实行新图的命令，公布跨局新旧旅客列车运行交替办法及注意事项；

（2）印制并颁布列车运行图及列车时刻表；

（3）各铁路局根据铁道部发布的有关命令和指示，拟定执行新图的技术组织措施和新旧客货列车运行的交替计划；

（4）组织有关人员学习新图，使每个有关职工了解、熟悉并掌握新图规定的要求；

（5）根据新图的规定，组织各站修订《车站行车工作细则》中的有关章节；

（6）做好机车、客车底和乘务人员的调配工作；

（7）有关局共同召开局分界站会议，共同拟定保证实现新图的措施。

能力训练

根据所给的资料，按照要求编制列车运行图。

一、编制资料：

1. A——B 单线半自动闭塞区段示意图

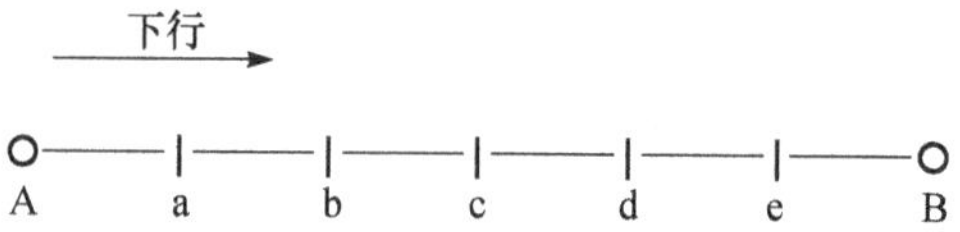

2. 客货列车行车量

旅客列车		货物列车	
车次	发车时刻	上行	下行
T85/T86	9:20/13:10	直达（重）3	直达（空）3
K51/K52	17:20/21:00	直通 3	直通 3
1067/1068	自行设计	区段 3	区段 3
6201/6202	自行设计	摘挂 1	摘挂 1

注：除 6001/6002 之外，其余旅客列车在 A、B 两站均为非始发终到。

3. A——B 区段区间距离、列车运行时分

区间名称	区间距离	列车运行时分			
		旅客列车		货物列车	
		上行	下行	上行	下行
A——a	13	17	15	21	19
a——b	15	18	22	23	26
b——c	10	12	12	15	15
c——d	12	14	15	16	18
d——e	16	20	23	24	26
e——B	13	10	10	13	13

4. 各站车站间隔时间、起停车附加时分

$\tau_{不}=4$ min；$\tau_{会}=2$ min；$\tau_{连}^{\mathrm{I}}=4$ min；

$\tau_{连}^{\mathrm{II}}=2$ min；$t_{起}=1$ min；$t_{停}=1$ min。

5. 列车停站时间

车站名称	到发线数	旅客慢车（上/下）	摘挂列车（上/下）
A	5	—	—
a	3	2/2	30/30
b	2	2/2	10/10
c	3	5/5	30/30
d	3	2/2	25/25
e	2	2/2	10/10
B	5	—	—

6. 机车在基本段和折返段所在站停留时间标准

A（基本段）——2 h；B（折返段）——1.5 h

注：旅客列车独立交路。

7. 摘挂列车推荐铺画方案

上开口方案：$t''_{供,d}=3$ h 10 min

8. B 站直达列车作业时间：

由空车到达至重车发出至少需要 5 小时。

9. 扣除系数：$\varepsilon_{客}=1.3$，$\varepsilon_{摘}=1.5$

二、编制要求：

1. 计算 A——B 区段平行运行图通过能力（填附件八）；
2. 计算 A——B 区段非平行运行图通过能力（填附件八）；
3. 铺画 A——B 区段列车运行图；
4. 铺画货运机车交路；
5. 计算 A——B 区段列车运行图质量指标（填附件九）并确定：

（1）货物列车平均旅行速度、技术速度及速度系数；

（2）机车周转时间、机车日车千米及货运机车使用台数。

应知应会

一、填空题

1. 列车运行图的编制阶段分三步进行，即编制列车运行方案图，________和________。

2. 如果有几个临近技术站的区间超过区间牵引重量标准时，为了减少摘挂列车开行列数，又能及时输送区段管内车流，可以考虑开行________列车，与摘挂列车配合作业。

二、简答题

1. 列车运行图定期编制的原因是什么？
2. 编制列车运行图的要求是什么？
3. 列车运行图全部编完之后，其编制质量检查的主要内容有哪些？

第十二章

铁路通过能力的加强

[能力目标]

1. 能够根据具体情况，说出加强铁路通过能力的途径。

[知识目标]

1. 加强铁路通过能力的途径；
2. 提高列车重量；
3. 增加行车密度；
4. 提高行车速度。

第一节　铁路通过能力概述

一、加强铁路通过能力的原因

（1）铁路通过能力接近饱和，不能满足运量增长的需要；

（2）通过能力虽有后备，但为了提高运输效率，降低运输成本，减轻劳动强度，保证行车安全。

二、需要通过能力

当现有通过能力接近需要通过能力时，就应考虑改进设备和采取技术组织措施，来提高铁路通过能力。

需要通过能力应根据需要开行的客货列车数，并考虑一定的后备能力进行计算。

$$n_{需} = (n_{货} + \varepsilon_{客} n_{客} + \varepsilon_{摘挂} n_{摘挂} + \varepsilon_{快货} n_{快货})(1 + \gamma_{备})$$

需要的客货列车行车量通常按照最繁忙月（春运除外）日均客货流量确定，也就是说应考虑月间运输的不均衡性。

1. $$n_{货} = \frac{K_{波} G_{需}}{365\varphi Q_{总}}(列)$$

式中 $n_{货}$——每日平均需要开行的货物列车数（不含摘挂和快货）；

$K_{波}$——月间货运量波动系数；

$G_{需}$——货运方向全年货流量（不含摘挂和快货）；

ϕ——平均载重系数；

$Q_{总}$——货物列车平均牵引总重。

2. 用类似方法可以求得 $n_{快货}$，关于 $n_{摘挂}$可根据第四章第二节所叙述的办法确定。

3. $n_{客} = \frac{K_{波}^{客} A}{365 a_{客}}(列)$

式中 $n_{客}$——每日平均需要开行的旅客列车数

$K_{波}^{客}$——月间客流波动系数；

A——某方向年度客流量；

$a_{客}$——列车平均定员数。

4. 后备系数 $\gamma_{备}$是根据铁路运输需要保有一定后备能力而规定的参数。

（1）意义：考虑日常波动、运行调整、设备施工等需要。

（2）取值：一般单线可取0.20，双线可取0.15。

5. 通过能力比较图

根据现有通过能力和需要通过能力的相关资料绘制通过能力比较图，可以明显地看出通过能力是否需要加强以及需要加强的数量。

三、加强铁路通过能力的途径

铁路通过能力可以用列车对数表示，也可以用运送的货物吨数表示。

（一）表示方法

$$G_{能} = \left(\frac{n}{1+\gamma_{备}} - \varepsilon_{客} n_{客} - \varepsilon_{摘挂} n_{摘挂} - \varepsilon_{快货} n_{快货}\right)\frac{365 Q_{总}\varphi}{K_{波}} = \frac{365 n_{货}^{能} Q_{总}\varphi}{K_{波}}(t/年)$$

式中 $G_{能}$——铁路货运方向一年所能实现的通过能力（吨数）；

$n_{货}^{能}$——每日可以开行的货物列车数（不含摘挂和快货）；

n——平行运行图通过能力。

（二）加强途径

提高通过能力就是为了增加 $G_{能}$，所以通过能力有以下三个加强途径：

1. 提高列车平均牵引总重 $Q_{总}$ 及平均载重系数 φ

（1）采用大型货车，改善车辆构造；

（2）采用补机推送，实行多机牵引，开行重载组合列车等；

（3）降低限制坡度。

2. 增加行车密度（即增加 $n_{货}^{能}$）

（1）压缩运行图周期以提高平行运行图通过能力 n。

$$T_{周} = \sum t_{运} + \sum \tau_{站} + \sum t_{起停} = \frac{60 \times 2l_{限}}{v_{限}} + \sum \tau_{站} + \sum t_{起停}$$

① 提高列车运行速度（如实行多机牵引、提高线路质量等）；

② 缩短限制区间长度（如增设会让站、线路所，在限制区间修建双线插入段，部分区间修建双线或全段修建双线等）；

③ 减少车站间隔时间（如改建信联闭设备）；

④ 采用特殊类型运行图。

（2）减少扣除系数：改进运行图的铺画方法。

3. 同时增加 $Q_{总}$ 和 $n_{货}^{能}$。

属于这类措施的有：采用内燃牵引和电力牵引，采用大型机车等。

四、通过能力加强的措施

加强铁路通过能力的途径多种多样，归纳起来可划分为技术组织措施和改建措施两大类。

（1）技术组织措施：凡是用改进行车组织方法，或只需用少量投资，就能使通过能力达到需要水平的加强措施，均属技术组织措施。

（2）改建措施：凡是需要国家大量投资，通过改建或新建铁路技术设备来加强铁路通过能力的措施，均属改建措施。

首先以挖潜为主，同时加以必要的技术改造。

（3）考虑因素：

① 国家对铁路建设所采取的技术政策；

② 该方向和区段在铁路网中的地位和作用；

③ 该方向和区段现有技术设备的状况和特点；

④ 国家生产力发展的远景；

⑤ 货流增长的速度；

⑥ 为节约国家投资，分阶段加强通过能力的步骤；

⑦ 实施各种措施的技术经济效果。

五、能力加强最晚期限的确定

1. 运量适应图

根据运量逐年增长的情况和采取各种措施所能实现的能力绘制运量适应图（见图12－1）。

（1）$G_{需}$是根据远期规划运量确定的；

（2）各种加强通过能力措施$G_{能}$是根据公式求得的。

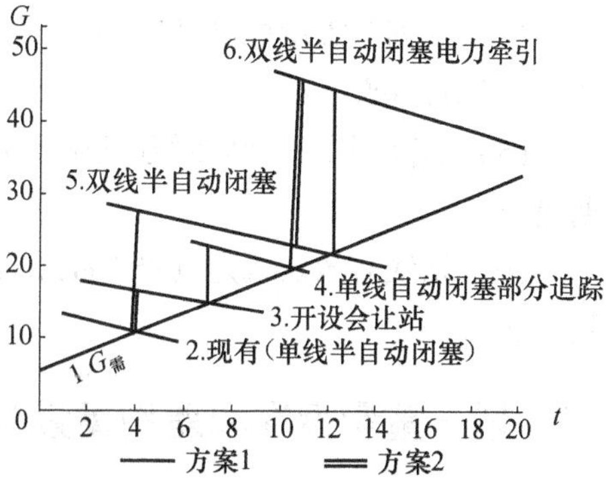

图12－1　运量适应图

2. 最晚期限的确定

借助运量适应图，可以根据运量逐年增长的需要，选择出若干可能的加强通过能力的方案，以及确定由一种加强措施过渡到另一种加强措施的最后期限（未必是合理期限，合理期限要根据技术经济计算确定）。

第二节 提高列车重量

一、提高列车重量的效果及列车重量标准

1. 提高列车重量的效果

在货物周转量相同的条件下，提高列车重量的效果表现在以下几个方面：

（1）增加以吨数计的铁路通过能力；

（2）减少开行的货物列车数，从而减少在区段内的会让次数，提高货物列车运行速度；

（3）减少机车使用台数和能源消耗；

（4）减少车站到发线的需要数量，并可减轻技术站的工作；

（5）降低运输成本。

2. 决定列车重量的因素

（1）机车功率；

（2）货车构造；

（3）站线有效长；

（4）电力牵引的供电设备；

（5）调车工具；

（6）线路平纵断面情况；

（7）生产组织。

3. 列车重量标准

（1）按机车牵引力规定列车重量标准→可以保证机车得到最好的利用→可能不能充分利用站线有效长→可能增加行车量；

（2）按站线有效长规定列车重量标准→可以保证有最小的行车量→可能选不到合适功率的机车；

（3）在机车类型和站线有效长既定条件下，充分利用机车牵引力所能达到的最大货物列车重量就是最有利的列车重量标准；

（4）在列车重量标准既定条件下，按换算总费用最小的方法来研究机车类型和站线有效长的匹配问题；

（5）提高列车重量同时延长站线有效长和加强牵引力，是提高单线铁路通过能力的初期措施；

（6）站线有效长既定（850 m），而货流又足够大时，采用部分区间修建双线或全段修建双线。

二、划一重量标准和差别重量标准

通常，一个铁路方向上的各个区段，由于平纵断面条件和技术装备的不同，其最有利的

列车重量不同，而且往往差别很大。

差别重量标准：整个方向各区段分别规定各自的最优列车重量标准。

划一重量标准：整个方向各区段采用统一的列车重量标准。

（一）差别重量标准存在的问题

（1）直达、直通列车在技术站经常变更重量；

（2）给变重站的工作带来不便，甚至增加该站设备改扩建的投资；

（3）按区段列车重量标准配备机型，将妨碍机车交路的延长，降低机车生产率。

（二）划一列车重量标准的方法

1. 利用动能闯坡

提高列车重量的一种过渡措施或辅助措施。

（1）原理

为了提高列车重量，在丘陵地区纵断面起伏较大的线路上，有时规定列车在进入计算坡道的区间前不停车通过车站，以便列车在大于计算重量的条件下，利用动能闯过计算坡道而不致使列车速度降低到计算速度以下。

（2）效果

① 列车牵引重量可提高20%左右；

② 行车量较大时，给日常列车运行调整造成困难；

③ 列车运行速度降低；

④ 以行车量表示的通过能力减少；

⑤ 与施工慢行发生矛盾。

（3）适用条件

① 陡坡分散的线路上，在比较长大的陡坡地段进行落坡或采用多机牵引，而在其他个别陡坡区间以动能闯坡作为辅助措施；

② 几处落坡地段需要分段分期落坡时，采用动能闯坡作为过渡措施。

2. 采用补机

提高列车重量和统一方向列车重量标准的有效措施。

（1）效果

① 提高全线列车牵引重量，提高以吨数计的区间通过能力；

② 减少全线行车量和运用机车台数，减少燃料消耗和乘务组定员；

③ 对以列数计的通过能力有不利影响（补机的换挂和折返）。

（2）影响通过能力的具体计算

① 全区间使用补机

补机原则上应附挂反方向列车折返，以避免单独放行补机对通过能力的影响见图12－2。

此时，$\tau_{站}$ 将因换挂补机而增大到 $t_{换}$，从而对通过能力产生不利影响。即：

$$T_{周} = \sum t_{运} + \sum t_{起停} + \sum \tau_{换}$$

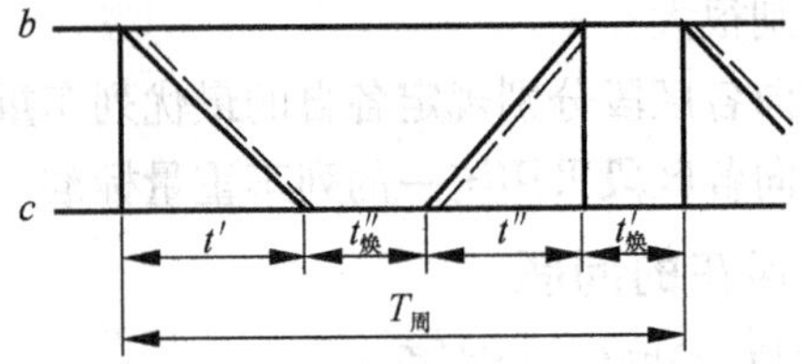

图 12－2 在全区间使用补机的运行图周期图

② 补机中途折返

$t_{补} \leq t_{列}$ 时见图 12－3（a），对通过能力没有影响；

$t_{补} > t_{列}$ 时见图 12－3（b），对通过能力有不利影响。

$$T_{周} = \sum t_{运} + \sum t_{起停} + \sum \tau_{站} + (t_{补} - t_{列})$$

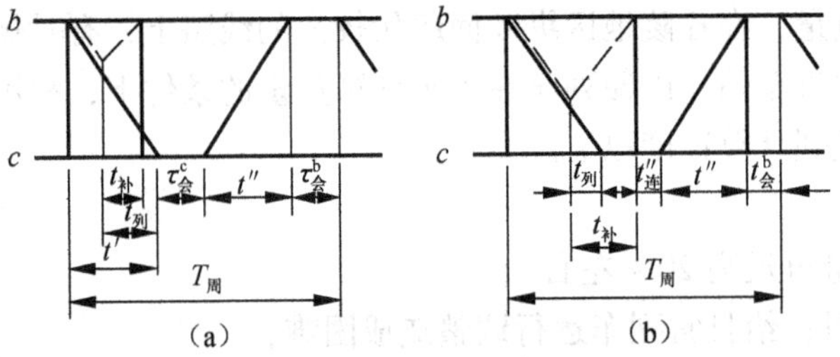

图 12－3 补机中途折返对运行图周期的影响

3. 采用多机牵引

当限制列车重量的陡坡区间比较集中时，采用补机一般是有利的。但当陡坡区间较多且较分散时，就应当考虑在全区段组织多机牵引。采用多机牵引时，通常都是双机牵引，只有在个别情况下，才采用多机牵引。

（1）多机牵引的形式

① 重联牵引

按照《技规》、列车编组计划和列车运行图关于货物列车编组的规定，将车辆编成规定重量的车列，由两台机车重联牵引。

② 多列合并

两列或三列列车不加任何改编而合并运行，即所谓组合列车。

（2）采用补机或多机牵引带来的问题

由于列车重量提高，货车集结时间将有所增加；与补机有关的费用增加；延长站线、加强接触网和牵引变电所等投资增加。

4. 采用大功率机车

除双机牵引所能达到的效果外，还可以节省机车台数和机车乘务组的需要数。

（三）差别重量标准的采用

（1）区间差别重量标准

主要摘挂列车采用：减少开行对数，增加区间通过能力。

（2）区段差别重量标准

未实行划一重量标准的区段采用。

(3) 平行重量标准

支线开往干线的列车在衔接站不补轴，以原重量继续运行，以免增加集结时间和调车费用；适用于欠轴运行距离不长或有单机运行的方向。

三、牵引动力现代化

1. 内燃牵引主要优点（与蒸汽牵引相比较）

(1) 增加列车重量，提高通过能力；

(2) 热效率高，减少燃料消耗及其运输费用；整备距离长、可实现长交路，改善机车运用；

(3) 操纵方便，乘务组工作条件好；

(4) 粘着重量大，低速时牵引力大，适用于车站调车工作；

(5) 适应性强，见效快。

2. 内燃牵引的主要问题

(1) 结构复杂，单位功率的造价比电力机车高；

(2) 维修技术要求高，维修费用高，使用寿命短（约 20 年），折旧提成高，单位成本高于电力牵引；

(3) 燃料价值较高，对大气污染较重。

3. 电力牵引的优点（与蒸汽牵引相比较）

(1) 牵引力大，速度高，缩短停站时间及技术作业时间；

(2) 节约能源；

(3) 改善乘务组劳动条件，增加行车安全；

(4) 整备简单，运用上有高度的可靠性；

(5) 技术经济效果好，投资回收期短。

4. 电力牵引的主要问题

(1) 各项设备必须同步建成，才能开通使用；

(2) 必须准备足够的电力机车，供电设备才能得到充分利用；

(3) 技术改造项目一次投资巨大。

5. 牵引动力发展方向

(1) 电力机车是理想的牵引方式，应该大力发展；

(2) 蒸汽牵引已不能适应运输发展需要，应予以淘汰；

(3) 内燃牵引作为电化前的过渡和电化后的补充。

四、采用大型货车和强化轨道结构

列车重量是根据铁路固定设备的质量（线路平纵断面，结构强度，站线有效长等），移动设备的数量和质量（机车的功率、制动力，货车每延米重量、车钩强度、制动系统功率等），以及运输组织方法等多种因素综合确定的。

在线路平纵断面确定不变的前提下，机车功率配备、站线有效长度和货车每延米平均重量三者互相匹配，才能求得最佳列车重量标准。

1. 发展大型货车

当到发线有效长为850、1 050和1 250 m时，列车平均牵引总重随货车每延米平均重量的增大而变化的情况见表12－1所列。由此可见，通过增加货车每延米平均重量、充分发挥到发线有效长的潜力来增加列车重量、扩大运输能力大有可为。也就是说，为了在既有线上大幅度提高货物列车重量，应大力发展和采用大型货车。

（1）发展大型货车的方法：

表12－1 货车每延米平均重量对列车平均牵引总重的影响

到发线有效长/m	货车每延米平均重量（t·m⁻¹）							
	4.6	5.0	5.5	6.0	6.5	7.0	7.5	8.0
850	3 500	3 800	4 200	4 600	5 000	5 300	5 700	6 000
1 050	4 400	4 800	5 300	5 800	6 300	6 700	7 200	7 700
1 250	5 300	5 800	6 400	7 000	7 600	8 100	8 700	9 300

① 增加轴数；② 增加轴重。

（2）两种方法的比较：

① 增加轴数：多轴车重心偏高，结构复杂，检修困难，不宜铁鞋制动，与货物站台及翻车机高度不配套，因此不切实用。

② 增加轴重：提高四轴车的轴重结构简单，车辆本身技术问题较易解决，制造和维修所需条件较易实现，卸车和计量设备也能适应，因而较为可行。较理想的是制造25 t轴重的四轴货车（目前多数货车轴重是21 t）。

2. 强化轨道结构是大幅度提高列车重量、提高运行速度和保证行车安全的重要条件

五、组织重载运输

1. 重载运输定义

列车牵引重量至少为8 000吨；列车中车辆的轴重达到或超过27吨；在长度至少为150千米的线路区段上年运量不低于4 000万吨。满足以上三个标准中的至少两条称为重载运输。

2. 形式及运营特点

（1）单元式重载列车：由固定机车、车辆组成为一个运营单元，并以此作为运营计费单位的列车。

运营特点：

① 货物品类单一，流向集中，列车重量一般在10 000～25 000吨之间；

② 采用多机牵引和同步操纵装置，机车挂于列车头部和2/3处；

③ 在装车点和卸车点之间固定循环拉运，装卸车时机车和车辆不摘钩，途中没有调车作业，按修程规定，整列进段检修；

④ 装车站铺设环线（或贯通线），利用定量漏斗或筒仓和自动计量装置，采用机车低恒速设备实行不停车装车，装车能力可达7 000～10 000 t/h；

⑤ 列车在运行途中，严格按规定的行车时刻和列车最优周转方案行车，调度集中对列

车运行进行控制和指挥；

⑥ 采用翻车机或底开门自卸车辆，在卸车站实行不摘钩卸车。

（2）整列式重载列车：由大功率内燃或电力机车单机或双机牵引，列车重量在5 000吨以上，机车挂于列车头部的重载列车。

运营特点：

① 采用类似普通列车的方法解体、编组和组织运行；

② 列车长度不超过到发线有效长；

③ 多为通过能力紧张区段采用。

（3）组合式重载列车：在装车站、卸车站或技术站将两个及两个以上普通列车不加任何改编首尾相连而成的列车。

运营特点：

① 列车长度不受到发线有效长限制；

② 把增加行车密度和提高列车重量结合起来；

③ 适用于因施工“天窗”所积压的列车。

第三节　增加行车密度

一、增加行车密度的意义

（1）提高通过能力的中心环节；

（2）投资少、见效快，在客货共线以及非常时期，效果显著；

（3）提高通过能力的优先选择措施，行车密度接近饱和时，再转为提高列车重量；

主要通过缩短列车间隔时间、区间长度和增加区间正线数等途径来实现。

二、缩短列车间隔时间

1. *作用*

减少列车占用区间的时间，提高区间通过能力。

2. *方法*

（1）缩短车站间隔时间：采用更完善的信联闭设备；

（2）缩短追踪列车间隔时间：四显示自动闭塞；

（3）各种临时措施。

在个别特殊情况下（例如战时或在短时期内完成某项紧急任务时），可采用下列临时措施：

① 在两条平行线路上组织单方向运行

需要将大量人员或物资在短时间内输送到同一地点时，可组织在一条线路上运行重车列车，另一条线路上运行空车列车，并以固定机车、固定车底循环拉运。一般与开行续行列车措施结合使用。

② 开行续行列车

在未装设自动闭塞的区段，不待前行列车到达邻接车站，即以时间间隔向区间发出同向列车，称为“开行续行列车”。

组织条件：

a. 一般只宜在昼间明亮的时间开行；

b. 列车的发车间隔时间不得少于 10 min；

c. 后行列车运行速度不得超过前行列车运行速度。

③ 在区间内设置临时电话所

将站间区间划分为几个电话闭塞分区，扩大续行列车开行范围，增加通过能力。

双线区段进行线路施工而组织反向行车时，此法特别有效。

④ 采用活动闭塞

在区间内每隔一定的距离指派一名信号员或士兵，昼间手持信号旗，夜间手持信号灯，面向列车来向显示与自动闭塞相同的信号，使列车实现追踪运行。

组织条件：

采用活动闭塞时，区段通过能力取决于信号员之间的距离，这个距离不应小于一定速度下的制动距离，也不应大于相邻信号员互相识别信号的距离。信号员间如能通过无线电话联系，此法更为可靠。

⑤ 采用成队运行

在双线铁路区段，将前后列车的间隔缩短到视界距离（约 200 m），并能保证后行列车能在此距离内制动停车。此时，列车运行速度应限制在 20 km/h 以下，以保证行车安全。

⑥ 组织钟摆式运行

在单线铁路区段，由于不可能在中间站进行两队追踪列车会车，所以在单线上可采用钟摆式运行来增加通过能力。

就是在一段时间内完全开行上行列车，在另一段时间内完全开行下行列车，依次交替，既能追踪运行，又不必在中间站会车。

钟摆式运行通常与活动闭塞或成队运行结合使用。

这一方法将延缓机车周转．并要求技术站有较多的到发线，所以这项措施只在特殊情况下采用。

三、缩短区间长度

1. 增设会让站

增设会让站可以缩短限制区间长度，缩小运行图周期，从而达到提高通过能力的目的。但是缩短区间长度是有一定限制的，在地形困难的线路上，增设会让站往往受着地形限制；在地形平坦的线路上，增设会让站也要受以下条件的限制：

（1）区间最短距离

应保证办理接发列车的时间，以避免降低列车运行速度，产生机外停车事故。

$$l_{最小} = \frac{1000}{60}[v_{发} t_{通} + v_{运}(t_{作业} + t_{确})] + \frac{l_{列}}{2} + l_{制} + l_{进}(\text{m})$$

式中 $t_{通}$——监督列车出发和通知邻站关于列车出发所需的时间，min；

$v_{发}$——在 $t_{通}$ 时间内列车平均运行速度，km/h。

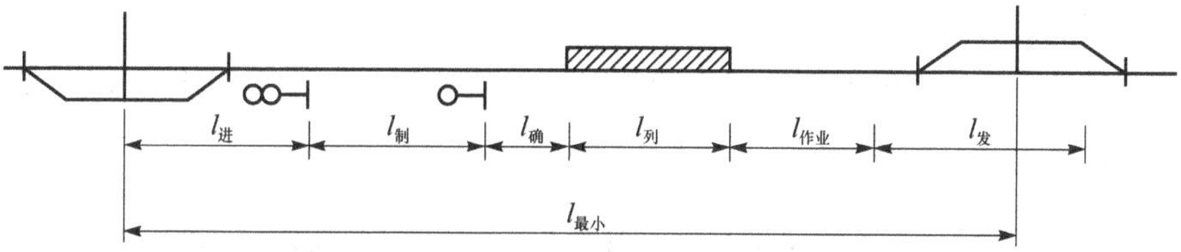

图 12-4　区间最短距离图

由上式可见，区间最短距离与运行速度、办理进路的时间和制动距离有关。在上坡方向，运行速度和制动距离较小，因此最短距离应根据下坡方向来确定。

在一般情况下，区间最短距离不应小于 5 km，否则就要影响列车的正常运行速度。

（2）调度指挥方面的实际可能性

单线行车量愈大，调度指挥就愈困难；而且增设会让站愈多，区间愈均等，运行调整也愈难，通过能力的损失亦愈大。

（3）随着会让站数目及行车量的增加，列车交会停站的次数将增多，旅行速度亦将随之降低，从而增加了运营支出。

因此，在单线行车量增大到一定程度时，可能修建双线或部分双线更为有利，需要通过技术经济比较加以选定。

增设会让站的效果，在很大限度上决定于区间的均等程度和地形条件。在区间很不均等的区段，只要增设 1～2 个会让站，即可将通过能力提高到所需要的水平；反之，当区间均等或接近均等时，几乎需要在所有区间增设会让站，才能提高通过能力。因此，在这样的区段，采用这种措施一般是不利的。

2. 向限制区间延长站线

单线区段限制区间两端站向限制区间方面延长站线具有如下优点：

（1）缩短限制区间长度，提高通过能力；

（2）有助于提高列车重量，如果和组织组合列车结合起来，效果更为显著；

（3）在一定条件下可组织列车不停车交会，减少车站间隔时间，提高旅行速度；

（4）作为单线过渡到双线的一个步骤而不产生大量废弃工程。

此法的缺点是通过能力提高幅度不大（10%～20%），且对相邻区间不利。

3. 修建线路所

在单线或双线区段，都可以设置线路所，在所间区间组织列车连发运行，借以提高区间通过能力。

（1）效果

① 在采用推送补机的单线区段，可以减少或消除补机折返对通过能力的影响；

② 在单线区段设置线路所，不仅会增加相对方向列车交会的停站时间，从而降低旅行速度，而且在开设线路所后，其通过能力往往受其他区间的限制；

③ 在双线区段设置线路所，可以缩短区间长度，并能避免在单线区段采用这种措施所产生的缺点。

（2）适用场合

① 在单线区段，只是在地形困难、不便增设会让站，而且上下行方向的行车量显著不

平衡时，才采用这种措施；

② 在未装设自动闭塞的双线区段，是提高通过能力的一种最常用的有效措施。

四、修建双线

修建双线可以大幅度提高通过能力和旅行速度。除了货流增长速度很快，并且整个区段能于短期内完成双线铺轨工程的线路外，一般修建双线应分阶段逐步进行。

单线向双线过渡可有两种方法：

1. 从限制区间开始，分阶段在部分区间修建双线

(1) 在区间不均等的区段，能较大地增加通过能力；

(2) 在区间均等的区段，一般来说是不利的。

2. 修建双线插入段（见图 12-5）

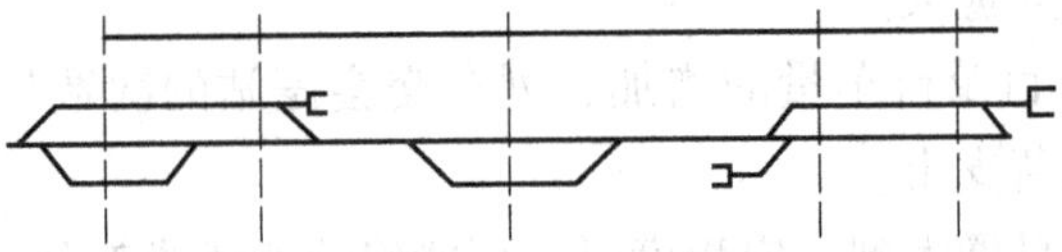

图 12-5 双线插入段图

(1) 在一部分区间修建双线插入段，使单线区间运行图周期达到需要通过能力的要求，并在双线插入段组织不停车交会（见图 12-6）；

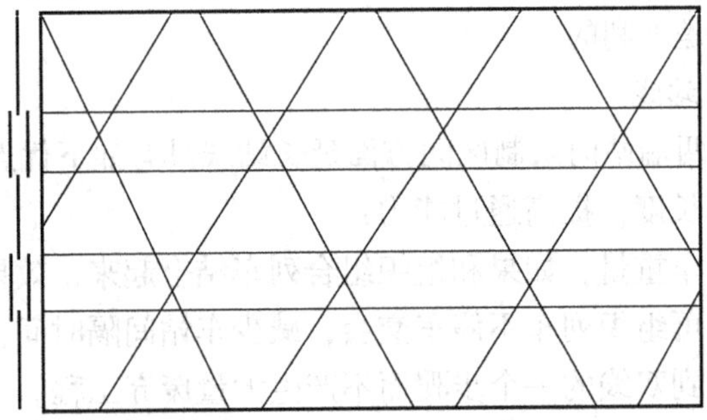

图 12-6 不停车会车运行图

(2) 在全区段交错配置双线插入段和单线线段，并使各单线线段和各双线线段分别达到完全均等，单线线段的长度应能满足需要通过能力的要求，双线线段的长度应能保证实现不停车会车。

(3) 由于存在下述缺点，在实际运用中不能达到预期的效果：

① 当某些列车晚点时，将影响后面所有列车的运行秩序，大大减少了实现不停车会车的可能性；

② 由于单线线段完全均等，使摘挂列车和旅客列车的扣除系数增大，有时反而要使修建双线的期限提前；

③ 旅客列车行车量较大的区段，将产生停车会车与停车越行的情况，显著降低提高旅行速度的效果。

五、修建三线、四线、分流线

对客货运输繁忙的双线自动闭塞铁路干线实现电气化技术改造，待其技术负荷达到一定水平之后，再以修建分流线或增建第三、四线作为进一步扩能的措施。

第四节 提高行车速度

一、提高既有线列车运行速度

1. 意义

（1）在运输市场竞争中求发展的需要；

（2）速度是衡量铁路现代化程度的重要标志；

（3）更好地满足旅客需求。

2. 影响列车运行速度的因素

（1）固定设备技术条件：正线数目、曲线半径、道岔、坡度、桥梁、隧道、信号、供电和接触网设备等。

（2）移动设备技术条件：机车、车辆。

（3）运营组织方式：调度指挥水平、运营组织方式。

3. 提高列车运行速度的技术装备条件

提速包括提高列车最高运行速度，列车调速制动加速度、通过曲线速度、通过道岔速度、下坡道制动限制速度和上坡道平均速度等，这都与牵引动力，车辆、列车制动和线路等技术装备条件密切相关。

（1）牵引动力：需要机车提供足够的牵引力；

（2）车辆：其最高运行速度要适应提速列车开行的需要；

（3）列车制动：要保证一定的制动距离，必须提高制动性能；

（4）线路条件：提高最小曲线半径标准、道口立交化（或加强防护措施）、提高过岔速度（可动心轨道岔、大号道岔）。

4. 提高列车运行速度对区间通过能力的影响

（1）当旅客列车提速而货物列车不相应提速时，将降低区间通过能力；

（2）旅客列车提速对区间通过能力的影响，随提速客车数量的增加而减少；

（3）为了扩大线路通过能力，繁忙干线客货列车应同时提速，合理匹配。

二、修建高速铁路

1. 修建高速铁路的意义

旅客运输高速化是铁路现代化的一个显著标志，是世界各国铁路发展的基本趋势，也是我国今后经济、社会发展的必然要求。

旅客列车最高时速大致可分为五个等级：

特高速（400 km/h 以上）；高速（200 ~ 400 km/h）；快速（160 ~ 200 km/h）；中速（120 ~ 160 km/h）；常速（100 ~ 120 km/h）。

2. 高速铁路的建设模式

(1) 改造既有铁路线模式；

(2) 新建高速客运专线模式。

以上所述是加强通过能力的基本方法和采取各种措施的基本条件。在具体情况下，决定采取哪些措施，以及各种措施的实施顺序，应根据国家技术政策以及当地条件、地形、运量增长速度等因素，综合考虑其技术经济效果，以保证在满足运输需要的前提下，最大限度地节省国家投资和改善运营工作指标。

应知应会

1. 加强铁路通过能力的原因及时机是什么？
2. 说明加强铁路通过能力的三个途径及具体办法。
3. 加强铁路通过能力的多种途径，可归纳为哪两大类措施？
4. 在选择加强铁路通过能力的措施时，要考虑哪些因素？

第十三章

铁路运输技术计划

第一节　技术计划的任务和内容

一、机车车辆运用指标

（1）技术计划：是为了完成月度货物运输计划而制订的机车车辆运用计划。

（2）机车车辆运用指标是运用指标系统中的重要组成部分。

机车车辆的活动是形成运输生产活动动态性质的重要因素。它使每一铁路局、站、段在不同时刻有着不同的运输状态。为了对动态的运输生产过程进行控制，必须制订完善的运营指标系统。机车车辆运用指标是运用指标系统中的重要组成部分。它除了要制订出长远计划外，铁道部、铁路局还必须制订出运输生产技术计划，作为日常运输生产管理的依据。

（3）机车车辆是铁路运输的活动设备，是决定铁路运输能力的重要因素。

铁路的运输能力主要由活动设备所决定的输送能力与固定设备所决定的通过能力综合实现。在一定固定设备条件下，铁路的运输能力将取决于活动设备的类型、数量及其分布。因此提出两方面的问题：为完成一定的运输任务，应拥有多少机车车辆（长远计划、年度计划多研究）；一定类型和数量的机车车辆能完成多少运输任务（技术计划解决）。

二、货车合理运用技术计划的主要问题

（1）货车合理运用是技术计划研究的主要问题。由于我国铁路货车是全路通用的，因而运用车的合理分布及空车调整问题是十分重要而复杂的问题。铁路局必须保有一定种类和数量的运用车，超过限度会产生某些困难或浪费，并且会影响其他局完成运输任务；而不足其需要量则不能完成本局规定的运输任务。

（2）为了保持运用车保有量的状态平衡，必须对其进行严格的控制，这是组织均衡运输、合理运用铁路运输能力，全面、超额完成运输任务的重要保证。控制方法有：

① 按层次分级（铁道部、铁路局）控制；

② 按状态（重、空）和去向（交出重车、到卸重车）控制；

③ 按主要车种（P、C、N、G、B 等）控制。

（3）技术计划分两级编制，部（按局别）的技术计划和局（按站段别）的技术计划。

每月技术计划是根据月度货物运输计划由铁道部和各铁路局同时编制。其主要内容有：

① 使用车和卸空车计划；

② 空车调整计划；

③ 分界站货车出入计划及分界站、区段列车数计划；

④ 货车运用质量指标计划；

⑤ 货车运用车保有量计划；

⑥ 机车运用指标计划。

第二节 使用车计划、卸空车计划及工作量

一、使用车计划

（1）使用车数的定义：是指装车数与增加使用车数之和。即

$$u_{使用} = u_{装} + \Delta u_{使用}(车)$$

（2）增加使用车、增加卸空车为车站因装卸中转零担货物、铁路货车用具，或货物倒装等而使用或卸空的车辆。

（3）使用车数的分析：使用车数指标反映货车的使用次数，是货车运用的数量指标。装车数为使用车数中的重要部分，增加使用车数仅占百分之几，因而使用车数指标又是反映装车数量多少的运输工作数量指标。

（4）使用车数的确定：使用车数按去向和车种别确定，其中装车数根据批准的要车计划表编制，增加使用车数参照车站实际统计资料确定。使用车数按去向可分为自装自卸和自装交出两部分。即，

$$u_{使用} = u_{自装自卸} + u_{自装交出}$$

根据月间批准的要车计划表，按发、到站和车种别汇总，然后将全月车数按每只车流算出日平均车数，编制去向别、车种别使用车计划，并上报铁道部。

铁道部对各局的使用车计划汇总后即产生全路的重车车流计划。各局间将自装交出重车车流资料进行交换，按到达站和经由分界站通知有关的卸车局和通过局，以确定局间重车车流表中的接入卸车和通过车流（见图 13－1）。

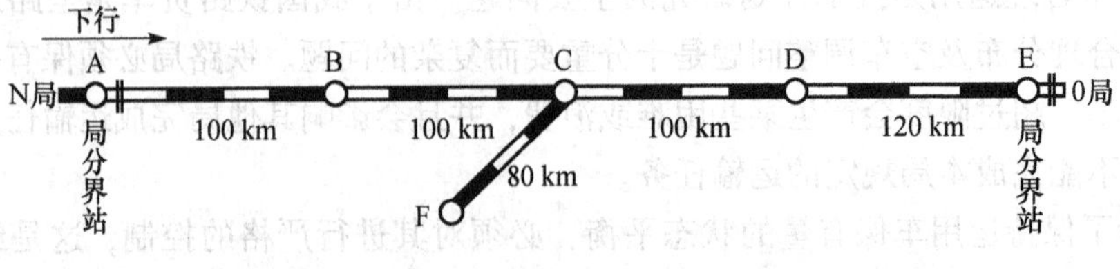

图 13－1 重车车流示意图

二、卸空车计划

（1）卸空车数的定义：卸车数与增加卸空车数之和。即：

$$u_{卸空} = u_{卸} + \Delta u_{卸空}(车)$$

（2）卸空车数的分析：

① 卸空车数指标既是反映货车运用的数量指标，又是反映卸车任务多少的运输工作数量指标；

② 保证卸车任务的完成不仅可以加速货物送达，还可以避免重车积压，加速货车周转；

③ 重车卸后才能产生空车，因而卸车任务的完成又是完成排空任务和装车任务的重要条件。

（3）卸空车数的确定：按来源分为自装自卸和接入自卸两部分。其中自装自卸车流根据去向别使用车计划确定，接入自卸车流根据外局提供的重车资料确定。即：

$$u_{卸空} = u_{自装自卸} + u_{接入自卸}$$

（4）按到站别的卸空车计划是各站的卸车任务指标，站别卸车计划必须根据本局要车计划和局间交换的重车资料确定。

三、重车车流表

（1）重车车流表是表现众多的发到地点间车流交流量的较好形式，又称车流棋盘表。表格列出所管辖的所有车站、区段和分界站名，并以同样的顺序排列。铁路局重车车流表根据使用车计划和外局交换的到达及通过重车车流资料编制。重车车流表也可按车种别编制。

（2）任何与外局相连通的铁路局，其重车车流均包括四个部分：自装自卸车流、自装交出车流、接入自卸车流和接运通过车流。并可组成九个主要指标。如下所示：

$$\begin{array}{ccccc} u_{自装自卸} & + & u_{自装交出} & - & u_{使用} \\ + & & + & & + \\ u_{接入自卸} & + & u_{接运通过} & - & u_{接重} \\ \| & & \| & & \| \\ u_{卸空} & + & u_{交重} & = & u \end{array}$$

（3）在重车车流表中，自装自卸车流在表的左上部、自装交出车流在表的右上部、接入自卸车流在表的左下部、接运通过车流在表的右下部，其余五个指标均在表中相应位置。

（4）自装车流根据使用车计划确定，接入重车流根据外局交来的重车车流资料确定。

（5）重车车流表是编制技术计划的基础资料，其他数量指标均可以从该表中查算。

四、工作量

所有货车运用车每昼夜完成的工作量可以以“t · km”或以“车”计算。在技术计划中，以货车周转时间分析货车运用效率时，其工作量以“车”为计算单位。

（1）工作量的定义：全路、铁路局每昼夜新产生的重车数，以 u 表示。

货车每完成一次周转，铁路就算完成一个工作量。货车工作量的实质就是在一定时期内，全路、铁路局运用货车完成的货车周转次数。

（2）工作量的确定：

① 就全路而言，工作量就是全路使用车数。即：

$$u = u_{使用}（车）$$

② 铁路局的工作量等于使用车数与接入重车数之和。即：

$$u = u_{使用} + u_{接重} = u_{自装自卸} + u_{自装交出} + u_{接入自卸} + u_{接运通过} = u_{卸空} + u_{交重}$$

③ 在日间运输生产活动中，一般采用 $u = u_{使用} + u_{接重}$ 计算工作量。

（3）由于运用车尚需按状态和去向控制，因而还将运用车分为重车运用车（管内工作车、移交重车）和空车运用车。对此三部分运用车分别定义其工作量：

① 管内工作车工作量，为卸空车数。即 $u_{管内} = u_{卸空}$（车）

② 移交重车工作量，为各分界站的交出重车数。即 $u_{移交} = u_{交重}$（车）

③ 空车工作量，为使用车数与交出空车数之和。即 $u_{空} = u_{使用} + u_{交空}$（车）

显然，全路的工作量不等于全路各铁路局工作量之和；铁路局的工作量不等于其管内工作车工作量、移交重车工作量及空车工作量之和。

第三节　空车调整计划

一、空车调整和移交空车数量的确定

（1）空车调整：每个车站（段）、铁路局每日按车种别的装车数和卸车数一般是不相等的。为了保证不间断地按日均衡的完成装车任务，必须将卸车数大于装车数的地区所产生的多余的空车运送到装车数大于卸车数的地区，这种空车的调配工作称为空车调整。

（2）移交空车数量的确定：向其他单位（铁路局、车站）移交空车的数量可由下式，按车种分别确定。

$$u_{交空} = u_{接空} + u_{卸空} - u_{使用}$$

二、空车调整的原则

由于我国铁路货车是全路通用的，没有固定的配属站，且空车走行为非生产走行，不产生运输产品，因而空车调整存在着合理化即优化的问题。一般应以空车走行千米最少为主要优化目标。为此，必须遵循一定的原则，通过采用空车调整图和科学的优化方法制定空车调整方案。空车调整主要原则有：

（1）除特殊要求外必须消灭同种空车在同一径路上的对流；

（2）空车由卸车地至装车地，一般应经由最短径路；

（3）在环状线路上，应根据空车走行千米最少的原则，制定空车调整方案；

（4）在保证货物和行车安全的条件下，可采取车种代用，以减少空车走行千米；

（5）为保证重点物资、大宗货物的装车需要，往往采取硬性调整措施，指定某些站必须向某站输送一定车种和数量的空车；

（6）当车流的最短径路为通过能力紧张区段时，车流可经由特定径路输送。

第四节 分界站货车出入计划及分界站、区段货物列车数计划

一、确定分界站出入货车数的意义

分界站出入货车数不仅是反映铁路局运输任务量的指标之一，而且在日常运输生产中，由于出入货车数往往不相等，因此，它又是形成运用车保有量变化的原因。为保证均衡的完成运输生产任务，合理分配各方向的通过车流，有效地利用铁路通过能力，必须确定分界站出入货车数。

二、分界站货车出入计划的制订

分界站出入货车数根据重车车流表和空车调整图的车流资料来确定，并分别列出交出、接入重车数和车种别空车数、重空车合计数。

三、确定货物列车数的意义

货物列车数计划包括分界站别和区段别的列车数计划，是编制机车运用计划，确定机车供应台次、运用机车台数、机车乘务组数、机车平均牵引总重和机车日产量等指标的依据。

四、货物列车数的确定

根据分界站货车出入计划和各区段重空车流量、机车牵引定数和列车计长，并参照实际的列车平均编成辆数进行编制。

第五节 货车运用质量指标计划

一、货车周转时间

1. 货车周转时间的意义

（1）货车周转时间：是指货车从第一次装车完了时起，至下一次装车完了时止所平均消耗的时间。

（2）对货车周转时间的理解

① 一辆货车每完成一次周转，在其周转过程中完成了一个工作量；

② 对全路来说，货车周转时间也可定义为货车每完成一个工作量平均消耗的时间（车辆日）；

③ 而对铁路局而言，货车周转时间则带有假定性质，因此以货车每完成一个工作量在铁路局管内所平均消耗的车辆日来表述更为恰当；

④ 货车周转时间以“日”为单位计算。

2. 货车周转时间计算

（1）车辆相关法

$$N = u\theta(\text{车辆日}) \Rightarrow \theta = \frac{N}{u}\ (\mathrm{d})$$

$$对于全路:\theta = \frac{N}{u_{使用}}(d);$$

$$对于铁路局:\theta = \frac{N}{u_{使用}+u_{接重}}(d)$$

优点:

利用车辆相关法计算货车周转时间，极为简便。铁道部、铁路局在统计日、旬、月、年完成的货车周转时间时，都采用这种计算方法。在日常统计中为简便起见，对式中 N 采用 18 时的运用车数。

缺点:

① 由于 18 时的运用车数不能代表全日所消耗的车辆日，因而这样计算的结果将不够精确。对于较长期来说，可以计算 N 统计量的均值，因此，计算结果比较精确。

② 无法按货车周转过程的各项因素进行计算，不便于分析原因和拟定改进措施。

③ 在编制技术计划时，是先确定货车周转时间指标，然后根据其确定所需要的运用车数，因此车辆相关法在此无法利用。

(2) 时间相关法

在编制技术计划和定期分析工作中，采用时间相关法计算货车周转时间。

货车完成一个周转所消耗的时间可分为以下三个部分：在各区段的旅行时间、在各技术站进行中转作业的停留时间和在货物装卸站的作业停留时间。因此，货车周转时间可用下式表示:

$$\theta = \frac{1}{24}(T_{旅}+T_{技}+T_{货}) = \frac{1}{24}\left(\frac{l}{v_{旅}}+\frac{l}{L_{技}}t_{中}+K_{管}\,t_{货}\right)(d)$$

对于全周距 l、中距 $L_{技}$ 及管内装卸率 $K_{管}$ 的计算公式为:

① 全周距 l 包括重周距、空周距两部分

$$l = \frac{\sum NS}{u} = \frac{\sum NS_{重}+\sum NS_{空}}{u} = l_{重}+l_{空} = l_{重}(1+\alpha)(km)$$

式中，α——空车走行率，是空车走行千米与重车走行千米之比：$\alpha = \dfrac{\sum NS_{空}}{\sum NS_{重}}$

② 中转距离 $L_{技}$ 按下式计算:

$$L_{技} = \frac{\sum NS}{\sum N_{技}}(km)$$

式中，$\sum N_{技}$——各技术站发出的中转车总数，或称总中转次数。

③ 管内装卸率用总的货物作业次数除以工作量，即

$$K_{管} = \frac{u_{使用}+u_{卸空}}{u}$$

可见，对全路来讲，$u=u_{使用}=u_{卸空}$，所以 $K_{管}=2$；对铁路局而言，$K_{管}$变动于 0 ~ 2 之间，通过车流比重越大，$K_{管}$越小。

用时间相关法计算货车周转时间，可分别对其各项作业环节进行计算、分析，以便考核其各组成部分的完成情况，找出薄弱环节，提出改进措施。也可将其作业分为四个组成部分（$t_{中}=t_{有}+t_{无}$）或五部分（$T_{旅}=T_{运}+T_{停}$），可以更详细地分析各项作业比重及完成情况。

二、管内工作车、移交车和空车周转时间

铁路局的运用车需按管内工作车、移交重车和空车三部分控制和考核。因而需相应地计算管内工作车周转时间、移交车周转时间和空车周转时间。

（1）管内工作车是指在铁路局管内卸车的重车。管内工作车周转时间是指在管内装车完了或从外局接入重车时起，至卸车完了时止所平均消耗的时间。按下式计算：

$$\theta_{管内}=\frac{1}{24}\left[\frac{l_{管内}}{v_{旅}}+\frac{l_{管内}}{L_{技}}t_{中}+K''_{管}t_{货}(1-\gamma)\right](\mathrm{d})$$

式中 $l_{管内}$——管内工作车周距，计算公式为：

$$l_{管内}=\frac{\sum NS_{自装自卸}+\sum NS_{接入自卸}}{u_{卸空}}(\mathrm{km})$$

$K'_{管}$——管内工作车的管内装卸率，其计算公式为：

$$K'_{管}=\frac{u_{自装自卸}+u_{卸空}}{u_{卸空}}$$

γ——空态系数。表示货车在一次货物作业停留时间内空状态所占的时间比重。空状态指装车时，自空车到达车站时起，至装车完了时止；卸车时，自重车卸完时起至空车从车站发出时止；双重作业时，自卸车完了时起，至装车完了时止。

当 $v_{旅}$、$t_{中}$ 与货车周转时间中的同样指标相差较大时，应单独计算 $v_{旅}^{管内}$、$t_{中}^{管内}$。

管内工作车周转时间也可用车辆相关法计算，即

$$\theta_{管内}=\frac{N_{管内}}{u_{卸空}}(\mathrm{d})$$

（2）移交重车是指移交给外局的重车。移交重车周转时间是指交给外局的重车自装车完了或从外局接入重车时起，至移交给外局时止所平均消耗的时间。按下式计算：

$$\theta_{移交}=\frac{1}{24}\left(\frac{l_{移交}}{v_{旅}}+\frac{l_{移交}}{L_{技}}t_{中}+K''_{管}t_{货}(1-\gamma)\right)(\mathrm{d})$$

式中 $l_{移交}$——移交车周距，计算公式为：

$$l_{移交}=\frac{\sum NS_{自装交出}+\sum NS_{接运通过}}{u_{移交}}(\mathrm{km})$$

$K''_{管}$——移交车管内装卸率，计算公式为：

$$K''_{管}=\frac{u_{自装交出}}{u_{移交}}$$

移交车的 $t_{中}$ 可能较小，$v_{旅}$ 较高。

移交车周转时间也可用车辆相关法计算，即

$$\theta_{移交} = \frac{N_{移交}}{u_{移交}}(\mathrm{d})$$

(3) 空车周转时间是指自重车卸空或空车由外局接入时起，至装车完了或将空车交给外局时止所平均消耗的时间。空车周转时间是依据空车工作量计算的周转时间，而非货车周转时间中的空车部分。可按下式计算：

$$\theta_{空} = \frac{1}{24}\left(\frac{l'_{空}}{v_{旅}} + \frac{l'_{空}}{L_{技}}t_{中} + K'''_{管}t_{货}\gamma\right)(\mathrm{d})$$

式中 $l'_{空}$——空车周距，计算公式为：

$$l'_{空} = \frac{\sum NS_{空}}{u_{空}} = \frac{\sum NS_{空}}{u_{使用} + u_{交空}}(\mathrm{km})$$

$K'''_{管}$——空车管内装卸率，计算公式为：

$$K'''_{管} = \frac{u_{使用} + u_{卸空}}{u_{空}}$$

空车周转时间也可用车辆相关法计算，即

$$\theta_{空} = \frac{N_{空}}{u_{空}}(\mathrm{d})$$

空车的 $\gamma_{旅}$ 和 $t_{中}$ 随各铁路据的具体情况而不同。在装车局，若到达直达空车列车较多，则 γ 旅较高，$t_{中}$ 也较小；在卸车局，若卸车地点分散，卸后空车多随摘挂列车或小运转列车送到技术站集结，则 $\gamma_{旅}$ 可能较低，$t_{中}$ 较大。

对于以上三种周转时间计算公式中的 $\gamma_{旅}$、$t_{中}$、$t_{货}$ 及 $L_{技}$，由于目前没有专门分别统计，难以按各种周转时间选取适当数值。因而一般采用计算货车周转时间的相同指标数值。

三、货车周转时间各项因素的确定

从时间相关法计算货车周转时间公式中，可以看到有一系列因素影响着货车周转时间的大小，其中 l、$t_{中}$、$t_{货}$、$k_{管}$ 等因素与 θ 成正比关系，$\gamma_{旅}$、$L_{技}$ 等因素与 θ 成反比关系。l、$L_{技}$、$k_{管}$ 等因素主要决定于货流、车流及其结构，属于客观因素；而 $t_{中}$、$t_{货}$、$\gamma_{旅}$ 是工作质量指标，属于主观因素。车辆走行千米的确定方法如下：

1. 重车走行千米（$\sum NS_{重}$）

(1) 按实际里程计算。根据重车车流表，从每支车流的装车站或接入站到卸车站或交出站，按实际里程计算其车辆千米，然后按自装自卸、接入自卸、自装交出及接运通过几部分分别汇总，对交出重车还应分别按各分界站汇总，各部分车辆千米加总即为重车千米。

此法计算结果准确，但计算过于繁琐，费时太多，故适用于运量较小的铁路局。

(2) 按区段距离折半计算。为了简化计算，将在区段内产生和消失的车流（自装自卸、接入自卸及自装交出车流），按该区段距离的一半计算；对通过全区段的车流（接运通过车流），则仍按全区段实际里程计算。汇总方法与前同。

此法计算的优点是比较简单，但不够准确，故适用于运量较大和区段内各中间站的货运量较均衡的铁路局。

2. 空车走行千米（$\sum NS_{空}$）

空车走行千米的计算是根据空车调整图查定空车流计算。

（1）把到发于区段内各中间站的空车流按区段里程的一半计算；

（2）通过区段的空车流按全区段里程计算。

四、货车日车千米

货车日车千米是指每一运用车每日平均走行的千米数。可根据货车周转时间和全周距计算，计算公式为：

$$S_{车} = \frac{l}{\theta}(\mathrm{km/d})$$

也可根据货车总走行千米和运用车数计算，计算公式为：

$$S_{车} = \frac{\sum NS}{N}(\mathrm{km/d})$$

货车日车千米是表示货车运用效率的另一个重要指标（第一个是 θ）。在空车走行率（α）一定的条件下，货车日车千米愈高，表示货车运用成绩愈好，为完成同样运输任务所需要的货车数也愈少。

可以看出，货车周转时间和货车日车千米均与客观因素中的全周距有关，现分析两项指标与全周距的关系：

$$\theta = f_1(l) = al + b; S_{车} = f_2(l) = \frac{l}{al + b}$$

式中　a 表示 $v_{旅}$、$L_{技}$ 和 $t_{中}$ 各项指标的综合系数，b 代表 $T_{货}$。

可见，$\theta = f_1$（l）为线性关系，而 $S_{车} = f_2$（l）呈双曲线关系。当 l 值较大时，$S_{车}$ 值较稳定，当 l 值较小时，θ 受其影响较小。在运输组织中常同时用此两项指标来反映货车运用质量。但由于货车周转时间与运用车数间有较简明的关系，因而常以货车周转时间作为反映货车运用质量的主要指标。

第六节　运用车保有量计划

运用车保有量：为了完成规定的运输任务，铁道部须规定各铁路局应保有的运用车数，称其为运用车保有量。运用车保有量的标准数 N 根据工作量 u 和货车周转时间 θ 确定，即：

$$N = u\theta(车辆日或车)$$

上式是计算运用车保有量的基本公式。全路运用车分为重车和空车，铁路局的运用车分为管内工作车、移交重车及空车。这三种运用车保有量可分别按下列公式计算：

$$N_{管内} = u_{管内}\theta_{管内}(车); N_{移交} = u_{移交}\theta_{移交}(车); N_{空} = u_{空}\ \theta_{空}(车)$$

铁路局运用车保有量等于上述三部分运用车数之和，即

$$N = N_{管内} + N_{移交} + N_{空}(车)$$

对移交重车可以对全局总的移交重车保有量进行计算，也可再分别按各分界站计算。

即：

$$N^{i}_{移交} = u^{i}_{移交}\theta^{i}_{移交}(车)$$

此外铁路局尚需按车种别规定运用车保有量，以便按车种进行控制，其计算原理同上。

第七节　机车运用及其相关指标

一、机车管理的分类

（1）机车是铁路运输的基本动力，线路上的列车运行、站内外的调车作业都要由机车来完成。因此机车运用计划是铁路运输组织中的一个重要组成部分。

（2）在运输生产计划中，应根据各局（分局）的运输工作量分配机车运用台数，规定机车运用数量指标和质量指标，以便考核和分析机车运用成绩，不断提高机车运用效率。

（3）机车的运用方式。机车配属于各铁路局所辖的机务段，并在固定的区段内牵引列车，或在固定的站段担当调车作业或其他工作。

（4）配属机车由指定机务段负责管理和使用，配属给各局（段）的机车，应涂有该局（段）的标志，并登入该局（段）的资产台账内。

（5）按照管理和使用的不同，机车的分类如下：

- 配属机车
  - 支配机车
    - 运行机车
      - 客运机车
      - 货运机车（包括补机）
      - 路用机车
      - 调车机车
      - 其他工作机车
    - 非运行机车
      - 代用机车（代替锅炉装置）
      - 局备用机车
      - 段备用机车
      - 其他机车（如改装、转交、无火回送等）
  - 非支配机车
    - 部备用机车
    - 出租机车
    - 驻勤机车

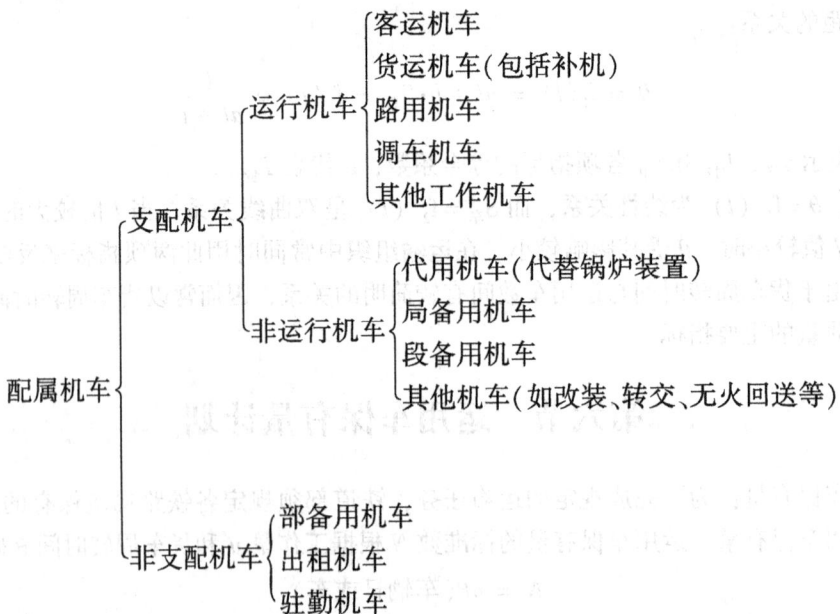

二、机车运用数量指标

反映机车运用效率的数量指标有机车走行千米、机车牵引总重吨千米和机车供应台次等三项。

（1）机车走行千米：是指机车运行的千米数。按照机车所担当的工种别不同，机车走行千米又分为本务机车走行千米和辅助机车走行千米；按照机车运行中是否产生实际走行千米又分为沿线走行千米和换算走行千米。各种机车走行千米的分类及其关系如下：

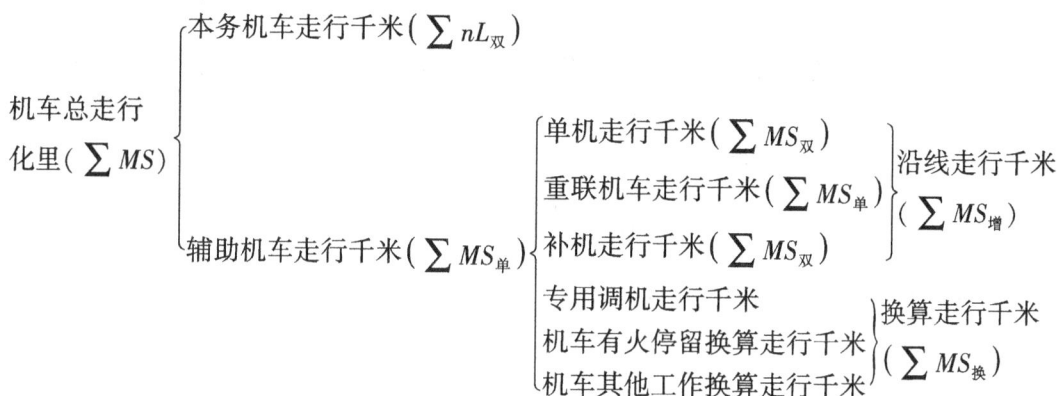

- 机车总走行化里（$\sum MS$）
  - 本务机车走行千米（$\sum nL_{双}$）
  - 辅助机车走行千米（$\sum MS_{单}$）
    - 沿线走行千米（$\sum MS_{增}$）
      - 单机走行千米（$\sum MS_{双}$）
      - 重联机车走行千米（$\sum MS_{单}$）
      - 补机走行千米（$\sum MS_{双}$）
    - 换算走行千米（$\sum MS_{换}$）
      - 专用调机走行千米
      - 机车有火停留换算走行千米
      - 机车其他工作换算走行千米

$$\sum MS = \sum nL_{本} + \sum MS_{单} + \sum MS_{双} + \sum MS_{补} + \sum MS_{换}(\text{机车千米})$$

$$\sum nL_{本} = n_1L_1 + n_2L_2 + \cdots + n_mL_m(\text{机车千米})$$

$$\sum MS_{沿} = \sum nL_{本} + \sum MS_{单} + \sum MS_{双} + \sum MS_{补}(\text{机车千米})$$

换算走行千米是指机车处于某种状态并不产生走行千米（如蒸汽机车有火停留），或产生的走行千米无法计算（如调车机车进行调车工作），只能按机车小时换算为机车走行千米。

机车走行千米是铁路局和机务段用以确定机车台数和机车检修计划的依据，也是分析机车运用情况和考核机车乘务组工作的必要资料。但是，用它来衡量机车工作量，也具有一定的局限性，因为它只包含了机车走行距离因素，而未反映机车牵引重量的因素。

（2）总重吨千米：表示机车牵引货物列车所完成的工作量，其值等于机车牵引总重和它的走行千米乘积之和。即

$$\sum QS_{总} = Q_1S_1 + Q_2S_2 + Q_3S_3 + \cdots + Q_nS_n(\text{t}\cdot\text{km})$$

（3）机车供应台次：表示一昼夜内全部机车在担当的牵引区段内的总周转次数。机车在牵引区段每往返一次，作为供应一台次。

① 循环运转制：每经过机务段所在站一次，作为供应一台次。

② 肩回运转制：每周转一次即完成牵引一对列车的任务，作为供应一台次。

③ 一昼夜内如只有往程或返程，作为供应 0.5 台次。

每一区段的机车供应台次可按下式计算：

$$U_{供应} = n + n_{双}(\text{台次})$$

三、机车运用质量指标

反映机车运用效率的质量指标包括机车全周转时间、机车日车千米、列车平均总重和机车日产量等。

（1）机车全周转时间：是从时间上反映机车运用效率的指标。是指机车作业完了返回基本段经过闸楼时起，至下一次作业完了返回基本段经过闸楼时止的全部时间。其计算方法如下：

$$\theta_{机} = \frac{24M}{U_{供应}}(\mathrm{h}) \text{ 或 } \theta_{机} = \frac{L}{v_{旅}^{机}} + t_{基} + t_{折}(\mathrm{h}) \text{ 或 } \theta_{机} = \frac{24L}{S_{机}}(\mathrm{h})$$

（2）机车需要系数：是指在一个牵引区段内，每担当一对列车的牵引任务平均需要的机车台数，即平均一对列车所需要的运用机车台数。将以小时为单位的机车全周转时间化为以天为单位的机车全周转时间即可。即：

$$K_{需} = \frac{\theta_{机}}{24}(\text{台/对})$$

各区段的机车需要台数可按下式计算：

$$M_{货} = (n + n_{双})\frac{\theta_{机}}{24} = U_{供应}K_{需}(\text{台})$$

（3）机车日车千米：是指全路、铁路局、分局或机务段平均每台货运机车一天走行的千米数。它反映了每台货运机车平均每天完成的工作量。可按下式计算：

$$S_{机} = \frac{\sum MS_{沿} - \sum MS_{补}}{\mathrm{M}_{货}}(\mathrm{km/d})$$

$$\text{或} \quad S_{机} = \frac{24L}{\theta_{机}} = \frac{L}{K_{需}}(\mathrm{km/d})$$

（4）列车平均总重：是指全路、铁路局、分局或机务段平均每台本务机车牵引列车的总重量。即：

$$Q_{总} = \frac{\sum QS_{总}}{\sum nL_{本}}(\mathrm{t/列})$$

列车平均总重反映了机车牵引力的利用程度，它直接影响到列车次数、机车需要台数、机车乘务组需要数以及其他有关支出的大小，是衡量机车运用效率的一个重要指标。

（5）机车日产量：是平均每台货运机车每日生产的总重吨千米数。即：

$$W_{机} = \frac{\sum QS_{总}}{M_{货}} = Q_{总}\,S_{机}(1 + \beta_{辅})(\mathrm{t \cdot km/d})$$

$$\beta_{辅} = \frac{\sum MS_{双} + \sum MS_{单}}{\sum nL_{本}}$$

可以看出，机车日产量综合反映了列车平均总重、机车日车千米和单机走行三个方面的关系，是考核机车运用质量的一个综合指标。只要降低单机走行率，提高机车日车千米和列车平均总重，就能提高机车日产量。

参考答案

第一部分　铁路车站工作组织

第一章　参考答案

能力训练

1. D5013　T562　K7378　1205　11426　24598　32071　46189　57006

在指定时期内，按列车指定的等级办理。

2.

种类 车站	客运站	货运站	客货运站	编组站	区段站	中间站	车站等级
长春	√				√		特等
吉林	√				√		二等
吉林北		√			√		二等
亚复		√				√	四等
北京西	√				√		特等
沈阳北	√				√		特等
上海	√				√		特等
沈阳西			√	√			特等

3.

顺号	发站	到站	编组内容	列车种类	车次	备注
1	甲	戊	戊站及以远	技术直达	10001	
2	甲	丁	丁站及以远（不含戊站及以远）	直通	20001	
3	甲	乙	乙站及以远（不含丁站及以远）	区段	30833	
4	乙	丙	A～E 间站顺	摘挂	41231	
5	乙	R	R 站卸	技术直达	10003	乙站装车
6	丁	R	R 站卸	小运转	46271	

应知应会

一、填空题

1. 设有配线

2. 车站、线路所、自动闭塞区段的通过信号机
3. 客运站、货运站、客货运站、客货运站
4. 编组站、区段站、中间站、中间站
5. 编组站、区段站
6. 按规定条件把车辆编成车列，并挂有机车及规定的列车标志
7. 旅客列车，货物列车，行邮、行包列车，军用列车，路用列车
8. 接发列车

二、选择题

1. D　2. A　3. D　4. C　5. C

三、判断题

1. √　2. ×　3. √　4. ×　5. √　6. ×

四、简答题

1. 答：车站是在铁路线上设有配线的分界点，经常办理列车交会、越行、客货运业务或行车技术作业；线路所及自动闭塞区段的通过信号机是无配线的分界点，其作用在于保证行车安全和必要的通过能力。

2. 答：列车必须具备三个条件：(1) 按有关规定编成的车列；(2) 挂有牵引本次列车的机车；(3) 有规定的列车标志。单机（包括单机挂车）、动车及重型轨道车虽未完全具备列车条件，当指定有列车车次时，亦按列车办理。

3. 答：(1) 最高运行速度为 300 ~ 350 km/h 动车组旅客（检测）列车。
(2) 最高运行速度为 200 ~ 250 km/h 动车组。
(3) 直达特快旅客列车。
(4) 特快旅客列车。
(5) 快速旅客列车。
(6) 普通旅客快车。
(7) 普通旅客慢车。

4. 答：(1)“五定”班列。
(2) 快运货物列车。
(3) 2 万 t 组合重载货物列车。
(4) 1 万 t 组合重载货物列车。
(5) 单元重载货物列车。
(6) 直达货物列车。
(7) 直通列车。
(8) 冷藏列车。
(9) 自备列车。
(10) 区段列车。
(11) 摘挂列车。
(12) 超限超重货物列车。
(13) 小运转列车。

第二章 参考答案

一、填空题

1. 办理闭塞、布置进路（包括听取进路准备妥当的报告）、开闭信号、交接凭证、接送列车、指示发车或发车

2. 正线、到发线

3. 挂有超限货物车辆的

4. 特快旅客

5. 布置进路（包括听取进路准备妥当的报告）

6. 列车前端

7. 引导信号或派引导人员

8. 车站值班员、列车调度员

9. 路票、绿色许可证、红色许可证、调度命令

10. 发车

二、选择题

1. C　2. B　3. A　4. D　5. A　6. B　7. B　8. C　9. C　10. A　11. D　12. A　13. B　14. C　15. B　16. C　17. A　18. D　19. A　20. A

三、判断题

1. ×　2. ×　3. ×　4. √　5. √　6. √　7. ×　8. ×　9. ×　10. ×　11. ×　12. ×　13. √　14. ×　15. √　16. ×　17. ×　18. √　19. √　20. √

四、简答题

1. 答：车站值班员在办理闭塞时，应确认区间空闲。接车前，必须亲自或通过有关人员确认接车线路空闲、进路道岔位置正确、影响进路的调车作业已经停止后，方可开放进站信号机，准备接车；发车前，检查确认进路道岔位置正确、影响进路的调车作业已经停止后，方可开放出站信号机，交付行车凭证，在旅客上下、行包装卸和列检作业完了后，指示发车或发车。

车站值班员下达准备接发车进路命令时，必须简明清楚，正确及时，讲清车次和占用线路（一端有两个及以上列车运行方向或双线反方向行车时，应讲清方向、线别），并要受令人复诵，核对无误。

接发列车时，按规定程序办理，并使用规定用语。

2. 答：扳道、信号人员在接发列车时应做到：

（1）严格按照车站值班员的接发列车命令、调车作业计划，正确及时地准备进路。

（2）在扳动道岔、操纵信号时，认真执行“一看、二扳（按）、三确认、四显示（呼唤）”制度；对进路上不该扳动的道岔，也应认真进行确认。

（3）接发列车进路准备完了后，及时报告车站值班员（能从设备上确认者除外）。

3. 答：下列情况，禁止办理相对方向同时接车和同方向同时发接列车：

（1）进站信号机外制动距离内，进站方向为超过6‰的下坡道，而接车线末端无隔开

设备；

（2）在接、发旅客列车的同时，接入列车运行监控记录装置发生故障的列车而接车线末端无隔开设备（单机、动车及重型轨道车除外）。

相对方向不能同时接车时，应先接后面有续行列车的列车、停车后启动困难的列车或不适于在站外停车的列车。

遇两列车不能同时接发时，原则上应先接后发。

车站应将不能办理相对方向同时接车和同方向同时发接列车的情况纳入《站细》。

4. 答：遇两列车的到发时刻抵触，而所接列车已由邻站出发时：

（1）原则上应先接后发，但到达列车必须进入待发列车所占线路时可先发后接。

（2）遇有两个及其以上方向的车站，当列车同方向同时接近车站时，应先接后面有续行的列车、停车后启动困难的列车、不适于站外停车的列车、在本站通过的列车、列车运行监控记录装置发生故障的列车。

（3）在保证停车后能启动的情况下，准许列车机外停车。

（4）两列车等级相同时，按列车调度员指示办理。

5. 答：在显示手信号时，凡昼间持有手信号旗的人员，应将信号旗拢起，左手持红旗，右手持绿旗（扳道员右手持黄旗），不持信号旗的人员徒手按各该条规定方式显示信号。

显示手信号时，必须严肃认真，做到横平竖直，灯正圈圆，位置适当，正确及时，角度准确，段落清晰。

6. 答：列车在发车前，有关人员应做到：

（1）发车进路准备妥当，行车凭证已交付，出站（进路）信号机已开放，发车条件完备后，车站值班员（助理值班员）方可显示发车信号或向运转车长显示发车指示信号。

（2）运转车长得到发车指示信号后，确认列车已完全具备发车条件，方可向司机显示发车信号；发车人员应依式中转运转车长的发车信号。

（3）司机必须确认占用区间行车凭证及发车信号或发车表示器显示正确后，方可启动列车。

（4）因曲线等关系，司机难以确认运转车长发车信号时，经铁路局指定的车站，可由发车人员直接向司机显示发车信号。

（5）单机、动车、重型轨道车及无运转车长值乘的列车，均由发车人员直接向司机显示发车信号。

（6）通信记录装置良好的车站，单机、动车、重型轨道车及无运转车长值乘的列车，准许使用列车无线调度通信设备发车。

7. 答：凡进站、接车进路信号机不能使用或在双线区段由反方向开来列车而无进站信号机时，应使用引导信号或派引导人员接车。

引导接车时，列车以不超过 20 km/h 速度进站，并做好随时停车的准备。由引导人员接车时，应在引导员接车地点标处（未设者，引导人员应在进站信号机、进路信号机或站界标外方），显示引导手信号接车。列车头部越过引导信号，即可关闭信号或收回引导手信号。

车站值班员已派出引导人员接车后，不准变更接车顺序。

引导接车时，如引导信号不能开放，应在进站信号机、每个故障的接车进路信号机（包括接车进路上的接发车进路信号机）处派人显示引导手信号。

8. 答：在无联锁的线路上接发列车时，车站值班员除严格按接发列车手续办理外，并应将进路上有关对向道岔及邻线上的防护道岔加锁。进路上的分动外锁闭道岔无论对向或顺向，均应对密贴尖轨、斥离尖轨和可动心轨加锁。具体加锁办法，由铁路局规定。

第三章 参考答案

四、中间站调车作业计划编制技能

答案不唯一。

44132 次列车接入 3 道，调车作业计划如下：

3 + 3

4 + 1

3 + 2

4 − 2

3 + 2

4 − 2

3 本列

应知应会

一、填空题

1. 牵出线、驼峰
2. 一关前、二关后、三摘风管、四提钩
3. 折角塞门
4. 2
5. 3
6. 调车领导人、调车指挥人
7. 调车作业通知单
8. 副风缸
9. 人力制动机、铁鞋、减速器、(加) 减速顶
10. 机车司机、调车指挥人
11. 40、30
13. 5
14. 调车钩
15. 调车工作效率
16. 难行车、易行车
17. 脱钩点
18. 单推单溜、双推单溜、双推双溜、
19. 联系、防护
20. 20

二、选择题

1. D　2. A　3. B　4. A　5. C　6. D　7. C　8. D　9. A　10. B

11. B　12. D　13. C　14. D　15. A　16. D　17. D　18. B　19. B
20. B

三、判断题

1. ×　2. ×　3. √　4. √　5. ×　6. √　7. √　8. √　9. ×　10. ×

四、简答题

1. 答：调车作业必须做好下列准备：

（1）提前排风、摘管，核对计划，确认进路，检查线路、道岔、停留车及车辆防溜等情况；

（2）人力制动机的选闸、试闸，系好安全带；

（3）准备足够的良好铁鞋；

（4）无线调车灯显设备试验良好。

2. 答：调车工作要固定作业区域、线路使用、调车机车、人员、班次、交接班时间、交接班地点、工具数量及其存放地点。

3. 答：禁止溜放的车辆、线路及其他限制：

（1）装有禁止溜放货物的车辆；

（2）非工作机车、动车、轨道起重机、大型养路机械、机械冷藏车、大型凹型车、落下孔车、客车和特种用途车；

（3）乘坐旅客的车辆及停有该车辆的线路；

（4）超过2.5‰坡度的线路（为溜放调车而设的驼峰和牵出线除外）；

（5）停有正在进行技术检查、修理、装卸作业车辆及无人看守道口的线路；

（6）停有装载爆炸品、压缩气体、液化气体车辆的线路；

（7）停留车辆距警冲标的长度，容纳不下溜放车辆（应附加安全制动距离）的线路；

（8）中间站正线、到发线及与其衔接而未设隔开设备的线路；

（9）调车组不足3人时，禁止溜放作业；

（10）不准采用牵引溜放法调车。

4. 答：在正线、到发线上调车时，要经过车站值班员的准许。在接发列车时，应按《站细》规定的时间，停止影响列车进路的调车作业。

5. 答：调车作业由调车长单一指挥。利用本务机车进行调车作业时，可由车站值班员或助理值班员担任指挥工作。遇有特殊情况，可由有任免权限的单位鉴定、考试合格的连结员代替。

第四章　参考答案

能力训练

1.

发　站	到　站	列车车次	列车实际编组顺序（由首到尾）	是否违编及原因
A	C	21035	h/10 C/20 k/5 e/5	违编。将近程车流 e 编入
A	B	31003	B/20 F/6 d/5 h/7 e/5	违编。将远程车流 h 编入
A	B	43689	a/6 c/8 b/5	违编。未按站顺编组

续表

发　站	到　站	列车车次	列车实际编组顺序（由首到尾）	是否违编及原因
A	E	21987	E/40 空/C10	不违编
A	F	23627	F/40 f/6	违编。编入异方向车流 f

2.（1）34052 次列车编组中的错误如下：

列车超重。

机车三位有关门车。

△7与△9没有隔离 1 辆车，△7与△8没有隔离 4 辆，△7与内燃机车没有隔离 4 辆。

（2）改正后的 34052 次列车编组为：

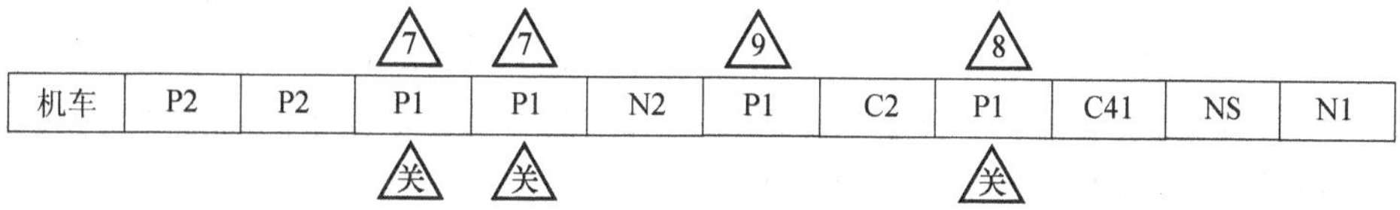

（3）开行超重列车须经列车调度员准许，商得机务（折返）段调度员的同意。

应知应会

一、填空题

1. 80　1.2

2. 50　75

3. 调度员　司机

二、判断题

1. ×　　2. ×　　3. ×　　4. √　　5. √

三、选择题

1. C　　2. D　　3. B　　4. B　　5. D　　6. C　　7. B

三、简答题

1. 答：（1）将短途车流编入到远程列车。

（2）将长途车流编入到近程列车。

（3）未按规定选分车组或未执行指定的编挂顺序（由于执行隔离限制实难兼顾时除外）

（4）未按规定的重、空列车数开行。

（5）未按补轴、超轴规定编组列车。

（6）违反车流经路，将车辆编入异方向列车。

（7）未达到编组计划规定的基本组重量、辆数或长度。

（8）始发直达列车不符合编组计划规定的编组方法。

2. 答：（1）插有扣修、倒装色票的车辆及车体倾斜超过规定限度的车辆。

（2）曾经发生冲突、脱轨或曾编入发生特别重大、重大、大事故列车内以及在自然灾害中损坏，未经检查确认可以运行的；

（3）未关闭侧开门、底开门的车辆以及底开门的扣铁未全部扣上的车辆。平车未关闭端、侧板的（有特殊规定者除外）。

（4）缺少车门的车辆（检查回送车除外）。

（5）装载货物超出机车、车辆限界，无挂运命令的车辆。

（6）装载跨装货物的（跨及两平车的汽车除外）平车，无跨装特殊装置的车辆。

（7）平车、砂石车及敞车装载货物违反装载和加固技术条件的车辆。

（8）由于装载的货物需要停止自动制动机作用，而未停止的车辆。

（9）厂矿企业自备机车、轨道起重机、自轮运转特种设备过轨时，未经铁路机车车辆人员检查确认者。

3. 答：编入列车的关门车数不超过现车总辆数的6%（尾数不足一辆按四舍五入计算）时，可不计算每百吨列车重量的换算闸瓦压力，不填发制动效能证明书；超过6%时，按规定计算闸瓦压力，并填发制动效能证明书交与司机。

关门车不得挂于机车后部三辆车之内；列车中连续连挂不得超过二辆；列车最后一辆不得为关门车；列车最后第二、三辆不得连续关门。对于不适于连挂在列车中部但走行部良好的车辆，经列车调度员准许，可挂于列车尾部，以一辆为限，如该车辆的自动制动机不起作用时，须由车辆人员采取安全措施，保证不致脱钩。

旅客列车不准编挂关门车。在运行途中如遇自动制动机临时发生故障，在停车时间内不能修复时，准许关闭一辆，但列车最后一辆不得为关门车。

4. 答：（1）使机车乘务员准确掌握列车尾部风压，确认列车完整；

（2）当列车主管因泄漏等原因风压不足时，可直接向司机报警；

（3）当车辆折角塞门被意外关闭时，司机可直接操纵列尾装置，使其强行排风，使列车制动停车。

（4）起到列车标志的作用，为接发列车人员确认列车完整提供依据。

第五章 参考答案

能力训练

1.

列车编组顺序表 **（运统1）**

乙站编组丙站终到2012年6月8日15时30分41001次列车

自首尾（不用字抹消） 制表者：张三 检查者：李四

顺序	车种	罐车油种	车号	自重	换长	载重	到站	货物名称	发站	篷布	收货人或卸线、票据号	车辆使用属性	记事
1	C62		0410231	20.6	1.2		A	自备				企	A厂自备
2	C62		0410232	20.6	1.2		A	自备				企	A厂自备
3	P64		3410011	25.4	1.5	60	C	小麦	甲			部	F
4	C62A		4432132	21.7	1.2	60	B	原木	甲			部	关
5	P63		3302729	24.0	1.5	40	D	农药	乙			部	△2
6	P63		3302131	24.0	1.5	50	D	百货	乙			部	
7	C62		4102475	20.6	1.2	20	E	谷草	乙	2		部	△6
8	G70（Q）		6275472	19.8	1.1		E	空				部	
9	P63		3304157	24.0	1.5		F	代客				部	
10	N16		5027281	18.4	1.3	30	G	农机				部	

续表

自编组站出发及在途中摘挂后列车编组															
站名	客车		货车						其他	合计	自重	载重	总重	换长	铁路篷布合计
	合计	其中行李车	重车	其中租用车	空车	非运用车	其中								
							代客	其中P65							
合计			6	0	1	3	1	0	0	10	219	260	479	13.2	2
企						2									
部			6		1	1	1								

到达时间　　月　　日　　时　　分　　交接时间　　时　　分　　司机签章

应知应会

一、填空题

1. 中转车　作业车
2. 一次作业车　双重作业车
3. 无改编中转列车　部分改编中转列车　到达解体列车　自编始发列车
4. 送车　装（卸）车　取车
5. 现车　货运单据　列车编组顺序表

二、判断题

1. ×　　2. √　　3. ×　　4. ×

三、简答题

1. 答：技术站办理的货物列车种类有：自编始发列车、部分改编中转列车、无改编中转列车、到达解体列车。

2. 答：(1) 车辆技术检修作业（包括摘挂机车及试风）。

(2) 车辆的货运检查及整理。

(3) 换挂列尾装置。

(4) 检查核对现车。

(5) 车列及票据交接。

(6) 准备发车及发车。

3. 答：中转车是指在本站不进行货物装卸作业的运用货车。

无调中转车是指在本站不进行调车作业、随中转列车原到原开的运用货车；

有调中转列车是指在本站经过一系列改编作业后，再编入其他列车发出的运用货车。

4. 答：货物作业车是指在站线、区间、专用线及铁路厂、段管线内进行装卸或倒装作业的运用货车。

一次作业车是指在本站只进行一次装车或一次卸车作业的货物作业车；

双重作业车是指在本站卸空后，在本站再装车，进行两次货物作业的货物作业车。

第六章　参考答案

能力训练

答案不唯一

应知应会

一、填空题

1. 班计划、阶段计划、调车作业计划

2. 列车出发计划、确定每一始发列车的编组内容及车流来源

3. 阶段计划

4. 中转车平均停留时间

二、选择题

1. C　2. C　3. C　4. B　5. D

三、判断题

1. √　2. √　3. ×　4. √　5. ×

四、简答题

1. 答：车站作业计划包括班计划、阶段计划、调车作业计划。

班计划由值班站长（主任）、调度室主任或运转主任按照调度所的要求编制，阶段计划由车站调度员编制，调车作业计划由调车区长编制。

2. 答：当车流不足时，可考虑选用以下调整措施：

（1）调整解体顺序，提前解体挂有编组急需车流的车列，满足编开列车的需要；

（2）组织接续车流快速作业。当车辆接续时间不足时，一方面对站存车流进行预编、预检，另一方面对到达的接续车流组织快检、快解作业，实现车流紧接续；

（3）组织本站作业车补轴。根据编组列车的需要，有计划地组织本站作业车优先装卸、取送、编组，以保证编组列车满轴、正点出发；

（4）请求调度所调整列车到达顺序，或利用小运转列车将本站编组急需的车流提前送到，以满足编开列车的需要。如某站位于列车运行的前方，可建议调度所准许列车不满轴早点开出，在该站进行补轴。

当车流过大，造成积压时，可建议调度所组织超轴列车，利用单机挂车或利用区段列车挂中间站车流。

3. 答：（1）符合货物列车编组计划、列车运行图和《技规》的有关规定，保证调车作业和人员安全。

（2）合理运用技术设备和先进工作方法，最大限度地实现解体照顾编组，解体照顾送车，使解、编、取、送作业密切配合。力争做到调车钩数少、调动辆数少、占用股道少、调车行程短、作业方便。

（3）做到及时、准确、完整。即及时编制、下达计划；保证计划无漏洞、无差错，尽量不变或少变计划；要求调车作业通知单字迹清楚，项目齐全。

4. 答：（1）已在调车场集结的车辆；

（2）在货场、专用线和站修线待取的车辆；

（3）在到达场待解的车辆；

（4）在计划期间内陆续到达的车辆和陆续装卸完毕的车辆。

五、综合题

答案不唯一，正确即可。

第七章 参考答案

能力训练

号码制：

$$t_{中} = \frac{\sum N_{无} t_{无} + \sum N_{有} t_{有}}{\sum N_{无} + \sum N_{有}} = \frac{0 + 13.1}{0 + 3} = 4.4(\text{h/车})$$

$$t_{货} = \frac{\sum N t_{货}}{U_{装} + U_{卸}} = \frac{65.8}{5 + 6} = 6.0(\text{h/次})$$

非号码制：

$$t_{中} = \frac{\sum N_{无} t_{无} + \sum N_{有} t_{有}}{\sum N_{无} + \sum N_{有}} = \frac{336 + 1\,575.5}{\frac{448 + 448}{2} + \frac{383 + 353}{2}} = 2.3(\text{h/车})；$$

$$t_{货} = \frac{\sum N t_{货}}{U_{装} + U_{卸}} = \frac{684.5}{50 + 45} = 7.2(\text{h/次})$$

应知应会

一、填空题

1. 运用车　非运用车
2. 号码制　非号码制
3. 货物作业停留　中转作业停留
4. 车站每日 18 点时货车现有数，以及货车的运用和分布情况
5. 号码制货车停留时间登记簿

二、判断题

1. ×　　2. ×　　3. √　　4. √　　5. ×

三、简答题

1. 答：为了及时而准确地反映车站工作完成的情况，提供确定任务、编制计划和改进工作的资料，对于车站各项数量指标和质量指标的完成实绩要进行系统的统计和分析。

车站工作统计主要有装卸车统计、现在车统计、货车停留时间统计、货物列车出发正点率统计。

2. 答：现在车按产权所属分为部属货车、企业自备货车、外国货车；现在车按运用上的区别，分为运用车及非运用车两大类。

运用车：指参加铁路营业运输的部属货车、企业自备车、外国货车，企业租用、军方特殊用途重车。运用车分为重车和空车。

（1）重车

① 实际装有货物并具有货票的货车；

② 卸车作业未完的货车；

③ 倒装作业未卸完的货车；

④ 以“特殊货车及运送用具回送清单”手续装载整车回送铁路货车用具（部属篷布、空集装箱及军用备品等）的货车；

⑤ 填制货票的游车；

⑥ 在编组计划规定区段内未装有货物的沿途零担车。

（2）空车

① 实际空闲的货车；

② 装车作业未完的货车；

③ 倒装作业未装完的货车。

3. 答：号码制统计方法的优点是能够比较精确地算出每辆货车的停留时间，缺点是方法繁琐，并且不能反映车站当日工作的实际成绩。因此，号码制统计方法只在出入车数较少的车站采用，或者用来统计本站货物作业车的入线前、站线、专用线和出线后的停留时间。

非号码制统计方法简便，又有一定的精确程度，并能反映车站当日工作的实际成绩，因此在出入车数较大的车站普遍采用。

4. 答：运统 1——列车编组顺序表

运统 2——中间站行车日志

运统 3——编组（区段）站行车日志

运统 4——货车出入登记簿

运统 5——检修车登记簿

运统 6——运用车转变记录

运统 7——非运用车登记簿

运统 8——号码制货车停留时间登记簿

运统 9——非号码制货车停留时间登记簿

运报—1——分界站货车出入报表

运报—2——现在车报表

运报—3——十八点现在重车去向报表

运报—4——货车停留时间报表

第二部分　铁路局工作组织

第八章　参 考 答 案

应知应会

一、填空题

1. 连发　追踪
2. 一昼夜的小时和分钟的时间线　分界点的中心线 列车运行线
3. 按区间实际里程的比率　按区间运行时分的比率
4. 平行　非平行　成对　不成对

二、简答题

1. 答：定义：列车运行图是用以表示列车在铁路区间运行及在车站到发或通过时刻的技术文件。

作用：(1) 规定了各次客货列车占用区间的程序，以及在车站到、发或通过的时刻。

(2) 规定了铁路各项技术设备的运用（线路、站场、机车、车辆）。

(3) 规定了与行车各有关部门的工作（车、机、工、电、辆）。

(4) 铁路运输服务能力的一种表现形式。

2. 答：(1) 按区间实际里程的比率确定。

优点：运行图上的站间距离完全反映实际情况。

缺点：列车在整个区段的运行线往往是一条斜折线，既不整齐，也不易发现列车区间运行时分上的差错。

(2) 按区间运行时分的比率确定。

优点：列车在整个区段的运行线基本上是一条斜直线，既整齐美观，也易于发现列车区间运行时分上的差错，所以一般采用这一方法。

第九章 参考答案

能力训练

1. A 站：41002 次会 30005 次，$\tau_{不}$不足 5 min；
   80001 次会 30002 次，$\tau_{不}$不足 5 min；
   C 站：30001 次会 41002 次，$\tau_{不}$不足 5 min；
   30006 次会 30003 次，$\tau_{不}$不足 5 min；
   D 站：30021 次会 30004 次，$\tau_{会}$不足 3 min；
   30001 次会 30006 次，$\tau_{会}$不足 3 min；
2. 甲站：30001 次与 30003 次连发，$\tau_{连}$不足 4 min；
   C 站：30003 次与 30004 次会车，$\tau_{会}$不足 3 min；
   C——乙区间：30004 次运行 11 min，应为 10 min。

应知应会

一、填空题

1. 起停　2. 对向列车通过进站距离

二、判断题

1. ×　2. √　3. ×　4. ×　5. √

三、简答题

1. 答：列车运行图的要素包括：

(1) 列车区间运行时分；

(2) 列车在中间站的停站时间；

(3) 机车在基本段和折返段所在站的停留时间标准；

(4) 列车在技术站、客货运站的技术作业过程及其主要作业时间标准；

(5) 车站间隔时间；

(6) 追踪列车间隔时间。

2. 答：列车区间运行时分是指列车在两个相邻车站或线路所之间的运行时间标准。由机务部门采用牵引计算和实际试验相结合的方法进行查定。

3. 答：车站间隔时间是指在车站上办理两列车的到达、出发或通过作业所需要的最小间隔时间。

第十章　参考答案

能力训练

1. (1) 经计算 B——C 限制区间最有利列车放行方案为开出区间的两列车都在车站通过的方案。

(2) 各区间平行运行图区间通过能力如下表所示。

甲——乙区段运行图有关资料表

	上行运行时分	下行运行时分	站名	旅客列车开行方案	$T_{周}$(min)	$N_{平}$(对)
各站 $\tau_{不}=5$ min $\tau_{会}=3$ min $t_{起}=2$ min $t_{停}=1$ min	12	10	甲	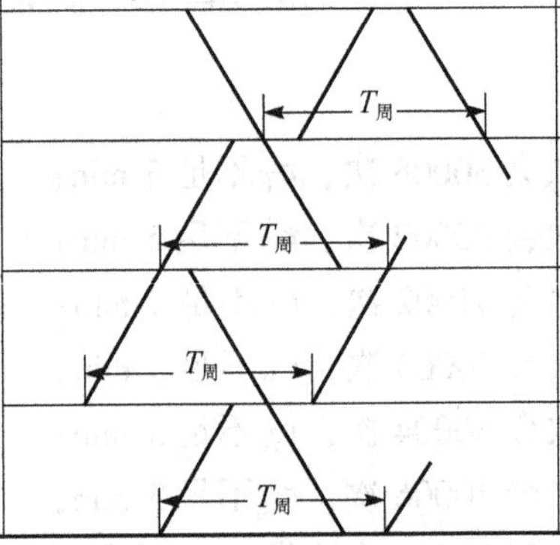	33	43.6
	10	11	A		33	43.6
	15	16	B		41	35.1
	14	13	C 乙		39	36.9

(3) $n_{货}^{非} = n_{平行} - [n_{客}\varepsilon_{客} + (\varepsilon_{摘}-1)n_{摘}] = 35.1 - [1.3\times2 + (2-1)\times2] = 30.5$(对)

$n_{非} = n_{货}^{非} + \varepsilon_{客} = 30.5 + 2$ (对)

应知应会

一、填空题

1. 通过能力　输送能力

2. 列车区间纯运行时分　起停车附加时分　车站间隔时间

3. 限制区间

4. 客货列车

5. 旅行速度

二、判断题

1. √　　2. ×　　3. ×　　4. √　　5. √　　6. ×

三、简答题

1. 答：(1) 区间；(2) 车站；(3) 机务段设备和整备设备；(4) 给水设备；(5) 电气化铁路的供电设备。

2. 答：困难区间：在运行图周期里 $\sum t_{运}$ 最大的区间，称为困难区间。

限制区间：$T_{周}$ 最大的区间，称为该区段的限制区间。限制区间的通过能力即为该区段的区间通过能力。

在大多数情况下，困难区间往往就是限制区间，但有的区间虽然本身不是困难区间，由于车站间隔时间数值较大，而成了限制区间。

第十一章 参考答案

应知应会

一、填空题

1. 编制列车运行详图 计算运行图指标

2. 区段小运转

二、简答题

1. 答：(1) 铁路客货运量的日益增长和运输市场的发展变化；

(2) 铁路技术设备的不断更新和运输组织工作的不断改进；

(3) 列车牵引重量和运行速度的逐步提高；

(4) 新建铁路和既有铁路改线。

2. 答：(1) 保证列车运行的安全；

(2) 迅速、便利地运输旅客和货物；

(3) 充分利用铁路通过能力，经济合理地运用机车车辆和安排施工时间；

(4) 应将区间通过能力利用率控制在一定的允许范围内，确保列车运行图具有一定的弹性，以适应日常运输生产和列车运行秩序变化的需要；

(5) 列车运行图要与列车编组计划和车站技术作业过程相协调，使列车运行线与车流很好地结合起来；

(6) 保证各站、各区段间工作上的协调和均衡；

(7) 合理安排乘务人员的作息时间，值乘时间不超过规定的劳动时间标准。

3. 答：(1) 列车运行图上铺画的客货列车数是否符合所规定的任务；

(2) 运行线的铺画是否符合规定的各项时间标准，列车的会让是否合理，在中间站停车会让的列车数是否超过各该站现有的到发线数；

(3) 摘挂列车的铺画是否满足区段管内货物列车铺画方案的要求；

(4) 机车乘务组连续工作时间和机车在自外段所在站的停留时间是否符合规定的时间标准；

(5) 在列车运行图上预留的施工“天窗”是否满足施工需要；

(6) 局间分界站的列车衔接是否合适，一昼夜各阶段的列车到发密度是否均衡。

第十二章 参考答案

应知应会

1. 答：(1) 铁路通过能力接近饱和，不能满足运量增长的需要；

(2) 通过能力虽有后备，但为了提高运输效率，降低运输成本，减轻劳动强度，保证行车安全。

2. 答：(1) 提高列车平均牵引总重 $Q_{总}$ 及平均载重系数 φ。

① 采用大型货车，改善车辆构造；

② 采用补机推送，实行多机牵引，开行重载组合列车等；

③ 降低限制坡度。

(2) 增加行车密度，即增加 $n_{货}^{能}$。

① 压缩运行图周期以提高平行运行图通过能力 n。

$$T_{周} = \sum t_{运} + \sum \tau_{站} + \sum t_{起停} = \frac{60 \times 2l_{限}}{v_{限}} + \sum \tau_{站} + \sum t_{起停}$$

② 减少扣除系数：改进运行图的铺画方法。

(3) 同时增加 $Q_{总}$ 和 $n_{货}^{能}$。

属于这类措施的有：采用内燃牵引和电力牵引，采用大型机车等。

3. 答：技术组织措施和改建措施。

4. 答：(1) 国家对铁路建设所采取的技术政策；

(2) 该方向和区段在铁路网中的地位和作用；

(3) 该方向和区段现有技术设备的状况和特点；

(4) 国家生产力发展的远景；

(5) 货流增长的速度；

(6) 为节约国家投资，分阶段加强通过能力的步骤；

(7) 实施各种措施的技术经济效果。

参 考 文 献

[1] 铁道部. 铁路技术管理规程 [M]. 北京：中国铁道出版社，2006.
[2] 铁道部. 接发列车作业标准 [M]. 北京：中国铁道出版社，2008.
[3] 沈阳铁路局. 车机联控标准实施细则. 2008.
[4] 铁道部. 铁路运输调度规则 [M]. 北京：中国铁道出版社，2009.
[5] 铁道部. 铁路货车统计规则 [M]. 北京：中国铁道出版社，2008.
[6] 彭乾炼，石瑛. 铁路行车组织 [M]. 成都：西南交通大学出版社，2008.
[7] 徐小勇. 铁路行车习题与能力训练 [M]. 北京：中国铁道出版社，2010.
[8] 赵矿英，冯俊杰. 铁路行车组织 [M]. 北京：中国铁道出版社，2009.
[9] 首届全国高职院校“接发列车”技能大赛竞赛规程. 2010.

附　　件

附件一：O 站班计划表

20　　年　　月　　日　　　　18:00——6:00　　6:00——18:00　　第____班　　　　值班站长________　　站长________

到达列车			出发列车			
车次	时刻	编组内容	车次	时刻	编组内容	车流来源

时间＼项目	中转车			作业车		
	到达	出发	结存	到达	出发	结存
18～19						
19～20						
20～21						
21～22						
22～23						
23～0						
0～1						
1～2						
2～3						
3～4						
4～5						
5～6						
计						

指标		
项目	计划	实际
装车		
卸车		
停时		
中时		
正点		

记事

附件二：O 站技术作业图表

车站调度员________　　　　　　　　　　　　　　　　　　　　　　　　20______年______月______日______班

列车到发	A 方向							
	B 方向							
	M 方向							
编组内容								
到发场	东	1						
		2						
		3						
		4						
		5						
	西	1						
		2						
		3						
		4						
		5						
		6						
驼峰								
牵出线	东							
	西							
调车场	1							
	2							
	3							
	4							
	5							
	6							
	7							
	8							
	9							
	10							
	11							
	12							
	13							
货场								
专用线								
调车机车	一调							
	二调							
	三调							

附件三：货车出入登记簿

运统 4

方向	列车车次	到发时分	标准换算小时	入·合计·车数	入·合计·换算车小时	入·其中·作业车·车数	入·其中·作业车·换算车小时	入·其中·无调中转·车数	入·其中·无调中转·换算车小时	入·其中·有调中转·车数	入·其中·有调中转·换算车小时	入·其中·非运用·车数	入·其中·非运用·换算车小时	运用重车·计	运用重车·棚车	运用重车·敞车	运用重车·平车	运用重车·毒品车	运用重车·罐车	运用重车·其中·轻油	运用重车·其中·黏油	运用重车·冷藏车	运用重车·集装箱车	运用重车·其他	运用空车·计	运用空车·棚车	运用空车·敞车	运用空车·平车	运用空车·毒品车	运用空车·罐车	运用空车·其中·轻油	运用空车·其中·黏油	运用空车·冷藏车	运用空车·集装箱车	运用空车·其他	非运用车·计	非运用车·棚车	非运用车·敞车	非运用车·平车	非运用车·毒品车	非运用车·罐车	非运用车·其中·轻油	非运用车·其中·黏油	非运用车·冷藏车	非运用车·集装箱车	非运用车·其他	守车	记事
1	2	3	4	5	6	7	8	9	10	11	12	13	14	15	16	17	18	19	20	21	22	23	24	25	26	27	28	29	30	31	32	33	34	35	36	37	38	39	40	41	42	43	44	45	46	47	48	49
甲	30051	18:20		56		10				46				56	21	35																																
丙	21010	18:58		56				56						56	20	30	6																															
丙	31038	20:10		56						56				56	31	25																																
甲	21009	20:35		56				56						56		26			30	30																												
甲	30053	21:05		55		10				45				55	10	39	6																															
甲	20111	22:00		56				56						56	21	20			15	15																												
丙	21012	22:10		56				56						56	16	40																																
丙	31040	0:20		55		10				45				55	24	26	5																															
丙	21014	1:10		56				56						56	21	35																																
甲	30055	1:15		55		10				45				55	6	49																																
甲	21013	1:40		56				56						56	16	30			10	10																												
丙	31042	2:10		56						56				56	15	31	10																															
甲	30057	3:30		55						55				55	20	30	5																															
甲	21015	4:00		56				56						56	20	30	6																															
丙	31044	4:30		55		20				35				55	20	35																																
丙	21016	5:05		56				56						56	10	40	6																															

附件四：货车出入登记簿

运统 4

方向	列车车次	到发时分	标准换算小时	出·合计·车数	出·合计·换算车小时	其中·作业车·车数	其中·作业车·换算车小时	其中·无调中转·车数	其中·无调中转·换算车小时	其中·有调中转·车数	其中·有调中转·换算车小时	其中·非运用·车数	其中·非运用·换算车小时	运用重车·计	运用重车·棚车	运用重车·敞车	运用重车·平车	运用重车·毒品车	运用重车·罐车	运用重车·其中·轻油	运用重车·其中·黏油	运用重车·冷藏车	运用重车·集装箱车	运用重车·其他	运用空车·计	运用空车·棚车	运用空车·敞车	运用空车·平车	运用空车·毒品车	运用空车·罐车	运用空车·其中·轻油	运用空车·其中·黏油	运用空车·冷藏车	运用空车·集装箱车	运用空车·其他	非运用车·计	非运用车·棚车	非运用车·敞车	非运用车·平车	非运用车·毒品车	非运用车·罐车	非运用车·其中·轻油	非运用车·其中·黏油	非运用车·冷藏车	非运用车·集装箱车	非运用车·其他	守车	记事
1	2	3	4	5	6	7	8	9	10	11	12	13	14	15	16	17	18	19	20	21	22	23	24	25	26	27	28	29	30	31	32	33	34	35	36	37	38	39	40	41	42	43	44	45	46	47	48	49
甲	41012	18:25		43		10				33				43	10	28	5																														
丙	41001	19:15		30						30				30	4	26																															
甲	21010	19:48		56				56						56	20	30	6																														
丙	31031	20:45		56		10				46				56	20	36																															
丙	21009	21:25		56				56						56		26			30	30																											
甲	30052	22:25		56						56				56	25	31																															
丙	21011	22:45		56				56						56	21	20			15	15																											
甲	21012	23:00		56				56						56	16	40																															
丙	31033	0:25		55		20				35				35		35										20		20																				
丙	41003	1:15		31						31				31	15	10	6																														
甲	21014	2:00		56				56						56	21	35																															
丙	21013	2:25		56				56						56	16	30			10	10																											
甲	41014	2:30		40		9				31				40	8	27	5																														
甲	30054	4:40		56						56				56	20	36																															
丙	21015	4:45		56				56						56	20	30	6																														
丙	31035	5:25		55		20				35				55	10	45																															
甲	21016	5:50		56				56						56	10	40	6																														

附件五：号码制货车停留时间登记簿

运统 8

货车		到达			调入站线		站线作业完了		调入专用线		专用线作业完了		发出			作业种类	中转车停留时间	作业车停留时间	其中货物作业过程（时分）				非运用车			记事
																			入线前停留时间	作业时间		线后停留时间				
车种	车号	车次	月日	时分	月日	时分	月日	时分	月日	时分	月日	时分	车次	月日	时分					站线	专用线		转入月日时分	转出月日时分	停留时间	
1	2	3	4	5	6	7	8	9	10	11	12	13	14	15	16	17	18	19	20	21	22	23	24	25	26	27
C_{62}	4114882	41001	3/8	12:59	3/8	14:10	3/8	15:10	3/8	18:00	3/8	21:00	41004	4/8	4:15	双										
C_{62}	4133174	41001	3/8	12:59	3/8	17:00 14:10	3/8	21:00 16:00					41004	4/8	4:15	双										
P_{60}	3031432	41002	3/8	16:38	3/8	17:50	3/8	19:50					41003	4/8	2:20	卸										
N_{15}	5009892	41002	3/8	16:38	3/8	17:50	3/8	19:50					41003	4/8	2:20	装										
C_{62M}	4143587	41002	3/8	16:38									41004	4/8	4:15	有							3/8 16:38	3/8 23:18		站修
C_{62}	4132663	41003	4/8	1:22	—	—	—	—	—	—	—	—	41003	4/8	2:20	卸										不摘车作业
P_{60}	3033576	41003	4/8	1:22	4/8	2:12	4/8	3:42	4/8	4:52	4/8	8:42	41001	4/8	13:10	双										
P_{61}	3064114	41004	4/8	3:40	4/8	4:30	4/8	7:10					44002	4/8	7:45	倒										倒装车
C_{62M}	4158637	41004	4/8	3:40									44002	4/8	7:45	有										
P_{65}	3529891	41004	4/8	3:40									44002	4/8	7:45	有										
C_{63}	4325113	44001	4/8	12:30	4/8	14:00	4/8	16:30																		
C_{61Y}	4323219	44001	4/8	12:30	4/8	14:00	4/8	16:30																		
P_{60}	3034176	44001	4/8	12:30	4/8	14:00	4/8	16:30																		

附件六：非号码制货车停留时间统计簿

20 年 月 日

运统 9

项目 每小时合计	货车出入总数						其中																																			记事
	到达		发出		结存	停留时间	货物作业车										无调中转车						有调中转车										非运用车										
	车数	换算小时	车数	换算小时			入				出				结存	停留时间	到达		发出		结存	停留时间	入				出				结存	停留时间	入				出				结存	停留时间	
							到达		转入		发出		转出				车数	换算小时	车数	换算小时			到达		转入		发出		转出				到达		转入		发出		转出				
							车数	换算小时	车数	换算小时	车数	换算小时	车数	换算小时									车数	换算小时	车数	换算小时	车数	换算小时	车数	换算小时			车数	换算小时	车数	换算小时	车数	换算小时	车数	换算小时			
1	2	3	4	5	6	7	8	9	10	11	12	13	14	15	16	17	18	19	20	21	22	23	24	25	26	27	28	29	30	31	32	33	34	35	36	37	38	39	40	41	42	43	44
昨日结存																																											
18:01~19:00																																											
19:01~20:00																																											
20:01~21:00																																											
21:01~22:00																																											
22:01~23:00																																											
23:01~0:00																																											
0:01~1:00																																											
1:01~2:00																																											
2:01~3:00																																											
3:01~4:00																																											
4:01~5:00																																											
5:01~6:00																																											
本班累计																																											
本班结存																																											

附件七：《铁路货车统计规则》有关原始记录的填记方法

一、货车出入登记簿（运统4）

1. 本簿用于分界站、编组站、区段站以及大量装卸站登记货车出入情况，作为编制“分界站货车出入报表（运报—1）”和“现在车报表（运报—2）”以及登记“非号码制货车停留时间登记簿（运统9）”的资料。

2. 填记依据：

（1）随同列车出入的货车，根据“列车编组顺序表（运统1）”填记；

（2）不随同列车出入的货车，根据本规则第十三条的规定填记。

3. 填记方法：

（1）方向（1栏）：分别列车到发方向按出入时分顺序填记。

（2）列车车次（2栏）：填记到发列车的车次。对不随同列车出入的货车填记出入的种别，如“新造车”“企业自备车”等。

（3）到发时分（3栏）：根据“行车日志（运统2、运统3）”填记。不随同列车出入的货车，则根据各该规定的出入时分填记。

（4）入（出）货车：凡计算车站出入的货车，均填记在各有关栏内。

（5）专业运输公司租用车：本栏根据到、发列车中各专业运输公司租用车合计及租用作业转变的情况填入，作为填记“专业运输公司租用货车报表”（运报—2ZY）的资料。

（6）各换算车小时栏，按下列方法填记：

① 标准换算小时（4栏）：一小时结算制的车站以本小时内出入的实际时分，按十进位小时填记。如18:20到达（或出发）填记为0.7小时。各站可采取1小时、3小时、6小时等不同结算制的办法填记。

② 以标准换算小时（4栏）分别乘各栏（5、7、9、11、13栏）的车数，将各项乘积填记在各该换算车小时栏内（6、8、10、12、14栏）。

6栏=8栏+10栏+12栏+14栏

4. 每日18点终了时，应将本日入、出的各项分别加总，并分出其中随同列车的入、出以及各种不随同列车的入、出合计数，作为填报“现在车报表（运报—2）”的依据。

5. 铁路业务信息系统应提供运统4的统计查询功能。

二、号码制货车停留时间登记簿（运统8）

1. 本簿是车站用以逐车统计货车停留时间，以及使用“非号码制货车停留时间登记簿（运统9）”的车站用以统计货物作业车的作业过程，作为编制“货车停留时间报表（运报—4）”的资料。

2. 填记依据：

（1）列车编组顺序表（运统1）中的列车车次、车种、车号；

（2）行车日志（运统2、3）中的列车到发时分；

（3）装（卸）车清单（货统2）及货车调运单（货统46）或专用线取送车辆记录中的货车调到交接地点及装卸完了时分；

（4）运用车转变记录（运统6）及非运用车登记簿（运统7）中的转变时分。

3. 填记方法：

（1）货车的到、发和转变以及各种货物作业过程的起止时分均填记实际时分。

（2）在站线卸车后调入专用线装车或在专用线卸车后调入站线装车时，分别填记其各个作业过程的起止时分。

（3）在站线卸车后调入另一站线装车或在专用线卸车后调入另一专用线装车时，在第6至9栏或第10至13栏内，另以分子填记第二次的起止时分。

（4）作业过程不全的货物作业车，需在第6至13栏及第20至23栏内画一横线。

（5）作业种类（17栏）按下列简称填记：

装车："装"，卸车："卸"，双重作业："双"，货物倒装："倒"，未计算装卸车的零担作业车："零"，无调中转："无"，有调中转："有"。

（6）货车发出后，根据第17栏的记载，按下列办法结算其停留时间：

① 中转车停留时间（18栏）及作业车停留时间（19栏）填记发出时分（15、16栏）与到达时分（4、5栏）的差数，再减转入非运用车（26栏）的时间；

② 入线前停留时间（20栏）填记调入装卸地点时分（6、7栏或10、11栏）与到达时分的差数；

③ 站线作业时间（21栏）及专用线作业时间（22栏）填记作业完了时分（8、9栏或12、13栏）与调入装卸地点时分（6、7栏或10、11栏）的差数；

④ 出线后停留时间（23栏）填记发出时分（15、16栏）与作业完了时分（8、9栏或12、13栏）的差数；

⑤ 双重作业车按第6至13栏的记载，将自卸车完了至调入装车地点时止的时间加入第20栏内。

（7）当日18点终了时，将当日发出的货车（已填记第14至16栏）加以结算：

① 各项停留时间（18至23栏）加总后，1小时以下满30分进为1小时，30分以下舍去；

② 货物作业车中在第6至13栏及第20至23栏画有横线的车数与停留时间，须单独加以结算；

③ 作业过程各停留时间进为小时后的合计，与货物作业车停留时间（19栏）尾数不等时，按第19栏调整各作业过程时间；

④ 货物作业次数按17栏加总计算，并按本规则第三十七条确定。

（8）为便于总结，应将昨日未发出的货车用红笔移入当日最前部，然后再继续填记当日到发货车。

三、非号码制货车停留时间登记簿（运统9）

1. 本簿为车站用以按阶段（小时）统计货物作业停留时间及中转停留时间，作为编制"货车停留时间报表（运报—4）"的资料。

2. 填记依据：

（1）"货车出入登记簿（运统4）"中的货车到发时分、车数及换算小时。

（2）"检修车登记簿（运统5）"、"非运用车登记簿（运统7）"、"备用车登记簿（运统

7-A）”中的货车转变时分。

3. 填记方法：

（1）凡计算出入车数的一切运用及非运用车，均需在本簿内登记。

（2）每日18点开始登记前，先将昨日各项结存车数移入本日“昨日结存”行各栏内。

（3）各到达和发出的车数、换算小时栏根据“货车出入登记簿（运统4）”结算每一小时的随同列车和不随同列车出入的车数和换算车小时的总数，填入本小时的有关栏内。

（4）各转入和转出的车数、换算车小时栏根据“检修车登记簿（运统5）”、“非运用车登记簿（运统7）”、“备用车登记簿（运统7-A）”及装卸车情况，结算每一小时由运用车转入非运用车、非运用车转回运用车以及中转车转入作业车、作业车转入中转车的车数和换算车小时总数，填入本小时有关栏内。

（5）转入、转出各栏按下列规定填记：

① 由非运用转回运用的货车，按转入非运用前的作业种别填记，但进行装车时，必须转入作业车（包括解除备用时间不满的货车）；到达的非运用车和由运用车转非运用、非运用转回运用车前后作业种别不同时，则按转回运用的实际作业种别填记。

② 由于转入、转出需要倒退时间订正时，为了简化手续，不倒退时间涂改，可在记事栏内注明原因、车数及时间，在当日总结时一次调整计算；同一小时内产生转入、转出时，也应在记事栏注明原因。

（6）每行的出入车数及换算小时数填记完了后，按下列方法结算：

① 以上一行的各结存车数加本行入的车数，减本行出的车数，等于本行各结存车数；各类别作业车数的和应等于总的结存车数。

② 以上一行的各结存换算小时加本行入的换算小时数，减本行出的换算小时数等于本行的各停留时间；各类别作业停留时间的和，应等于总的停留时间。

（7）每日18点终了后，用结存车数（6栏）及（42栏）与“现在车报表（运报—2）”的现在车数（10栏）及非运用车数（48栏）核对一致。

（8）每日终了后，将一日间的各行数字加以总结（结存栏不加昨日结存车数），填记在合计行内，并按以下方法，编制“货车停留时间报表（运报—4）”：

① 用无调中转、有调中转到达与发出栏合计车数（不加转入与转出栏的车数）被2除，分别求得当日的无调、有调中转车数（四舍五入，保留一位小数），两者的和为合计中转车数。

② 用货物作业、无调中转和有调中转停留时间合计数作为各该作业种别的全日停留时间数。无调中转与有调中转的和为中转车合计停留时间。

附件八：A——B 区段区间通过能力计算表

区间名称	区间距离	正线数目	闭塞方式	会车方案	区间 $T_{周}$	区段 $n_{平行}^{max}$	旅客列车		摘挂列车		$n_{货}^{非}$	$n_{非}$	附注
							$\varepsilon_{客}$	$n_{客}$	$\varepsilon_{摘}$	$n_{摘}$			
1	2	3	4	5	6	7	8	9	10	11	12	13	14
A—a													
a—b													
b—c													
c—d													
d—e													
e—B													

附件九：A——B区段运行图质量指示计算表

下行方向							上行方向							机车			
车次	时间					列车公里	车次	时间					列车公里	在B站的停留时间	从A站牵引的车次	从A站出发的时间	在A站的停留时间
	由A发	到B	在途	其中				由B发	到A	在途	其中						
				运行	停站						运行	停站					
1	2	3	4	5	6	7	8	9	10	11	12	13	14	15	16	17	18

注：每一行内上行方向车次按机车折返交路的顺序填写。